法律政策全书

自然资源

2023版

全面准确收录

合理分类检索

含法律、法规、司法解释、典型案例及相关文书

中国法制出版社
CHINA LEGAL PUBLISHING HOUSE

导　读

2018年2月28日通过的《中共中央关于深化党和国家机构改革的决定》中指出：改革自然资源和生态环境管理体制。实行最严格的生态环境保护制度，构建政府为主导、企业为主体、社会组织和公众共同参与的环境治理体系，为生态文明建设提供制度保障。设立国有自然资源资产管理和自然生态监管机构，完善生态环境管理制度，统一行使全民所有自然资源资产所有者职责，统一行使所有国土空间用途管制和生态保护修复职责，统一行使监管城乡各类污染排放和行政执法职责。强化国土空间规划对各专项规划的指导约束作用，推进“多规合一”，实现土地利用规划、城乡规划等有机融合。为帮助读者了解我国自然资源法律政策，本书对于我国现行有效的相关法律政策文件做了全面的收录与梳理，特别收录了《中华人民共和国黑土地保护法》《中华人民共和国土地管理法实施条例》《自然资源部关于规范临时用地管理的通知》等新的相关规范，通过合理明晰的分类、归纳，方便读者查找与使用。

总体来看，本书具有以下特点：一是涵盖面广，二是分类明确。本书按照专题进行归纳，既适合大众查找相关规范性文件，又可作为自然资源管理部门工作人员学习掌握自然资源法律规范的重要参考书。本书的主要内容包括如下几部分：

一是综合部分，该部分又分为：“综合”“土地利用与开发整理”“土地权属”“土地使用权取得和收回”“农村土地管理”“土地征收”“土地税收与财政”。

二是矿产资源管理部分，本部分收录了矿产资源规划编制、开采、确权、信息登记等方面的法律政策。

三是海洋管理部分，本部分收录了涉及海洋环境保护、海岛保护、海底资源开发等方面的法律及司法解释。

四是测绘部分，本部分收录了《中华人民共和国测绘法》《基础测绘条例》。

五是监督与违法案件处理部分，本部分主要收录了自然资源违法案件相关的责任认定及处罚办法。

最后的附录部分，收录了自然资源领域的典型案例以及相关文书，方便读者根据自己的需求选用。

目　　录

一、综　　合

（一）综　合

中华人民共和国宪法（节录） ……………………………… （1）
（2018 年 3 月 11 日）①
中华人民共和国民法典（节录） …………………………… （2）
（2020 年 5 月 28 日）
中华人民共和国城市房地产管理法 ……………………… （42）
（2019 年 8 月 26 日）
中华人民共和国土地管理法 ……………………………… （56）
（2019 年 8 月 26 日）
最高人民法院关于适用《中华人民共和国民法典》物权编的解释（一） ……………………………………… （78）
（2020 年 12 月 29 日）
最高人民法院关于适用《中华人民共和国民法典》有关担保制度的解释…………………………………………… （82）
（2020 年 12 月 31 日）
中华人民共和国土地管理法实施条例 …………………… （104）
（2021 年 7 月 2 日）

① 本目录中的时间为法律文件的公布时间或最后一次修正、修订公布时间。

自然资源部行政许可事项办理程序规范 …………………… (119)
（2021 年 11 月 26 日）
自然资源行政应诉规定 ……………………………………… (124)
（2019 年 7 月 19 日）
自然资源听证规定 …………………………………………… (131)
（2020 年 3 月 20 日）
自然资源统计工作管理办法………………………………… (138)
（2020 年 7 月 9 日）
自然资源标准化管理办法 ………………………………… (142)
（2020 年 6 月 24 日）

（二）土地利用与开发整理

1. 规划利用

中华人民共和国城乡规划法………………………………… (149)
（2019 年 4 月 23 日）
自然资源部关于规范临时用地管理的通知 ……………… (166)
（2021 年 11 月 4 日）

2. 土地储备

土地储备管理办法 ………………………………………… (170)
（2018 年 1 月 3 日）
土地储备资金财务管理办法………………………………… (175)
（2018 年 1 月 17 日）

（三）土地权属

不动产登记暂行条例 ……………………………………… (181)
（2019 年 3 月 24 日）
不动产登记资料查询暂行办法……………………………… (188)
（2019 年 7 月 24 日）

自然资源统一确权登记暂行办法……………………………（195）
（2019 年 7 月 11 日）

（四）土地使用权取得和收回

最高人民法院关于审理涉及国有土地使用权合同纠纷案件适用法律问题的解释 ………………………………………（212）
（2020 年 12 月 29 日）
中华人民共和国城镇国有土地使用权出让和转让暂行条例 ……（217）
（2020 年 11 月 29 日）

（五）农村土地管理

1. 农村土地承包

中华人民共和国农村土地承包法……………………………（224）
（2018 年 12 月 29 日）
农村承包土地的经营权抵押贷款试点暂行办法 ……………（237）
（2016 年 3 月 15 日）
农村土地经营权流转管理办法………………………………（242）
（2021 年 1 月 26 日）
最高人民法院关于审理涉及农村土地承包纠纷案件适用法律问题的解释 …………………………………………………（249）
（2020 年 12 月 29 日）

2. 农用地

（1）耕地保护

中华人民共和国黑土地保护法………………………………（254）
（2022 年 6 月 24 日）
省级政府耕地保护责任目标考核办法 ………………………（262）
（2018 年 1 月 3 日）
跨省域补充耕地国家统筹管理办法…………………………（266）
（2018 年 3 月 10 日）

国务院办公厅关于坚决制止耕地“非农化”行为的通知 ……… (272)
(2020 年 9 月 10 日)
国务院办公厅关于防止耕地“非粮化”稳定粮食生产的意见 … (275)
(2020 年 11 月 4 日)
(2) 基本农田保护
基本农田保护条例 …………………………………………… (279)
(2011 年 1 月 8 日)
国土资源部关于全面实行永久基本农田特殊保护的通知 ……… (285)
(2018 年 2 月 13 日)
(3) 其他农用地
中华人民共和国森林法 ……………………………………… (294)
(2019 年 12 月 28 日)
退耕还林条例 ………………………………………………… (311)
(2016 年 2 月 6 日)
中华人民共和国草原法 ……………………………………… (323)
(2021 年 4 月 29 日)
国务院办公厅关于加强草原保护修复的若干意见 …………… (337)
(2021 年 3 月 12 日)

(六) 土地征收

国有土地上房屋征收与补偿条例 …………………………… (345)
(2011 年 1 月 21 日)
大中型水利水电工程建设征地补偿和移民安置条例 ………… (352)
(2017 年 4 月 14 日)
农村集体土地征收基层政务公开标准指引 ………………… (366)
(2019 年 6 月 27 日)

（七）土地税收与财政

中华人民共和国耕地占用税法…………………………………………（369）
（2018 年 12 月 29 日）
中华人民共和国耕地占用税法实施办法 ………………………………（373）
（2019 年 8 月 29 日）

二、矿产资源管理

中华人民共和国矿产资源法………………………………………………（379）
（2009 年 8 月 27 日）
中华人民共和国资源税法 ………………………………………………（389）
（2019 年 8 月 26 日）
矿产资源规划编制实施办法………………………………………………（395）
（2019 年 7 月 24 日）
中华人民共和国对外合作开采陆上石油资源条例 ……………………（405）
（2013 年 7 月 18 日）
矿产资源勘查区块登记管理办法…………………………………………（411）
（2014 年 7 月 29 日）
矿产资源开采登记管理办法………………………………………………（420）
（2014 年 7 月 29 日）
自然资源统一确权登记办法（试行） …………………………………（426）
（2016 年 12 月 20 日）
矿产资源开发利用水平调查评估制度工作方案 ………………………（432）
（2016 年 12 月 28 日）
矿产资源开发利用水平调查评估试点工作办法 ………………………（435）
（2017 年 8 月 10 日）
矿产资源统计管理办法 …………………………………………………（444）
（2020 年 4 月 29 日）

矿业权登记信息管理办法 …………………………………………………（447）
（2020 年 6 月 16 日）
自然资源部办公厅关于矿产资源储量评审备案管理若干事项的通知 ……………………………………………………………（452）
（2020 年 5 月 19 日）

三、海洋管理

中华人民共和国深海海底区域资源勘探开发法 ………………………（456）
（2016 年 2 月 26 日）
中华人民共和国海洋环境保护法…………………………………………（462）
（2017 年 11 月 4 日）
中华人民共和国海岛保护法………………………………………………（482）
（2009 年 12 月 26 日）
最高人民法院关于审理海洋自然资源与生态环境损害赔偿纠纷案件若干问题的规定 …………………………………………（493）
（2017 年 12 月 29 日）

四、测　　绘

中华人民共和国测绘法 ……………………………………………………（497）
（2017 年 4 月 27 日）
基础测绘条例 ………………………………………………………………（512）
（2009 年 5 月 12 日）

五、监督与违法案件处理

中华人民共和国行政处罚法………………………………………………（519）
（2021 年 1 月 22 日）

自然资源执法监督规定 ……………………………………………（537）
（2020 年 3 月 20 日）
自然资源部挂牌督办和公开通报违法违规案件办法 …………（544）
（2020 年 6 月 22 日）
自然资源行政处罚办法 ……………………………………………（548）
（2020 年 3 月 20 日）
农用地土壤污染责任人认定暂行办法 ……………………………（557）
（2021 年 1 月 28 日）
自然保护地生态环境监管工作暂行办法 …………………………（563）
（2020 年 12 月 20 日）

附　录

（一）典型案例

秦家学滥伐林木刑事附带民事公益诉讼案…………………………（569）
刘强非法占用农用地案…………………………………………………（572）
海南省海口市人民检察院诉海南 A 公司等三被告非法向
海洋倾倒建筑垃圾民事公益诉讼案……………………………（578）
江西省上饶市人民检察院诉张某某等三人故意损毁三清
山巨蟒峰民事公益诉讼案…………………………………………（584）

（二）相关文书

土地权属争议案件收件登记单…………………………………………（590）
土地权属争议案件申请书………………………………………………（591）
土地权属争议案件授权委托书…………………………………………（592）
土地权属争议案件受理通知书…………………………………………（593）
土地权属争议案件受理（不予受理）建议书 ………………………（594）
土地权属争议案件不予受理决定书……………………………………（595）

答辩通知书……………………………………………………（596）
询问笔录……………………………………………………（597）
协助调查通知书……………………………………………（598）
______（调处机关）______土地权属争议案件调解书 …………（599）
______（决定机关）______土地权属争议案件决定书 …………（600）
土地权属争议案件文书送达回证…………………………（602）
延期调查处理通知书………………………………………（603）

一 综　合

（一）综　合

中华人民共和国宪法（节录）

（1982年12月4日第五届全国人民代表大会第五次会议通过　1982年12月4日全国人民代表大会公告公布施行　根据1988年4月12日第七届全国人民代表大会第一次会议通过的《中华人民共和国宪法修正案》、1993年3月29日第八届全国人民代表大会第一次会议通过的《中华人民共和国宪法修正案》、1999年3月15日第九届全国人民代表大会第二次会议通过的《中华人民共和国宪法修正案》、2004年3月14日第十届全国人民代表大会第二次会议通过的《中华人民共和国宪法修正案》和2018年3月11日第十三届全国人民代表大会第一次会议通过的《中华人民共和国宪法修正案》修正）

……

第九条　【自然资源】[①] 矿藏、水流、森林、山岭、草原、荒地、滩涂等自然资源，都属于国家所有，即全民所有；由法律规定

① 条文主旨为编者所加，下同。

属于集体所有的森林和山岭、草原、荒地、滩涂除外。

国家保障自然资源的合理利用，保护珍贵的动物和植物。禁止任何组织或者个人用任何手段侵占或者破坏自然资源。

第十条　【土地制度】城市的土地属于国家所有。

农村和城市郊区的土地，除由法律规定属于国家所有的以外，属于集体所有；宅基地和自留地、自留山，也属于集体所有。

国家为了公共利益的需要，可以依照法律规定对土地实行征收或者征用并给予补偿。

任何组织或者个人不得侵占、买卖或者以其他形式非法转让土地。土地的使用权可以依照法律的规定转让。

一切使用土地的组织和个人必须合理地利用土地。

……

中华人民共和国民法典（节录）

（2020年5月28日第十三届全国人民代表大会第三次会议通过　2020年5月28日中华人民共和国主席令第45号公布　自2021年1月1日起施行）

……

第二编　物　　权

第一分编　通　　则

第一章　一般规定

第二百零五条　【物权编的调整范围】本编调整因物的归属和

利用产生的民事关系。

第二百零六条　【我国基本经济制度与社会主义市场经济原则】 国家坚持和完善公有制为主体、多种所有制经济共同发展，按劳分配为主体、多种分配方式并存，社会主义市场经济体制等社会主义基本经济制度。

国家巩固和发展公有制经济，鼓励、支持和引导非公有制经济的发展。

国家实行社会主义市场经济，保障一切市场主体的平等法律地位和发展权利。

第二百零七条　【平等保护原则】 国家、集体、私人的物权和其他权利人的物权受法律平等保护，任何组织或者个人不得侵犯。

第二百零八条　【物权公示原则】 不动产物权的设立、变更、转让和消灭，应当依照法律规定登记。动产物权的设立和转让，应当依照法律规定交付。

第二章　物权的设立、变更、转让和消灭

第一节　不动产登记

第二百零九条　【不动产物权的登记生效原则及其例外】 不动产物权的设立、变更、转让和消灭，经依法登记，发生效力；未经登记，不发生效力，但是法律另有规定的除外。

依法属于国家所有的自然资源，所有权可以不登记。

第二百一十条　【不动产登记机构和不动产统一登记】 不动产登记，由不动产所在地的登记机构办理。

国家对不动产实行统一登记制度。统一登记的范围、登记机构和登记办法，由法律、行政法规规定。

第二百一十一条　【申请不动产登记应提供的必要材料】 当事人申请登记，应当根据不同登记事项提供权属证明和不动产界址、

面积等必要材料。

第二百一十二条　【不动产登记机构应当履行的职责】登记机构应当履行下列职责：

（一）查验申请人提供的权属证明和其他必要材料；

（二）就有关登记事项询问申请人；

（三）如实、及时登记有关事项；

（四）法律、行政法规规定的其他职责。

申请登记的不动产的有关情况需要进一步证明的，登记机构可以要求申请人补充材料，必要时可以实地查看。

第二百一十三条　【不动产登记机构的禁止行为】登记机构不得有下列行为：

（一）要求对不动产进行评估；

（二）以年检等名义进行重复登记；

（三）超出登记职责范围的其他行为。

第二百一十四条　【不动产物权变动的生效时间】不动产物权的设立、变更、转让和消灭，依照法律规定应当登记的，自记载于不动产登记簿时发生效力。

第二百一十五条　【合同效力和物权效力区分】当事人之间订立有关设立、变更、转让和消灭不动产物权的合同，除法律另有规定或者当事人另有约定外，自合同成立时生效；未办理物权登记的，不影响合同效力。

第二百一十六条　【不动产登记簿效力及管理机构】不动产登记簿是物权归属和内容的根据。

不动产登记簿由登记机构管理。

第二百一十七条　【不动产登记簿与不动产权属证书的关系】不动产权属证书是权利人享有该不动产物权的证明。不动产权属证书记载的事项，应当与不动产登记簿一致；记载不一致的，除有证据证明不动产登记簿确有错误外，以不动产登记簿为准。

第二百一十八条　【不动产登记资料的查询、复制】权利人、利害关系人可以申请查询、复制不动产登记资料，登记机构应当提供。

第二百一十九条　【利害关系人的非法利用不动产登记资料禁止义务】利害关系人不得公开、非法使用权利人的不动产登记资料。

第二百二十条　【更正登记和异议登记】权利人、利害关系人认为不动产登记簿记载的事项错误的，可以申请更正登记。不动产登记簿记载的权利人书面同意更正或者有证据证明登记确有错误的，登记机构应当予以更正。

不动产登记簿记载的权利人不同意更正的，利害关系人可以申请异议登记。登记机构予以异议登记，申请人自异议登记之日起十五日内不提起诉讼的，异议登记失效。异议登记不当，造成权利人损害的，权利人可以向申请人请求损害赔偿。

第二百二十一条　【预告登记】当事人签订买卖房屋的协议或者签订其他不动产物权的协议，为保障将来实现物权，按照约定可以向登记机构申请预告登记。预告登记后，未经预告登记的权利人同意，处分该不动产的，不发生物权效力。

预告登记后，债权消灭或者自能够进行不动产登记之日起九十日内未申请登记的，预告登记失效。

第二百二十二条　【不动产登记错误损害赔偿责任】当事人提供虚假材料申请登记，造成他人损害的，应当承担赔偿责任。

因登记错误，造成他人损害的，登记机构应当承担赔偿责任。登记机构赔偿后，可以向造成登记错误的人追偿。

第二百二十三条　【不动产登记收费标准的确定】不动产登记费按件收取，不得按照不动产的面积、体积或者价款的比例收取。

第二节　动 产 交 付

第二百二十四条　【动产物权变动生效时间】动产物权的设立

和转让，自交付时发生效力，但是法律另有规定的除外。

第二百二十五条 【船舶、航空器和机动车物权变动采取登记对抗主义】船舶、航空器和机动车等的物权的设立、变更、转让和消灭，未经登记，不得对抗善意第三人。

第二百二十六条 【简易交付】动产物权设立和转让前，权利人已经占有该动产的，物权自民事法律行为生效时发生效力。

第二百二十七条 【指示交付】动产物权设立和转让前，第三人占有该动产的，负有交付义务的人可以通过转让请求第三人返还原物的权利代替交付。

第二百二十八条 【占有改定】动产物权转让时，当事人又约定由出让人继续占有该动产的，物权自该约定生效时发生效力。

第三节 其他规定

第二百二十九条 【法律文书、征收决定导致物权变动效力发生时间】因人民法院、仲裁机构的法律文书或者人民政府的征收决定等，导致物权设立、变更、转让或者消灭的，自法律文书或者征收决定等生效时发生效力。

第二百三十条 【因继承取得物权的生效时间】因继承取得物权的，自继承开始时发生效力。

第二百三十一条 【因事实行为设立或者消灭物权的生效时间】因合法建造、拆除房屋等事实行为设立或者消灭物权的，自事实行为成就时发生效力。

第二百三十二条 【非依民事法律行为享有的不动产物权变动】处分依照本节规定享有的不动产物权，依照法律规定需要办理登记的，未经登记，不发生物权效力。

第三章 物权的保护

第二百三十三条 【物权保护争讼程序】物权受到侵害的，权利人可以通过和解、调解、仲裁、诉讼等途径解决。

第二百三十四条　【物权确认请求权】因物权的归属、内容发生争议的，利害关系人可以请求确认权利。

第二百三十五条　【返还原物请求权】无权占有不动产或者动产的，权利人可以请求返还原物。

第二百三十六条　【排除妨害、消除危险请求权】妨害物权或者可能妨害物权的，权利人可以请求排除妨害或者消除危险。

第二百三十七条　【修理、重作、更换或者恢复原状请求权】造成不动产或者动产毁损的，权利人可以依法请求修理、重作、更换或者恢复原状。

第二百三十八条　【物权损害赔偿请求权】侵害物权，造成权利人损害的，权利人可以依法请求损害赔偿，也可以依法请求承担其他民事责任。

第二百三十九条　【物权保护方式的单用和并用】本章规定的物权保护方式，可以单独适用，也可以根据权利被侵害的情形合并适用。

第二分编　所　有　权

第四章　一 般 规 定

第二百四十条　【所有权的定义】所有权人对自己的不动产或者动产，依法享有占有、使用、收益和处分的权利。

第二百四十一条　【所有权人设立他物权】所有权人有权在自己的不动产或者动产上设立用益物权和担保物权。用益物权人、担保物权人行使权利，不得损害所有权人的权益。

第二百四十二条　【国家专有】法律规定专属于国家所有的不动产和动产，任何组织或者个人不能取得所有权。

第二百四十三条　【征收】为了公共利益的需要，依照法律规定的权限和程序可以征收集体所有的土地和组织、个人的房屋以及其他不动产。

征收集体所有的土地，应当依法及时足额支付土地补偿费、安置补助费以及农村村民住宅、其他地上附着物和青苗等的补偿费用，并安排被征地农民的社会保障费用，保障被征地农民的生活，维护被征地农民的合法权益。

征收组织、个人的房屋以及其他不动产，应当依法给予征收补偿，维护被征收人的合法权益；征收个人住宅的，还应当保障被征收人的居住条件。

任何组织或者个人不得贪污、挪用、私分、截留、拖欠征收补偿费等费用。

第二百四十四条　【保护耕地与禁止违法征地】国家对耕地实行特殊保护，严格限制农用地转为建设用地，控制建设用地总量。不得违反法律规定的权限和程序征收集体所有的土地。

第二百四十五条　【征用】因抢险救灾、疫情防控等紧急需要，依照法律规定的权限和程序可以征用组织、个人的不动产或者动产。被征用的不动产或者动产使用后，应当返还被征用人。组织、个人的不动产或者动产被征用或者征用后毁损、灭失的，应当给予补偿。

第五章　国家所有权和集体所有权、私人所有权

第二百四十六条　【国家所有权】法律规定属于国家所有的财产，属于国家所有即全民所有。

国有财产由国务院代表国家行使所有权。法律另有规定的，依照其规定。

第二百四十七条　【矿藏、水流和海域的国家所有权】矿藏、水流、海域属于国家所有。

第二百四十八条　【无居民海岛的国家所有权】无居民海岛属于国家所有，国务院代表国家行使无居民海岛所有权。

第二百四十九条　【国家所有土地的范围】城市的土地，属于国家所有。法律规定属于国家所有的农村和城市郊区的土地，属于国家所有。

第二百五十条　【国家所有的自然资源】森林、山岭、草原、荒地、滩涂等自然资源，属于国家所有，但是法律规定属于集体所有的除外。

第二百五十一条　【国家所有的野生动植物资源】法律规定属于国家所有的野生动植物资源，属于国家所有。

第二百五十二条　【无线电频谱资源的国家所有权】无线电频谱资源属于国家所有。

第二百五十三条　【国家所有的文物的范围】法律规定属于国家所有的文物，属于国家所有。

第二百五十四条　【国防资产、基础设施的国家所有权】国防资产属于国家所有。

铁路、公路、电力设施、电信设施和油气管道等基础设施，依照法律规定为国家所有的，属于国家所有。

第二百五十五条　【国家机关的物权】国家机关对其直接支配的不动产和动产，享有占有、使用以及依照法律和国务院的有关规定处分的权利。

第二百五十六条　【国家举办的事业单位的物权】国家举办的事业单位对其直接支配的不动产和动产，享有占有、使用以及依照法律和国务院的有关规定收益、处分的权利。

第二百五十七条　【国有企业出资人制度】国家出资的企业，由国务院、地方人民政府依照法律、行政法规规定分别代表国家履行出资人职责，享有出资人权益。

第二百五十八条　【国有财产的保护】国家所有的财产受法律

保护，禁止任何组织或者个人侵占、哄抢、私分、截留、破坏。

第二百五十九条 【国有财产管理法律责任】 履行国有财产管理、监督职责的机构及其工作人员，应当依法加强对国有财产的管理、监督，促进国有财产保值增值，防止国有财产损失；滥用职权，玩忽职守，造成国有财产损失的，应当依法承担法律责任。

违反国有财产管理规定，在企业改制、合并分立、关联交易等过程中，低价转让、合谋私分、擅自担保或者以其他方式造成国有财产损失的，应当依法承担法律责任。

第二百六十条 【集体财产范围】 集体所有的不动产和动产包括：

（一）法律规定属于集体所有的土地和森林、山岭、草原、荒地、滩涂；

（二）集体所有的建筑物、生产设施、农田水利设施；

（三）集体所有的教育、科学、文化、卫生、体育等设施；

（四）集体所有的其他不动产和动产。

第二百六十一条 【农民集体所有财产归属及重大事项集体决定】 农民集体所有的不动产和动产，属于本集体成员集体所有。

下列事项应当依照法定程序经本集体成员决定：

（一）土地承包方案以及将土地发包给本集体以外的组织或者个人承包；

（二）个别土地承包经营权人之间承包地的调整；

（三）土地补偿费等费用的使用、分配办法；

（四）集体出资的企业的所有权变动等事项；

（五）法律规定的其他事项。

第二百六十二条 【行使集体所有权的主体】 对于集体所有的土地和森林、山岭、草原、荒地、滩涂等，依照下列规定行使所有权：

（一）属于村农民集体所有的，由村集体经济组织或者村民委员会依法代表集体行使所有权；

（二）分别属于村内两个以上农民集体所有的，由村内各该集体经济组织或者村民小组依法代表集体行使所有权；

（三）属于乡镇农民集体所有的，由乡镇集体经济组织代表集体行使所有权。

第二百六十三条　【城镇集体财产权利】城镇集体所有的不动产和动产，依照法律、行政法规的规定由本集体享有占有、使用、收益和处分的权利。

第二百六十四条　【集体财产状况的公布】农村集体经济组织或者村民委员会、村民小组应当依照法律、行政法规以及章程、村规民约向本集体成员公布集体财产的状况。集体成员有权查阅、复制相关资料。

第二百六十五条　【集体财产的保护】集体所有的财产受法律保护，禁止任何组织或者个人侵占、哄抢、私分、破坏。

农村集体经济组织、村民委员会或者其负责人作出的决定侵害集体成员合法权益的，受侵害的集体成员可以请求人民法院予以撤销。

第二百六十六条　【私人所有权】私人对其合法的收入、房屋、生活用品、生产工具、原材料等不动产和动产享有所有权。

第二百六十七条　【私有财产的保护】私人的合法财产受法律保护，禁止任何组织或者个人侵占、哄抢、破坏。

第二百六十八条　【企业出资人的权利】国家、集体和私人依法可以出资设立有限责任公司、股份有限公司或者其他企业。国家、集体和私人所有的不动产或者动产投到企业的，由出资人按照约定或者出资比例享有资产收益、重大决策以及选择经营管理者等权利并履行义务。

第二百六十九条　【法人财产权】营利法人对其不动产和动产依照法律、行政法规以及章程享有占有、使用、收益和处分的权利。

营利法人以外的法人，对其不动产和动产的权利，适用有关法律、行政法规以及章程的规定。

第二百七十条　【社会团体法人、捐助法人合法财产的保护】社会团体法人、捐助法人依法所有的不动产和动产，受法律保护。

第六章　业主的建筑物区分所有权

第二百七十一条　【建筑物区分所有权】业主对建筑物内的住宅、经营性用房等专有部分享有所有权，对专有部分以外的共有部分享有共有和共同管理的权利。

第二百七十二条　【业主对专有部分的专有权】业主对其建筑物专有部分享有占有、使用、收益和处分的权利。业主行使权利不得危及建筑物的安全，不得损害其他业主的合法权益。

第二百七十三条　【业主对共有部分的共有权及义务】业主对建筑物专有部分以外的共有部分，享有权利，承担义务；不得以放弃权利为由不履行义务。

业主转让建筑物内的住宅、经营性用房，其对共有部分享有的共有和共同管理的权利一并转让。

第二百七十四条　【建筑区划内的道路、绿地等场所和设施属于业主共有财产】建筑区划内的道路，属于业主共有，但是属于城镇公共道路的除外。建筑区划内的绿地，属于业主共有，但是属于城镇公共绿地或者明示属于个人的除外。建筑区划内的其他公共场所、公用设施和物业服务用房，属于业主共有。

第二百七十五条　【车位、车库的归属规则】建筑区划内，规划用于停放汽车的车位、车库的归属，由当事人通过出售、附赠或者出租等方式约定。

占用业主共有的道路或者其他场地用于停放汽车的车位，属于业主共有。

第二百七十六条　【车位、车库优先满足业主需求】建筑区划内，规划用于停放汽车的车位、车库应当首先满足业主的需要。

第二百七十七条　【设立业主大会和选举业主委员会】业主可以设立业主大会，选举业主委员会。业主大会、业主委员会成立的具体条件和程序，依照法律、法规的规定。

地方人民政府有关部门、居民委员会应当对设立业主大会和选举业主委员会给予指导和协助。

第二百七十八条　【由业主共同决定的事项以及表决规则】下列事项由业主共同决定：

（一）制定和修改业主大会议事规则；

（二）制定和修改管理规约；

（三）选举业主委员会或者更换业主委员会成员；

（四）选聘和解聘物业服务企业或者其他管理人；

（五）使用建筑物及其附属设施的维修资金；

（六）筹集建筑物及其附属设施的维修资金；

（七）改建、重建建筑物及其附属设施；

（八）改变共有部分的用途或者利用共有部分从事经营活动；

（九）有关共有和共同管理权利的其他重大事项。

业主共同决定事项，应当由专有部分面积占比三分之二以上的业主且人数占比三分之二以上的业主参与表决。决定前款第六项至第八项规定的事项，应当经参与表决专有部分面积四分之三以上的业主且参与表决人数四分之三以上的业主同意。决定前款其他事项，应当经参与表决专有部分面积过半数的业主且参与表决人数过半数的业主同意。

第二百七十九条　【业主将住宅转变为经营性用房应当遵循的规则】业主不得违反法律、法规以及管理规约，将住宅改变为经营性用房。业主将住宅改变为经营性用房的，除遵守法律、法规以及管理规约外，应当经有利害关系的业主一致同意。

第二百八十条　【业主大会、业主委员会决定的效力】业主大会或者业主委员会的决定，对业主具有法律约束力。

业主大会或者业主委员会作出的决定侵害业主合法权益的，受侵害的业主可以请求人民法院予以撤销。

第二百八十一条　【建筑物及其附属设施维修资金的归属和处分】建筑物及其附属设施的维修资金，属于业主共有。经业主共同决定，可以用于电梯、屋顶、外墙、无障碍设施等共有部分的维修、更新和改造。建筑物及其附属设施的维修资金的筹集、使用情况应当定期公布。

紧急情况下需要维修建筑物及其附属设施的，业主大会或者业主委员会可以依法申请使用建筑物及其附属设施的维修资金。

第二百八十二条　【业主共有部分产生收入的归属】建设单位、物业服务企业或者其他管理人等利用业主的共有部分产生的收入，在扣除合理成本之后，属于业主共有。

第二百八十三条　【建筑物及其附属设施的费用分摊和收益分配确定规则】建筑物及其附属设施的费用分摊、收益分配等事项，有约定的，按照约定；没有约定或者约定不明确的，按照业主专有部分面积所占比例确定。

第二百八十四条　【建筑物及其附属设施的管理】业主可以自行管理建筑物及其附属设施，也可以委托物业服务企业或者其他管理人管理。

对建设单位聘请的物业服务企业或者其他管理人，业主有权依法更换。

第二百八十五条　【物业服务企业或其他接受业主委托的管理人的管理义务】物业服务企业或者其他管理人根据业主的委托，依照本法第三编有关物业服务合同的规定管理建筑区划内的建筑物及其附属设施，接受业主的监督，并及时答复业主对物业服务情况提出的询问。

物业服务企业或者其他管理人应当执行政府依法实施的应急处置措施和其他管理措施，积极配合开展相关工作。

第二百八十六条　【业主守法义务和业主大会与业主委员会职责】业主应当遵守法律、法规以及管理规约，相关行为应当符合节约资源、保护生态环境的要求。对于物业服务企业或者其他管理人执行政府依法实施的应急处置措施和其他管理措施，业主应当依法予以配合。

业主大会或者业主委员会，对任意弃置垃圾、排放污染物或者噪声、违反规定饲养动物、违章搭建、侵占通道、拒付物业费等损害他人合法权益的行为，有权依照法律、法规以及管理规约，请求行为人停止侵害、排除妨碍、消除危险、恢复原状、赔偿损失。

业主或者其他行为人拒不履行相关义务的，有关当事人可以向有关行政主管部门报告或者投诉，有关行政主管部门应当依法处理。

第二百八十七条　【业主请求权】业主对建设单位、物业服务企业或者其他管理人以及其他业主侵害自己合法权益的行为，有权请求其承担民事责任。

第七章　相 邻 关 系

第二百八十八条　【处理相邻关系的原则】不动产的相邻权利人应当按照有利生产、方便生活、团结互助、公平合理的原则，正确处理相邻关系。

第二百八十九条　【处理相邻关系的依据】法律、法规对处理相邻关系有规定的，依照其规定；法律、法规没有规定的，可以按照当地习惯。

第二百九十条　【相邻用水、排水、流水关系】不动产权利人应当为相邻权利人用水、排水提供必要的便利。

对自然流水的利用，应当在不动产的相邻权利人之间合理分配。对自然流水的排放，应当尊重自然流向。

第二百九十一条 【相邻关系中的通行权】不动产权利人对相邻权利人因通行等必须利用其土地的，应当提供必要的便利。

第二百九十二条 【相邻土地的利用】不动产权利人因建造、修缮建筑物以及铺设电线、电缆、水管、暖气和燃气管线等必须利用相邻土地、建筑物的，该土地、建筑物的权利人应当提供必要的便利。

第二百九十三条 【相邻建筑物通风、采光、日照】建造建筑物，不得违反国家有关工程建设标准，不得妨碍相邻建筑物的通风、采光和日照。

第二百九十四条 【相邻不动产之间不得排放、施放污染物】不动产权利人不得违反国家规定弃置固体废物，排放大气污染物、水污染物、土壤污染物、噪声、光辐射、电磁辐射等有害物质。

第二百九十五条 【维护相邻不动产安全】不动产权利人挖掘土地、建造建筑物、铺设管线以及安装设备等，不得危及相邻不动产的安全。

第二百九十六条 【相邻权的限度】不动产权利人因用水、排水、通行、铺设管线等利用相邻不动产的，应当尽量避免对相邻的不动产权利人造成损害。

第八章 共 有

第二百九十七条 【共有及其形式】不动产或者动产可以由两个以上组织、个人共有。共有包括按份共有和共同共有。

第二百九十八条 【按份共有】按份共有人对共有的不动产或者动产按照其份额享有所有权。

第二百九十九条 【共同共有】共同共有人对共有的不动产或者动产共同享有所有权。

第三百条 【共有物的管理】共有人按照约定管理共有的不动

产或者动产；没有约定或者约定不明确的，各共有人都有管理的权利和义务。

第三百零一条　【共有人对共有财产重大事项的表决权规则】处分共有的不动产或者动产以及对共有的不动产或者动产作重大修缮、变更性质或者用途的，应当经占份额三分之二以上的按份共有人或者全体共同共有人同意，但是共有人之间另有约定的除外。

第三百零二条　【共有物管理费用的分担规则】共有人对共有物的管理费用以及其他负担，有约定的，按照其约定；没有约定或者约定不明确的，按份共有人按照其份额负担，共同共有人共同负担。

第三百零三条　【共有物的分割规则】共有人约定不得分割共有的不动产或者动产，以维持共有关系的，应当按照约定，但是共有人有重大理由需要分割的，可以请求分割；没有约定或者约定不明确的，按份共有人可以随时请求分割，共同共有人在共有的基础丧失或者有重大理由需要分割时可以请求分割。因分割造成其他共有人损害的，应当给予赔偿。

第三百零四条　【共有物分割的方式】共有人可以协商确定分割方式。达不成协议，共有的不动产或者动产可以分割且不会因分割减损价值的，应当对实物予以分割；难以分割或者因分割会减损价值的，应当对折价或者拍卖、变卖取得的价款予以分割。

共有人分割所得的不动产或者动产有瑕疵的，其他共有人应当分担损失。

第三百零五条　【按份共有人的优先购买权】按份共有人可以转让其享有的共有的不动产或者动产份额。其他共有人在同等条件下享有优先购买的权利。

第三百零六条　【按份共有人行使优先购买权的规则】按份共有人转让其享有的共有的不动产或者动产份额的，应当将转让条件及时通知其他共有人。其他共有人应当在合理期限内行使优先购买权。

两个以上其他共有人主张行使优先购买权的，协商确定各自的购买比例；协商不成的，按照转让时各自的共有份额比例行使优先购买权。

第三百零七条 【因共有产生的债权债务承担规则】因共有的不动产或者动产产生的债权债务，在对外关系上，共有人享有连带债权、承担连带债务，但是法律另有规定或者第三人知道共有人不具有连带债权债务关系的除外；在共有人内部关系上，除共有人另有约定外，按份共有人按照份额享有债权、承担债务，共同共有人共同享有债权、承担债务。偿还债务超过自己应当承担份额的按份共有人，有权向其他共有人追偿。

第三百零八条 【共有关系不明时对共有关系性质的推定】共有人对共有的不动产或者动产没有约定为按份共有或者共同共有，或者约定不明确的，除共有人具有家庭关系等外，视为按份共有。

第三百零九条 【按份共有人份额不明时份额的确定】按份共有人对共有的不动产或者动产享有的份额，没有约定或者约定不明确的，按照出资额确定；不能确定出资额的，视为等额享有。

第三百一十条 【准共有】两个以上组织、个人共同享有用益物权、担保物权的，参照适用本章的有关规定。

第九章 所有权取得的特别规定

第三百一十一条 【善意取得】无处分权人将不动产或者动产转让给受让人的，所有权人有权追回；除法律另有规定外，符合下列情形的，受让人取得该不动产或者动产的所有权：

（一）受让人受让该不动产或者动产时是善意；

（二）以合理的价格转让；

（三）转让的不动产或者动产依照法律规定应当登记的已经登记，不需要登记的已经交付给受让人。

受让人依据前款规定取得不动产或者动产的所有权的，原所有权人有权向无处分权人请求损害赔偿。

当事人善意取得其他物权的，参照适用前两款规定。

第三百一十二条　【遗失物的善意取得】所有权人或者其他权利人有权追回遗失物。该遗失物通过转让被他人占有的，权利人有权向无处分权人请求损害赔偿，或者自知道或者应当知道受让人之日起二年内向受让人请求返还原物；但是，受让人通过拍卖或者向具有经营资格的经营者购得该遗失物的，权利人请求返还原物时应当支付受让人所付的费用。权利人向受让人支付所付费用后，有权向无处分权人追偿。

第三百一十三条　【善意取得的动产上原有的权利负担消灭及其例外】善意受让人取得动产后，该动产上的原有权利消灭。但是，善意受让人在受让时知道或者应当知道该权利的除外。

第三百一十四条　【拾得遗失物的返还】拾得遗失物，应当返还权利人。拾得人应当及时通知权利人领取，或者送交公安等有关部门。

第三百一十五条　【有关部门收到遗失物的处理】有关部门收到遗失物，知道权利人的，应当及时通知其领取；不知道的，应当及时发布招领公告。

第三百一十六条　【遗失物的妥善保管义务】拾得人在遗失物送交有关部门前，有关部门在遗失物被领取前，应当妥善保管遗失物。因故意或者重大过失致使遗失物毁损、灭失的，应当承担民事责任。

第三百一十七条　【权利人领取遗失物时的费用支付义务】权利人领取遗失物时，应当向拾得人或者有关部门支付保管遗失物等支出的必要费用。

权利人悬赏寻找遗失物的，领取遗失物时应当按照承诺履行义务。

拾得人侵占遗失物的，无权请求保管遗失物等支出的费用，也无权请求权利人按照承诺履行义务。

第三百一十八条　【无人认领的遗失物的处理规则】遗失物自发布招领公告之日起一年内无人认领的，归国家所有。

第三百一十九条　【拾得漂流物、埋藏物或者隐藏物】拾得漂流物、发现埋藏物或者隐藏物的，参照适用拾得遗失物的有关规定。法律另有规定的，依照其规定。

第三百二十条　【从物随主物转让规则】主物转让的，从物随主物转让，但是当事人另有约定的除外。

第三百二十一条　【孳息的归属】天然孳息，由所有权人取得；既有所有权人又有用益物权人的，由用益物权人取得。当事人另有约定的，按照其约定。

法定孳息，当事人有约定的，按照约定取得；没有约定或者约定不明确的，按照交易习惯取得。

第三百二十二条　【添附】因加工、附合、混合而产生的物的归属，有约定的，按照约定；没有约定或者约定不明确的，依照法律规定；法律没有规定的，按照充分发挥物的效用以及保护无过错当事人的原则确定。因一方当事人的过错或者确定物的归属造成另一方当事人损害的，应当给予赔偿或者补偿。

第三分编　用 益 物 权

第十章　一 般 规 定

第三百二十三条　【用益物权的定义】用益物权人对他人所有的不动产或者动产，依法享有占有、使用和收益的权利。

第三百二十四条　【国家和集体所有的自然资源的使用规则】国家所有或者国家所有由集体使用以及法律规定属于集体所有的自然资源，组织、个人依法可以占有、使用和收益。

第三百二十五条　【自然资源有偿使用制度】国家实行自然资

源有偿使用制度，但是法律另有规定的除外。

第三百二十六条　【用益物权的行使规范】用益物权人行使权利，应当遵守法律有关保护和合理开发利用资源、保护生态环境的规定。所有权人不得干涉用益物权人行使权利。

第三百二十七条　【被征收、征用时用益物权人的补偿请求权】因不动产或者动产被征收、征用致使用益物权消灭或者影响用益物权行使的，用益物权人有权依据本法第二百四十三条、第二百四十五条的规定获得相应补偿。

第三百二十八条　【海域使用权】依法取得的海域使用权受法律保护。

第三百二十九条　【特许物权依法保护】依法取得的探矿权、采矿权、取水权和使用水域、滩涂从事养殖、捕捞的权利受法律保护。

第十一章　土地承包经营权

第三百三十条　【农村土地承包经营】农村集体经济组织实行家庭承包经营为基础、统分结合的双层经营体制。

农民集体所有和国家所有由农民集体使用的耕地、林地、草地以及其他用于农业的土地，依法实行土地承包经营制度。

第三百三十一条　【土地承包经营权内容】土地承包经营权人依法对其承包经营的耕地、林地、草地等享有占有、使用和收益的权利，有权从事种植业、林业、畜牧业等农业生产。

第三百三十二条　【土地的承包期限】耕地的承包期为三十年。草地的承包期为三十年至五十年。林地的承包期为三十年至七十年。

前款规定的承包期限届满，由土地承包经营权人依照农村土地承包的法律规定继续承包。

第三百三十三条　【土地承包经营权的设立与登记】土地承包经营权自土地承包经营权合同生效时设立。

登记机构应当向土地承包经营权人发放土地承包经营权证、林权证等证书，并登记造册，确认土地承包经营权。

第三百三十四条　【土地承包经营权的互换、转让】土地承包经营权人依照法律规定，有权将土地承包经营权互换、转让。未经依法批准，不得将承包地用于非农建设。

第三百三十五条　【土地承包经营权流转的登记对抗主义】土地承包经营权互换、转让的，当事人可以向登记机构申请登记；未经登记，不得对抗善意第三人。

第三百三十六条　【承包地的调整】承包期内发包人不得调整承包地。

因自然灾害严重毁损承包地等特殊情形，需要适当调整承包的耕地和草地的，应当依照农村土地承包的法律规定办理。

第三百三十七条　【承包地的收回】承包期内发包人不得收回承包地。法律另有规定的，依照其规定。

第三百三十八条　【征收承包地的补偿规则】承包地被征收的，土地承包经营权人有权依据本法第二百四十三条的规定获得相应补偿。

第三百三十九条　【土地经营权的流转】土地承包经营权人可以自主决定依法采取出租、入股或者其他方式向他人流转土地经营权。

第三百四十条　【土地经营权人的基本权利】土地经营权人有权在合同约定的期限内占有农村土地，自主开展农业生产经营并取得收益。

第三百四十一条　【土地经营权的设立与登记】流转期限为五年以上的土地经营权，自流转合同生效时设立。当事人可以向登记机构申请土地经营权登记；未经登记，不得对抗善意第三人。

第三百四十二条　【以其他方式承包取得的土地经营权流转】通过招标、拍卖、公开协商等方式承包农村土地，经依法登记取得权属证书的，可以依法采取出租、入股、抵押或者其他方式流转土地经营权。

第三百四十三条　【国有农用地承包经营的法律适用】国家所有的农用地实行承包经营的，参照适用本编的有关规定。

第十二章　建设用地使用权

第三百四十四条　【建设用地使用权的概念】建设用地使用权人依法对国家所有的土地享有占有、使用和收益的权利，有权利用该土地建造建筑物、构筑物及其附属设施。

第三百四十五条　【建设用地使用权的分层设立】建设用地使用权可以在土地的地表、地上或者地下分别设立。

第三百四十六条　【建设用地使用权的设立原则】设立建设用地使用权，应当符合节约资源、保护生态环境的要求，遵守法律、行政法规关于土地用途的规定，不得损害已经设立的用益物权。

第三百四十七条　【建设用地使用权的出让方式】设立建设用地使用权，可以采取出让或者划拨等方式。

工业、商业、旅游、娱乐和商品住宅等经营性用地以及同一土地有两个以上意向用地者的，应当采取招标、拍卖等公开竞价的方式出让。

严格限制以划拨方式设立建设用地使用权。

第三百四十八条　【建设用地使用权出让合同】通过招标、拍卖、协议等出让方式设立建设用地使用权的，当事人应当采用书面形式订立建设用地使用权出让合同。

建设用地使用权出让合同一般包括下列条款：

（一）当事人的名称和住所；

（二）土地界址、面积等；

（三）建筑物、构筑物及其附属设施占用的空间；

（四）土地用途、规划条件；

（五）建设用地使用权期限；

（六）出让金等费用及其支付方式；

（七）解决争议的方法。

第三百四十九条　【建设用地使用权的登记】设立建设用地使用权的，应当向登记机构申请建设用地使用权登记。建设用地使用权自登记时设立。登记机构应当向建设用地使用权人发放权属证书。

第三百五十条　【土地用途限定规则】建设用地使用权人应当合理利用土地，不得改变土地用途；需要改变土地用途的，应当依法经有关行政主管部门批准。

第三百五十一条　【建设用地使用权人支付出让金等费用的义务】建设用地使用权人应当依照法律规定以及合同约定支付出让金等费用。

第三百五十二条　【建设用地使用权人建造的建筑物、构筑物及其附属设施的归属】建设用地使用权人建造的建筑物、构筑物及其附属设施的所有权属于建设用地使用权人，但是有相反证据证明的除外。

第三百五十三条　【建设用地使用权的流转方式】建设用地使用权人有权将建设用地使用权转让、互换、出资、赠与或者抵押，但是法律另有规定的除外。

第三百五十四条　【建设用地使用权流转的合同形式和期限】建设用地使用权转让、互换、出资、赠与或者抵押的，当事人应当采用书面形式订立相应的合同。使用期限由当事人约定，但是不得超过建设用地使用权的剩余期限。

第三百五十五条　【建设用地使用权流转登记】建设用地使用权转让、互换、出资或者赠与的，应当向登记机构申请变更登记。

第三百五十六条　【建设用地使用权流转之房随地走】建设用地使用权转让、互换、出资或者赠与的，附着于该土地上的建筑物、构筑物及其附属设施一并处分。

第三百五十七条　【建设用地使用权流转之地随房走】 建筑物、构筑物及其附属设施转让、互换、出资或者赠与的，该建筑物、构筑物及其附属设施占用范围内的建设用地使用权一并处分。

第三百五十八条　【建设用地使用权的提前收回及其补偿】 建设用地使用权期限届满前，因公共利益需要提前收回该土地的，应当依据本法第二百四十三条的规定对该土地上的房屋以及其他不动产给予补偿，并退还相应的出让金。

第三百五十九条　【建设用地使用权期限届满的处理规则】 住宅建设用地使用权期限届满的，自动续期。续期费用的缴纳或者减免，依照法律、行政法规的规定办理。

非住宅建设用地使用权期限届满后的续期，依照法律规定办理。该土地上的房屋以及其他不动产的归属，有约定的，按照约定；没有约定或者约定不明确的，依照法律、行政法规的规定办理。

第三百六十条　【建设用地使用权注销登记】 建设用地使用权消灭的，出让人应当及时办理注销登记。登记机构应当收回权属证书。

第三百六十一条　【集体土地作为建设用地的法律适用】 集体所有的土地作为建设用地的，应当依照土地管理的法律规定办理。

第十三章　宅基地使用权

第三百六十二条　【宅基地使用权内容】 宅基地使用权人依法对集体所有的土地享有占有和使用的权利，有权依法利用该土地建造住宅及其附属设施。

第三百六十三条　【宅基地使用权的法律适用】 宅基地使用权的取得、行使和转让，适用土地管理的法律和国家有关规定。

第三百六十四条　【宅基地灭失后的重新分配】 宅基地因自然灾害等原因灭失的，宅基地使用权消灭。对失去宅基地的村民，应当依法重新分配宅基地。

第三百六十五条　【宅基地使用权的变更登记与注销登记】 已

经登记的宅基地使用权转让或者消灭的，应当及时办理变更登记或者注销登记。

第十四章　居　住　权

第三百六十六条　【居住权的定义】 居住权人有权按照合同约定，对他人的住宅享有占有、使用的用益物权，以满足生活居住的需要。

第三百六十七条　【居住权合同】 设立居住权，当事人应当采用书面形式订立居住权合同。

居住权合同一般包括下列条款：

（一）当事人的姓名或者名称和住所；

（二）住宅的位置；

（三）居住的条件和要求；

（四）居住权期限；

（五）解决争议的方法。

第三百六十八条　【居住权的设立】 居住权无偿设立，但是当事人另有约定的除外。设立居住权的，应当向登记机构申请居住权登记。居住权自登记时设立。

第三百六十九条　【居住权的限制性规定及例外】 居住权不得转让、继承。设立居住权的住宅不得出租，但是当事人另有约定的除外。

第三百七十条　【居住权的消灭】 居住权期限届满或者居住权人死亡的，居住权消灭。居住权消灭的，应当及时办理注销登记。

第三百七十一条　【以遗嘱设立居住权的法律适用】 以遗嘱方式设立居住权的，参照适用本章的有关规定。

第十五章　地　役　权

第三百七十二条　【地役权的定义】 地役权人有权按照合同约

定，利用他人的不动产，以提高自己的不动产的效益。

前款所称他人的不动产为供役地，自己的不动产为需役地。

第三百七十三条　【地役权合同】设立地役权，当事人应当采用书面形式订立地役权合同。

地役权合同一般包括下列条款：

（一）当事人的姓名或者名称和住所；

（二）供役地和需役地的位置；

（三）利用目的和方法；

（四）地役权期限；

（五）费用及其支付方式；

（六）解决争议的方法。

第三百七十四条　【地役权的设立与登记】地役权自地役权合同生效时设立。当事人要求登记的，可以向登记机构申请地役权登记；未经登记，不得对抗善意第三人。

第三百七十五条　【供役地权利人的义务】供役地权利人应当按照合同约定，允许地役权人利用其不动产，不得妨害地役权人行使权利。

第三百七十六条　【地役权人的义务】地役权人应当按照合同约定的利用目的和方法利用供役地，尽量减少对供役地权利人物权的限制。

第三百七十七条　【地役权的期限】地役权期限由当事人约定；但是，不得超过土地承包经营权、建设用地使用权等用益物权的剩余期限。

第三百七十八条　【在享有或者负担地役权的土地上设立用益物权的规则】土地所有权人享有地役权或者负担地役权的，设立土地承包经营权、宅基地使用权等用益物权时，该用益物权人继续享有或者负担已经设立的地役权。

第三百七十九条　【土地所有权人在已设立用益物权的土地上

设立地役权的规则】土地上已经设立土地承包经营权、建设用地使用权、宅基地使用权等用益物权的，未经用益物权人同意，土地所有权人不得设立地役权。

第三百八十条　【地役权的转让规则】地役权不得单独转让。土地承包经营权、建设用地使用权等转让的，地役权一并转让，但是合同另有约定的除外。

第三百八十一条　【地役权不得单独抵押】地役权不得单独抵押。土地经营权、建设用地使用权等抵押的，在实现抵押权时，地役权一并转让。

第三百八十二条　【需役地部分转让效果】需役地以及需役地上的土地承包经营权、建设用地使用权等部分转让时，转让部分涉及地役权的，受让人同时享有地役权。

第三百八十三条　【供役地部分转让效果】供役地以及供役地上的土地承包经营权、建设用地使用权等部分转让时，转让部分涉及地役权的，地役权对受让人具有法律约束力。

第三百八十四条　【供役地权利人解除权】地役权人有下列情形之一的，供役地权利人有权解除地役权合同，地役权消灭：

（一）违反法律规定或者合同约定，滥用地役权；

（二）有偿利用供役地，约定的付款期限届满后在合理期限内经两次催告未支付费用。

第三百八十五条　【地役权变动后的登记】已经登记的地役权变更、转让或者消灭的，应当及时办理变更登记或者注销登记。

第四分编　担 保 物 权

第十六章　一 般 规 定

第三百八十六条　【担保物权的定义】担保物权人在债务人不履行到期债务或者发生当事人约定的实现担保物权的情形，依法享有就担保财产优先受偿的权利，但是法律另有规定的除外。

第三百八十七条　【担保物权适用范围及反担保】债权人在借贷、买卖等民事活动中，为保障实现其债权，需要担保的，可以依照本法和其他法律的规定设立担保物权。

第三人为债务人向债权人提供担保的，可以要求债务人提供反担保。反担保适用本法和其他法律的规定。

第三百八十八条　【担保合同及其与主合同的关系】设立担保物权，应当依照本法和其他法律的规定订立担保合同。担保合同包括抵押合同、质押合同和其他具有担保功能的合同。担保合同是主债权债务合同的从合同。主债权债务合同无效的，担保合同无效，但是法律另有规定的除外。

担保合同被确认无效后，债务人、担保人、债权人有过错的，应当根据其过错各自承担相应的民事责任。

第三百八十九条　【担保范围】担保物权的担保范围包括主债权及其利息、违约金、损害赔偿金、保管担保财产和实现担保物权的费用。当事人另有约定的，按照其约定。

第三百九十条　【担保物权的物上代位性】担保期间，担保财产毁损、灭失或者被征收等，担保物权人可以就获得的保险金、赔偿金或者补偿金等优先受偿。被担保债权的履行期限未届满的，也可以提存该保险金、赔偿金或者补偿金等。

第三百九十一条　【债务转让对担保物权的效力】第三人提供担保，未经其书面同意，债权人允许债务人转移全部或者部分债务的，担保人不再承担相应的担保责任。

第三百九十二条　【人保和物保并存时的处理规则】被担保的债权既有物的担保又有人的担保的，债务人不履行到期债务或者发生当事人约定的实现担保物权的情形，债权人应当按照约定实现债权；没有约定或者约定不明确，债务人自己提供物的担保的，债权人应当先就该物的担保实现债权；第三人提供物的担保的，债权人可以就物的担保实现债权，也可以请求保证人承担保证责任。提供担保的第三人承担担保责任后，有权向债务人追偿。

第三百九十三条 【担保物权消灭的情形】 有下列情形之一的，担保物权消灭：

（一）主债权消灭；

（二）担保物权实现；

（三）债权人放弃担保物权；

（四）法律规定担保物权消灭的其他情形。

第十七章 抵 押 权

第一节 一般抵押权

第三百九十四条 【抵押权的定义】 为担保债务的履行，债务人或者第三人不转移财产的占有，将该财产抵押给债权人的，债务人不履行到期债务或者发生当事人约定的实现抵押权的情形，债权人有权就该财产优先受偿。

前款规定的债务人或者第三人为抵押人，债权人为抵押权人，提供担保的财产为抵押财产。

第三百九十五条 【可抵押财产的范围】 债务人或者第三人有权处分的下列财产可以抵押：

（一）建筑物和其他土地附着物；

（二）建设用地使用权；

（三）海域使用权；

（四）生产设备、原材料、半成品、产品；

（五）正在建造的建筑物、船舶、航空器；

（六）交通运输工具；

（七）法律、行政法规未禁止抵押的其他财产。

抵押人可以将前款所列财产一并抵押。

第三百九十六条　【浮动抵押】企业、个体工商户、农业生产经营者可以将现有的以及将有的生产设备、原材料、半成品、产品抵押，债务人不履行到期债务或者发生当事人约定的实现抵押权的情形，债权人有权就抵押财产确定时的动产优先受偿。

第三百九十七条　【建筑物和相应的建设用地使用权一并抵押规则】以建筑物抵押的，该建筑物占用范围内的建设用地使用权一并抵押。以建设用地使用权抵押的，该土地上的建筑物一并抵押。

抵押人未依据前款规定一并抵押的，未抵押的财产视为一并抵押。

第三百九十八条　【乡镇、村企业的建设用地使用权与房屋一并抵押规则】乡镇、村企业的建设用地使用权不得单独抵押。以乡镇、村企业的厂房等建筑物抵押的，其占用范围内的建设用地使用权一并抵押。

第三百九十九条　【禁止抵押的财产范围】下列财产不得抵押：

（一）土地所有权；

（二）宅基地、自留地、自留山等集体所有土地的使用权，但是法律规定可以抵押的除外；

（三）学校、幼儿园、医疗机构等为公益目的成立的非营利法人的教育设施、医疗卫生设施和其他公益设施；

（四）所有权、使用权不明或者有争议的财产；

（五）依法被查封、扣押、监管的财产；

（六）法律、行政法规规定不得抵押的其他财产。

第四百条　【抵押合同】设立抵押权，当事人应当采用书面形式订立抵押合同。

抵押合同一般包括下列条款：

（一）被担保债权的种类和数额；

（二）债务人履行债务的期限；

（三）抵押财产的名称、数量等情况；

（四）担保的范围。

第四百零一条　【流押条款的效力】抵押权人在债务履行期限届满前，与抵押人约定债务人不履行到期债务时抵押财产归债权人所有的，只能依法就抵押财产优先受偿。

第四百零二条　【不动产抵押登记】以本法第三百九十五条第一款第一项至第三项规定的财产或者第五项规定的正在建造的建筑物抵押的，应当办理抵押登记。抵押权自登记时设立。

第四百零三条　【动产抵押的效力】以动产抵押的，抵押权自抵押合同生效时设立；未经登记，不得对抗善意第三人。

第四百零四条　【动产抵押权对抗效力的限制】以动产抵押的，不得对抗正常经营活动中已经支付合理价款并取得抵押财产的买受人。

第四百零五条　【抵押权和租赁权的关系】抵押权设立前，抵押财产已经出租并转移占有的，原租赁关系不受该抵押权的影响。

第四百零六条　【抵押期间抵押财产转让应当遵循的规则】抵押期间，抵押人可以转让抵押财产。当事人另有约定的，按照其约定。抵押财产转让的，抵押权不受影响。

抵押人转让抵押财产的，应当及时通知抵押权人。抵押权人能够证明抵押财产转让可能损害抵押权的，可以请求抵押人将转让所得的价款向抵押权人提前清偿债务或者提存。转让的价款超过债权数额的部分归抵押人所有，不足部分由债务人清偿。

第四百零七条　【抵押权的从属性】抵押权不得与债权分离而单独转让或者作为其他债权的担保。债权转让的，担保该债权的抵押权一并转让，但是法律另有规定或者当事人另有约定的除外。

第四百零八条　【抵押财产价值减少时抵押权人的保护措施】抵押人的行为足以使抵押财产价值减少的，抵押权人有权请求抵押人停止其行为；抵押财产价值减少的，抵押权人有权请求恢复抵押财产的价值，或者提供与减少的价值相应的担保。抵押人不恢复抵押财产的价值，也不提供担保的，抵押权人有权请求债务人提前清偿债务。

第四百零九条　【抵押权人放弃抵押权或抵押权顺位的法律后果】抵押权人可以放弃抵押权或者抵押权的顺位。抵押权人与抵押人可以协议变更抵押权顺位以及被担保的债权数额等内容。但是，抵押权的变更未经其他抵押权人书面同意的，不得对其他抵押权人产生不利影响。

债务人以自己的财产设定抵押，抵押权人放弃该抵押权、抵押权顺位或者变更抵押权的，其他担保人在抵押权人丧失优先受偿权益的范围内免除担保责任，但是其他担保人承诺仍然提供担保的除外。

第四百一十条　【抵押权实现的方式和程序】债务人不履行到期债务或者发生当事人约定的实现抵押权的情形，抵押权人可以与抵押人协议以抵押财产折价或者以拍卖、变卖该抵押财产所得的价款优先受偿。协议损害其他债权人利益的，其他债权人可以请求人民法院撤销该协议。

抵押权人与抵押人未就抵押权实现方式达成协议的，抵押权人可以请求人民法院拍卖、变卖抵押财产。

抵押财产折价或者变卖的，应当参照市场价格。

第四百一十一条　【浮动抵押财产的确定】依据本法第三百九十六条规定设定抵押的，抵押财产自下列情形之一发生时确定：

（一）债务履行期限届满，债权未实现；

（二）抵押人被宣告破产或者解散；

（三）当事人约定的实现抵押权的情形；

（四）严重影响债权实现的其他情形。

第四百一十二条　【抵押财产孳息归属】债务人不履行到期债务或者发生当事人约定的实现抵押权的情形，致使抵押财产被人民法院依法扣押的，自扣押之日起，抵押权人有权收取该抵押财产的天然孳息或者法定孳息，但是抵押权人未通知应当清偿法定孳息义务人的除外。

前款规定的孳息应当先充抵收取孳息的费用。

第四百一十三条　【抵押财产变价款的归属原则】 抵押财产折价或者拍卖、变卖后，其价款超过债权数额的部分归抵押人所有，不足部分由债务人清偿。

第四百一十四条　【同一财产上多个抵押权的效力顺序】 同一财产向两个以上债权人抵押的，拍卖、变卖抵押财产所得的价款依照下列规定清偿：

（一）抵押权已经登记的，按照登记的时间先后确定清偿顺序；

（二）抵押权已经登记的先于未登记的受偿；

（三）抵押权未登记的，按照债权比例清偿。

其他可以登记的担保物权，清偿顺序参照适用前款规定。

第四百一十五条　【既有抵押权又有质权的财产的清偿顺序】 同一财产既设立抵押权又设立质权的，拍卖、变卖该财产所得的价款按照登记、交付的时间先后确定清偿顺序。

第四百一十六条　【买卖价款抵押权】 动产抵押担保的主债权是抵押物的价款，标的物交付后十日内办理抵押登记的，该抵押权人优先于抵押物买受人的其他担保物权人受偿，但是留置权人除外。

第四百一十七条　【抵押权对新增建筑物的效力】 建设用地使用权抵押后，该土地上新增的建筑物不属于抵押财产。该建设用地使用权实现抵押权时，应当将该土地上新增的建筑物与建设用地使用权一并处分。但是，新增建筑物所得的价款，抵押权人无权优先受偿。

第四百一十八条　【集体所有土地使用权抵押权的实现效果】 以集体所有土地的使用权依法抵押的，实现抵押权后，未经法定程序，不得改变土地所有权的性质和土地用途。

第四百一十九条　【抵押权的存续期间】抵押权人应当在主债权诉讼时效期间行使抵押权；未行使的，人民法院不予保护。

第二节　最高额抵押权

第四百二十条　【最高额抵押规则】为担保债务的履行，债务人或者第三人对一定期间内将要连续发生的债权提供担保财产的，债务人不履行到期债务或者发生当事人约定的实现抵押权的情形，抵押权人有权在最高债权额限度内就该担保财产优先受偿。

最高额抵押权设立前已经存在的债权，经当事人同意，可以转入最高额抵押担保的债权范围。

第四百二十一条　【最高额抵押权担保的部分债权转让效力】最高额抵押担保的债权确定前，部分债权转让的，最高额抵押权不得转让，但是当事人另有约定的除外。

第四百二十二条　【最高额抵押合同条款变更】最高额抵押担保的债权确定前，抵押权人与抵押人可以通过协议变更债权确定的期间、债权范围以及最高债权额。但是，变更的内容不得对其他抵押权人产生不利影响。

第四百二十三条　【最高额抵押所担保债权的确定事由】有下列情形之一的，抵押权人的债权确定：

（一）约定的债权确定期间届满；

（二）没有约定债权确定期间或者约定不明确，抵押权人或者抵押人自最高额抵押权设立之日起满二年后请求确定债权；

（三）新的债权不可能发生；

（四）抵押权人知道或者应当知道抵押财产被查封、扣押；

（五）债务人、抵押人被宣告破产或者解散；

（六）法律规定债权确定的其他情形。

第四百二十四条　【最高额抵押的法律适用】最高额抵押权除适用本节规定外，适用本章第一节的有关规定。

第十八章　质　　权

第一节　动产质权

第四百二十五条　【动产质权概念】为担保债务的履行，债务人或者第三人将其动产出质给债权人占有的，债务人不履行到期债务或者发生当事人约定的实现质权的情形，债权人有权就该动产优先受偿。

前款规定的债务人或者第三人为出质人，债权人为质权人，交付的动产为质押财产。

第四百二十六条　【禁止出质的动产范围】法律、行政法规禁止转让的动产不得出质。

第四百二十七条　【质押合同形式及内容】设立质权，当事人应当采用书面形式订立质押合同。

质押合同一般包括下列条款：

（一）被担保债权的种类和数额；

（二）债务人履行债务的期限；

（三）质押财产的名称、数量等情况；

（四）担保的范围；

（五）质押财产交付的时间、方式。

第四百二十八条　【流质条款的效力】质权人在债务履行期限届满前，与出质人约定债务人不履行到期债务时质押财产归债权人所有的，只能依法就质押财产优先受偿。

第四百二十九条　【质权的设立】质权自出质人交付质押财产时设立。

第四百三十条　【质权人的孳息收取权】质权人有权收取质押财产的孳息，但是合同另有约定的除外。

前款规定的孳息应当先充抵收取孳息的费用。

第四百三十一条　【质权人对质押财产处分的限制及其法律责任】质权人在质权存续期间，未经出质人同意，擅自使用、处分质押财产，造成出质人损害的，应当承担赔偿责任。

第四百三十二条　【质物保管义务】质权人负有妥善保管质押财产的义务；因保管不善致使质押财产毁损、灭失的，应当承担赔偿责任。

质权人的行为可能使质押财产毁损、灭失的，出质人可以请求质权人将质押财产提存，或者请求提前清偿债务并返还质押财产。

第四百三十三条　【质押财产保全】因不可归责于质权人的事由可能使质押财产毁损或者价值明显减少，足以危害质权人权利的，质权人有权请求出质人提供相应的担保；出质人不提供的，质权人可以拍卖、变卖质押财产，并与出质人协议将拍卖、变卖所得的价款提前清偿债务或者提存。

第四百三十四条　【转质】质权人在质权存续期间，未经出质人同意转质，造成质押财产毁损、灭失的，应当承担赔偿责任。

第四百三十五条　【放弃质权】质权人可以放弃质权。债务人以自己的财产出质，质权人放弃该质权的，其他担保人在质权人丧失优先受偿权益的范围内免除担保责任，但是其他担保人承诺仍然提供担保的除外。

第四百三十六条　【质物返还与质权实现】债务人履行债务或者出质人提前清偿所担保的债权的，质权人应当返还质押财产。

债务人不履行到期债务或者发生当事人约定的实现质权的情形，质权人可以与出质人协议以质押财产折价，也可以就拍卖、变卖质押财产所得的价款优先受偿。

质押财产折价或者变卖的，应当参照市场价格。

第四百三十七条　【出质人请求质权人及时行使质权】出质人可以请求质权人在债务履行期限届满后及时行使质权；质权人不行使的，出质人可以请求人民法院拍卖、变卖质押财产。

出质人请求质权人及时行使质权，因质权人怠于行使权利造成出质人损害的，由质权人承担赔偿责任。

第四百三十八条　【质押财产变价款归属原则】 质押财产折价或者拍卖、变卖后，其价款超过债权数额的部分归出质人所有，不足部分由债务人清偿。

第四百三十九条　【最高额质权】 出质人与质权人可以协议设立最高额质权。

最高额质权除适用本节有关规定外，参照适用本编第十七章第二节的有关规定。

第二节　权利质权

第四百四十条　【可出质的权利的范围】 债务人或者第三人有权处分的下列权利可以出质：

（一）汇票、本票、支票；

（二）债券、存款单；

（三）仓单、提单；

（四）可以转让的基金份额、股权；

（五）可以转让的注册商标专用权、专利权、著作权等知识产权中的财产权；

（六）现有的以及将有的应收账款；

（七）法律、行政法规规定可以出质的其他财产权利。

第四百四十一条　【有价证券质权】 以汇票、本票、支票、债券、存款单、仓单、提单出质的，质权自权利凭证交付质权人时设立；没有权利凭证的，质权自办理出质登记时设立。法律另有规定的，依照其规定。

第四百四十二条　【有价证券质权人行使权利的特别规定】 汇票、本票、支票、债券、存款单、仓单、提单的兑现日期或者提货日期先于主债权到期的，质权人可以兑现或者提货，并与出质人协议将兑现的价款或者提取的货物提前清偿债务或者提存。

第四百四十三条　【基金份额质权、股权质权】以基金份额、股权出质的，质权自办理出质登记时设立。

基金份额、股权出质后，不得转让，但是出质人与质权人协商同意的除外。出质人转让基金份额、股权所得的价款，应当向质权人提前清偿债务或者提存。

第四百四十四条　【知识产权质权】以注册商标专用权、专利权、著作权等知识产权中的财产权出质的，质权自办理出质登记时设立。

知识产权中的财产权出质后，出质人不得转让或者许可他人使用，但是出质人与质权人协商同意的除外。出质人转让或者许可他人使用出质的知识产权中的财产权所得的价款，应当向质权人提前清偿债务或者提存。

第四百四十五条　【应收账款质权】以应收账款出质的，质权自办理出质登记时设立。

应收账款出质后，不得转让，但是出质人与质权人协商同意的除外。出质人转让应收账款所得的价款，应当向质权人提前清偿债务或者提存。

第四百四十六条　【权利质权的法律适用】权利质权除适用本节规定外，适用本章第一节的有关规定。

第十九章　留　置　权

第四百四十七条　【留置权的定义】债务人不履行到期债务，债权人可以留置已经合法占有的债务人的动产，并有权就该动产优先受偿。

前款规定的债权人为留置权人，占有的动产为留置财产。

第四百四十八条　【留置财产与债权的关系】债权人留置的动产，应当与债权属于同一法律关系，但是企业之间留置的除外。

第四百四十九条　【留置权适用范围的限制性规定】法律规定或者当事人约定不得留置的动产，不得留置。

第四百五十条　【可分留置物】留置财产为可分物的，留置财产的价值应当相当于债务的金额。

第四百五十一条　【留置权人保管义务】留置权人负有妥善保管留置财产的义务；因保管不善致使留置财产毁损、灭失的，应当承担赔偿责任。

第四百五十二条　【留置财产的孳息收取】留置权人有权收取留置财产的孳息。

前款规定的孳息应当先充抵收取孳息的费用。

第四百五十三条　【留置权的实现】留置权人与债务人应当约定留置财产后的债务履行期限；没有约定或者约定不明确的，留置权人应当给债务人六十日以上履行债务的期限，但是鲜活易腐等不易保管的动产除外。债务人逾期未履行的，留置权人可以与债务人协议以留置财产折价，也可以就拍卖、变卖留置财产所得的价款优先受偿。

留置财产折价或者变卖的，应当参照市场价格。

第四百五十四条　【债务人请求留置权人行使留置权】债务人可以请求留置权人在债务履行期限届满后行使留置权；留置权人不行使的，债务人可以请求人民法院拍卖、变卖留置财产。

第四百五十五条　【留置权实现方式】留置财产折价或者拍卖、变卖后，其价款超过债权数额的部分归债务人所有，不足部分由债务人清偿。

第四百五十六条　【留置权优先于其他担保物权效力】同一动产上已经设立抵押权或者质权，该动产又被留置的，留置权人优先受偿。

第四百五十七条　【留置权消灭】留置权人对留置财产丧失占有或者留置权人接受债务人另行提供担保的，留置权消灭。

第五分编　占　　有

第二十章　占　　有

第四百五十八条　【有权占有法律适用】基于合同关系等产生的占有，有关不动产或者动产的使用、收益、违约责任等，按照合同约定；合同没有约定或者约定不明确的，依照有关法律规定。

第四百五十九条　【恶意占有人的损害赔偿责任】占有人因使用占有的不动产或者动产，致使该不动产或者动产受到损害的，恶意占有人应当承担赔偿责任。

第四百六十条　【权利人的返还请求权和占有人的费用求偿权】不动产或者动产被占有人占有的，权利人可以请求返还原物及其孳息；但是，应当支付善意占有人因维护该不动产或者动产支出的必要费用。

第四百六十一条　【占有物毁损或者灭失时占有人的责任】占有的不动产或者动产毁损、灭失，该不动产或者动产的权利人请求赔偿的，占有人应当将因毁损、灭失取得的保险金、赔偿金或者补偿金等返还给权利人；权利人的损害未得到足够弥补的，恶意占有人还应当赔偿损失。

第四百六十二条　【占有保护的方法】占有的不动产或者动产被侵占的，占有人有权请求返还原物；对妨害占有的行为，占有人有权请求排除妨害或者消除危险；因侵占或者妨害造成损害的，占有人有权依法请求损害赔偿。

占有人返还原物的请求权，自侵占发生之日起一年内未行使的，该请求权消灭。

……

中华人民共和国城市房地产管理法

（1994 年 7 月 5 日第八届全国人民代表大会常务委员会第八次会议通过　根据 2007 年 8 月 30 日第十届全国人民代表大会常务委员会第二十九次会议《关于修改〈中华人民共和国城市房地产管理法〉的决定》第一次修正　根据 2009 年 8 月 27 日第十一届全国人民代表大会常务委员会第十次会议《关于修改部分法律的决定》第二次修正　根据 2019 年 8 月 26 日第十三届全国人民代表大会常务委员会第十二次会议《关于修改〈中华人民共和国土地管理法〉、〈中华人民共和国城市房地产管理法〉的决定》第三次修正）

目　录

第一章　总　则
第二章　房地产开发用地
　第一节　土地使用权出让
　第二节　土地使用权划拨
第三章　房地产开发
第四章　房地产交易
　第一节　一般规定
　第二节　房地产转让
　第三节　房地产抵押
　第四节　房屋租赁
　第五节　中介服务机构
第五章　房地产权属登记管理

第六章　法律责任
第七章　附　　则

第一章　总　　则

第一条　【立法宗旨】为了加强对城市房地产的管理，维护房地产市场秩序，保障房地产权利人的合法权益，促进房地产业的健康发展，制定本法。

第二条　【适用范围】在中华人民共和国城市规划区国有土地（以下简称国有土地）范围内取得房地产开发用地的土地使用权，从事房地产开发、房地产交易，实施房地产管理，应当遵守本法。

本法所称房屋，是指土地上的房屋等建筑物及构筑物。

本法所称房地产开发，是指在依据本法取得国有土地使用权的土地上进行基础设施、房屋建设的行为。

本法所称房地产交易，包括房地产转让、房地产抵押和房屋租赁。

第三条　【国有土地有偿、有限期使用制度】国家依法实行国有土地有偿、有限期使用制度。但是，国家在本法规定的范围内划拨国有土地使用权的除外。

第四条　【国家扶持居民住宅建设】国家根据社会、经济发展水平，扶持发展居民住宅建设，逐步改善居民的居住条件。

第五条　【房地产权利人的义务和权益】房地产权利人应当遵守法律和行政法规，依法纳税。房地产权利人的合法权益受法律保护，任何单位和个人不得侵犯。

第六条　【房屋征收】为了公共利益的需要，国家可以征收国有土地上单位和个人的房屋，并依法给予拆迁补偿，维护被征收人的合法权益；征收个人住宅的，还应当保障被征收人的居住条件。具体办法由国务院规定。

第七条　【房地产管理机构设置】国务院建设行政主管部门、

土地管理部门依照国务院规定的职权划分，各司其职，密切配合，管理全国房地产工作。

县级以上地方人民政府房产管理、土地管理部门的机构设置及其职权由省、自治区、直辖市人民政府确定。

第二章　房地产开发用地

第一节　土地使用权出让

第八条　【土地使用权出让的定义】土地使用权出让，是指国家将国有土地使用权（以下简称土地使用权）在一定年限内出让给土地使用者，由土地使用者向国家支付土地使用权出让金的行为。

第九条　【集体所有土地征收与出让】城市规划区内的集体所有的土地，经依法征收转为国有土地后，该幅国有土地的使用权方可有偿出让，但法律另有规定的除外。

第十条　【土地使用权出让宏观管理】土地使用权出让，必须符合土地利用总体规划、城市规划和年度建设用地计划。

第十一条　【年度出让土地使用权总量控制】县级以上地方人民政府出让土地使用权用于房地产开发的，须根据省级以上人民政府下达的控制指标拟订年度出让土地使用权总面积方案，按照国务院规定，报国务院或者省级人民政府批准。

第十二条　【土地使用权出让主体】土地使用权出让，由市、县人民政府有计划、有步骤地进行。出让的每幅地块、用途、年限和其他条件，由市、县人民政府土地管理部门会同城市规划、建设、房产管理部门共同拟定方案，按照国务院规定，报经有批准权的人民政府批准后，由市、县人民政府土地管理部门实施。

直辖市的县人民政府及其有关部门行使前款规定的权限，由直辖市人民政府规定。

第十三条　【土地使用权出让方式】土地使用权出让，可以采取拍卖、招标或者双方协议的方式。

商业、旅游、娱乐和豪华住宅用地，有条件的，必须采取拍卖、招标方式；没有条件，不能采取拍卖、招标方式的，可以采取双方协议的方式。

采取双方协议方式出让土地使用权的出让金不得低于按国家规定所确定的最低价。

第十四条　【土地使用权出让最高年限】土地使用权出让最高年限由国务院规定。

第十五条　【土地使用权出让合同】土地使用权出让，应当签订书面出让合同。

土地使用权出让合同由市、县人民政府土地管理部门与土地使用者签订。

第十六条　【支付出让金】土地使用者必须按照出让合同约定，支付土地使用权出让金；未按照出让合同约定支付土地使用权出让金的，土地管理部门有权解除合同，并可以请求违约赔偿。

第十七条　【提供出让土地】土地使用者按照出让合同约定支付土地使用权出让金的，市、县人民政府土地管理部门必须按照出让合同约定，提供出让的土地；未按照出让合同约定提供出让的土地的，土地使用者有权解除合同，由土地管理部门返还土地使用权出让金，土地使用者并可以请求违约赔偿。

第十八条　【土地用途的变更】土地使用者需要改变土地使用权出让合同约定的土地用途的，必须取得出让方和市、县人民政府城市规划行政主管部门的同意，签订土地使用权出让合同变更协议或者重新签订土地使用权出让合同，相应调整土地使用权出让金。

第十九条　【土地使用权出让金的管理】土地使用权出让金应当全部上缴财政，列入预算，用于城市基础设施建设和土地开发。土地使用权出让金上缴和使用的具体办法由国务院规定。

第二十条　【出让土地使用权的提前收回】国家对土地使用者

依法取得的土地使用权，在出让合同约定的使用年限届满前不收回；在特殊情况下，根据社会公共利益的需要，可以依照法律程序提前收回，并根据土地使用者使用土地的实际年限和开发土地的实际情况给予相应的补偿。

第二十一条　【土地使用权终止】土地使用权因土地灭失而终止。

第二十二条　【土地使用权出让年限届满】土地使用权出让合同约定的使用年限届满，土地使用者需要继续使用土地的，应当至迟于届满前一年申请续期，除根据社会公共利益需要收回该幅土地的，应当予以批准。经批准准予续期的，应当重新签订土地使用权出让合同，依照规定支付土地使用权出让金。

土地使用权出让合同约定的使用年限届满，土地使用者未申请续期或者虽申请续期但依照前款规定未获批准的，土地使用权由国家无偿收回。

第二节　土地使用权划拨

第二十三条　【土地使用权划拨的定义】土地使用权划拨，是指县级以上人民政府依法批准，在土地使用者缴纳补偿、安置等费用后将该幅土地交付其使用，或者将土地使用权无偿交付给土地使用者使用的行为。

依照本法规定以划拨方式取得土地使用权的，除法律、行政法规另有规定外，没有使用期限的限制。

第二十四条　【土地使用权划拨范围】下列建设用地的土地使用权，确属必需的，可以由县级以上人民政府依法批准划拨：

（一）国家机关用地和军事用地；

（二）城市基础设施用地和公益事业用地；

（三）国家重点扶持的能源、交通、水利等项目用地；

（四）法律、行政法规规定的其他用地。

第三章　房地产开发

第二十五条　【房地产开发基本原则】房地产开发必须严格执行城市规划，按照经济效益、社会效益、环境效益相统一的原则，实行全面规划、合理布局、综合开发、配套建设。

第二十六条　【开发土地期限】以出让方式取得土地使用权进行房地产开发的，必须按照土地使用权出让合同约定的土地用途、动工开发期限开发土地。超过出让合同约定的动工开发日期满一年未动工开发的，可以征收相当于土地使用权出让金百分之二十以下的土地闲置费；满二年未动工开发的，可以无偿收回土地使用权；但是，因不可抗力或者政府、政府有关部门的行为或者动工开发必需的前期工作造成动工开发迟延的除外。

第二十七条　【房地产开发项目设计、施工和竣工】房地产开发项目的设计、施工，必须符合国家的有关标准和规范。

房地产开发项目竣工，经验收合格后，方可交付使用。

第二十八条　【土地使用权作价】依法取得的土地使用权，可以依照本法和有关法律、行政法规的规定，作价入股，合资、合作开发经营房地产。

第二十九条　【开发居民住宅的鼓励和扶持】国家采取税收等方面的优惠措施鼓励和扶持房地产开发企业开发建设居民住宅。

第三十条　【房地产开发企业的设立】房地产开发企业是以营利为目的，从事房地产开发和经营的企业。设立房地产开发企业，应当具备下列条件：

（一）有自己的名称和组织机构；

（二）有固定的经营场所；

（三）有符合国务院规定的注册资本；

（四）有足够的专业技术人员；

（五）法律、行政法规规定的其他条件。

设立房地产开发企业，应当向工商行政管理部门申请设立登记。工商行政管理部门对符合本法规定条件的，应当予以登记，发给营业执照；对不符合本法规定条件的，不予登记。

设立有限责任公司、股份有限公司，从事房地产开发经营的，还应当执行公司法的有关规定。

房地产开发企业在领取营业执照后的一个月内，应当到登记机关所在地的县级以上地方人民政府规定的部门备案。

第三十一条 【房地产开发企业注册资本与投资总额的比例】 房地产开发企业的注册资本与投资总额的比例应当符合国家有关规定。

房地产开发企业分期开发房地产的，分期投资额应当与项目规模相适应，并按照土地使用权出让合同的约定，按期投入资金，用于项目建设。

第四章 房地产交易

第一节 一般规定

第三十二条 【房地产权利主体一致原则】 房地产转让、抵押时，房屋的所有权和该房屋占用范围内的土地使用权同时转让、抵押。

第三十三条 【房地产价格管理】 基准地价、标定地价和各类房屋的重置价格应当定期确定并公布。具体办法由国务院规定。

第三十四条 【房地产价格评估】 国家实行房地产价格评估制度。

房地产价格评估，应当遵循公正、公平、公开的原则，按照国家规定的技术标准和评估程序，以基准地价、标定地价和各类房屋的重置价格为基础，参照当地的市场价格进行评估。

第三十五条 【房地产成交价格申报】 国家实行房地产成交价格申报制度。

房地产权利人转让房地产，应当向县级以上地方人民政府规定的部门如实申报成交价，不得瞒报或者作不实的申报。

第三十六条　【房地产权属登记】房地产转让、抵押，当事人应当依照本法第五章的规定办理权属登记。

第二节　房地产转让

第三十七条　【房地产转让的定义】房地产转让，是指房地产权利人通过买卖、赠与或者其他合法方式将其房地产转移给他人的行为。

第三十八条　【房地产不得转让的情形】下列房地产，不得转让：

（一）以出让方式取得土地使用权的，不符合本法第三十九条规定的条件的；

（二）司法机关和行政机关依法裁定、决定查封或者以其他形式限制房地产权利的；

（三）依法收回土地使用权的；

（四）共有房地产，未经其他共有人书面同意的；

（五）权属有争议的；

（六）未依法登记领取权属证书的；

（七）法律、行政法规规定禁止转让的其他情形。

第三十九条　【以出让方式取得土地使用权的房地产转让】以出让方式取得土地使用权的，转让房地产时，应当符合下列条件：

（一）按照出让合同约定已经支付全部土地使用权出让金，并取得土地使用权证书；

（二）按照出让合同约定进行投资开发，属于房屋建设工程的，完成开发投资总额的百分之二十五以上，属于成片开发土地的，形成工业用地或者其他建设用地条件。

转让房地产时房屋已经建成的，还应当持有房屋所有权证书。

第四十条　【以划拨方式取得土地使用权的房地产转让】 以划拨方式取得土地使用权的，转让房地产时，应当按照国务院规定，报有批准权的人民政府审批。有批准权的人民政府准予转让的，应当由受让方办理土地使用权出让手续，并依照国家有关规定缴纳土地使用权出让金。

以划拨方式取得土地使用权的，转让房地产报批时，有批准权的人民政府按照国务院规定决定可以不办理土地使用权出让手续的，转让方应当按照国务院规定将转让房地产所获收益中的土地收益上缴国家或者作其他处理。

第四十一条　【房地产转让合同】 房地产转让，应当签订书面转让合同，合同中应当载明土地使用权取得的方式。

第四十二条　【房地产转让合同与土地使用权出让合同的关系】 房地产转让时，土地使用权出让合同载明的权利、义务随之转移。

第四十三条　【房地产转让后土地使用权的使用年限】 以出让方式取得土地使用权的，转让房地产后，其土地使用权的使用年限为原土地使用权出让合同约定的使用年限减去原土地使用者已经使用年限后的剩余年限。

第四十四条　【房地产转让后土地用途变更】 以出让方式取得土地使用权的，转让房地产后，受让人改变原土地使用权出让合同约定的土地用途的，必须取得原出让方和市、县人民政府城市规划行政主管部门的同意，签订土地使用权出让合同变更协议或者重新签订土地使用权出让合同，相应调整土地使用权出让金。

第四十五条　【商品房预售的条件】 商品房预售，应当符合下列条件：

（一）已交付全部土地使用权出让金，取得土地使用权证书；

（二）持有建设工程规划许可证；

（三）按提供预售的商品房计算，投入开发建设的资金达到工程建设总投资的百分之二十五以上，并已经确定施工进度和竣工交付日期；

（四）向县级以上人民政府房产管理部门办理预售登记，取得商品房预售许可证明。

商品房预售人应当按照国家有关规定将预售合同报县级以上人民政府房产管理部门和土地管理部门登记备案。

商品房预售所得款项，必须用于有关的工程建设。

第四十六条 【商品房预售后的再行转让】商品房预售的，商品房预购人将购买的未竣工的预售商品房再行转让的问题，由国务院规定。

第三节 房地产抵押

第四十七条 【房地产抵押的定义】房地产抵押，是指抵押人以其合法的房地产以不转移占有的方式向抵押权人提供债务履行担保的行为。债务人不履行债务时，抵押权人有权依法以抵押的房地产拍卖所得的价款优先受偿。

第四十八条 【房地产抵押物的范围】依法取得的房屋所有权连同该房屋占用范围内的土地使用权，可以设定抵押权。

以出让方式取得的土地使用权，可以设定抵押权。

第四十九条 【抵押办理凭证】房地产抵押，应当凭土地使用权证书、房屋所有权证书办理。

第五十条 【房地产抵押合同】房地产抵押，抵押人和抵押权人应当签订书面抵押合同。

第五十一条 【以划拨土地使用权设定的房地产抵押权的实现】设定房地产抵押权的土地使用权是以划拨方式取得的，依法拍卖该房地产后，应当从拍卖所得的价款中缴纳相当于应缴纳的土地使用权出让金的款额后，抵押权人方可优先受偿。

第五十二条 【房地产抵押后土地上的新增房屋问题】房地产

抵押合同签订后，土地上新增的房屋不属于抵押财产。需要拍卖该抵押的房地产时，可以依法将土地上新增的房屋与抵押财产一同拍卖，但对拍卖新增房屋所得，抵押权人无权优先受偿。

第四节　房 屋 租 赁

第五十三条　【房屋租赁的定义】房屋租赁，是指房屋所有权人作为出租人将其房屋出租给承租人使用，由承租人向出租人支付租金的行为。

第五十四条　【房屋租赁合同的签订】房屋租赁，出租人和承租人应当签订书面租赁合同，约定租赁期限、租赁用途、租赁价格、修缮责任等条款，以及双方的其他权利和义务，并向房产管理部门登记备案。

第五十五条　【住宅用房和非住宅用房的租赁】住宅用房的租赁，应当执行国家和房屋所在城市人民政府规定的租赁政策。租用房屋从事生产、经营活动的，由租赁双方协商议定租金和其他租赁条款。

第五十六条　【以划拨方式取得的国有土地上的房屋出租的特别规定】以营利为目的，房屋所有权人将以划拨方式取得使用权的国有土地上建成的房屋出租的，应当将租金中所含土地收益上缴国家。具体办法由国务院规定。

第五节　中介服务机构

第五十七条　【房地产中介服务机构】房地产中介服务机构包括房地产咨询机构、房地产价格评估机构、房地产经纪机构等。

第五十八条　【房地产中介服务机构的设立】房地产中介服务机构应当具备下列条件：

（一）有自己的名称和组织机构；

（二）有固定的服务场所；

（三）有必要的财产和经费；

（四）有足够数量的专业人员；

（五）法律、行政法规规定的其他条件。

设立房地产中介服务机构，应当向工商行政管理部门申请设立登记，领取营业执照后，方可开业。

第五十九条　【房地产估价人员资格认证】国家实行房地产价格评估人员资格认证制度。

第五章　房地产权属登记管理

第六十条　【房地产登记发证制度】国家实行土地使用权和房屋所有权登记发证制度。

第六十一条　【房地产权属登记】以出让或者划拨方式取得土地使用权，应当向县级以上地方人民政府土地管理部门申请登记，经县级以上地方人民政府土地管理部门核实，由同级人民政府颁发土地使用权证书。

在依法取得的房地产开发用地上建成房屋的，应当凭土地使用权证书向县级以上地方人民政府房产管理部门申请登记，由县级以上地方人民政府房产管理部门核实并颁发房屋所有权证书。

房地产转让或者变更时，应当向县级以上地方人民政府房产管理部门申请房产变更登记，并凭变更后的房屋所有权证书向同级人民政府土地管理部门申请土地使用权变更登记，经同级人民政府土地管理部门核实，由同级人民政府更换或者更改土地使用权证书。

法律另有规定的，依照有关法律的规定办理。

第六十二条　【房地产抵押登记】房地产抵押时，应当向县级以上地方人民政府规定的部门办理抵押登记。

因处分抵押房地产而取得土地使用权和房屋所有权的，应当依照本章规定办理过户登记。

第六十三条　【房地产权属证书】经省、自治区、直辖市人民政府确定，县级以上地方人民政府由一个部门统一负责房产管理和土地管理工作的，可以制作、颁发统一的房地产权证书，依照本法第六十一条的规定，将房屋的所有权和该房屋占用范围内的土地使用权的确认和变更，分别载入房地产权证书。

第六章 法律责任

第六十四条 【擅自出让或擅自批准出让土地使用权用于房地产开发的法律责任】违反本法第十一条、第十二条的规定，擅自批准出让或者擅自出让土地使用权用于房地产开发的，由上级机关或者所在单位给予有关责任人员行政处分。

第六十五条 【擅自从事房地产开发的法律责任】违反本法第三十条的规定，未取得营业执照擅自从事房地产开发业务的，由县级以上人民政府工商行政管理部门责令停止房地产开发业务活动，没收违法所得，可以并处罚款。

第六十六条 【非法转让土地使用权的法律责任】违反本法第三十九条第一款的规定转让土地使用权的，由县级以上人民政府土地管理部门没收违法所得，可以并处罚款。

第六十七条 【非法转让划拨土地使用权的房地产的法律责任】违反本法第四十条第一款的规定转让房地产的，由县级以上人民政府土地管理部门责令缴纳土地使用权出让金，没收违法所得，可以并处罚款。

第六十八条 【非法预售商品房的法律责任】违反本法第四十五条第一款的规定预售商品房的，由县级以上人民政府房产管理部门责令停止预售活动，没收违法所得，可以并处罚款。

第六十九条 【擅自从事房地产中介服务业务的法律责任】违反本法第五十八条的规定，未取得营业执照擅自从事房地产中介服务业务的，由县级以上人民政府工商行政管理部门责令停止房地产中介服务业务活动，没收违法所得，可以并处罚款。

第七十条　【向房地产开发企业非法收费的法律责任】没有法律、法规的依据，向房地产开发企业收费的，上级机关应当责令退回所收取的钱款；情节严重的，由上级机关或者所在单位给予直接责任人员行政处分。

第七十一条　【管理部门工作人员玩忽职守、滥用职权、索贿、受贿的法律责任】房产管理部门、土地管理部门工作人员玩忽职守、滥用职权，构成犯罪的，依法追究刑事责任；不构成犯罪的，给予行政处分。

房产管理部门、土地管理部门工作人员利用职务上的便利，索取他人财物，或者非法收受他人财物为他人谋取利益，构成犯罪的，依法追究刑事责任；不构成犯罪的，给予行政处分。

第七章　附　　则

第七十二条　【参照本法适用的情形】在城市规划区外的国有土地范围内取得房地产开发用地的土地使用权，从事房地产开发、交易活动以及实施房地产管理，参照本法执行。

第七十三条　【施行时间】本法自 1995 年 1 月 1 日起施行。

中华人民共和国土地管理法

（1986年6月25日第六届全国人民代表大会常务委员会第十六次会议通过　根据1988年12月29日第七届全国人民代表大会常务委员会第五次会议《关于修改〈中华人民共和国土地管理法〉的决定》第一次修正　1998年8月29日第九届全国人民代表大会常务委员会第四次会议修订　根据2004年8月28日第十届全国人民代表大会常务委员会第十一次会议《关于修改〈中华人民共和国土地管理法〉的决定》第二次修正　根据2019年8月26日第十三届全国人民代表大会常务委员会第十二次会议《关于修改〈中华人民共和国土地管理法〉、〈中华人民共和国城市房地产管理法〉的决定》第三次修正）

目　录

第一章　总　　则
第二章　土地的所有权和使用权
第三章　土地利用总体规划
第四章　耕地保护
第五章　建设用地
第六章　监督检查
第七章　法律责任
第八章　附　　则

第一章　总　　则

第一条　【立法目的】为了加强土地管理，维护土地的社会主义公有制，保护、开发土地资源，合理利用土地，切实保护耕地，促进社会经济的可持续发展，根据宪法，制定本法。

第二条　【基本土地制度】中华人民共和国实行土地的社会主义公有制，即全民所有制和劳动群众集体所有制。

全民所有，即国家所有土地的所有权由国务院代表国家行使。

任何单位和个人不得侵占、买卖或者以其他形式非法转让土地。土地使用权可以依法转让。

国家为了公共利益的需要，可以依法对土地实行征收或者征用并给予补偿。

国家依法实行国有土地有偿使用制度。但是，国家在法律规定的范围内划拨国有土地使用权的除外。

第三条　【土地基本国策】十分珍惜、合理利用土地和切实保护耕地是我国的基本国策。各级人民政府应当采取措施，全面规划，严格管理，保护、开发土地资源，制止非法占用土地的行为。

第四条　【土地用途管制制度】国家实行土地用途管制制度。

国家编制土地利用总体规划，规定土地用途，将土地分为农用地、建设用地和未利用地。严格限制农用地转为建设用地，控制建设用地总量，对耕地实行特殊保护。

前款所称农用地是指直接用于农业生产的土地，包括耕地、林地、草地、农田水利用地、养殖水面等；建设用地是指建造建筑物、构筑物的土地，包括城乡住宅和公共设施用地、工矿用地、交通水利设施用地、旅游用地、军事设施用地等；未利用地是指农用地和建设用地以外的土地。

使用土地的单位和个人必须严格按照土地利用总体规划确定的用途使用土地。

第五条　【土地管理体制】国务院自然资源主管部门统一负责全国土地的管理和监督工作。

县级以上地方人民政府自然资源主管部门的设置及其职责，由省、自治区、直辖市人民政府根据国务院有关规定确定。

第六条 【国家土地督察制度】 国务院授权的机构对省、自治区、直辖市人民政府以及国务院确定的城市人民政府土地利用和土地管理情况进行督察。

第七条 【单位和个人的土地管理权利和义务】 任何单位和个人都有遵守土地管理法律、法规的义务，并有权对违反土地管理法律、法规的行为提出检举和控告。

第八条 【奖励】 在保护和开发土地资源、合理利用土地以及进行有关的科学研究等方面成绩显著的单位和个人，由人民政府给予奖励。

第二章 土地的所有权和使用权

第九条 【土地所有制】 城市市区的土地属于国家所有。

农村和城市郊区的土地，除由法律规定属于国家所有的以外，属于农民集体所有；宅基地和自留地、自留山，属于农民集体所有。

第十条 【土地使用权】 国有土地和农民集体所有的土地，可以依法确定给单位或者个人使用。使用土地的单位和个人，有保护、管理和合理利用土地的义务。

第十一条 【集体所有土地的经营和管理】 农民集体所有的土地依法属于村农民集体所有的，由村集体经济组织或者村民委员会经营、管理；已经分别属于村内两个以上农村集体经济组织的农民集体所有的，由村内各该农村集体经济组织或者村民小组经营、管理；已经属于乡（镇）农民集体所有的，由乡（镇）农村集体经济组织经营、管理。

第十二条 【土地所有权和使用权登记】 土地的所有权和使用权的登记，依照有关不动产登记的法律、行政法规执行。

依法登记的土地的所有权和使用权受法律保护，任何单位和个人不得侵犯。

第十三条 【土地承包经营】农民集体所有和国家所有依法由农民集体使用的耕地、林地、草地，以及其他依法用于农业的土地，采取农村集体经济组织内部的家庭承包方式承包，不宜采取家庭承包方式的荒山、荒沟、荒丘、荒滩等，可以采取招标、拍卖、公开协商等方式承包，从事种植业、林业、畜牧业、渔业生产。家庭承包的耕地的承包期为三十年，草地的承包期为三十年至五十年，林地的承包期为三十年至七十年；耕地承包期届满后再延长三十年，草地、林地承包期届满后依法相应延长。

国家所有依法用于农业的土地可以由单位或者个人承包经营，从事种植业、林业、畜牧业、渔业生产。

发包方和承包方应当依法订立承包合同，约定双方的权利和义务。承包经营土地的单位和个人，有保护和按照承包合同约定的用途合理利用土地的义务。

第十四条 【土地所有权和使用权争议解决】土地所有权和使用权争议，由当事人协商解决；协商不成的，由人民政府处理。

单位之间的争议，由县级以上人民政府处理；个人之间、个人与单位之间的争议，由乡级人民政府或者县级以上人民政府处理。

当事人对有关人民政府的处理决定不服的，可以自接到处理决定通知之日起三十日内，向人民法院起诉。

在土地所有权和使用权争议解决前，任何一方不得改变土地利用现状。

第三章 土地利用总体规划

第十五条 【土地利用总体规划的编制依据和规划期限】各级人民政府应当依据国民经济和社会发展规划、国土整治和资源环境保护的要求、土地供给能力以及各项建设对土地的需求，组织编制土地利用总体规划。

土地利用总体规划的规划期限由国务院规定。

第十六条　【土地利用总体规划的编制要求】下级土地利用总体规划应当依据上一级土地利用总体规划编制。

地方各级人民政府编制的土地利用总体规划中的建设用地总量不得超过上一级土地利用总体规划确定的控制指标，耕地保有量不得低于上一级土地利用总体规划确定的控制指标。

省、自治区、直辖市人民政府编制的土地利用总体规划，应当确保本行政区域内耕地总量不减少。

第十七条　【土地利用总体规划的编制原则】土地利用总体规划按照下列原则编制：

（一）落实国土空间开发保护要求，严格土地用途管制；

（二）严格保护永久基本农田，严格控制非农业建设占用农用地；

（三）提高土地节约集约利用水平；

（四）统筹安排城乡生产、生活、生态用地，满足乡村产业和基础设施用地合理需求，促进城乡融合发展；

（五）保护和改善生态环境，保障土地的可持续利用；

（六）占用耕地与开发复垦耕地数量平衡、质量相当。

第十八条　【国土空间规划】国家建立国土空间规划体系。编制国土空间规划应当坚持生态优先，绿色、可持续发展，科学有序统筹安排生态、农业、城镇等功能空间，优化国土空间结构和布局，提升国土空间开发、保护的质量和效率。

经依法批准的国土空间规划是各类开发、保护、建设活动的基本依据。已经编制国土空间规划的，不再编制土地利用总体规划和城乡规划。

第十九条　【县、乡级土地利用总体规划的编制要求】县级土地利用总体规划应当划分土地利用区，明确土地用途。

乡（镇）土地利用总体规划应当划分土地利用区，根据土地使用条件，确定每一块土地的用途，并予以公告。

第二十条 【土地利用总体规划的审批】土地利用总体规划实行分级审批。

省、自治区、直辖市的土地利用总体规划，报国务院批准。

省、自治区人民政府所在地的市、人口在一百万以上的城市以及国务院指定的城市的土地利用总体规划，经省、自治区人民政府审查同意后，报国务院批准。

本条第二款、第三款规定以外的土地利用总体规划，逐级上报省、自治区、直辖市人民政府批准；其中，乡（镇）土地利用总体规划可以由省级人民政府授权的设区的市、自治州人民政府批准。

土地利用总体规划一经批准，必须严格执行。

第二十一条 【建设用地的要求】城市建设用地规模应当符合国家规定的标准，充分利用现有建设用地，不占或者尽量少占农用地。

城市总体规划、村庄和集镇规划，应当与土地利用总体规划相衔接，城市总体规划、村庄和集镇规划中建设用地规模不得超过土地利用总体规划确定的城市和村庄、集镇建设用地规模。

在城市规划区内、村庄和集镇规划区内，城市和村庄、集镇建设用地应当符合城市规划、村庄和集镇规划。

第二十二条 【相关规划与土地利用总体规划的衔接】江河、湖泊综合治理和开发利用规划，应当与土地利用总体规划相衔接。在江河、湖泊、水库的管理和保护范围以及蓄洪滞洪区内，土地利用应当符合江河、湖泊综合治理和开发利用规划，符合河道、湖泊行洪、蓄洪和输水的要求。

第二十三条 【土地利用年度计划】各级人民政府应当加强土地利用计划管理，实行建设用地总量控制。

土地利用年度计划，根据国民经济和社会发展计划、国家产业政策、土地利用总体规划以及建设用地和土地利用的实际状况编制。土地利用年度计划应当对本法第六十三条规定的集体经营性建设用地作出合理安排。土地利用年度计划的编制审批程序与土地利用总体规划的编制审批程序相同，一经审批下达，必须严格执行。

第二十四条　【土地利用年度计划执行情况报告】省、自治区、直辖市人民政府应当将土地利用年度计划的执行情况列为国民经济和社会发展计划执行情况的内容，向同级人民代表大会报告。

第二十五条　【土地利用总体规划的修改】经批准的土地利用总体规划的修改，须经原批准机关批准；未经批准，不得改变土地利用总体规划确定的土地用途。

经国务院批准的大型能源、交通、水利等基础设施建设用地，需要改变土地利用总体规划的，根据国务院的批准文件修改土地利用总体规划。

经省、自治区、直辖市人民政府批准的能源、交通、水利等基础设施建设用地，需要改变土地利用总体规划的，属于省级人民政府土地利用总体规划批准权限内的，根据省级人民政府的批准文件修改土地利用总体规划。

第二十六条　【土地调查】国家建立土地调查制度。

县级以上人民政府自然资源主管部门会同同级有关部门进行土地调查。土地所有者或者使用者应当配合调查，并提供有关资料。

第二十七条　【土地分等定级】县级以上人民政府自然资源主管部门会同同级有关部门根据土地调查成果、规划土地用途和国家制定的统一标准，评定土地等级。

第二十八条　【土地统计】国家建立土地统计制度。

县级以上人民政府统计机构和自然资源主管部门依法进行土地统计调查，定期发布土地统计资料。土地所有者或者使用者应当提供有关资料，不得拒报、迟报，不得提供不真实、不完整的资料。

统计机构和自然资源主管部门共同发布的土地面积统计资料是各级人民政府编制土地利用总体规划的依据。

第二十九条　【土地利用动态监测】国家建立全国土地管理信息系统，对土地利用状况进行动态监测。

第四章　耕 地 保 护

第三十条　【占用耕地补偿制度】国家保护耕地，严格控制耕地转为非耕地。

国家实行占用耕地补偿制度。非农业建设经批准占用耕地的，按照“占多少，垦多少”的原则，由占用耕地的单位负责开垦与所占用耕地的数量和质量相当的耕地；没有条件开垦或者开垦的耕地不符合要求的，应当按照省、自治区、直辖市的规定缴纳耕地开垦费，专款用于开垦新的耕地。

省、自治区、直辖市人民政府应当制定开垦耕地计划，监督占用耕地的单位按照计划开垦耕地或者按照计划组织开垦耕地，并进行验收。

第三十一条　【耕地耕作层土壤的保护】县级以上地方人民政府可以要求占用耕地的单位将所占用耕地耕作层的土壤用于新开垦耕地、劣质地或者其他耕地的土壤改良。

第三十二条　【省级政府耕地保护责任】省、自治区、直辖市人民政府应当严格执行土地利用总体规划和土地利用年度计划，采取措施，确保本行政区域内耕地总量不减少、质量不降低。耕地总量减少的，由国务院责令在规定期限内组织开垦与所减少耕地的数量与质量相当的耕地；耕地质量降低的，由国务院责令在规定期限内组织整治。新开垦和整治的耕地由国务院自然资源主管部门会同农业农村主管部门验收。

个别省、直辖市确因土地后备资源匮乏，新增建设用地后，新开垦耕地的数量不足以补偿所占用耕地的数量的，必须报经国务院批准减免本行政区域内开垦耕地的数量，易地开垦数量和质量相当的耕地。

第三十三条 【永久基本农田保护制度】国家实行永久基本农田保护制度。下列耕地应当根据土地利用总体规划划为永久基本农田，实行严格保护：

（一）经国务院农业农村主管部门或者县级以上地方人民政府批准确定的粮、棉、油、糖等重要农产品生产基地内的耕地；

（二）有良好的水利与水土保持设施的耕地，正在实施改造计划以及可以改造的中、低产田和已建成的高标准农田；

（三）蔬菜生产基地；

（四）农业科研、教学试验田；

（五）国务院规定应当划为永久基本农田的其他耕地。

各省、自治区、直辖市划定的永久基本农田一般应当占本行政区域内耕地的百分之八十以上，具体比例由国务院根据各省、自治区、直辖市耕地实际情况规定。

第三十四条 【永久基本农田划定】永久基本农田划定以乡（镇）为单位进行，由县级人民政府自然资源主管部门会同同级农业农村主管部门组织实施。永久基本农田应当落实到地块，纳入国家永久基本农田数据库严格管理。

乡（镇）人民政府应当将永久基本农田的位置、范围向社会公告，并设立保护标志。

第三十五条 【永久基本农田的保护措施】永久基本农田经依法划定后，任何单位和个人不得擅自占用或者改变其用途。国家能源、交通、水利、军事设施等重点建设项目选址确实难以避让永久基本农田，涉及农用地转用或者土地征收的，必须经国务院批准。

禁止通过擅自调整县级土地利用总体规划、乡（镇）土地利用总体规划等方式规避永久基本农田农用地转用或者土地征收的审批。

第三十六条 【耕地质量保护】各级人民政府应当采取措施，引导因地制宜轮作休耕，改良土壤，提高地力，维护排灌工程设施，防止土地荒漠化、盐渍化、水土流失和土壤污染。

第三十七条　【非农业建设用地原则及禁止破坏耕地】 非农业建设必须节约使用土地，可以利用荒地的，不得占用耕地；可以利用劣地的，不得占用好地。

禁止占用耕地建窑、建坟或者擅自在耕地上建房、挖砂、采石、采矿、取土等。

禁止占用永久基本农田发展林果业和挖塘养鱼。

第三十八条　【非农业建设闲置耕地的处理】 禁止任何单位和个人闲置、荒芜耕地。已经办理审批手续的非农业建设占用耕地，一年内不用而又可以耕种并收获的，应当由原耕种该幅耕地的集体或者个人恢复耕种，也可以由用地单位组织耕种；一年以上未动工建设的，应当按照省、自治区、直辖市的规定缴纳闲置费；连续二年未使用的，经原批准机关批准，由县级以上人民政府无偿收回用地单位的土地使用权；该幅土地原为农民集体所有的，应当交由原农村集体经济组织恢复耕种。

在城市规划区范围内，以出让方式取得土地使用权进行房地产开发的闲置土地，依照《中华人民共和国城市房地产管理法》的有关规定办理。

第三十九条　【未利用地的开发】 国家鼓励单位和个人按照土地利用总体规划，在保护和改善生态环境、防止水土流失和土地荒漠化的前提下，开发未利用的土地；适宜开发为农用地的，应当优先开发成农用地。

国家依法保护开发者的合法权益。

第四十条　【未利用地开垦的要求】 开垦未利用的土地，必须经过科学论证和评估，在土地利用总体规划划定的可开垦的区域内，经依法批准后进行。禁止毁坏森林、草原开垦耕地，禁止围湖造田和侵占江河滩地。

根据土地利用总体规划，对破坏生态环境开垦、围垦的土地，有计划有步骤地退耕还林、还牧、还湖。

第四十一条　【国有荒山、荒地、荒滩的开发】开发未确定使用权的国有荒山、荒地、荒滩从事种植业、林业、畜牧业、渔业生产的，经县级以上人民政府依法批准，可以确定给开发单位或者个人长期使用。

第四十二条　【土地整理】国家鼓励土地整理。县、乡（镇）人民政府应当组织农村集体经济组织，按照土地利用总体规划，对田、水、路、林、村综合整治，提高耕地质量，增加有效耕地面积，改善农业生产条件和生态环境。

地方各级人民政府应当采取措施，改造中、低产田，整治闲散地和废弃地。

第四十三条　【土地复垦】因挖损、塌陷、压占等造成土地破坏，用地单位和个人应当按照国家有关规定负责复垦；没有条件复垦或者复垦不符合要求的，应当缴纳土地复垦费，专项用于土地复垦。复垦的土地应当优先用于农业。

第五章　建设用地

第四十四条　【农用地转用】建设占用土地，涉及农用地转为建设用地的，应当办理农用地转用审批手续。

永久基本农田转为建设用地的，由国务院批准。

在土地利用总体规划确定的城市和村庄、集镇建设用地规模范围内，为实施该规划而将永久基本农田以外的农用地转为建设用地的，按土地利用年度计划分批次按照国务院规定由原批准土地利用总体规划的机关或者其授权的机关批准。在已批准的农用地转用范围内，具体建设项目用地可以由市、县人民政府批准。

在土地利用总体规划确定的城市和村庄、集镇建设用地规模范围外，将永久基本农田以外的农用地转为建设用地的，由国务院或者国务院授权的省、自治区、直辖市人民政府批准。

第四十五条　【征地范围】为了公共利益的需要，有下列情形之一，确需征收农民集体所有的土地的，可以依法实施征收：

（一）军事和外交需要用地的；

（二）由政府组织实施的能源、交通、水利、通信、邮政等基础设施建设需要用地的；

（三）由政府组织实施的科技、教育、文化、卫生、体育、生态环境和资源保护、防灾减灾、文物保护、社区综合服务、社会福利、市政公用、优抚安置、英烈保护等公共事业需要用地的；

（四）由政府组织实施的扶贫搬迁、保障性安居工程建设需要用地的；

（五）在土地利用总体规划确定的城镇建设用地范围内，经省级以上人民政府批准由县级以上地方人民政府组织实施的成片开发建设需要用地的；

（六）法律规定为公共利益需要可以征收农民集体所有的土地的其他情形。

前款规定的建设活动，应当符合国民经济和社会发展规划、土地利用总体规划、城乡规划和专项规划；第（四）项、第（五）项规定的建设活动，还应当纳入国民经济和社会发展年度计划；第（五）项规定的成片开发并应当符合国务院自然资源主管部门规定的标准。

第四十六条　【征地审批权限】征收下列土地的，由国务院批准：

（一）永久基本农田；

（二）永久基本农田以外的耕地超过三十五公顷的；

（三）其他土地超过七十公顷的。

征收前款规定以外的土地的，由省、自治区、直辖市人民政府批准。

征收农用地的，应当依照本法第四十四条的规定先行办理农用地转用审批。其中，经国务院批准农用地转用的，同时办理征地审批手续，不再另行办理征地审批；经省、自治区、直辖市人民政府在征地批准权限内批准农用地转用的，同时办理征地审批手续，不再另行办理征地审批，超过征地批准权限的，应当依照本条第一款的规定另行办理征地审批。

第四十七条　【土地征收程序】国家征收土地的，依照法定程序批准后，由县级以上地方人民政府予以公告并组织实施。

县级以上地方人民政府拟申请征收土地的，应当开展拟征收土地现状调查和社会稳定风险评估，并将征收范围、土地现状、征收目的、补偿标准、安置方式和社会保障等在拟征收土地所在的乡（镇）和村、村民小组范围内公告至少三十日，听取被征地的农村集体经济组织及其成员、村民委员会和其他利害关系人的意见。

多数被征地的农村集体经济组织成员认为征地补偿安置方案不符合法律、法规规定的，县级以上地方人民政府应当组织召开听证会，并根据法律、法规的规定和听证会情况修改方案。

拟征收土地的所有权人、使用权人应当在公告规定期限内，持不动产权属证明材料办理补偿登记。县级以上地方人民政府应当组织有关部门测算并落实有关费用，保证足额到位，与拟征收土地的所有权人、使用权人就补偿、安置等签订协议；个别确实难以达成协议的，应当在申请征收土地时如实说明。

相关前期工作完成后，县级以上地方人民政府方可申请征收土地。

第四十八条　【土地征收补偿安置】征收土地应当给予公平、合理的补偿，保障被征地农民原有生活水平不降低、长远生计有保障。

征收土地应当依法及时足额支付土地补偿费、安置补助费以及农村村民住宅、其他地上附着物和青苗等的补偿费用，并安排被征地农民的社会保障费用。

征收农用地的土地补偿费、安置补助费标准由省、自治区、直辖市通过制定公布区片综合地价确定。制定区片综合地价应当综合考虑土地原用途、土地资源条件、土地产值、土地区位、土地供求关系、人口以及经济社会发展水平等因素，并至少每三年调整或者重新公布一次。

征收农用地以外的其他土地、地上附着物和青苗等的补偿标准，由省、自治区、直辖市制定。对其中的农村村民住宅，应当按照先补偿后搬迁、居住条件有改善的原则，尊重农村村民意愿，采取重新安排宅基地建房、提供安置房或者货币补偿等方式给予公平、合理的补偿，并对因征收造成的搬迁、临时安置等费用予以补偿，保障农村村民居住的权利和合法的住房财产权益。

县级以上地方人民政府应当将被征地农民纳入相应的养老等社会保障体系。被征地农民的社会保障费用主要用于符合条件的被征地农民的养老保险等社会保险缴费补贴。被征地农民社会保障费用的筹集、管理和使用办法，由省、自治区、直辖市制定。

第四十九条　【征地补偿费用的使用】被征地的农村集体经济组织应当将征收土地的补偿费用的收支状况向本集体经济组织的成员公布，接受监督。

禁止侵占、挪用被征收土地单位的征地补偿费用和其他有关费用。

第五十条　【支持被征地农民就业】地方各级人民政府应当支持被征地的农村集体经济组织和农民从事开发经营，兴办企业。

第五十一条　【大中型水利水电工程建设征地补偿和移民安置】大中型水利、水电工程建设征收土地的补偿费标准和移民安置办法，由国务院另行规定。

第五十二条　【建设项目用地审查】建设项目可行性研究论证时，自然资源主管部门可以根据土地利用总体规划、土地利用年度计划和建设用地标准，对建设用地有关事项进行审查，并提出意见。

第五十三条　【建设项目使用国有土地的审批】经批准的建设项目需要使用国有建设用地的，建设单位应当持法律、行政法规规定的有关文件，向有批准权的县级以上人民政府自然资源主管部门提出建设用地申请，经自然资源主管部门审查，报本级人民政府批准。

第五十四条　【国有土地的取得方式】建设单位使用国有土地，应当以出让等有偿使用方式取得；但是，下列建设用地，经县级以上人民政府依法批准，可以以划拨方式取得：

（一）国家机关用地和军事用地；

（二）城市基础设施用地和公益事业用地；

（三）国家重点扶持的能源、交通、水利等基础设施用地；

（四）法律、行政法规规定的其他用地。

第五十五条　【国有土地有偿使用费】以出让等有偿使用方式取得国有土地使用权的建设单位，按照国务院规定的标准和办法，缴纳土地使用权出让金等土地有偿使用费和其他费用后，方可使用土地。

自本法施行之日起，新增建设用地的土地有偿使用费，百分之三十上缴中央财政，百分之七十留给有关地方人民政府。具体使用管理办法由国务院财政部门会同有关部门制定，并报国务院批准。

第五十六条　【国有土地的使用要求】建设单位使用国有土地的，应当按照土地使用权出让等有偿使用合同的约定或者土地使用权划拨批准文件的规定使用土地；确需改变该幅土地建设用途的，应当经有关人民政府自然资源主管部门同意，报原批准用地的人民政府批准。其中，在城市规划区内改变土地用途的，在报批前，应当先经有关城市规划行政主管部门同意。

第五十七条　【建设项目临时用地】建设项目施工和地质勘查需要临时使用国有土地或者农民集体所有的土地的，由县级以上人民政府自然资源主管部门批准。其中，在城市规划区内的临时用地，在报批前，应当先经有关城市规划行政主管部门同意。土地使用者应当根据土地权属，与有关自然资源主管部门或者农村集体经济组织、村民委员会签订临时使用土地合同，并按照合同的约定支付临时使用土地补偿费。

临时使用土地的使用者应当按照临时使用土地合同约定的用途使用土地，并不得修建永久性建筑物。

临时使用土地期限一般不超过二年。

第五十八条 【收回国有土地使用权】 有下列情形之一的，由有关人民政府自然资源主管部门报经原批准用地的人民政府或者有批准权的人民政府批准，可以收回国有土地使用权：

（一）为实施城市规划进行旧城区改建以及其他公共利益需要，确需使用土地的；

（二）土地出让等有偿使用合同约定的使用期限届满，土地使用者未申请续期或者申请续期未获批准的；

（三）因单位撤销、迁移等原因，停止使用原划拨的国有土地的；

（四）公路、铁路、机场、矿场等经核准报废的。

依照前款第（一）项的规定收回国有土地使用权的，对土地使用权人应当给予适当补偿。

第五十九条 【乡、村建设使用土地的要求】 乡镇企业、乡（镇）村公共设施、公益事业、农村村民住宅等乡（镇）村建设，应当按照村庄和集镇规划，合理布局，综合开发，配套建设；建设用地，应当符合乡（镇）土地利用总体规划和土地利用年度计划，并依照本法第四十四条、第六十条、第六十一条、第六十二条的规定办理审批手续。

第六十条 【村集体兴办企业使用土地】 农村集体经济组织使用乡（镇）土地利用总体规划确定的建设用地兴办企业或者与其他单位、个人以土地使用权入股、联营等形式共同举办企业的，应当持有关批准文件，向县级以上地方人民政府自然资源主管部门提出申请，按照省、自治区、直辖市规定的批准权限，由县级以上地方人民政府批准；其中，涉及占用农用地的，依照本法第四十四条的规定办理审批手续。

按照前款规定兴办企业的建设用地，必须严格控制。省、自治区、直辖市可以按照乡镇企业的不同行业和经营规模，分别规定用地标准。

第六十一条　【乡村公共设施、公益事业建设用地审批】乡（镇）村公共设施、公益事业建设，需要使用土地的，经乡（镇）人民政府审核，向县级以上地方人民政府自然资源主管部门提出申请，按照省、自治区、直辖市规定的批准权限，由县级以上地方人民政府批准；其中，涉及占用农用地的，依照本法第四十四条的规定办理审批手续。

第六十二条　【农村宅基地管理】农村村民一户只能拥有一处宅基地，其宅基地的面积不得超过省、自治区、直辖市规定的标准。

人均土地少、不能保障一户拥有一处宅基地的地区，县级人民政府在充分尊重农村村民意愿的基础上，可以采取措施，按照省、自治区、直辖市规定的标准保障农村村民实现户有所居。

农村村民建住宅，应当符合乡（镇）土地利用总体规划、村庄规划，不得占用永久基本农田，并尽量使用原有的宅基地和村内空闲地。编制乡（镇）土地利用总体规划、村庄规划应当统筹并合理安排宅基地用地，改善农村村民居住环境和条件。

农村村民住宅用地，由乡（镇）人民政府审核批准；其中，涉及占用农用地的，依照本法第四十四条的规定办理审批手续。

农村村民出卖、出租、赠与住宅后，再申请宅基地的，不予批准。

国家允许进城落户的农村村民依法自愿有偿退出宅基地，鼓励农村集体经济组织及其成员盘活利用闲置宅基地和闲置住宅。

国务院农业农村主管部门负责全国农村宅基地改革和管理有关工作。

第六十三条　【集体经营性建设用地入市】土地利用总体规划、城乡规划确定为工业、商业等经营性用途，并经依法登记的集体经营性建设用地，土地所有权人可以通过出让、出租等方式交由单位或者个人使用，并应当签订书面合同，载明土地界址、面积、动工期限、使用期限、土地用途、规划条件和双方其他权利义务。

前款规定的集体经营性建设用地出让、出租等，应当经本集体经济组织成员的村民会议三分之二以上成员或者三分之二以上村民代表的同意。

通过出让等方式取得的集体经营性建设用地使用权可以转让、互换、出资、赠与或者抵押，但法律、行政法规另有规定或者土地所有权人、土地使用权人签订的书面合同另有约定的除外。

集体经营性建设用地的出租，集体建设用地使用权的出让及其最高年限、转让、互换、出资、赠与、抵押等，参照同类用途的国有建设用地执行。具体办法由国务院制定。

第六十四条　【集体建设用地的使用要求】集体建设用地的使用者应当严格按照土地利用总体规划、城乡规划确定的用途使用土地。

第六十五条　【不符合土地利用总体规划的建筑物的处理】在土地利用总体规划制定前已建的不符合土地利用总体规划确定的用途的建筑物、构筑物，不得重建、扩建。

第六十六条　【集体建设用地使用权的收回】有下列情形之一的，农村集体经济组织报经原批准用地的人民政府批准，可以收回土地使用权：

（一）为乡（镇）村公共设施和公益事业建设，需要使用土地的；

（二）不按照批准的用途使用土地的；

（三）因撤销、迁移等原因而停止使用土地的。

依照前款第（一）项规定收回农民集体所有的土地的，对土地使用权人应当给予适当补偿。

收回集体经营性建设用地使用权，依照双方签订的书面合同办理，法律、行政法规另有规定的除外。

第六章　监督检查

第六十七条　【监督检查职责】县级以上人民政府自然资源主管部门对违反土地管理法律、法规的行为进行监督检查。

县级以上人民政府农业农村主管部门对违反农村宅基地管理法律、法规的行为进行监督检查的，适用本法关于自然资源主管部门监督检查的规定。

土地管理监督检查人员应当熟悉土地管理法律、法规，忠于职守、秉公执法。

第六十八条　【监督检查措施】县级以上人民政府自然资源主管部门履行监督检查职责时，有权采取下列措施：

（一）要求被检查的单位或者个人提供有关土地权利的文件和资料，进行查阅或者予以复制；

（二）要求被检查的单位或者个人就有关土地权利的问题作出说明；

（三）进入被检查单位或者个人非法占用的土地现场进行勘测；

（四）责令非法占用土地的单位或者个人停止违反土地管理法律、法规的行为。

第六十九条　【出示监督检查证件】土地管理监督检查人员履行职责，需要进入现场进行勘测、要求有关单位或者个人提供文件、资料和作出说明的，应当出示土地管理监督检查证件。

第七十条　【有关单位和个人对土地监督检查的配合义务】有关单位和个人对县级以上人民政府自然资源主管部门就土地违法行

为进行的监督检查应当支持与配合，并提供工作方便，不得拒绝与阻碍土地管理监督检查人员依法执行职务。

第七十一条　【国家工作人员违法行为的处理】县级以上人民政府自然资源主管部门在监督检查工作中发现国家工作人员的违法行为，依法应当给予处分的，应当依法予以处理；自己无权处理的，应当依法移送监察机关或者有关机关处理。

第七十二条　【土地违法行为责任追究】县级以上人民政府自然资源主管部门在监督检查工作中发现土地违法行为构成犯罪的，应当将案件移送有关机关，依法追究刑事责任；尚不构成犯罪的，应当依法给予行政处罚。

第七十三条　【不履行法定职责的处理】依照本法规定应当给予行政处罚，而有关自然资源主管部门不给予行政处罚的，上级人民政府自然资源主管部门有权责令有关自然资源主管部门作出行政处罚决定或者直接给予行政处罚，并给予有关自然资源主管部门的负责人处分。

第七章　法 律 责 任

第七十四条　【非法转让土地的法律责任】买卖或者以其他形式非法转让土地的，由县级以上人民政府自然资源主管部门没收违法所得；对违反土地利用总体规划擅自将农用地改为建设用地的，限期拆除在非法转让的土地上新建的建筑物和其他设施，恢复土地原状，对符合土地利用总体规划的，没收在非法转让的土地上新建的建筑物和其他设施；可以并处罚款；对直接负责的主管人员和其他直接责任人员，依法给予处分；构成犯罪的，依法追究刑事责任。

第七十五条　【破坏耕地的法律责任】违反本法规定，占用耕地建窑、建坟或者擅自在耕地上建房、挖砂、采石、采矿、取土等，破坏种植条件的，或者因开发土地造成土地荒漠化、盐渍化的，由县级以上人民政府自然资源主管部门、农业农村主管部门等按照职责责令限期改正或者治理，可以并处罚款；构成犯罪的，依法追究刑事责任。

第七十六条　【不履行复垦义务的法律责任】违反本法规定，拒不履行土地复垦义务的，由县级以上人民政府自然资源主管部门责令限期改正；逾期不改正的，责令缴纳复垦费，专项用于土地复垦，可以处以罚款。

第七十七条　【非法占用土地的法律责任】未经批准或者采取欺骗手段骗取批准，非法占用土地的，由县级以上人民政府自然资源主管部门责令退还非法占用的土地，对违反土地利用总体规划擅自将农用地改为建设用地的，限期拆除在非法占用的土地上新建的建筑物和其他设施，恢复土地原状，对符合土地利用总体规划的，没收在非法占用的土地上新建的建筑物和其他设施，可以并处罚款；对非法占用土地单位的直接负责的主管人员和其他直接责任人员，依法给予处分；构成犯罪的，依法追究刑事责任。

超过批准的数量占用土地，多占的土地以非法占用土地论处。

第七十八条　【非法占用土地建住宅的法律责任】农村村民未经批准或者采取欺骗手段骗取批准，非法占用土地建住宅的，由县级以上人民政府农业农村主管部门责令退还非法占用的土地，限期拆除在非法占用的土地上新建的房屋。

超过省、自治区、直辖市规定的标准，多占的土地以非法占用土地论处。

第七十九条　【非法批准征收、使用土地的法律责任】无权批准征收、使用土地的单位或者个人非法批准占用土地的，超越批准权限非法批准占用土地的，不按照土地利用总体规划确定的用途批准用地的，或者违反法律规定的程序批准占用、征收土地的，其批准文件无效，对非法批准征收、使用土地的直接负责的主管人员和其他直接责任人员，依法给予处分；构成犯罪的，依法追究刑事责任。非法批准、使用的土地应当收回，有关当事人拒不归还的，以非法占用土地论处。

非法批准征收、使用土地，对当事人造成损失的，依法应当承担赔偿责任。

第八十条　【非法侵占、挪用征地补偿费的法律责任】侵占、挪用被征收土地单位的征地补偿费用和其他有关费用，构成犯罪的，依法追究刑事责任；尚不构成犯罪的，依法给予处分。

第八十一条　【拒不交还土地、不按照批准用途使用土地的法律责任】依法收回国有土地使用权当事人拒不交出土地的，临时使用土地期满拒不归还的，或者不按照批准的用途使用国有土地的，由县级以上人民政府自然资源主管部门责令交还土地，处以罚款。

第八十二条　【擅自将集体土地用于非农业建设和集体经营性建设用地违法入市的法律责任】擅自将农民集体所有的土地通过出让、转让使用权或者出租等方式用于非农业建设，或者违反本法规定，将集体经营性建设用地通过出让、出租等方式交由单位或者个人使用的，由县级以上人民政府自然资源主管部门责令限期改正，没收违法所得，并处罚款。

第八十三条　【责令限期拆除的执行】依照本法规定，责令限期拆除在非法占用的土地上新建的建筑物和其他设施的，建设单位或者个人必须立即停止施工，自行拆除；对继续施工的，作出处罚决定的机关有权制止。建设单位或者个人对责令限期拆除的行政处罚决定不服的，可以在接到责令限期拆除决定之日起十五日内，向人民法院起诉；期满不起诉又不自行拆除的，由作出处罚决定的机关依法申请人民法院强制执行，费用由违法者承担。

第八十四条　【自然资源主管部门、农业农村主管部门工作人员违法的法律责任】自然资源主管部门、农业农村主管部门的工作人员玩忽职守、滥用职权、徇私舞弊，构成犯罪的，依法追究刑事责任；尚不构成犯罪的，依法给予处分。

第八章 附 则

第八十五条 【外商投资企业使用土地的法律适用】外商投资企业使用土地的，适用本法；法律另有规定的，从其规定。

第八十六条 【过渡期间有关规划的适用】在根据本法第十八条的规定编制国土空间规划前，经依法批准的土地利用总体规划和城乡规划继续执行。

第八十七条 【施行时间】本法自1999年1月1日起施行。

最高人民法院关于适用《中华人民共和国民法典》物权编的解释（一）

（2020年12月25日最高人民法院审判委员会第1825次会议通过 2020年12月29日最高人民法院公告公布自2021年1月1日起施行 法释〔2020〕24号）

为正确审理物权纠纷案件，根据《中华人民共和国民法典》等相关法律规定，结合审判实践，制定本解释。

第一条 因不动产物权的归属，以及作为不动产物权登记基础的买卖、赠与、抵押等产生争议，当事人提起民事诉讼的，应当依法受理。当事人已经在行政诉讼中申请一并解决上述民事争议，且人民法院一并审理的除外。

第二条 当事人有证据证明不动产登记簿的记载与真实权利状态不符、其为该不动产物权的真实权利人，请求确认其享有物权的，应予支持。

第三条 异议登记因民法典第二百二十条第二款规定的事由失效后，当事人提起民事诉讼，请求确认物权归属的，应当依法受理。异议登记失效不影响人民法院对案件的实体审理。

第四条 未经预告登记的权利人同意，转让不动产所有权等物权，或者设立建设用地使用权、居住权、地役权、抵押权等其他物权的，应当依照民法典第二百二十一条第一款的规定，认定其不发生物权效力。

第五条 预告登记的买卖不动产物权的协议被认定无效、被撤销，或者预告登记的权利人放弃债权的，应当认定为民法典第二百二十一条第二款所称的“债权消灭”。

第六条 转让人转让船舶、航空器和机动车等所有权，受让人已经支付合理价款并取得占有，虽未经登记，但转让人的债权人主张其为民法典第二百二十五条所称的“善意第三人”的，不予支持，法律另有规定的除外。

第七条 人民法院、仲裁机构在分割共有不动产或者动产等案件中作出并依法生效的改变原有物权关系的判决书、裁决书、调解书，以及人民法院在执行程序中作出的拍卖成交裁定书、变卖成交裁定书、以物抵债裁定书，应当认定为民法典第二百二十九条所称导致物权设立、变更、转让或者消灭的人民法院、仲裁机构的法律文书。

第八条 依据民法典第二百二十九条至第二百三十一条规定享有物权，但尚未完成动产交付或者不动产登记的权利人，依据民法典第二百三十五条至第二百三十八条的规定，请求保护其物权的，应予支持。

第九条 共有份额的权利主体因继承、遗赠等原因发生变化时，其他按份共有人主张优先购买的，不予支持，但按份共有人之间另有约定的除外。

第十条 民法典第三百零五条所称的“同等条件”，应当综合共有份额的转让价格、价款履行方式及期限等因素确定。

第十一条 优先购买权的行使期间，按份共有人之间有约定的，按照约定处理；没有约定或者约定不明的，按照下列情形确定：

（一）转让人向其他按份共有人发出的包含同等条件内容的通知中载明行使期间的，以该期间为准；

（二）通知中未载明行使期间，或者载明的期间短于通知送达之日起十五日的，为十五日；

（三）转让人未通知的，为其他按份共有人知道或者应当知道最终确定的同等条件之日起十五日；

（四）转让人未通知，且无法确定其他按份共有人知道或者应当知道最终确定的同等条件的，为共有份额权属转移之日起六个月。

第十二条　按份共有人向共有人之外的人转让其份额，其他按份共有人根据法律、司法解释规定，请求按照同等条件优先购买该共有份额的，应予支持。其他按份共有人的请求具有下列情形之一的，不予支持：

（一）未在本解释第十一条规定的期间内主张优先购买，或者虽主张优先购买，但提出减少转让价款、增加转让人负担等实质性变更要求；

（二）以其优先购买权受到侵害为由，仅请求撤销共有份额转让合同或者认定该合同无效。

第十三条　按份共有人之间转让共有份额，其他按份共有人主张依据民法典第三百零五条规定优先购买的，不予支持，但按份共有人之间另有约定的除外。

第十四条　受让人受让不动产或者动产时，不知道转让人无处分权，且无重大过失的，应当认定受让人为善意。

真实权利人主张受让人不构成善意的，应当承担举证证明责任。

第十五条　具有下列情形之一的，应当认定不动产受让人知道转让人无处分权：

（一）登记簿上存在有效的异议登记；

（二）预告登记有效期内，未经预告登记的权利人同意；

（三）登记簿上已经记载司法机关或者行政机关依法裁定、决定查封或者以其他形式限制不动产权利的有关事项；

（四）受让人知道登记簿上记载的权利主体错误；

（五）受让人知道他人已经依法享有不动产物权。

真实权利人有证据证明不动产受让人应当知道转让人无处分权的，应当认定受让人具有重大过失。

第十六条 受让人受让动产时，交易的对象、场所或者时机等不符合交易习惯的，应当认定受让人具有重大过失。

第十七条 民法典第三百一十一条第一款第一项所称的“受让人受让该不动产或者动产时”，是指依法完成不动产物权转移登记或者动产交付之时。

当事人以民法典第二百二十六条规定的方式交付动产的，转让动产民事法律行为生效时为动产交付之时；当事人以民法典第二百二十七条规定的方式交付动产的，转让人与受让人之间有关转让返还原物请求权的协议生效时为动产交付之时。

法律对不动产、动产物权的设立另有规定的，应当按照法律规定的时间认定权利人是否为善意。

第十八条 民法典第三百一十一条第一款第二项所称“合理的价格”，应当根据转让标的物的性质、数量以及付款方式等具体情况，参考转让时交易地市场价格以及交易习惯等因素综合认定。

第十九条 转让人将民法典第二百二十五条规定的船舶、航空器和机动车等交付给受让人的，应当认定符合民法典第三百一十一条第一款第三项规定的善意取得的条件。

第二十条 具有下列情形之一，受让人主张依据民法典第三百一十一条规定取得所有权的，不予支持：

（一）转让合同被认定无效；

（二）转让合同被撤销。

第二十一条 本解释自2021年1月1日起施行。

最高人民法院关于适用《中华人民共和国民法典》有关担保制度的解释

（2020年12月25日最高人民法院审判委员会第1824次会议通过　2020年12月31日最高人民法院公告公布　自2021年1月1日起施行　法释〔2020〕28号）

为正确适用《中华人民共和国民法典》有关担保制度的规定，结合民事审判实践，制定本解释。

一、关于一般规定

第一条　因抵押、质押、留置、保证等担保发生的纠纷，适用本解释。所有权保留买卖、融资租赁、保理等涉及担保功能发生的纠纷，适用本解释的有关规定。

第二条　当事人在担保合同中约定担保合同的效力独立于主合同，或者约定担保人对主合同无效的法律后果承担担保责任，该有关担保独立性的约定无效。主合同有效的，有关担保独立性的约定无效不影响担保合同的效力；主合同无效的，人民法院应当认定担保合同无效，但是法律另有规定的除外。

因金融机构开立的独立保函发生的纠纷，适用《最高人民法院关于审理独立保函纠纷案件若干问题的规定》。

第三条　当事人对担保责任的承担约定专门的违约责任，或者约定的担保责任范围超出债务人应当承担的责任范围，担保人主张仅在债务人应当承担的责任范围内承担责任的，人民法院应予支持。

担保人承担的责任超出债务人应当承担的责任范围，担保人向债务人追偿，债务人主张仅在其应当承担的责任范围内承担责任的，人民法院应予支持；担保人请求债权人返还超出部分的，人民法院依法予以支持。

第四条 有下列情形之一，当事人将担保物权登记在他人名下，债务人不履行到期债务或者发生当事人约定的实现担保物权的情形，债权人或者其受托人主张就该财产优先受偿的，人民法院依法予以支持：

（一）为债券持有人提供的担保物权登记在债券受托管理人名下；

（二）为委托贷款人提供的担保物权登记在受托人名下；

（三）担保人知道债权人与他人之间存在委托关系的其他情形。

第五条 机关法人提供担保的，人民法院应当认定担保合同无效，但是经国务院批准为使用外国政府或者国际经济组织贷款进行转贷的除外。

居民委员会、村民委员会提供担保的，人民法院应当认定担保合同无效，但是依法代行村集体经济组织职能的村民委员会，依照村民委员会组织法规定的讨论决定程序对外提供担保的除外。

第六条 以公益为目的的非营利性学校、幼儿园、医疗机构、养老机构等提供担保的，人民法院应当认定担保合同无效，但是有下列情形之一的除外：

（一）在购入或者以融资租赁方式承租教育设施、医疗卫生设施、养老服务设施和其他公益设施时，出卖人、出租人为担保价款或者租金实现而在该公益设施上保留所有权；

（二）以教育设施、医疗卫生设施、养老服务设施和其他公益设施以外的不动产、动产或者财产权利设立担保物权。

登记为营利法人的学校、幼儿园、医疗机构、养老机构等提供担保，当事人以其不具有担保资格为由主张担保合同无效的，人民法院不予支持。

第七条　公司的法定代表人违反公司法关于公司对外担保决议程序的规定，超越权限代表公司与相对人订立担保合同，人民法院应当依照民法典第六十一条和第五百零四条等规定处理：

（一）相对人善意的，担保合同对公司发生效力；相对人请求公司承担担保责任的，人民法院应予支持。

（二）相对人非善意的，担保合同对公司不发生效力；相对人请求公司承担赔偿责任的，参照适用本解释第十七条的有关规定。

法定代表人超越权限提供担保造成公司损失，公司请求法定代表人承担赔偿责任的，人民法院应予支持。

第一款所称善意，是指相对人在订立担保合同时不知道且不应当知道法定代表人超越权限。相对人有证据证明已对公司决议进行了合理审查，人民法院应当认定其构成善意，但是公司有证据证明相对人知道或者应当知道决议系伪造、变造的除外。

第八条　有下列情形之一，公司以其未依照公司法关于公司对外担保的规定作出决议为由主张不承担担保责任的，人民法院不予支持：

（一）金融机构开立保函或者担保公司提供担保；

（二）公司为其全资子公司开展经营活动提供担保；

（三）担保合同系由单独或者共同持有公司三分之二以上对担保事项有表决权的股东签字同意。

上市公司对外提供担保，不适用前款第二项、第三项的规定。

第九条　相对人根据上市公司公开披露的关于担保事项已经董事会或者股东大会决议通过的信息，与上市公司订立担保合同，相对人主张担保合同对上市公司发生效力，并由上市公司承担担保责任的，人民法院应予支持。

相对人未根据上市公司公开披露的关于担保事项已经董事会或者股东大会决议通过的信息，与上市公司订立担保合同，上市公司主张担保合同对其不发生效力，且不承担担保责任或者赔偿责任的，人民法院应予支持。

相对人与上市公司已公开披露的控股子公司订立的担保合同，或者相对人与股票在国务院批准的其他全国性证券交易场所交易的公司订立的担保合同，适用前两款规定。

第十条 一人有限责任公司为其股东提供担保，公司以违反公司法关于公司对外担保决议程序的规定为由主张不承担担保责任的，人民法院不予支持。公司因承担担保责任导致无法清偿其他债务，提供担保时的股东不能证明公司财产独立于自己的财产，其他债权人请求该股东承担连带责任的，人民法院应予支持。

第十一条 公司的分支机构未经公司股东（大）会或者董事会决议以自己的名义对外提供担保，相对人请求公司或者其分支机构承担担保责任的，人民法院不予支持，但是相对人不知道且不应当知道分支机构对外提供担保未经公司决议程序的除外。

金融机构的分支机构在其营业执照记载的经营范围内开立保函，或者经有权从事担保业务的上级机构授权开立保函，金融机构或者其分支机构以违反公司法关于公司对外担保决议程序的规定为由主张不承担担保责任的，人民法院不予支持。金融机构的分支机构未经金融机构授权提供保函之外的担保，金融机构或者其分支机构主张不承担担保责任的，人民法院应予支持，但是相对人不知道且不应当知道分支机构对外提供担保未经金融机构授权的除外。

担保公司的分支机构未经担保公司授权对外提供担保，担保公司或者其分支机构主张不承担担保责任的，人民法院应予支持，但是相对人不知道且不应当知道分支机构对外提供担保未经担保公司授权的除外。

公司的分支机构对外提供担保，相对人非善意，请求公司承担赔偿责任的，参照本解释第十七条的有关规定处理。

第十二条 法定代表人依照民法典第五百五十二条的规定以公司名义加入债务的，人民法院在认定该行为的效力时，可以参照本解释关于公司为他人提供担保的有关规则处理。

第十三条 同一债务有两个以上第三人提供担保，担保人之间约定相互追偿及分担份额，承担了担保责任的担保人请求其他担保人按照约定分担份额的，人民法院应予支持；担保人之间约定承担连带共同担保，或者约定相互追偿但是未约定分担份额的，各担保人按照比例分担向债务人不能追偿的部分。

同一债务有两个以上第三人提供担保，担保人之间未对相互追偿作出约定且未约定承担连带共同担保，但是各担保人在同一份合同书上签字、盖章或者按指印，承担了担保责任的担保人请求其他担保人按照比例分担向债务人不能追偿部分的，人民法院应予支持。

除前两款规定的情形外，承担了担保责任的担保人请求其他担保人分担向债务人不能追偿部分的，人民法院不予支持。

第十四条 同一债务有两个以上第三人提供担保，担保人受让债权的，人民法院应当认定该行为系承担担保责任。受让债权的担保人作为债权人请求其他担保人承担担保责任的，人民法院不予支持；该担保人请求其他担保人分担相应份额的，依照本解释第十三条的规定处理。

第十五条 最高额担保中的最高债权额，是指包括主债权及其利息、违约金、损害赔偿金、保管担保财产的费用、实现债权或者实现担保物权的费用等在内的全部债权，但是当事人另有约定的除外。

登记的最高债权额与当事人约定的最高债权额不一致的，人民法院应当依据登记的最高债权额确定债权人优先受偿的范围。

第十六条 主合同当事人协议以新贷偿还旧贷，债权人请求旧贷的担保人承担担保责任的，人民法院不予支持；债权人请求新贷的担保人承担担保责任的，按照下列情形处理：

（一）新贷与旧贷的担保人相同的，人民法院应予支持；

（二）新贷与旧贷的担保人不同，或者旧贷无担保新贷有担保的，人民法院不予支持，但是债权人有证据证明新贷的担保人提供担保时对以新贷偿还旧贷的事实知道或者应当知道的除外。

主合同当事人协议以新贷偿还旧贷，旧贷的物的担保人在登记尚未注销的情形下同意继续为新贷提供担保，在订立新的贷款合同前又以该担保财产为其他债权人设立担保物权，其他债权人主张其担保物权顺位优先于新贷债权人的，人民法院不予支持。

第十七条 主合同有效而第三人提供的担保合同无效，人民法院应当区分不同情形确定担保人的赔偿责任：

（一）债权人与担保人均有过错的，担保人承担的赔偿责任不应超过债务人不能清偿部分的二分之一；

（二）担保人有过错而债权人无过错的，担保人对债务人不能清偿的部分承担赔偿责任；

（三）债权人有过错而担保人无过错的，担保人不承担赔偿责任。

主合同无效导致第三人提供的担保合同无效，担保人无过错的，不承担赔偿责任；担保人有过错的，其承担的赔偿责任不应超过债务人不能清偿部分的三分之一。

第十八条 承担了担保责任或者赔偿责任的担保人，在其承担责任的范围内向债务人追偿的，人民法院应予支持。

同一债权既有债务人自己提供的物的担保，又有第三人提供的担保，承担了担保责任或者赔偿责任的第三人，主张行使债权人对债务人享有的担保物权的，人民法院应予支持。

第十九条 担保合同无效，承担了赔偿责任的担保人按照反担保合同的约定，在其承担赔偿责任的范围内请求反担保人承担担保责任的，人民法院应予支持。

反担保合同无效的，依照本解释第十七条的有关规定处理。当事人仅以担保合同无效为由主张反担保合同无效的，人民法院不予支持。

第二十条 人民法院在审理第三人提供的物的担保纠纷案件时，可以适用民法典第六百九十五条第一款、第六百九十六条第一款、第六百九十七条第二款、第六百九十九条、第七百条、第七百零一条、第七百零二条等关于保证合同的规定。

第二十一条 主合同或者担保合同约定了仲裁条款的，人民法院对约定仲裁条款的合同当事人之间的纠纷无管辖权。

债权人一并起诉债务人和担保人的，应当根据主合同确定管辖法院。

债权人依法可以单独起诉担保人且仅起诉担保人的，应当根据担保合同确定管辖法院。

第二十二条 人民法院受理债务人破产案件后，债权人请求担保人承担担保责任，担保人主张担保债务自人民法院受理破产申请之日起停止计息的，人民法院对担保人的主张应予支持。

第二十三条 人民法院受理债务人破产案件，债权人在破产程序中申报债权后又向人民法院提起诉讼，请求担保人承担担保责任的，人民法院依法予以支持。

担保人清偿债权人的全部债权后，可以代替债权人在破产程序中受偿；在债权人的债权未获全部清偿前，担保人不得代替债权人在破产程序中受偿，但是有权就债权人通过破产分配和实现担保债权等方式获得清偿总额中超出债权的部分，在其承担担保责任的范围内请求债权人返还。

债权人在债务人破产程序中未获全部清偿，请求担保人继续承担担保责任的，人民法院应予支持；担保人承担担保责任后，向和解协议或者重整计划执行完毕后的债务人追偿的，人民法院不予支持。

第二十四条 债权人知道或者应当知道债务人破产，既未申报债权也未通知担保人，致使担保人不能预先行使追偿权的，担保人就该债权在破产程序中可能受偿的范围内免除担保责任，但是担保人因自身过错未行使追偿权的除外。

二、关于保证合同

第二十五条 当事人在保证合同中约定了保证人在债务人不能履行债务或者无力偿还债务时才承担保证责任等类似内容，具有债务人应当先承担责任的意思表示的，人民法院应当将其认定为一般保证。

当事人在保证合同中约定了保证人在债务人不履行债务或者未偿还债务时即承担保证责任、无条件承担保证责任等类似内容，不具有债务人应当先承担责任的意思表示的，人民法院应当将其认定为连带责任保证。

第二十六条 一般保证中，债权人以债务人为被告提起诉讼的，人民法院应予受理。债权人未就主合同纠纷提起诉讼或者申请仲裁，仅起诉一般保证人的，人民法院应当驳回起诉。

一般保证中，债权人一并起诉债务人和保证人的，人民法院可以受理，但是在作出判决时，除有民法典第六百八十七条第二款但书规定的情形外，应当在判决书主文中明确，保证人仅对债务人财产依法强制执行后仍不能履行的部分承担保证责任。

债权人未对债务人的财产申请保全，或者保全的债务人的财产足以清偿债务，债权人申请对一般保证人的财产进行保全的，人民法院不予准许。

第二十七条 一般保证的债权人取得对债务人赋予强制执行效力的公证债权文书后，在保证期间内向人民法院申请强制执行，保证人以债权人未在保证期间内对债务人提起诉讼或者申请仲裁为由主张不承担保证责任的，人民法院不予支持。

第二十八条 一般保证中，债权人依据生效法律文书对债务人的财产依法申请强制执行，保证债务诉讼时效的起算时间按照下列规则确定：

（一）人民法院作出终结本次执行程序裁定，或者依照民事诉讼法第二百五十七条第三项、第五项的规定作出终结执行裁定的，自裁定送达债权人之日起开始计算；

（二）人民法院自收到申请执行书之日起一年内未作出前项裁定的，自人民法院收到申请执行书满一年之日起开始计算，但是保证人有证据证明债务人仍有财产可供执行的除外。

一般保证的债权人在保证期间届满前对债务人提起诉讼或者申请仲裁，债权人举证证明存在民法典第六百八十七条第二款但书规定情形的，保证债务的诉讼时效自债权人知道或者应当知道该情形之日起开始计算。

第二十九条　同一债务有两个以上保证人，债权人以其已经在保证期间内依法向部分保证人行使权利为由，主张已经在保证期间内向其他保证人行使权利的，人民法院不予支持。

同一债务有两个以上保证人，保证人之间相互有追偿权，债权人未在保证期间内依法向部分保证人行使权利，导致其他保证人在承担保证责任后丧失追偿权，其他保证人主张在其不能追偿的范围内免除保证责任的，人民法院应予支持。

第三十条　最高额保证合同对保证期间的计算方式、起算时间等有约定的，按照其约定。

最高额保证合同对保证期间的计算方式、起算时间等没有约定或者约定不明，被担保债权的履行期限均已届满的，保证期间自债权确定之日起开始计算；被担保债权的履行期限尚未届满的，保证期间自最后到期债权的履行期限届满之日起开始计算。

前款所称债权确定之日，依照民法典第四百二十三条的规定认定。

第三十一条　一般保证的债权人在保证期间内对债务人提起诉讼或者申请仲裁后，又撤回起诉或者仲裁申请，债权人在保证期间届满前未再行提起诉讼或者申请仲裁，保证人主张不再承担保证责任的，人民法院应予支持。

连带责任保证的债权人在保证期间内对保证人提起诉讼或者申请仲裁后，又撤回起诉或者仲裁申请，起诉状副本或者仲裁申请书副本已经送达保证人的，人民法院应当认定债权人已经在保证期间内向保证人行使了权利。

第三十二条 保证合同约定保证人承担保证责任直至主债务本息还清时为止等类似内容的，视为约定不明，保证期间为主债务履行期限届满之日起六个月。

第三十三条 保证合同无效，债权人未在约定或者法定的保证期间内依法行使权利，保证人主张不承担赔偿责任的，人民法院应予支持。

第三十四条 人民法院在审理保证合同纠纷案件时，应当将保证期间是否届满、债权人是否在保证期间内依法行使权利等事实作为案件基本事实予以查明。

债权人在保证期间内未依法行使权利的，保证责任消灭。保证责任消灭后，债权人书面通知保证人要求承担保证责任，保证人在通知书上签字、盖章或者按指印，债权人请求保证人继续承担保证责任的，人民法院不予支持，但是债权人有证据证明成立了新的保证合同的除外。

第三十五条 保证人知道或者应当知道主债权诉讼时效期间届满仍然提供保证或者承担保证责任，又以诉讼时效期间届满为由拒绝承担保证责任或者请求返还财产的，人民法院不予支持；保证人承担保证责任后向债务人追偿的，人民法院不予支持，但是债务人放弃诉讼时效抗辩的除外。

第三十六条 第三人向债权人提供差额补足、流动性支持等类似承诺文件作为增信措施，具有提供担保的意思表示，债权人请求第三人承担保证责任的，人民法院应当依照保证的有关规定处理。

第三人向债权人提供的承诺文件，具有加入债务或者与债务人共同承担债务等意思表示的，人民法院应当认定为民法典第五百五十二条规定的债务加入。

前两款中第三人提供的承诺文件难以确定是保证还是债务加入的，人民法院应当将其认定为保证。

第三人向债权人提供的承诺文件不符合前三款规定的情形，债权人请求第三人承担保证责任或者连带责任的，人民法院不予支持，但是不影响其依据承诺文件请求第三人履行约定的义务或者承担相应的民事责任。

三、关于担保物权

（一）担保合同与担保物权的效力

第三十七条　当事人以所有权、使用权不明或者有争议的财产抵押，经审查构成无权处分的，人民法院应当依照民法典第三百一十一条的规定处理。

当事人以依法被查封或者扣押的财产抵押，抵押权人请求行使抵押权，经审查查封或者扣押措施已经解除的，人民法院应予支持。抵押人以抵押权设立时财产被查封或者扣押为由主张抵押合同无效的，人民法院不予支持。

以依法被监管的财产抵押的，适用前款规定。

第三十八条　主债权未受全部清偿，担保物权人主张就担保财产的全部行使担保物权的，人民法院应予支持，但是留置权人行使留置权的，应当依照民法典第四百五十条的规定处理。

担保财产被分割或者部分转让，担保物权人主张就分割或者转让后的担保财产行使担保物权的，人民法院应予支持，但是法律或者司法解释另有规定的除外。

第三十九条　主债权被分割或者部分转让，各债权人主张就其享有的债权份额行使担保物权的，人民法院应予支持，但是法律另有规定或者当事人另有约定的除外。

主债务被分割或者部分转移，债务人自己提供物的担保，债权人请求以该担保财产担保全部债务履行的，人民法院应予支持；第三人提供物的担保，主张对未经其书面同意转移的债务不再承担担保责任的，人民法院应予支持。

第四十条 从物产生于抵押权依法设立前，抵押权人主张抵押权的效力及于从物的，人民法院应予支持，但是当事人另有约定的除外。

从物产生于抵押权依法设立后，抵押权人主张抵押权的效力及于从物的，人民法院不予支持，但是在抵押权实现时可以一并处分。

第四十一条 抵押权依法设立后，抵押财产被添附，添附物归第三人所有，抵押权人主张抵押权效力及于补偿金的，人民法院应予支持。

抵押权依法设立后，抵押财产被添附，抵押人对添附物享有所有权，抵押权人主张抵押权的效力及于添附物的，人民法院应予支持，但是添附导致抵押财产价值增加的，抵押权的效力不及于增加的价值部分。

抵押权依法设立后，抵押人与第三人因添附成为添附物的共有人，抵押权人主张抵押权的效力及于抵押人对共有物享有的份额的，人民法院应予支持。

本条所称添附，包括附合、混合与加工。

第四十二条 抵押权依法设立后，抵押财产毁损、灭失或者被征收等，抵押权人请求按照原抵押权的顺位就保险金、赔偿金或者补偿金等优先受偿的，人民法院应予支持。

给付义务人已经向抵押人给付了保险金、赔偿金或者补偿金，抵押权人请求给付义务人向其给付保险金、赔偿金或者补偿金的，人民法院不予支持，但是给付义务人接到抵押权人要求向其给付的通知后仍然向抵押人给付的除外。

抵押权人请求给付义务人向其给付保险金、赔偿金或者补偿金的，人民法院可以通知抵押人作为第三人参加诉讼。

第四十三条 当事人约定禁止或者限制转让抵押财产但是未将约定登记，抵押人违反约定转让抵押财产，抵押权人请求确认转让合同无效的，人民法院不予支持；抵押财产已经交付或者登记，抵押权人请求确认转让不发生物权效力的，人民法院不予支持，但是抵押权人有证据证明受让人知道的除外；抵押权人请求抵押人承担违约责任的，人民法院依法予以支持。

当事人约定禁止或者限制转让抵押财产且已经将约定登记，抵押人违反约定转让抵押财产，抵押权人请求确认转让合同无效的，人民法院不予支持；抵押财产已经交付或者登记，抵押权人主张转让不发生物权效力的，人民法院应予支持，但是因受让人代替债务人清偿债务导致抵押权消灭的除外。

第四十四条 主债权诉讼时效期间届满后，抵押权人主张行使抵押权的，人民法院不予支持；抵押人以主债权诉讼时效期间届满为由，主张不承担担保责任的，人民法院应予支持。主债权诉讼时效期间届满前，债权人仅对债务人提起诉讼，经人民法院判决或者调解后未在民事诉讼法规定的申请执行时效期间内对债务人申请强制执行，其向抵押人主张行使抵押权的，人民法院不予支持。

主债权诉讼时效期间届满后，财产被留置的债务人或者对留置财产享有所有权的第三人请求债权人返还留置财产的，人民法院不予支持；债务人或者第三人请求拍卖、变卖留置财产并以所得价款清偿债务的，人民法院应予支持。

主债权诉讼时效期间届满的法律后果，以登记作为公示方式的权利质权，参照适用第一款的规定；动产质权、以交付权利凭证作为公示方式的权利质权，参照适用第二款的规定。

第四十五条 当事人约定当债务人不履行到期债务或者发生当事人约定的实现担保物权的情形，担保物权人有权将担保财产自行拍卖、变卖并就所得的价款优先受偿的，该约定有效。因担保人的原因导致担保物权人无法自行对担保财产进行拍卖、变卖，担保物权人请求担保人承担因此增加的费用的，人民法院应予支持。

当事人依照民事诉讼法有关“实现担保物权案件”的规定，申请拍卖、变卖担保财产，被申请人以担保合同约定仲裁条款为由主张驳回申请的，人民法院经审查后，应当按照以下情形分别处理：

（一）当事人对担保物权无实质性争议且实现担保物权条件已经成就的，应当裁定准许拍卖、变卖担保财产；

（二）当事人对实现担保物权有部分实质性争议的，可以就无争议的部分裁定准许拍卖、变卖担保财产，并告知可以就有争议的部分申请仲裁；

（三）当事人对实现担保物权有实质性争议的，裁定驳回申请，并告知可以向仲裁机构申请仲裁。

债权人以诉讼方式行使担保物权的，应当以债务人和担保人作为共同被告。

（二）不动产抵押

第四十六条 不动产抵押合同生效后未办理抵押登记手续，债权人请求抵押人办理抵押登记手续的，人民法院应予支持。

抵押财产因不可归责于抵押人自身的原因灭失或者被征收等导致不能办理抵押登记，债权人请求抵押人在约定的担保范围内承担责任的，人民法院不予支持；但是抵押人已经获得保险金、赔偿金或者补偿金等，债权人请求抵押人在其所获金额范围内承担赔偿责任的，人民法院依法予以支持。

因抵押人转让抵押财产或者其他可归责于抵押人自身的原因导致不能办理抵押登记，债权人请求抵押人在约定的担保范围内承担责任的，人民法院依法予以支持，但是不得超过抵押权能够设立时抵押人应当承担的责任范围。

第四十七条 不动产登记簿就抵押财产、被担保的债权范围等所作的记载与抵押合同约定不一致的，人民法院应当根据登记簿的记载确定抵押财产、被担保的债权范围等事项。

第四十八条 当事人申请办理抵押登记手续时，因登记机构的过错致使其不能办理抵押登记，当事人请求登记机构承担赔偿责任的，人民法院依法予以支持。

第四十九条 以违法的建筑物抵押的，抵押合同无效，但是一审法庭辩论终结前已经办理合法手续的除外。抵押合同无效的法律后果，依照本解释第十七条的有关规定处理。

当事人以建设用地使用权依法设立抵押，抵押人以土地上存在违法的建筑物为由主张抵押合同无效的，人民法院不予支持。

第五十条 抵押人以划拨建设用地上的建筑物抵押，当事人以该建设用地使用权不能抵押或者未办理批准手续为由主张抵押合同无效或者不生效的，人民法院不予支持。抵押权依法实现时，拍卖、变卖建筑物所得的价款，应当优先用于补缴建设用地使用权出让金。

当事人以划拨方式取得的建设用地使用权抵押，抵押人以未办理批准手续为由主张抵押合同无效或者不生效的，人民法院不予支持。已经依法办理抵押登记，抵押权人主张行使抵押权的，人民法院应予支持。抵押权依法实现时所得的价款，参照前款有关规定处理。

第五十一条 当事人仅以建设用地使用权抵押，债权人主张抵押权的效力及于土地上已有的建筑物以及正在建造的建筑物已完成部分的，人民法院应予支持。债权人主张抵押权的效力及于正在建造的建筑物的续建部分以及新增建筑物的，人民法院不予支持。

当事人以正在建造的建筑物抵押，抵押权的效力范围限于已办理抵押登记的部分。当事人按照担保合同的约定，主张抵押权的效力及于续建部分、新增建筑物以及规划中尚未建造的建筑物的，人民法院不予支持。

抵押人将建设用地使用权、土地上的建筑物或者正在建造的建筑物分别抵押给不同债权人的，人民法院应当根据抵押登记的时间先后确定清偿顺序。

第五十二条 当事人办理抵押预告登记后，预告登记权利人请求就抵押财产优先受偿，经审查存在尚未办理建筑物所有权首次登记、预告登记的财产与办理建筑物所有权首次登记时的财产不一致、抵押预告登记已经失效等情形，导致不具备办理抵押登记条件的，人民法院不予支持；经审查已经办理建筑物所有权首次登记，且不存在预告登记失效等情形的，人民法院应予支持，并应当认定抵押权自预告登记之日起设立。

当事人办理了抵押预告登记，抵押人破产，经审查抵押财产属于破产财产，预告登记权利人主张就抵押财产优先受偿的，人民法院应当在受理破产申请时抵押财产的价值范围内予以支持，但是在人民法院受理破产申请前一年内，债务人对没有财产担保的债务设立抵押预告登记的除外。

（三）动产与权利担保

第五十三条 当事人在动产和权利担保合同中对担保财产进行概括描述，该描述能够合理识别担保财产的，人民法院应当认定担保成立。

第五十四条 动产抵押合同订立后未办理抵押登记，动产抵押权的效力按照下列情形分别处理：

（一）抵押人转让抵押财产，受让人占有抵押财产后，抵押权人向受让人请求行使抵押权的，人民法院不予支持，但是抵押权人能够举证证明受让人知道或者应当知道已经订立抵押合同的除外；

（二）抵押人将抵押财产出租给他人并移转占有，抵押权人行使抵押权的，租赁关系不受影响，但是抵押权人能够举证证明承租人知道或者应当知道已经订立抵押合同的除外；

（三）抵押人的其他债权人向人民法院申请保全或者执行抵押财产，人民法院已经作出财产保全裁定或者采取执行措施，抵押权人主张对抵押财产优先受偿的，人民法院不予支持；

（四）抵押人破产，抵押权人主张对抵押财产优先受偿的，人民法院不予支持。

第五十五条　债权人、出质人与监管人订立三方协议，出质人以通过一定数量、品种等概括描述能够确定范围的货物为债务的履行提供担保，当事人有证据证明监管人系受债权人的委托监管并实际控制该货物的，人民法院应当认定质权于监管人实际控制货物之日起设立。监管人违反约定向出质人或者其他人放货、因保管不善导致货物毁损灭失，债权人请求监管人承担违约责任的，人民法院依法予以支持。

在前款规定情形下，当事人有证据证明监管人系受出质人委托监管该货物，或者虽然受债权人委托但是未实际履行监管职责，导致货物仍由出质人实际控制的，人民法院应当认定质权未设立。债权人可以基于质押合同的约定请求出质人承担违约责任，但是不得超过质权有效设立时出质人应当承担的责任范围。监管人未履行监管职责，债权人请求监管人承担责任的，人民法院依法予以支持。

第五十六条　买受人在出卖人正常经营活动中通过支付合理对价取得已被设立担保物权的动产，担保物权人请求就该动产优先受偿的，人民法院不予支持，但是有下列情形之一的除外：

（一）购买商品的数量明显超过一般买受人；

（二）购买出卖人的生产设备；

（三）订立买卖合同的目的在于担保出卖人或者第三人履行债务；

（四）买受人与出卖人存在直接或者间接的控制关系；

（五）买受人应当查询抵押登记而未查询的其他情形。

前款所称出卖人正常经营活动，是指出卖人的经营活动属于其营业执照明确记载的经营范围，且出卖人持续销售同类商品。前款所称担保物权人，是指已经办理登记的抵押权人、所有权保留买卖的出卖人、融资租赁合同的出租人。

第五十七条 担保人在设立动产浮动抵押并办理抵押登记后又购入或者以融资租赁方式承租新的动产，下列权利人为担保价款债权或者租金的实现而订立担保合同，并在该动产交付后十日内办理登记，主张其权利优先于在先设立的浮动抵押权的，人民法院应予支持：

（一）在该动产上设立抵押权或者保留所有权的出卖人；

（二）为价款支付提供融资而在该动产上设立抵押权的债权人；

（三）以融资租赁方式出租该动产的出租人。

买受人取得动产但未付清价款或者承租人以融资租赁方式占有租赁物但是未付清全部租金，又以标的物为他人设立担保物权，前款所列权利人为担保价款债权或者租金的实现而订立担保合同，并在该动产交付后十日内办理登记，主张其权利优先于买受人为他人设立的担保物权的，人民法院应予支持。

同一动产上存在多个价款优先权的，人民法院应当按照登记的时间先后确定清偿顺序。

第五十八条 以汇票出质，当事人以背书记载“质押”字样并在汇票上签章，汇票已经交付质权人的，人民法院应当认定质权自汇票交付质权人时设立。

第五十九条 存货人或者仓单持有人在仓单上以背书记载“质押”字样，并经保管人签章，仓单已经交付质权人的，人民法院应当认定质权自仓单交付质权人时设立。没有权利凭证的仓单，依法可以办理出质登记的，仓单质权自办理出质登记时设立。

出质人既以仓单出质，又以仓储物设立担保，按照公示的先后确定清偿顺序；难以确定先后的，按照债权比例清偿。

保管人为同一货物签发多份仓单，出质人在多份仓单上设立多个质权，按照公示的先后确定清偿顺序；难以确定先后的，按照债权比例受偿。

存在第二款、第三款规定的情形，债权人举证证明其损失系由出质人与保管人的共同行为所致，请求出质人与保管人承担连带赔偿责任的，人民法院应予支持。

第六十条 在跟单信用证交易中，开证行与开证申请人之间约定以提单作为担保的，人民法院应当依照民法典关于质权的有关规定处理。

在跟单信用证交易中，开证行依据其与开证申请人之间的约定或者跟单信用证的惯例持有提单，开证申请人未按照约定付款赎单，开证行主张对提单项下货物优先受偿的，人民法院应予支持；开证行主张对提单项下货物享有所有权的，人民法院不予支持。

在跟单信用证交易中，开证行依据其与开证申请人之间的约定或者跟单信用证的惯例，通过转让提单或者提单项下货物取得价款，开证申请人请求返还超出债权部分的，人民法院应予支持。

前三款规定不影响合法持有提单的开证行以提单持有人身份主张运输合同项下的权利。

第六十一条 以现有的应收账款出质，应收账款债务人向质权人确认应收账款的真实性后，又以应收账款不存在或者已经消灭为由主张不承担责任的，人民法院不予支持。

以现有的应收账款出质，应收账款债务人未确认应收账款的真实性，质权人以应收账款债务人为被告，请求就应收账款优先受偿，能够举证证明办理出质登记时应收账款真实存在的，人民法院应予支持；质权人不能举证证明办理出质登记时应收账款真实存在，仅以已经办理出质登记为由，请求就应收账款优先受偿的，人民法院不予支持。

以现有的应收账款出质，应收账款债务人已经向应收账款债权人履行了债务，质权人请求应收账款债务人履行债务的，人民法院不予支持，但是应收账款债务人接到质权人要求向其履行的通知后，仍然向应收账款债权人履行的除外。

以基础设施和公用事业项目收益权、提供服务或者劳务产生的债权以及其他将有的应收账款出质，当事人为应收账款设立特定账户，发生法定或者约定的质权实现事由时，质权人请求就该特定账户内的款项优先受偿的，人民法院应予支持；特定账户内的款项不足以清偿债务或者未设立特定账户，质权人请求折价或者拍卖、变卖项目收益权等将有的应收账款，并以所得的价款优先受偿的，人民法院依法予以支持。

第六十二条 债务人不履行到期债务，债权人因同一法律关系留置合法占有的第三人的动产，并主张就该留置财产优先受偿的，人民法院应予支持。第三人以该留置财产并非债务人的财产为由请求返还的，人民法院不予支持。

企业之间留置的动产与债权并非同一法律关系，债务人以该债权不属于企业持续经营中发生的债权为由请求债权人返还留置财产的，人民法院应予支持。

企业之间留置的动产与债权并非同一法律关系，债权人留置第三人的财产，第三人请求债权人返还留置财产的，人民法院应予支持。

四、关于非典型担保

第六十三条 债权人与担保人订立担保合同，约定以法律、行政法规尚未规定可以担保的财产权利设立担保，当事人主张合同无效的，人民法院不予支持。当事人未在法定的登记机构依法进行登记，主张该担保具有物权效力的，人民法院不予支持。

第六十四条 在所有权保留买卖中，出卖人依法有权取回标的物，但是与买受人协商不成，当事人请求参照民事诉讼法“实现担保物权案件”的有关规定，拍卖、变卖标的物的，人民法院应予准许。

出卖人请求取回标的物，符合民法典第六百四十二条规定的，人民法院应予支持；买受人以抗辩或者反诉的方式主张拍卖、变卖标的物，并在扣除买受人未支付的价款以及必要费用后返还剩余款项的，人民法院应当一并处理。

第六十五条　在融资租赁合同中，承租人未按照约定支付租金，经催告后在合理期限内仍不支付，出租人请求承租人支付全部剩余租金，并以拍卖、变卖租赁物所得的价款受偿的，人民法院应予支持；当事人请求参照民事诉讼法“实现担保物权案件”的有关规定，以拍卖、变卖租赁物所得价款支付租金的，人民法院应予准许。

出租人请求解除融资租赁合同并收回租赁物，承租人以抗辩或者反诉的方式主张返还租赁物价值超过欠付租金以及其他费用的，人民法院应当一并处理。当事人对租赁物的价值有争议的，应当按照下列规则确定租赁物的价值：

（一）融资租赁合同有约定的，按照其约定；

（二）融资租赁合同未约定或者约定不明的，根据约定的租赁物折旧以及合同到期后租赁物的残值来确定；

（三）根据前两项规定的方法仍然难以确定，或者当事人认为根据前两项规定的方法确定的价值严重偏离租赁物实际价值的，根据当事人的申请委托有资质的机构评估。

第六十六条　同一应收账款同时存在保理、应收账款质押和债权转让，当事人主张参照民法典第七百六十八条的规定确定优先顺序的，人民法院应予支持。

在有追索权的保理中，保理人以应收账款债权人或者应收账款债务人为被告提起诉讼，人民法院应予受理；保理人一并起诉应收账款债权人和应收账款债务人的，人民法院可以受理。

应收账款债权人向保理人返还保理融资款本息或者回购应收账款债权后，请求应收账款债务人向其履行应收账款债务的，人民法院应予支持。

第六十七条 在所有权保留买卖、融资租赁等合同中，出卖人、出租人的所有权未经登记不得对抗的“善意第三人”的范围及其效力，参照本解释第五十四条的规定处理。

第六十八条 债务人或者第三人与债权人约定将财产形式上转移至债权人名下，债务人不履行到期债务，债权人有权对财产折价或者以拍卖、变卖该财产所得价款偿还债务的，人民法院应当认定该约定有效。当事人已经完成财产权利变动的公示，债务人不履行到期债务，债权人请求参照民法典关于担保物权的有关规定就该财产优先受偿的，人民法院应予支持。

债务人或者第三人与债权人约定将财产形式上转移至债权人名下，债务人不履行到期债务，财产归债权人所有的，人民法院应当认定该约定无效，但是不影响当事人有关提供担保的意思表示的效力。当事人已经完成财产权利变动的公示，债务人不履行到期债务，债权人请求对该财产享有所有权的，人民法院不予支持；债权人请求参照民法典关于担保物权的规定对财产折价或者以拍卖、变卖该财产所得的价款优先受偿的，人民法院应予支持；债务人履行债务后请求返还财产，或者请求对财产折价或者以拍卖、变卖所得的价款清偿债务的，人民法院应予支持。

债务人与债权人约定将财产转移至债权人名下，在一定期间后再由债务人或者其指定的第三人以交易本金加上溢价款回购，债务人到期不履行回购义务，财产归债权人所有的，人民法院应当参照第二款规定处理。回购对象自始不存在的，人民法院应当依照民法典第一百四十六条第二款的规定，按照其实际构成的法律关系处理。

第六十九条 股东以将其股权转移至债权人名下的方式为债务履行提供担保，公司或者公司的债权人以股东未履行或者未全面履行出资义务、抽逃出资等为由，请求作为名义股东的债权人与股东承担连带责任的，人民法院不予支持。

第七十条　债务人或者第三人为担保债务的履行，设立专门的保证金账户并由债权人实际控制，或者将其资金存入债权人设立的保证金账户，债权人主张就账户内的款项优先受偿的，人民法院应予支持。当事人以保证金账户内的款项浮动为由，主张实际控制该账户的债权人对账户内的款项不享有优先受偿权的，人民法院不予支持。

在银行账户下设立的保证金分户，参照前款规定处理。

当事人约定的保证金并非为担保债务的履行设立，或者不符合前两款规定的情形，债权人主张就保证金优先受偿的，人民法院不予支持，但是不影响当事人依照法律的规定或者按照当事人的约定主张权利。

五、附　则

第七十一条　本解释自2021年1月1日起施行。

中华人民共和国土地管理法实施条例

（1998年12月27日中华人民共和国国务院令第256号发布　根据2011年1月8日《国务院关于废止和修改部分行政法规的决定》第一次修订　根据2014年7月29日《国务院关于修改部分行政法规的决定》第二次修订　2021年7月2日中华人民共和国国务院令第743号第三次修订）

第一章　总　则

第一条　根据《中华人民共和国土地管理法》（以下简称《土地管理法》），制定本条例。

第二章　国土空间规划

第二条　国家建立国土空间规划体系。

土地开发、保护、建设活动应当坚持规划先行。经依法批准的国土空间规划是各类开发、保护、建设活动的基本依据。

已经编制国土空间规划的，不再编制土地利用总体规划和城乡规划。在编制国土空间规划前，经依法批准的土地利用总体规划和城乡规划继续执行。

第三条　国土空间规划应当细化落实国家发展规划提出的国土空间开发保护要求，统筹布局农业、生态、城镇等功能空间，划定落实永久基本农田、生态保护红线和城镇开发边界。

国土空间规划应当包括国土空间开发保护格局和规划用地布局、结构、用途管制要求等内容，明确耕地保有量、建设用地规模、禁止开垦的范围等要求，统筹基础设施和公共设施用地布局，综合利用地上地下空间，合理确定并严格控制新增建设用地规模，提高土地节约集约利用水平，保障土地的可持续利用。

第四条　土地调查应当包括下列内容：

（一）土地权属以及变化情况；

（二）土地利用现状以及变化情况；

（三）土地条件。

全国土地调查成果，报国务院批准后向社会公布。地方土地调查成果，经本级人民政府审核，报上一级人民政府批准后向社会公布。全国土地调查成果公布后，县级以上地方人民政府方可自上而下逐级依次公布本行政区域的土地调查成果。

土地调查成果是编制国土空间规划以及自然资源管理、保护和利用的重要依据。

土地调查技术规程由国务院自然资源主管部门会同有关部门制定。

第五条　国务院自然资源主管部门会同有关部门制定土地等级评定标准。

县级以上人民政府自然资源主管部门应当会同有关部门根据土地等级评定标准，对土地等级进行评定。地方土地等级评定结果经本级人民政府审核，报上一级人民政府自然资源主管部门批准后向社会公布。

根据国民经济和社会发展状况，土地等级每五年重新评定一次。

第六条　县级以上人民政府自然资源主管部门应当加强信息化建设，建立统一的国土空间基础信息平台，实行土地管理全流程信息化管理，对土地利用状况进行动态监测，与发展改革、住房和城乡建设等有关部门建立土地管理信息共享机制，依法公开土地管理信息。

第七条　县级以上人民政府自然资源主管部门应当加强地籍管理，建立健全地籍数据库。

第三章　耕地保护

第八条　国家实行占用耕地补偿制度。在国土空间规划确定的城市和村庄、集镇建设用地范围内经依法批准占用耕地，以及在国土空间规划确定的城市和村庄、集镇建设用地范围外的能源、交通、水利、矿山、军事设施等建设项目经依法批准占用耕地的，分别由县级人民政府、农村集体经济组织和建设单位负责开垦与所占用耕地的数量和质量相当的耕地；没有条件开垦或者开垦的耕地不符合要求的，应当按照省、自治区、直辖市的规定缴纳耕地开垦费，专款用于开垦新的耕地。

省、自治区、直辖市人民政府应当组织自然资源主管部门、农业农村主管部门对开垦的耕地进行验收，确保开垦的耕地落实到地块。划入永久基本农田的还应当纳入国家永久基本农田数据库严格管理。占用耕地补充情况应当按照国家有关规定向社会公布。

个别省、直辖市需要易地开垦耕地的，依照《土地管理法》第三十二条的规定执行。

第九条 禁止任何单位和个人在国土空间规划确定的禁止开垦的范围内从事土地开发活动。

按照国土空间规划，开发未确定土地使用权的国有荒山、荒地、荒滩从事种植业、林业、畜牧业、渔业生产的，应当向土地所在地的县级以上地方人民政府自然资源主管部门提出申请，按照省、自治区、直辖市规定的权限，由县级以上地方人民政府批准。

第十条 县级人民政府应当按照国土空间规划关于统筹布局农业、生态、城镇等功能空间的要求，制定土地整理方案，促进耕地保护和土地节约集约利用。

县、乡（镇）人民政府应当组织农村集体经济组织，实施土地整理方案，对闲散地和废弃地有计划地整治、改造。土地整理新增耕地，可以用作建设所占用耕地的补充。

鼓励社会主体依法参与土地整理。

第十一条 县级以上地方人民政府应当采取措施，预防和治理耕地土壤流失、污染，有计划地改造中低产田，建设高标准农田，提高耕地质量，保护黑土地等优质耕地，并依法对建设所占用耕地耕作层的土壤利用作出合理安排。

非农业建设依法占用永久基本农田的，建设单位应当按照省、自治区、直辖市的规定，将所占用耕地耕作层的土壤用于新开垦耕地、劣质地或者其他耕地的土壤改良。

县级以上地方人民政府应当加强对农业结构调整的引导和管理，防止破坏耕地耕作层；设施农业用地不再使用的，应当及时组织恢复种植条件。

第十二条 国家对耕地实行特殊保护，严守耕地保护红线，严格控制耕地转为林地、草地、园地等其他农用地，并建立耕地保护补偿制度，具体办法和耕地保护补偿实施步骤由国务院自然资源主管部门会同有关部门规定。

非农业建设必须节约使用土地，可以利用荒地的，不得占用耕地；可以利用劣地的，不得占用好地。禁止占用耕地建窑、建坟或者擅自在耕地上建房、挖砂、采石、采矿、取土等。禁止占用永久基本农田发展林果业和挖塘养鱼。

耕地应当优先用于粮食和棉、油、糖、蔬菜等农产品生产。按照国家有关规定需要将耕地转为林地、草地、园地等其他农用地的，应当优先使用难以长期稳定利用的耕地。

第十三条 省、自治区、直辖市人民政府对本行政区域耕地保护负总责，其主要负责人是本行政区域耕地保护的第一责任人。

省、自治区、直辖市人民政府应当将国务院确定的耕地保有量和永久基本农田保护任务分解下达，落实到具体地块。

国务院对省、自治区、直辖市人民政府耕地保护责任目标落实情况进行考核。

第四章 建设用地

第一节 一般规定

第十四条 建设项目需要使用土地的，应当符合国土空间规划、土地利用年度计划和用途管制以及节约资源、保护生态环境的要求，并严格执行建设用地标准，优先使用存量建设用地，提高建设用地使用效率。

从事土地开发利用活动，应当采取有效措施，防止、减少土壤污染，并确保建设用地符合土壤环境质量要求。

第十五条 各级人民政府应当依据国民经济和社会发展规划及年度计划、国土空间规划、国家产业政策以及城乡建设、土地利用的实际状况等，加强土地利用计划管理，实行建设用地总量控制，推动城乡存量建设用地开发利用，引导城镇低效用地再开发，落实建设用地标准控制制度，开展节约集约用地评价，推广应用节地技术和节地模式。

第十六条 县级以上地方人民政府自然资源主管部门应当将本级人民政府确定的年度建设用地供应总量、结构、时序、地块、用途等在政府网站上向社会公布，供社会公众查阅。

第十七条 建设单位使用国有土地，应当以有偿使用方式取得；但是，法律、行政法规规定可以以划拨方式取得的除外。

国有土地有偿使用的方式包括：

（一）国有土地使用权出让；

（二）国有土地租赁；

（三）国有土地使用权作价出资或者入股。

第十八条 国有土地使用权出让、国有土地租赁等应当依照国家有关规定通过公开的交易平台进行交易，并纳入统一的公共资源交易平台体系。除依法可以采取协议方式外，应当采取招标、拍卖、挂牌等竞争性方式确定土地使用者。

第十九条 《土地管理法》第五十五条规定的新增建设用地的土地有偿使用费，是指国家在新增建设用地中应取得的平均土地纯收益。

第二十条 建设项目施工、地质勘查需要临时使用土地的，应当尽量不占或者少占耕地。

临时用地由县级以上人民政府自然资源主管部门批准，期限一般不超过二年；建设周期较长的能源、交通、水利等基础设施建设使用的临时用地，期限不超过四年；法律、行政法规另有规定的除外。

土地使用者应当自临时用地期满之日起一年内完成土地复垦，使其达到可供利用状态，其中占用耕地的应当恢复种植条件。

第二十一条 抢险救灾、疫情防控等急需使用土地的，可以先行使用土地。其中，属于临时用地的，用后应当恢复原状并交还原土地使用者使用，不再办理用地审批手续；属于永久性建设用地的，建设单位应当在不晚于应急处置工作结束六个月内申请补办建设用地审批手续。

第二十二条　具有重要生态功能的未利用地应当依法划入生态保护红线，实施严格保护。

建设项目占用国土空间规划确定的未利用地的，按照省、自治区、直辖市的规定办理。

第二节　农用地转用

第二十三条　在国土空间规划确定的城市和村庄、集镇建设用地范围内，为实施该规划而将农用地转为建设用地的，由市、县人民政府组织自然资源等部门拟订农用地转用方案，分批次报有批准权的人民政府批准。

农用地转用方案应当重点对建设项目安排、是否符合国土空间规划和土地利用年度计划以及补充耕地情况作出说明。

农用地转用方案经批准后，由市、县人民政府组织实施。

第二十四条　建设项目确需占用国土空间规划确定的城市和村庄、集镇建设用地范围外的农用地，涉及占用永久基本农田的，由国务院批准；不涉及占用永久基本农田的，由国务院或者国务院授权的省、自治区、直辖市人民政府批准。具体按照下列规定办理：

（一）建设项目批准、核准前或者备案前后，由自然资源主管部门对建设项目用地事项进行审查，提出建设项目用地预审意见。建设项目需要申请核发选址意见书的，应当合并办理建设项目用地预审与选址意见书，核发建设项目用地预审与选址意见书。

（二）建设单位持建设项目的批准、核准或者备案文件，向市、县人民政府提出建设用地申请。市、县人民政府组织自然资源等部门拟订农用地转用方案，报有批准权的人民政府批准；依法应当由国务院批准的，由省、自治区、直辖市人民政府审核后上报。农用地转用方案应当重点对是否符合国土空间规划和土地利用年度计划以及补充耕地情况作出说明，涉及占用永久基本农田的，还应当对占用永久基本农田的必要性、合理性和补划可行性作出说明。

（三）农用地转用方案经批准后，由市、县人民政府组织实施。

第二十五条 建设项目需要使用土地的，建设单位原则上应当一次申请，办理建设用地审批手续，确需分期建设的项目，可以根据可行性研究报告确定的方案，分期申请建设用地，分期办理建设用地审批手续。建设过程中用地范围确需调整的，应当依法办理建设用地审批手续。

农用地转用涉及征收土地的，还应当依法办理征收土地手续。

第三节 土地征收

第二十六条 需要征收土地，县级以上地方人民政府认为符合《土地管理法》第四十五条规定的，应当发布征收土地预公告，并开展拟征收土地现状调查和社会稳定风险评估。

征收土地预公告应当包括征收范围、征收目的、开展土地现状调查的安排等内容。征收土地预公告应当采用有利于社会公众知晓的方式，在拟征收土地所在的乡（镇）和村、村民小组范围内发布，预公告时间不少于十个工作日。自征收土地预公告发布之日起，任何单位和个人不得在拟征收范围内抢栽抢建；违反规定抢栽抢建的，对抢栽抢建部分不予补偿。

土地现状调查应当查明土地的位置、权属、地类、面积，以及农村村民住宅、其他地上附着物和青苗等的权属、种类、数量等情况。

社会稳定风险评估应当对征收土地的社会稳定风险状况进行综合研判，确定风险点，提出风险防范措施和处置预案。社会稳定风险评估应当有被征地的农村集体经济组织及其成员、村民委员会和其他利害关系人参加，评估结果是申请征收土地的重要依据。

第二十七条 县级以上地方人民政府应当依据社会稳定风险评

估结果，结合土地现状调查情况，组织自然资源、财政、农业农村、人力资源和社会保障等有关部门拟定征地补偿安置方案。

征地补偿安置方案应当包括征收范围、土地现状、征收目的、补偿方式和标准、安置对象、安置方式、社会保障等内容。

第二十八条 征地补偿安置方案拟定后，县级以上地方人民政府应当在拟征收土地所在的乡（镇）和村、村民小组范围内公告，公告时间不少于三十日。

征地补偿安置公告应当同时载明办理补偿登记的方式和期限、异议反馈渠道等内容。

多数被征地的农村集体经济组织成员认为拟定的征地补偿安置方案不符合法律、法规规定的，县级以上地方人民政府应当组织听证。

第二十九条 县级以上地方人民政府根据法律、法规规定和听证会等情况确定征地补偿安置方案后，应当组织有关部门与拟征收土地的所有权人、使用权人签订征地补偿安置协议。征地补偿安置协议示范文本由省、自治区、直辖市人民政府制定。

对个别确实难以达成征地补偿安置协议的，县级以上地方人民政府应当在申请征收土地时如实说明。

第三十条 县级以上地方人民政府完成本条例规定的征地前期工作后，方可提出征收土地申请，依照《土地管理法》第四十六条的规定报有批准权的人民政府批准。

有批准权的人民政府应当对征收土地的必要性、合理性、是否符合《土地管理法》第四十五条规定的为了公共利益确需征收土地的情形以及是否符合法定程序进行审查。

第三十一条 征收土地申请经依法批准后，县级以上地方人民政府应当自收到批准文件之日起十五个工作日内在拟征收土地所在的乡（镇）和村、村民小组范围内发布征收土地公告，公布征收范围、征收时间等具体工作安排，对个别未达成征地补偿安置协议的应当作出征地补偿安置决定，并依法组织实施。

第三十二条 省、自治区、直辖市应当制定公布区片综合地价，确定征收农用地的土地补偿费、安置补助费标准，并制定土地补偿费、安置补助费分配办法。

地上附着物和青苗等的补偿费用，归其所有权人所有。

社会保障费用主要用于符合条件的被征地农民的养老保险等社会保险缴费补贴，按照省、自治区、直辖市的规定单独列支。

申请征收土地的县级以上地方人民政府应当及时落实土地补偿费、安置补助费、农村村民住宅以及其他地上附着物和青苗等的补偿费用、社会保障费用等，并保证足额到位，专款专用。有关费用未足额到位的，不得批准征收土地。

第四节 宅基地管理

第三十三条 农村居民点布局和建设用地规模应当遵循节约集约、因地制宜的原则合理规划。县级以上地方人民政府应当按照国家规定安排建设用地指标，合理保障本行政区域农村村民宅基地需求。

乡（镇）、县、市国土空间规划和村庄规划应当统筹考虑农村村民生产、生活需求，突出节约集约用地导向，科学划定宅基地范围。

第三十四条 农村村民申请宅基地的，应当以户为单位向农村集体经济组织提出申请；没有设立农村集体经济组织的，应当向所在的村民小组或者村民委员会提出申请。宅基地申请依法经农村村民集体讨论通过并在本集体范围内公示后，报乡（镇）人民政府审核批准。

涉及占用农用地的，应当依法办理农用地转用审批手续。

第三十五条 国家允许进城落户的农村村民依法自愿有偿退出宅基地。乡（镇）人民政府和农村集体经济组织、村民委员会等应当将退出的宅基地优先用于保障该农村集体经济组织成员的宅基地需求。

第三十六条 依法取得的宅基地和宅基地上的农村村民住宅及其附属设施受法律保护。

禁止违背农村村民意愿强制流转宅基地，禁止违法收回农村村民依法取得的宅基地，禁止以退出宅基地作为农村村民进城落户的条件，禁止强迫农村村民搬迁退出宅基地。

第五节 集体经营性建设用地管理

第三十七条 国土空间规划应当统筹并合理安排集体经营性建设用地布局和用途，依法控制集体经营性建设用地规模，促进集体经营性建设用地的节约集约利用。

鼓励乡村重点产业和项目使用集体经营性建设用地。

第三十八条 国土空间规划确定为工业、商业等经营性用途，且已依法办理土地所有权登记的集体经营性建设用地，土地所有权人可以通过出让、出租等方式交由单位或者个人在一定年限内有偿使用。

第三十九条 土地所有权人拟出让、出租集体经营性建设用地的，市、县人民政府自然资源主管部门应当依据国土空间规划提出拟出让、出租的集体经营性建设用地的规划条件，明确土地界址、面积、用途和开发建设强度等。

市、县人民政府自然资源主管部门应当会同有关部门提出产业准入和生态环境保护要求。

第四十条 土地所有权人应当依据规划条件、产业准入和生态环境保护要求等，编制集体经营性建设用地出让、出租等方案，并依照《土地管理法》第六十三条的规定，由本集体经济组织形成书面意见，在出让、出租前不少于十个工作日报市、县人民政府。市、县人民政府认为该方案不符合规划条件或者产业准入和生态环境保护要求等的，应当在收到方案后五个工作日内提出修改意见。土地所有权人应当按照市、县人民政府的意见进行修改。

集体经营性建设用地出让、出租等方案应当载明宗地的土地界址、面积、用途、规划条件、产业准入和生态环境保护要求、使用期限、交易方式、入市价格、集体收益分配安排等内容。

第四十一条 土地所有权人应当依据集体经营性建设用地出让、出租等方案，以招标、拍卖、挂牌或者协议等方式确定土地使用者，双方应当签订书面合同，载明土地界址、面积、用途、规划条件、使用期限、交易价款支付、交地时间和开工竣工期限、产业准入和生态环境保护要求，约定提前收回的条件、补偿方式、土地使用权届满续期和地上建筑物、构筑物等附着物处理方式，以及违约责任和解决争议的方法等，并报市、县人民政府自然资源主管部门备案。未依法将规划条件、产业准入和生态环境保护要求纳入合同的，合同无效；造成损失的，依法承担民事责任。合同示范文本由国务院自然资源主管部门制定。

第四十二条 集体经营性建设用地使用者应当按照约定及时支付集体经营性建设用地价款，并依法缴纳相关税费，对集体经营性建设用地使用权以及依法利用集体经营性建设用地建造的建筑物、构筑物及其附属设施的所有权，依法申请办理不动产登记。

第四十三条 通过出让等方式取得的集体经营性建设用地使用权依法转让、互换、出资、赠与或者抵押的，双方应当签订书面合同，并书面通知土地所有权人。

集体经营性建设用地的出租，集体建设用地使用权的出让及其最高年限、转让、互换、出资、赠与、抵押等，参照同类用途的国有建设用地执行，法律、行政法规另有规定的除外。

第五章　监督检查

第四十四条 国家自然资源督察机构根据授权对省、自治区、直辖市人民政府以及国务院确定的城市人民政府下列土地利用和土地管理情况进行督察：

（一）耕地保护情况；

（二）土地节约集约利用情况；

（三）国土空间规划编制和实施情况；

（四）国家有关土地管理重大决策落实情况；

（五）土地管理法律、行政法规执行情况；

（六）其他土地利用和土地管理情况。

第四十五条 国家自然资源督察机构进行督察时，有权向有关单位和个人了解督察事项有关情况，有关单位和个人应当支持、协助督察机构工作，如实反映情况，并提供有关材料。

第四十六条 被督察的地方人民政府违反土地管理法律、行政法规，或者落实国家有关土地管理重大决策不力的，国家自然资源督察机构可以向被督察的地方人民政府下达督察意见书，地方人民政府应当认真组织整改，并及时报告整改情况；国家自然资源督察机构可以约谈被督察的地方人民政府有关负责人，并可以依法向监察机关、任免机关等有关机关提出追究相关责任人责任的建议。

第四十七条 土地管理监督检查人员应当经过培训，经考核合格，取得行政执法证件后，方可从事土地管理监督检查工作。

第四十八条 自然资源主管部门、农业农村主管部门按照职责分工进行监督检查时，可以采取下列措施：

（一）询问违法案件涉及的单位或者个人；

（二）进入被检查单位或者个人涉嫌土地违法的现场进行拍照、摄像；

（三）责令当事人停止正在进行的土地违法行为；

（四）对涉嫌土地违法的单位或者个人，在调查期间暂停办理与该违法案件相关的土地审批、登记等手续；

（五）对可能被转移、销毁、隐匿或者篡改的文件、资料予以封存，责令涉嫌土地违法的单位或者个人在调查期间不得变卖、转移与案件有关的财物；

（六）《土地管理法》第六十八条规定的其他监督检查措施。

第四十九条 依照《土地管理法》第七十三条的规定给予处分的，应当按照管理权限由责令作出行政处罚决定或者直接给予行政处罚的上级人民政府自然资源主管部门或者其他任免机关、单位作出。

第五十条 县级以上人民政府自然资源主管部门应当会同有关部门建立信用监管、动态巡查等机制，加强对建设用地供应交易和供后开发利用的监管，对建设用地市场重大失信行为依法实施惩戒，并依法公开相关信息。

第六章 法律责任

第五十一条 违反《土地管理法》第三十七条的规定，非法占用永久基本农田发展林果业或者挖塘养鱼的，由县级以上人民政府自然资源主管部门责令限期改正；逾期不改正的，按占用面积处耕地开垦费2倍以上5倍以下的罚款；破坏种植条件的，依照《土地管理法》第七十五条的规定处罚。

第五十二条 违反《土地管理法》第五十七条的规定，在临时使用的土地上修建永久性建筑物的，由县级以上人民政府自然资源主管部门责令限期拆除，按占用面积处土地复垦费5倍以上10倍以下的罚款；逾期不拆除的，由作出行政决定的机关依法申请人民法院强制执行。

第五十三条 违反《土地管理法》第六十五条的规定，对建筑物、构筑物进行重建、扩建的，由县级以上人民政府自然资源主管部门责令限期拆除；逾期不拆除的，由作出行政决定的机关依法申请人民法院强制执行。

第五十四条 依照《土地管理法》第七十四条的规定处以罚款的，罚款额为违法所得的10%以上50%以下。

第五十五条 依照《土地管理法》第七十五条的规定处以罚款的，罚款额为耕地开垦费的 5 倍以上 10 倍以下；破坏黑土地等优质耕地的，从重处罚。

第五十六条 依照《土地管理法》第七十六条的规定处以罚款的，罚款额为土地复垦费的 2 倍以上 5 倍以下。

违反本条例规定，临时用地期满之日起一年内未完成复垦或者未恢复种植条件的，由县级以上人民政府自然资源主管部门责令限期改正，依照《土地管理法》第七十六条的规定处罚，并由县级以上人民政府自然资源主管部门会同农业农村主管部门代为完成复垦或者恢复种植条件。

第五十七条 依照《土地管理法》第七十七条的规定处以罚款的，罚款额为非法占用土地每平方米 100 元以上 1000 元以下。

违反本条例规定，在国土空间规划确定的禁止开垦的范围内从事土地开发活动的，由县级以上人民政府自然资源主管部门责令限期改正，并依照《土地管理法》第七十七条的规定处罚。

第五十八条 依照《土地管理法》第七十四条、第七十七条的规定，县级以上人民政府自然资源主管部门没收在非法转让或者非法占用的土地上新建的建筑物和其他设施的，应当于九十日内交由本级人民政府或者其指定的部门依法管理和处置。

第五十九条 依照《土地管理法》第八十一条的规定处以罚款的，罚款额为非法占用土地每平方米 100 元以上 500 元以下。

第六十条 依照《土地管理法》第八十二条的规定处以罚款的，罚款额为违法所得的 10%以上 30%以下。

第六十一条 阻碍自然资源主管部门、农业农村主管部门的工作人员依法执行职务，构成违反治安管理行为的，依法给予治安管理处罚。

第六十二条 违反土地管理法律、法规规定，阻挠国家建设征收土地的，由县级以上地方人民政府责令交出土地；拒不交出土地的，依法申请人民法院强制执行。

第六十三条 违反本条例规定，侵犯农村村民依法取得的宅基地权益的，责令限期改正，对有关责任单位通报批评、给予警告；造成损失的，依法承担赔偿责任；对直接负责的主管人员和其他直接责任人员，依法给予处分。

第六十四条 贪污、侵占、挪用、私分、截留、拖欠征地补偿安置费用和其他有关费用的，责令改正，追回有关款项，限期退还违法所得，对有关责任单位通报批评、给予警告；造成损失的，依法承担赔偿责任；对直接负责的主管人员和其他直接责任人员，依法给予处分。

第六十五条 各级人民政府及自然资源主管部门、农业农村主管部门工作人员玩忽职守、滥用职权、徇私舞弊的，依法给予处分。

第六十六条 违反本条例规定，构成犯罪的，依法追究刑事责任。

第七章 附 则

第六十七条 本条例自 2021 年 9 月 1 日起施行。

自然资源部行政许可事项办理程序规范

（2021 年 11 月 26 日 自然资办函〔2021〕2193 号）

为提升自然资源部行政许可事项办理标准化、规范化、便利化水平，为公民、法人和其他组织提供高效便捷的政务服务，根据《中华人民共和国行政许可法》《国务院关于在线政府服务的若干规定》等法律法规，结合自然资源部行政许可工作实际，制定本规范。

一、适用范围和工作原则

（一）本规范适用于部行政许可事项，其他部政务服务事项应参照执行。

（二）部行政许可事项办理遵循依法、高效、便民、公开的原则，通过部一体化政务服务平台，实行网上申报、在线审查、一网通办、全程监督、限时办结和结果公开。

（三）行政许可事项申请材料中含有涉密信息的，采取线下方式办理。

二、职责分工

（一）部机关有关司局应严格遵照法律法规行使行政许可职权，分工协作、密切配合，切实做好部行政许可事项办理工作。

（二）主办司局应按照标准化要求依法编制服务指南，将受理需要提交的全部材料目录和材料要求编入服务指南并及时在政务大厅、部门户网站和政务服务平台公示。因法律法规修订、政策调整或工作需要，服务指南发生变化的，主办司局应及时修订。

服务指南应包括事项名称、适用范围、审查类型、审批依据、受理机构、决定机构、数量限制、申请条件、申请材料及要求、办理基本流程、办结时限、收费依据及标准、结果送达、申请人权利和义务、咨询途径、监督投诉渠道、办公地址和时间、申请材料示范文本、常见错误示例、常见问题解答等内容，做到说明详尽、要求明晰、表述准确。

（三）做好行政许可事项办理工作的咨询应答，政务大厅工作人员负责接待现场咨询，接听咨询电话。政务大厅工作人员能够直接答复的，即时告知申请人；政务大厅工作人员不能直接答复的，业务司局应当予以答复。

三、受理

（一）部行政许可事项应通过政务大厅受理，主办司局不得通过其他渠道受理。

（二）明确由政务大厅对行政许可申请进行受理前审查的，由政务大厅负责对申请材料（包括补正材料）是否齐全、是否符合法定形式进行受理前审查。

明确转由主办司局对行政许可申请进行受理前审查的，由主办司局负责对申请材料（包括补正材料）是否齐全、是否符合法定形式进行受理前审查。

（三）对申请人提出的行政许可申请，应当根据下列情况分别作出处理：

1. 申请事项依法不需要取得行政许可的，应当即时告知申请人不受理；

2. 申请事项依法不属于自然资源部职权范围的，应当即时作出不予受理的决定，出具《不予受理决定书》，并告知申请人向有关行政机关申请；

3. 申请事项属于自然资源部职权范围，但国家政策明确规定暂停受理的，应当即时作出不予受理的决定，出具《不予受理决定书》；

4. 申请材料存在可以当场更正的错误的，应当允许申请人当场更正；

5. 申请材料不齐全或不符合法定形式的，应当当场或者在 5 个工作日内出具《补正告知书》，一次告知申请人需要补正的全部内容，逾期不告知的，自收到申请材料之日起即为受理；

6. 补正材料不齐全或不符合法定形式的，出具《不予受理决定书》；

7. 申请人未在规定期限内补正材料且无正当理由的，视为放弃行政许可申请；

8. 申请事项属于自然资源部职权范围，申请材料齐全、符合法定形式，或者申请人按照要求提交全部补正材料的，应当受理并出具《受理通知书》。

（四）明确由政务大厅对行政许可申请进行受理前审查的，政务大厅受理后应将网上申请材料（包括补正材料）即转主办司局。

明确由主办司局对行政许可申请进行受理前审查的，政务大厅收到网上申请材料（包括补正材料）后即转主办司局。

（五）《不予受理决定书》中应当说明理由，并告知申请人享有依法申请行政复议或者提起行政诉讼的权利。

四、审查与决定

（一）主办司局应组织对申请材料的实质内容进行审查。

（二）主办司局需要组织相关司局会审、专家评审的，要做到专人负责，加强与会审司局、评审专家的沟通协调，督促尽快反馈审查意见。会审司局要密切配合，按照职责在规定时限内提出审查意见。

（三）主办司局要不断完善审查制度，优化审查程序，减少不必要的审查环节，确保在法定期限内按照规定程序作出行政许可决定。

除法律法规另有规定外，主办司局应当自受理行政许可申请之日起20个工作日内作出行政许可决定。20个工作日内不能作出决定的，经部领导批准，可以延长10个工作日。主办司局应通过政务大厅将延期办理的理由告知申请人。

依法需要听证、招标、拍卖、检验、检测、检疫、鉴定和专家评审的，所需时间不计算在规定的期限内。主办司局应通过政务大厅将所需时间书面告知申请人。

（四）主办司局应当在法定期限内出具加盖自然资源部公章或自然资源部（行政许可事项）专用章的行政许可决定。

申请人的申请符合法定条件、标准，经审查准予行政许可的，由主办司局出具准予行政许可决定书或者制作批准文件。

申请人的申请不符合法定条件、标准，经审查不予行政许可的，由主办司局出具不予行政许可的书面决定。不予行政许可的书面决定中应当说明理由，并告知申请人享有依法申请行政复议或者提起行政诉讼的权利。

（五）需要申请人执行的文书中应详细、准确、完整写明相关内容。申请人需要就文书中内容进行咨询了解的，政务大厅和主办司局应做好说明、解释工作。

五、撤回申请

申请人书面提出撤回行政许可申请的，根据下列情况分别作出处理：

（一）申请材料尚在政务大厅的，由政务大厅办理撤回。

（二）申请材料已转主办司局的，经主办司局同意后由政务大厅办理撤回。

政务服务平台需保存撤回事项的所有办理信息。

六、结果送达与查询

（一）准予行政许可的书面决定或不予行政许可的书面决定转政务大厅送达申请人后，政务大厅在政务服务平台中将该行政许可事项办结。作出的准予行政许可决定由信息中心负责在部门户网站或政务服务平台及时公开。

（二）政务大厅应按照部有关规定对现场结果领取人的身份证明及委托书进行审核。

（三）事项办理状态应做到及时公开可查询。申请人可通过政务服务平台查询办理情况。办理情况分为补正、受理（不予受理）、审查、准予行政许可（不予行政许可）等。

七、归档

申请人申报的材料、行政许可事项办理过程中形成的电子和纸质文件，应当按照部机关档案管理规定归档。

主办司局或有关单位负责纸质材料归档，信息中心负责电子材料归档。

八、监督与评价

（一）因服务指南内容不详实、修订不及时造成申请人差评、投诉的，由主办司局承担责任并整改。

因政务大厅工作人员服务态度、服务质量造成申请人差评、投诉的，由政务大厅承担责任并整改。

因行政许可行为产生行政复议、行政诉讼的，由主办司局负责。

（二）参与行政许可事项办理的工作人员，在处理涉密申请材料时必须遵守相关保密规定，不得泄露办理的过程性信息和内部工作信息。

（三）政务大厅通过电子监察系统对行政许可事项办理过程实施全流程跟踪和督办提醒。

（四）公民、法人或者其他组织就行政许可工作向自然资源部提出的意见和建议，由政务大厅转相关部门处理。

（五）办公厅负责对本规范执行情况进行监督，指导处理行政许可服务的投诉举报。

九、实施保障

本规范自2022年3月1日起施行。此前发布的有关部行政许可事项办理程序的规定，凡与本规范不一致的，按照本规范执行。

本规范由自然资源部办公厅负责解释。

附件：自然资源部行政许可事项决定书（通知书、告知书）参考文本（略）

自然资源行政应诉规定

（2019年7月19日自然资源部令第4号公布　自2019年9月1日起施行）

第一条　为规范自然资源行政应诉工作，保护公民、法人和其他组织的合法权益，推进自然资源法治建设，根据《中华人民共和国行政诉讼法》和国务院有关规定，结合自然资源管理工作实际，制定本规定。

第二条 自然资源主管部门依法参加行政诉讼活动，适用本规定。

第三条 上级自然资源主管部门应当加强对下级自然资源主管部门行政应诉工作的指导和监督。

第四条 自然资源主管部门的法治工作机构负责组织、协调和指导本部门的行政应诉工作。

自然资源主管部门作出被诉行政行为的工作机构为应诉承办机构，负责承办相应的行政应诉工作。

第五条 自然资源主管部门应当积极支持人民法院依法受理和审理行政诉讼案件，依法履行出庭应诉职责，尊重并执行人民法院生效裁判，自觉接受司法监督。

第六条 自然资源主管部门应当根据行政应诉工作需要，配备、充实工作人员，保障工作经费、装备和其他必要的工作条件，保证行政应诉人员、机构和能力与工作任务相适应。

第七条 自然资源主管部门应当建立行政应诉学习培训制度，开展集中培训、旁听庭审和案例研讨等活动，提高工作人员的行政应诉能力。

第八条 自然资源主管部门应当定期统计和分析行政应诉情况，总结行政应诉中发现的普遍性问题和重点案件，并在本部门内部或者向下级自然资源主管部门通报，督促其改进管理、完善制度。

第九条 自然资源主管部门的法治工作机构负责统一登记人民法院行政案件应诉通知书、裁判文书等。其他工作机构应当于收到的当日转交法治工作机构进行登记。

第十条 自然资源主管部门可以根据应诉工作的需要，聘请律师或者安排公职律师办理自然资源行政诉讼案件。

第十一条 自然资源主管部门应当积极配合检察机关开展公益

诉讼工作。

第十二条 自然资源主管部门可以委托所属事业单位承担有关行政应诉的事务性工作。

第十三条 共同应诉案件中，自然资源主管部门可以通过人民法院远程在线应诉平台出庭应诉，也可以委托下一级自然资源主管部门出庭应诉。

第十四条 自然资源主管部门应当依照下列规定确定应诉承办机构，并将应诉通知书及相关材料转交应诉承办机构办理：

（一）被诉的行政行为未经复议的，作出该行政行为的业务工作机构为应诉承办机构；

（二）被诉的行政行为经复议维持的，作出该行政行为的业务工作机构和法治工作机构为应诉承办机构。业务工作机构负责对原行政行为的合法性进行举证和答辩，法治工作机构负责对复议决定的合法性进行举证和答辩；

（三）被诉的行政行为经复议改变的，办理行政复议事项的法治工作机构为应诉承办机构，业务工作机构协助办理。

经自然资源主管部门负责人同意，应诉承办机构可以通知与被诉行政行为有关的其他工作机构参与应诉工作。

确定应诉承办机构有争议的，由法治工作机构提出处理意见，报请自然资源主管部门负责人确定。

第十五条 因行政复议机关维持原行政行为被共同提起诉讼的，自然资源主管部门的应诉承办机构应当与立案的人民法院联系，并及时与行政复议机关的应诉承办机构沟通。

第十六条 应诉承办机构应当按照人民法院应诉通知书的要求，及时收集整理作出被诉行政行为的证据、依据以及其他有关材料，拟订答辩状，确定应诉承办人员，并制作法定代表人身份证明和授权委托书。

应诉承办机构根据需要，可以提请法治工作机构组织有关机构、单位、法律顾问等对复杂案件进行会商。

第十七条 应诉承办机构应当将答辩状及证据、依据等相关材料提交自然资源主管部门负责人审查批准。

答辩状、法定代表人身份证明、授权委托书应当加盖自然资源主管部门的印章，授权委托书还应当加盖法定代表人签名章或者由法定代表人签字。

第十八条 应诉承办机构应当自自然资源主管部门收到人民法院应诉通知书之日起 15 日内，按照人民法院的要求将答辩状、证据、依据等相关材料提交立案的人民法院。因不可抗力等正当事由导致证据不能按时提供的，应当向人民法院提出申请，经准许后可以延期提供。

证据、依据等相关材料涉及国家秘密、商业秘密或者个人隐私的，应诉承办机构应当作出明确标注和说明，安排工作人员当面提交给人民法院，由人民法院指定的人员签收。

第十九条 应诉承办机构认为需要向人民法院申请阅卷的，可以向人民法院提出申请，并按照规定查阅、复制卷宗材料。

第二十条 应诉承办机构收到应诉通知书后，认为能够采取解释说明、补充完善相关行政程序、积极履行法定职责等措施化解行政争议的，应当及时提出具体措施的建议，必要时应当经本部门负责人同意，与人民法院、原告沟通协商，但不得采取欺骗、胁迫等手段迫使原告撤诉。

应诉承办机构为化解行政争议所采取的措施，不得损害国家利益、社会公共利益和他人合法权益，不得违反法律法规的规定。

第二十一条 人民法院建议调解的行政争议，应诉承办机构应当提出协调解决方案，经自然资源主管部门负责人批准后，配合人民法院与当事人进行沟通协调。

第二十二条 符合下列情形之一的，自然资源主管部门负责人应当出庭应诉：

（一）涉及重大公共利益、社会高度关注或者可能引发群体性事件，负责人出庭更有利于化解争议的案件；

（二）上级自然资源主管部门建议或者同级人民政府要求负责人出庭应诉的案件；

（三）人民法院书面建议负责人出庭应诉的案件；

（四）其他对自然资源管理可能产生重大影响的案件。

符合前款规定的，应诉承办机构应当及时提出负责人出庭应诉的具体建议。自然资源主管部门负责人确实无法出庭的，应当指定其他工作人员出庭应诉，并按照人民法院的要求，在开庭审理前向人民法院作出书面说明。

第二十三条 符合下列情形之一的，应诉承办机构负责人应当出庭应诉：

（一）自然资源主管部门负责人要求应诉承办机构负责人出庭的案件；

（二）自然资源主管部门提起上诉或者申请再审的案件；

（三）其他对本机构业务执法标准可能产生重大影响的案件。

第二十四条 出庭应诉人员应当按时到庭。未经法庭许可，不得中途退庭。确因特殊情况不能按时出庭的，应当提前告知人民法院并说明事由，经法院许可申请延期。

第二十五条 出庭应诉人员应当根据人民法院的要求参加庭审活动，遵守司法程序和法庭纪律，尊重审判人员和其他诉讼参加人。

第二十六条 庭审结束后需要补充答辩意见和相关材料的，应诉承办机构应当在人民法院要求的期限内提供。

第二十七条 应诉承办机构应当对人民法院裁判文书进行认真研究，认为依法应当提起上诉、申请再审的，经自然资源主管部门负责人批准后，应当在法定期限内向有管辖权的人民法院提交上诉状或者再审申请书，并将上诉状或者再审申请书抄送法治工作机构。

行政复议决定维持原行政行为的，作出原行政行为的自然资源主管部门或者行政复议机关认为应当提起上诉、申请再审的，双方应当进行协商。

第二十八条 自然资源主管部门决定不提起上诉、申请再审的，应诉承办机构应当于人民法院裁判文书生效之日起10日内，将裁判结果及分析情况向本部门负责人报告，同时抄送法治工作机构。因同一原因导致多个案件收到相同裁判结果的，可以合并报告。

自然资源部作出原行政行为的业务工作机构和行政复议机构共同应诉的，由作出原行政行为的业务工作机构负责报告；因行政复议程序导致败诉的，由行政复议机构负责报告。

第二十九条 二审案件、再审案件由原承办一审案件、二审案件的应诉承办机构负责承办行政应诉工作。

第三十条 人民法院的裁判文书需要履行的，应诉承办机构应当按照法律规定的期限履行。重大、疑难、复杂案件应当自判决、裁定和调解书生效之日起10日内提出履行的意见，报经本部门负责人批准后组织实施，并在判决、裁定和调解书生效之日起30日内，向负责人报告履行情况，同时抄送法治工作机构。

依法提出再审申请的，应诉承办机构应当就履行的意见与相关人民法院进行沟通。

第三十一条 人民法院依法判决自然资源主管部门承担赔偿责任的，应诉承办机构应当会同相关机构依照法律法规和国家有关规定制定赔偿方案，经本部门负责人批准后，办理支付赔偿费用手续。

第三十二条 需要缴纳诉讼费用的，由应诉承办机构会同相关机构办理。

第三十三条 自然资源主管部门收到人民法院提出的司法建议后，应诉承办机构应当组织研究落实，提出具体措施、意见和建议，对存在的违法或者不当的行政行为进行整改，并将有关情况及时向人民法院反馈。涉及多个应诉承办机构的，由法治工作机构牵头，组织应诉承办机构研究落实。

第三十四条　自然资源主管部门收到人民法院对本部门制发的规范性文件的处理建议的，应当组织研究，并于60日内向人民法院反馈处理意见。发现该规范性文件与法律法规规章的规定相抵触的，应当及时废止该规范性文件，并向社会公开。

第三十五条　县级以上自然资源主管部门应当将行政应诉工作情况纳入本部门考核内容，考核结果作为评价领导班子、评先表彰、干部使用的重要依据。

应诉承办机构负责人和地方自然资源主管部门负责人进行年度述职时，应当报告履行出庭应诉职责情况。

第三十六条　自然资源主管部门工作人员违反本规定，有下列情形之一，情节严重的，对直接负责的责任人员依法予以处分：

（一）收到人民法院的法律文书后未及时处理或者转交的；

（二）不按照本规定提交证据、依据及其他相关材料，履行答辩、举证等法定义务的；

（三）无正当理由不出庭应诉，也不委托相应的工作人员出庭的；

（四）出庭应诉人员无正当理由未按时出庭或者未经法院许可中途退庭的；

（五）拒绝履行或者无正当理由拖延履行人民法院发生法律效力的判决、裁定和调解书，被人民法院强制执行的；

（六）无法定事由未全面履行人民法院发生法律效力的判决、裁定和调解书的；

（七）不依法及时处理司法机关司法建议，不整改本部门、本单位存在的违法行政问题的；

（八）应当提起上诉、申请再审的案件，拖延或者怠于履行提起上诉、申请再审职责，导致国家蒙受重大损失的；

（九）败诉后新作出的行政行为因相同原因导致再次败诉的，以及推卸责任导致败诉的；

（十）其他违反本规定的行为。

第三十七条 应诉承办机构应当在行政诉讼活动全部结束后，将案件材料进行收集整理装订，依照档案管理的有关规定归档、移交。

第三十八条 自然资源主管部门参加行政赔偿诉讼活动，自然资源部办理国务院裁决案件的答复事项，参照本规定执行。

第三十九条 本规定自2019年9月1日起施行。原国土资源部2017年5月8日发布的《国土资源行政应诉规定》（国土资源部令第71号）同时废止。

自然资源听证规定

（2003年12月30日国土资源部令第22号公布 根据2020年3月20日《自然资源部关于第二批废止和修改的部门规章的决定》修订）

第一章 总 则

第一条 为了规范自然资源管理活动，促进依法行政，提高自然资源管理的科学性和民主性，保护公民、法人和其他组织的合法权益，根据有关法律、法规，制定本规定。

第二条 县级以上人民政府自然资源行政主管部门（以下简称主管部门）依职权或者依当事人的申请组织听证的，适用本规定。

第三条 听证由拟作出行政处罚、行政许可决定，制定规章和规范性文件、实施需报政府批准的事项的主管部门组织。

依照本规定具体办理听证事务的法制工作机构为听证机构；但实施需报政府批准的事项可以由其经办机构作为听证机构。

本规定所称需报政府批准的事项，是指依法由本级人民政府批准后生效但主要由主管部门具体负责实施的事项，包括拟定或者修改基准地价、组织编制或者修改国土空间规划和矿产资源规划、拟定或者修改区片综合地价、拟定拟征地项目的补偿标准和安置方案、拟定非农业建设占用永久基本农田方案等。

第四条　主管部门组织听证，应当遵循公开、公平、公正和便民的原则，充分听取公民、法人和其他组织的意见，保证其陈述意见、质证和申辩的权利。

依职权组织的听证，除涉及国家秘密外，以听证会形式公开举行，并接受社会监督；依当事人的申请组织的听证，除涉及国家秘密、商业秘密或者个人隐私外，听证公开举行。

第五条　法律、法规和规章规定应当听证的事项，当事人放弃听证权利或者因情况紧急须即时决定的，主管部门不组织听证。

第二章　听证的一般规定

第六条　听证参加人包括拟听证事项经办机构的指派人员、听证会代表、当事人及其代理人、证人、鉴定人、翻译等。

第七条　听证一般由一名听证员组织；必要时，可以由三或五名听证员组织。听证员由主管部门指定。

听证设听证主持人，在听证员中产生；但须是听证机构或者经办机构的有关负责人。

记录员由听证主持人指定，具体承担听证准备和听证记录工作。

拟听证事项的具体经办人员，不得作为听证员和记录员；但可以由经办机构办理听证事务的除外。

第八条　在听证开始前，记录员应当查明听证参加人的身份和到场情况，宣布听证纪律和听证会场有关注意事项。

第九条　听证会按下列程序进行：

（一）听证主持人宣布听证开始，介绍听证员、记录员，宣布听证事项和事由，告知听证参加人的权利和义务；

（二）拟听证事项的经办机构提出理由、依据和有关材料及意见；

（三）当事人进行质证、申辩，提出维护其合法权益的事实、理由和依据（听证会代表对拟听证事项的必要性、可行性以及具体内容发表意见和质询）；

（四）最后陈述；

（五）听证主持人宣布听证结束。

第十条 记录员应当将听证的全部活动记入笔录。听证笔录应当载明

下列事项，并由听证员和记录员签名：

（一）听证事项名称；

（二）听证员和记录员的姓名、职务；

（三）听证参加人的基本情况；

（四）听证的时间、地点；

（五）听证公开情况；

（六）拟听证事项的理由、依据和有关材料；

（七）当事人或者听证会代表的观点、理由和依据；

（八）延期、中止或者终止的说明；

（九）听证主持人对听证活动中有关事项的处理情况；

（十）听证主持人认为的其他事项。

听证笔录经听证参加人确认无误或者补正后当场签字或者盖章；无正当理由又拒绝签字或者盖章的，记明情况附卷。

第十一条 公开举行的听证会，公民、法人或者其他组织可以申请参加旁听。

第三章 依职权听证的范围和程序

第十二条 有下列情形之一的，主管部门应当组织听证：

（一）拟定或者修改基准地价；

（二）编制或者修改国土空间规划和矿产资源规划；

（三）拟定或者修改区片综合地价。

有下列情形之一的，直接涉及公民、法人或者其他组织的重大利益的，主管部门根据需要组织听证：

（一）制定规章和规范性文件；

（二）主管部门规定的其他情形。

第十三条 主管部门对本规定第十二条规定的事项举行听证的，应当在举行听证会 30 日前，向社会公告听证会的时间、地点、内容和申请参加听证会须知。

第十四条 符合主管部门规定条件的公民、法人和其他组织，均可申请参加听证会，也可推选代表参加听证会。

主管部门根据拟听证事项与公民、法人和其他组织的申请情况，指定听证会代表；指定的听证会代表应当具有广泛性、代表性。

公民、法人和其他组织推选的代表，符合主管部门条件的，应当优先被指定为听证会代表。

第十五条 听证机构应当在举行听证会的 10 个工作日前将听证会材料送达听证会代表。

第十六条 听证会代表应当亲自参加听证，并有权对拟听证事项的必要性、可行性以及具体内容发表意见和质询，查阅听证纪要。

听证会代表应当忠于事实，实事求是地反映所代表的公民、法人和其他组织的意见，遵守听证纪律，保守国家秘密。

第十七条 听证机构应当在举行听证会后 7 个工作日内，根据听证笔录制作包括下列内容的听证纪要：

（一）听证会的基本情况；

（二）听证事项的说明；

（三）听证会代表的意见陈述；

（四）听证事项的意见分歧；

（五）对听证会意见的处理建议。

第十八条 主管部门应当参照听证纪要依法制定规章和规范性

文件；在报批拟定或者修改的基准地价、编制或者修改的国土空间规划和矿产资源规划、拟定或者修改的区片综合地价时，应当附具听证纪要。

第四章　依申请听证的范围和程序

第十九条　有下列情形之一的，主管部门在报批之前，应当书面告知

当事人有要求举行听证的权利：

（一）拟定拟征地项目的补偿标准和安置方案的；

（二）拟定非农业建设占用永久基本农田方案的。

有下列情形之一的，主管部门在作出决定之前，应当书面告知当事人有要求举行听证的权利：

（一）较大数额罚款、责令停止违法勘查或者违法开采行为、吊销勘查许可证或者采矿许可证等行政处罚的；

（二）国有土地使用权、探矿权、采矿权的许可直接涉及申请人与他人之间重大利益关系的；

（三）法律、法规或者规章规定的其他情形。

第二十条　当事人对本规定第十九条规定的事项要求听证的，主管部门应当组织听证。

第二十一条　当事人应当在告知后5个工作日内向听证机构提出书面申请，逾期未提出的，视为放弃听证；但行政处罚听证的时限为3个工作日。放弃听证的，应当书面记载。

第二十二条　当事人可以委托一至二名代理人参加听证，收集、提供相关材料和证据，进行质证和申辩。

第二十三条　听证的书面申请包括以下内容：

（一）当事人的姓名、地址（法人或者其他组织的名称、地址、法定代表人）；

（二）申请听证的具体事项；

（三）申请听证的依据、理由。

申请听证的，应当同时提供相关材料。

第二十四条　听证机构收到听证的书面申请后，应当对申请材料进行审查；申请材料不齐备的，应当一次告知当事人补正。

有下列情形之一的，不予受理：

（一）提出申请的不是听证事项的当事人或者其代理人的；

（二）在告知后超过5个工作日提出听证的；

（三）其他不符合申请听证条件的。

不予受理的，主管部门应当书面告知当事人不予听证。

第二十五条　听证机构审核后，对符合听证条件的，应当制作《听证通知书》，并在听证的7个工作日前通知当事人和拟听证事项的经办机构。

《听证通知书》应当载明下列事项：

（一）听证的事由与依据；

（二）听证的时间、地点；

（三）听证员和记录员的姓名、职务；

（四）当事人、拟听证事项的经办机构的权利和义务；

（五）注意事项。

第二十六条　当事人在接到《听证通知书》后，应当准时到场；无正当理由不到场的，或者未经听证主持人允许中途退场的，视为放弃听证。放弃听证的，记入听证笔录。

第二十七条　拟听证事项的经办机构在接到《听证通知书》后，应当指派人员参加听证，不得放弃听证。

第二十八条　当事人认为听证员、记录员与拟听证事项有利害关系可能影响公正的，有权申请回避，并说明理由。

听证主持人的回避由主管部门决定。听证员、记录员的回避，由听证主持人决定。

第二十九条　有下列情形之一的，可以延期举行听证：

（一）因不可抗力的事由致使听证无法按期举行的；

（二）当事人申请延期，有正当理由的；

（三）可以延期的其他情形。

延期听证的，主管部门应当书面通知听证参加人。

第三十条 有下列情形之一的，中止听证：

（一）听证主持人认为听证过程中提出新的事实、理由和依据或者提出的事实有待调查核实的；

（二）申请听证的公民死亡、法人或者其他组织终止，尚未确定权利、义务承受人的；

（三）应当中止听证的其他情形。

中止听证的，主管部门应当书面通知听证参加人。

第三十一条 延期、中止听证的情形消失后，由主管部门决定恢复听证，并书面通知听证参加人。

第三十二条 有下列情形之一的，终止听证：

（一）有权申请听证的公民死亡，没有继承人，或者继承人放弃听证权利的；

（二）有权申请听证的法人或者其他组织终止，承受其权利的法人或者组织放弃听证权利的；

（三）当事人在听证过程中声明退出的；

（四）当事人在告知后明确放弃听证权利或者被视为放弃听证权利的；

（五）需要终止听证的其他情形。

第三十三条 主管部门应当根据听证笔录，作出行政许可决定，依法作出行政处罚决定；在报批拟定的拟征地项目的补偿标准和安置方案、非农业建设占用永久基本农田方案时，应当附具听证笔录。

第五章 法律责任

第三十四条 法律、法规和规章规定应当听证的事项，当事人要求听证而未组织的，对直接负责的主管人员和其他直接责任人员依法给予处分。

第三十五条 主管部门的拟听证事项经办机构指派人员、听证员、记录员在听证时玩忽职守、滥用职权、徇私舞弊的，依法给予处分；构成犯罪的，依法追究刑事责任。

第六章 附 则

第三十六条 组织听证不得向当事人收取或者变相收取任何费用。

组织听证所需经费列入主管部门预算。听证机构组织听证必需的场地、设备、工作条件，主管部门应当给予保障。

第三十七条 主管部门办理行政复议，受委托起草法律、法规或者政府规章草案时，组织听证的具体程序参照本规定执行。

第三十八条 本规定自2004年5月1日起施行。

自然资源统计工作管理办法

（2020年7月9日 自然资发〔2020〕111号）

第一条 为规范自然资源统计管理工作，建立健全统计数据质量控制体系，提高自然资源统计数据的真实性，依据《中华人民共和国统计法》《中华人民共和国统计法实施条例》等法律法规，制定本办法。

第二条 县级以上自然资源主管部门（含沿海地区海洋主管部门）以及从事自然资源相关活动的企业、事业单位，开展自然资源统计工作，适用本办法。

第三条 自然资源部组织领导全国自然资源统计工作，地方自然资源主管部门负责本行政区域内自然资源统计工作，接受上级自然资源主管部门的业务指导。建立健全统计联络员制度。

国家林业和草原局开展林业草原有关统计调查。经国家统计局审批或者备案的统计调查项目，应当向自然资源部报备，并提供相关统计数据。

开展自然资源统计工作所需人员、经费和工作条件应给予保障。

第四条 自然资源统计的主要任务是对土地、矿产、森林、草原、湿地、水、海域海岛等自然资源，以及海洋经济、地质勘查、地质灾害、测绘地理信息、自然资源督察、行政管理等开展统计调查和统计分析，提供统计数据，实施统计监督。

第五条 自然资源部统计归口管理机构组织开展全国自然资源综合统计工作，主要职责是：组织制定自然资源统计规章制度，监督检查全国自然资源统计工作；建立健全自然资源统计指标体系，制定综合统计调查制度，审查专业统计调查制度，承担统计调查制度报批工作，对统计调查制度执行情况开展评估；组织实施综合统计任务，开展数据质量评估；建立健全统计数据共享机制，发布综合统计数据；开展综合统计分析，组织综合统计业务培训，推进统计信息化建设。

第六条 自然资源部内设业务机构组织开展全国自然资源专业统计工作，主要职责是：起草专业统计调查制度，组织实施专业统计任务，搜集、汇总生成、审核专业统计数据，依据规定发布数据；按照统计调查制度规定向归口管理机构汇交统计数据；开展专业统计分析，组织专业统计业务培训。

第七条 地方自然资源主管部门组织开展本行政区域内自然资源统计工作，主要职责是：完成上级自然资源主管部门和同级人民政府统计机构部署的统计调查任务，审核本级统计数据；开展统计分析，发布统计数据，开展统计业务培训。

第八条 自然资源统计技术支撑机构配合统计归口管理机构做

好综合统计数据汇总、校核、分析，编制统计报告，开展统计技术培训，承担统计信息系统建设和运行维护等。

第九条 自然资源部制定全国性自然资源统计调查制度。地方自然资源主管部门可以根据需要制定补充性统计调查制度，但不得与上级统计调查制度重复矛盾。统计调查制度一经批准，应当严格执行，未经审查机构同意，任何单位及个人不得擅自修改调整。

第十条 自然资源统计数据获取方式主要有：

（一）资源调查。通过对全国国土调查等基础调查成果，和土地、矿产、森林、草原、湿地、水、海域海岛资源等专项调查成果，以及对特定资源和区域的遥感监测成果，进行加工整理后直接形成统计数据。

（二）行政记录。通过对自然资源业务管理系统中留存的行政记录，进行加工整理后直接形成统计数据。

（三）联网直报。填报人直接向自然资源部报送原始数据，部汇总整理后形成统计数据。

（四）逐级上报。地方自然资源主管部门对下级单位报送的数据进行汇总审核后，向上级主管部门报送。

优先通过对资源调查和行政记录成果加工整理获取统计数据，完善统计数据联网直报，减少数据逐级上报。

第十一条 建立健全自然资源统计数据质量控制体系。

加强源头控制。填报人对其填报、录入的原始数据的真实性、准确性负责。

严格审核。各单位对其负责加工整理、汇总生成的数据进行严格审核，对数据质量负责；发现数据异常的，应当返回填报人核实修改。审核结果和修改情况记录留痕。

完善统计流程。建立健全数据审核、签署、交接、归档等管理制度，建立违规干预统计工作记录制度和统计信用制度。

加强技术校核。充分利用各种技术手段对数据进行校核，开展逻辑检验、数据抽查、实地核查，综合评估、控制和提升数据质量。

第十二条 按照统计调查制度等规定，定期公布统计数据。综合统计数据由统计归口管理机构公布，专业统计数据依据有关规定经统计归口管理机构审核会签后可以由业务机构公布。公布机构对统计数据真实性负责。

在政策制定、规划编制、监督考核时，需要使用数据的，以公布的统计数据为准。

第十三条 加强自然资源统计信息化建设，实现统计数据全流程信息化生产和管理。建立健全统一的自然资源统计数据平台，推进统计数据平台与业务信息系统的互联互通、数据交互共享。完善统计网络直报系统。

第十四条 严格遵守国家保密和政府信息公开法律法规，对于自然资源统计中涉及到的国家秘密、属于单个统计调查对象的商业秘密、个人信息和重要数据，应当予以保密。

第十五条 县级以上自然资源主管部门主要负责人对防范惩治统计造假、弄虚作假负主要领导责任，分管负责人负直接领导责任。

县级以上自然资源主管部门对本级和下级自然资源统计进行监督检查。发现统计违纪违法行为的，应当及时移送同级人民政府统计机构。配合同级人民政府统计机构查处统计造假、弄虚作假等重大统计违纪违法行为。

第十六条 本办法自 2020 年 8 月 1 日起施行。原国土资源部公布的《国土资源统计工作管理办法》、原国家海洋局公布的《国家海洋局综合统计暂行规定》、原国家测绘地理信息局公布的《测绘统计管理办法》同时废止。

自然资源标准化管理办法

（2020 年 6 月 24 日　自然资发〔2020〕100 号）

第一条　为提升自然资源治理效能，促进科学技术进步，加强自然资源标准化工作，依据《中华人民共和国标准化法》《全国专业标准化技术委员会管理办法》及相关规定，制定本办法。

第二条　依据自然资源部职责，加强自然资源调查、监测、评价评估、确权登记、保护、资产管理和合理开发利用，国土空间规划、用途管制、生态修复，海洋和地质防灾减灾等业务，以及土地、地质矿产、海洋、测绘地理信息等领域的标准化工作。

第三条　第二条所述范畴内需要规范统一的下列技术要求应当制定标准。术语、分类、代码、符号、量与单位及制图方法等；规划、调查、监测、评价评估等相关通用技术要求；实验、检验、检测和质量通用技术要求；自然资源工作需要制定的其他技术要求。

第四条　自然资源标准分为国家标准、行业标准、地方标准、团体标准、企业标准。

对通用的保障人身健康和生命财产安全、国家安全、生态环境安全以及满足经济社会管理基本需要的技术要求，应当制定强制性国家标准。

对满足基础通用、与强制性国家标准配套、对有关行业起引领作用等需要的技术要求，制定推荐性国家标准。对没有国家标准、需要在自然资源某个行业范围内统一的技术要求，制定推荐性行业标准。

如因地方自然条件、资源禀赋特点，确需明确特殊技术要求的，省级自然资源行业主管部门可组织制定自然资源地方标准。鼓励在自然资源相关战略性新兴产业、技术更新迅速、市场成熟度较高的领域利用自主创新技术制定团体标准、企业标准。地方标准、团体标准和企业标准的技术要求应与相关国家标准和行业标准协调配套。

自然资源地方标准、团体标准、企业标准按《地方标准管理办法》《团体标准管理规定》及相关地方性规定制定，可参照执行本办法中的标准制定程序。

第五条 自然资源标准化工作应贯彻落实国家深化标准化工作改革精神，整合精简强制性标准、优化完善推荐性标准、培育发展团体标准、放开搞活企业标准、提高标准化工作的国际化水平。

第六条 自然资源标准化工作的任务是制定标准、组织实施标准以及对标准的制定、实施进行监督，加强标准宣传、贯彻等工作。

第七条 自然资源标准化工作应当支撑自然资源管理和依法行政，促进科技进步、技术融合与成果转化，推动行业产业高质量发展。

第八条 部设立自然资源标准化工作管理委员会，统筹管理自然资源标准化工作。管理委员会主任由分管部领导担任，成员由部相关业务司局和标准化业务依托单位组成。主要职责是：审议部标准化工作规划、计划及标准体系；协调标准化工作重大争议问题；监督标准化技术委员会及其依托单位的履职情况；指导自然资源地方标准化和团体标准化工作。

管理委员会日常工作由部科技主管司局承担，主要包括：贯彻落实国家标准化政策、法规精神；起草部标准化管理制度；组织建立标准体系、开展标准化基础研究；编制、实施标准化规划、计划；承担标准报批、发布等具体工作。

管理委员会成员单位应指导并派员参加相关标委会、分技委标准化活动，主要职责是：提出相关国家标准和行业标准制修订需求；组织指导并参与相关国家标准和行业标准研究、编制和审查；

组织开展相关业务领域内国家标准和行业标准的宣传、贯彻、培训以及标准实施情况的监督检查、评估、研究分析等工作。

第九条 按照专业领域设立自然资源与国土空间规划、海洋、地理信息、珠宝玉石等有关全国标准化技术委员会（以下简称标委会）。标委会在管理委员会指导下，建立完善管理制度；开展标准化基础研究；提出本领域标准制修订建议；组织开展标准的起草、征求意见、技术审查等工作；开展标准化业务培训、标准宣传、贯彻和标准实施情况的评估、研究分析；标准复审；开展相关标准国际化研究；管理其下设的专业标准化分技术委员会业务工作；承担管理委员会交办的其他工作任务。

第十条 标委会按专业领域划分并设立若干专业标准化分技术委员会（以下简称分技委），分别承担本专业领域内的标准化工作。分技委接受标委会管理，主要负责向标委会提出本领域标准制修订建议；承担标准基础研究及起草工作；承担有关标准征求意见、技术审查、复审工作；承担标准宣传贯彻、标准实施情况的评估、研究分析；开展相关标准化国际研究；配合标委会开展其他工作任务。在新技术新产业新业态、跨领域技术融合等方面有标准化需求的，可联合成立标准化工作组。

第十一条 标委会、分技委秘书处依托在部有关事业单位，负责承担标委会、分技委的日常工作。依托单位将秘书处工作纳入本单位工作计划，为秘书处提供必要的工作条件，设立专职岗位、固定专职人员。

第十二条 标准化基础研究、标准的制修订、宣传、贯彻培训、评估及实施情况的评估、研究分析、标准复审等工作以及标委会、分技委日常运行经费等由相关预算单位根据实际情况按照部门预算和专项管理的有关规定积极申报并优先支持。鼓励标准起草单位积极争取国家科技计划经费、标准补助经费等。标委会、分技委依托单位要切实做好秘书处运行经费与人员保障，秘书处工作经费单独核算并专款专用。

第十三条 自然资源标准化工作纳入自然资源事业发展规划。根据自然资源事业发展和技术进步需要，部组织每五年编制标准化工作规划，每年编制标准制修订年度计划，发布实施并维护自然资源标准体系。

第十四条 依据标准化工作规划和标准体系，自然资源部每年公开向社会征集标准（含国家标准、行业标准）制修订计划建议。管理委员会可指定标委会、分技委或有关单位提出计划建议。鼓励社会各界积极提出自然资源计划建议。

第十五条 标准制修订计划建议经标委会或分技委初审后，由标委会报送部科技主管司局。部科技主管司局组织对有关材料进行审查，形成年度标准制修订计划报管理委员会审议。

第十六条 标准制修订计划经管理委员会审定通过后，属于国家标准计划的，报国务院标准化行政主管部门；属于行业标准计划的，由部下达。

第十七条 对保障安全、经济社会发展以及部重大改革举措急需的标准计划建议，应当优先立项、纳入年度增补计划并及时完成。鼓励在部重大工程项目、科研专项中开展标准化研究，相关技术要求应与现行自然资源国家标准或行业标准协调一致。

第十八条 列入标准制修订计划的标准计划项目一般应在两年内完成。特殊情况无法按时完成的，起草单位可申请延期一年；延期一年仍未完成的，视为自动撤销。对不能按时完成任务的标准计划项目负责人，两年内不再受理其项目申报。

第十九条 经批准的自然资源标准制修订计划项目一般不作调整。特殊情况需调整的，由起草单位对项目提出书面调整申请，经标委会审查后，报立项部门批准。

第二十条 自然资源标准的制定、修订应当遵循以下程序：

（一）起草阶段。标准牵头起草单位组织成立由各利益相关方权威技术专家组成的标准起草组。标准起草组在充分调研的基础上，按照标准编写有关规定起草标准，形成标准征求意见稿和编制说明，报分技委或标委会。

（二）征求意见阶段。分技委或标委会组织专家对标准征求意见稿及有关材料进行审查。通过审查的征求意见稿由标委会组织向各利益相关主体广泛征求意见。如需征求国务院有关部门意见，由部科技主管司局组织。属强制性标准的须通过部门户网站向社会公开征求意见。标准起草组对反馈意见进行研究处理，填写标准征求意见汇总处理表，形成标准送审稿，报送分技委或标委会。

（三）审查阶段。分技委或标委会将标准送审稿报经部科技主管司局（科技主管司局视情况征求管理委员会意见）同意后，组织会议审查或函审，形成《标准审查会议纪要》或《标准函审意见》。视标准内容，可跨分技委或标委会邀请委员参加审查。通过审查的送审稿，由标准起草组按照审查意见的要求，对标准送审稿进行修改，完成标准报批稿和编制说明等报批材料。

（四）报批阶段。标委会在收到起草单位或分技委的报批材料后对标准修改情况、意见处理情况等进行审核，审核通过报送部科技主管司局。

科技主管司局在收到报批材料后履行部内审批，包括部内征求意见、部外网公示报部审批等。起草单位应审慎处理上述环节中收集到的相关意见，若需修改报批稿，应提出充分的科学依据，对修改内容作详细说明，并征求标委会意见。

经部审批通过后，属国家标准的，报国务院标准化行政主管部门审批、发布；属行业标准的，由部发布公告，原则上不得对经部审定发布的标准进行技术内容调整，如确需重大修改应进行重新审查。

行业标准发布后按要求报国务院标准化行政主管部门备案；鼓励地方标准在向国务院标准化行政主管部门备案后，向部科技主管司局通报；鼓励相关社会团体向部科技主管司局报送团体标准的有关信息。

第二十一条 自然资源标准由发布机构负责解释。部科技主管司局负责指导行业标准的出版发行工作，标委会承办日常工作。标准发布实施后应当免费向社会公开。

第二十二条 负责标准审查的标委会或分技委应当严格履行标准审查程序，对审查结论负责。

对因未认真履行审查程序，造成标准内容出现以下情形之一的，对标委会或分技委秘书处予以警告，计入年度考核结论。(一)标准内容违反法律法规、损害公平市场竞争、侵犯知识产权的情况；(二）标准内容妨碍技术创新和进步；(三）标准内容存在设定行政许可、行政处罚、行政强制等事项。

第二十三条 标准发布后，管理委员会成员单位应于实施日期开始半年内组织指导有关机构开展标准宣传、贯彻、培训工作，该工作应列入各级自然资源行政主管部门和技术机构的工作计划。

第二十四条 自然资源强制性标准必须执行。各级自然资源行政主管部门和有关单位应积极贯彻实施标准。标准实施中出现的技术问题，省级自然资源行政主管部门、有关单位应当及时向部科技主管司局或标委会反馈。按下列情况分别处理：

（一）因个别技术内容影响标准使用需要进行修改，采用修改单方式修改。修改内容一般不超过两项。

（二）需作较多修改的，列入修订计划。

（三）已无存在必要的，予以废止。

第二十五条 管理委员会组织对标准实施情况的监督检查和评估分析。监督检查和评估分析应在标准发布实施两年内完成，并编制工作报告。部科技主管司局负责统一协调、汇集信息、定期发布。检查报告及评估报告作为标准复审的重要依据。

任何单位及个人均有权向自然资源部投诉、举报违反自然资源强制性标准的行为。

第二十六条 标准实施后，部科技主管司局组织或委托标委会适时进行复审，以确认现行标准继续有效或者予以修订、废止。复审周期一般不超过5年。

第二十七条 自然资源部积极推动标准化对外合作与交流，结合国情采用国际标准，推进中国标准与国外标准之间的转化运用。鼓励企业、社会团体和教育、科研机构等参与标准化国际活动，牵头或参与制定国际标准。

第二十八条 提出国际标准新工作项目或新技术工作领域提案的单位，应将相关申请材料提交至国内技术对口单位；国内技术对口单位组织对提案申请进行技术审核和必要的论证后报部，经批准后报国务院标准化主管部门。

第二十九条 参加国际标准化机构的国际会议，需符合部外事管理规定。组团单位负责制定参会工作预案（包括中国代表团参团人员名单、参会议程、申报提案等材料），经部科技主管司局审核后，报送国务院标准化主管部门；在会议结束后30日内，将标准化工作总结书面报部科技主管司局。

第三十条 本办法由自然资源部负责解释。

第三十一条 本办法自发布之日起开始施行。原国土资源部印发的《国土资源标准化管理办法》（国土资发〔2009〕136号），原国家海洋局印发的《海洋标准化管理办法》（国海规范〔2016〕4号）《海洋标准化管理办法实施细则》（国海规范〔2017〕10号）《关于加强地方海洋标准化工作的若干意见》（国海发〔2008〕10号）《关于进一步加强海洋标准化工作的若干意见》（国海发〔2009〕15号），原国家测绘局《测绘标准化管理办法》（国测国字〔2008〕6号）《关于加强测绘地理信息标准化工作的意见》（国测办发〔2018〕35号）《测绘项目中标准制修订管理工作程序（试行）》的通知（测国土函〔2006〕142号）《关于加强基础测绘和重大测绘工程标准化管理工作的通知》（国测科发〔2010〕4号）自行废止。

（二）土地利用与开发整理

1. 规划利用

中华人民共和国城乡规划法

（2007年10月28日第十届全国人民代表大会常务委员会第三十次会议通过　根据2015年4月24日第十二届全国人民代表大会常务委员会第十四次会议《关于修改〈中华人民共和国港口法〉等七部法律的决定》第一次修正　根据2019年4月23日第十三届全国人民代表大会常务委员会第十次会议《关于修改〈中华人民共和国建筑法〉等八部法律的决定》第二次修正）

目　　录

第一章　总　　则
第二章　城乡规划的制定
第三章　城乡规划的实施
第四章　城乡规划的修改
第五章　监督检查
第六章　法律责任
第七章　附　　则

第一章　总　　则

第一条　【立法宗旨】为了加强城乡规划管理，协调城乡空间布局，改善人居环境，促进城乡经济社会全面协调可持续发展，制定本法。

第二条　【城乡规划的制定和实施】制定和实施城乡规划，在规划区内进行建设活动，必须遵守本法。

本法所称城乡规划，包括城镇体系规划、城市规划、镇规划、乡规划和村庄规划。城市规划、镇规划分为总体规划和详细规划。详细规划分为控制性详细规划和修建性详细规划。

本法所称规划区，是指城市、镇和村庄的建成区以及因城乡建设和发展需要，必须实行规划控制的区域。规划区的具体范围由有关人民政府在组织编制的城市总体规划、镇总体规划、乡规划和村庄规划中，根据城乡经济社会发展水平和统筹城乡发展的需要划定。

第三条　【城乡建设活动与制定城乡规划关系】城市和镇应当依照本法制定城市规划和镇规划。城市、镇规划区内的建设活动应当符合规划要求。

县级以上地方人民政府根据本地农村经济社会发展水平，按照因地制宜、切实可行的原则，确定应当制定乡规划、村庄规划的区域。在确定区域内的乡、村庄，应当依照本法制定规划，规划区内的乡、村庄建设应当符合规划要求。

县级以上地方人民政府鼓励、指导前款规定以外的区域的乡、村庄制定和实施乡规划、村庄规划。

第四条　【城乡规划制定、实施原则】制定和实施城乡规划，应当遵循城乡统筹、合理布局、节约土地、集约发展和先规划后建设的原则，改善生态环境，促进资源、能源节约和综合利用，保护耕地等自然资源和历史文化遗产，保持地方特色、民族特色和传统风貌，防止污染和其他公害，并符合区域人口发展、国防建设、防灾减灾和公共卫生、公共安全的需要。

在规划区内进行建设活动，应当遵守土地管理、自然资源和环境保护等法律、法规的规定。

县级以上地方人民政府应当根据当地经济社会发展的实际，在城市总体规划、镇总体规划中合理确定城市、镇的发展规模、步骤和建设标准。

第五条　【城乡规划与国民经济和社会发展规划、土地利用总体规划衔接】城市总体规划、镇总体规划以及乡规划和村庄规划的编制，应当依据国民经济和社会发展规划，并与土地利用总体规划相衔接。

第六条　【城乡规划经费保障】各级人民政府应当将城乡规划的编制和管理经费纳入本级财政预算。

第七条　【城乡规划修改】经依法批准的城乡规划，是城乡建设和规划管理的依据，未经法定程序不得修改。

第八条　【城乡规划公开公布】城乡规划组织编制机关应当及时公布经依法批准的城乡规划。但是，法律、行政法规规定不得公开的内容除外。

第九条　【单位和个人的权利义务】任何单位和个人都应当遵守经依法批准并公布的城乡规划，服从规划管理，并有权就涉及其利害关系的建设活动是否符合规划的要求向城乡规划主管部门查询。

任何单位和个人都有权向城乡规划主管部门或者其他有关部门举报或者控告违反城乡规划的行为。城乡规划主管部门或者其他有关部门对举报或者控告，应当及时受理并组织核查、处理。

第十条　【采用先进科学技术】国家鼓励采用先进的科学技术，增强城乡规划的科学性，提高城乡规划实施及监督管理的效能。

第十一条　【城乡规划管理体制】国务院城乡规划主管部门负责全国的城乡规划管理工作。

县级以上地方人民政府城乡规划主管部门负责本行政区域内的城乡规划管理工作。

第二章　城乡规划的制定

第十二条　【全国城镇体系规划制定】国务院城乡规划主管部门会同国务院有关部门组织编制全国城镇体系规划，用于指导省域城镇体系规划、城市总体规划的编制。

全国城镇体系规划由国务院城乡规划主管部门报国务院审批。

第十三条　【省域城镇体系规划制定】省、自治区人民政府组织编制省域城镇体系规划，报国务院审批。

省域城镇体系规划的内容应当包括：城镇空间布局和规模控制，重大基础设施的布局，为保护生态环境、资源等需要严格控制的区域。

第十四条　【城市总体规划编制】城市人民政府组织编制城市总体规划。

直辖市的城市总体规划由直辖市人民政府报国务院审批。省、自治区人民政府所在地的城市以及国务院确定的城市的总体规划，由省、自治区人民政府审查同意后，报国务院审批。其他城市的总体规划，由城市人民政府报省、自治区人民政府审批。

第十五条　【镇总体规划编制】县人民政府组织编制县人民政府所在地镇的总体规划，报上一级人民政府审批。其他镇的总体规划由镇人民政府组织编制，报上一级人民政府审批。

第十六条　【各级人大常委会参与规划制定】省、自治区人民政府组织编制的省域城镇体系规划，城市、县人民政府组织编制的总体规划，在报上一级人民政府审批前，应当先经本级人民代表大会常务委员会审议，常务委员会组成人员的审议意见交由本级人民政府研究处理。

镇人民政府组织编制的镇总体规划，在报上一级人民政府审批前，应当先经镇人民代表大会审议，代表的审议意见交由本级人民政府研究处理。

规划的组织编制机关报送审批省域城镇体系规划、城市总体规划或者镇总体规划，应当将本级人民代表大会常务委员会组成人员或者镇人民代表大会代表的审议意见和根据审议意见修改规划的情况一并报送。

第十七条　【城市、镇总体规划内容和期限】城市总体规划、镇总体规划的内容应当包括：城市、镇的发展布局，功能分区，用地布局，综合交通体系，禁止、限制和适宜建设的地域范围，各类专项规划等。

规划区范围、规划区内建设用地规模、基础设施和公共服务设施用地、水源地和水系、基本农田和绿化用地、环境保护、自然与历史文化遗产保护以及防灾减灾等内容，应当作为城市总体规划、镇总体规划的强制性内容。

城市总体规划、镇总体规划的规划期限一般为二十年。城市总体规划还应当对城市更长远的发展作出预测性安排。

第十八条　【乡规划和村庄规划的内容】乡规划、村庄规划应当从农村实际出发，尊重村民意愿，体现地方和农村特色。

乡规划、村庄规划的内容应当包括：规划区范围，住宅、道路、供水、排水、供电、垃圾收集、畜禽养殖场所等农村生产、生活服务设施、公益事业等各项建设的用地布局、建设要求，以及对耕地等自然资源和历史文化遗产保护、防灾减灾等的具体安排。乡规划还应当包括本行政区域内的村庄发展布局。

第十九条　【城市控制性详细规划】城市人民政府城乡规划主管部门根据城市总体规划的要求，组织编制城市的控制性详细规划，经本级人民政府批准后，报本级人民代表大会常务委员会和上一级人民政府备案。

第二十条　【镇控制性详细规划】镇人民政府根据镇总体规划的要求，组织编制镇的控制性详细规划，报上一级人民政府审批。县人民政府所在地镇的控制性详细规划，由县人民政府城乡规划主管部门根据镇总体规划的要求组织编制，经县人民政府批准后，报本级人民代表大会常务委员会和上一级人民政府备案。

第二十一条 【修建性详细规划】城市、县人民政府城乡规划主管部门和镇人民政府可以组织编制重要地块的修建性详细规划。修建性详细规划应当符合控制性详细规划。

第二十二条 【乡、村庄规划编制】乡、镇人民政府组织编制乡规划、村庄规划，报上一级人民政府审批。村庄规划在报送审批前，应当经村民会议或者村民代表会议讨论同意。

第二十三条 【首都总体规划和详细规划】首都的总体规划、详细规划应当统筹考虑中央国家机关用地布局和空间安排的需要。

第二十四条 【城乡规划编制单位】城乡规划组织编制机关应当委托具有相应资质等级的单位承担城乡规划的具体编制工作。

从事城乡规划编制工作应当具备下列条件，并经国务院城乡规划主管部门或者省、自治区、直辖市人民政府城乡规划主管部门依法审查合格，取得相应等级的资质证书后，方可在资质等级许可的范围内从事城乡规划编制工作：

（一）有法人资格；

（二）有规定数量的经相关行业协会注册的规划师；

（三）有规定数量的相关专业技术人员；

（四）有相应的技术装备；

（五）有健全的技术、质量、财务管理制度。

编制城乡规划必须遵守国家有关标准。

第二十五条 【城乡规划基础资料】编制城乡规划，应当具备国家规定的勘察、测绘、气象、地震、水文、环境等基础资料。

县级以上地方人民政府有关主管部门应当根据编制城乡规划的需要，及时提供有关基础资料。

第二十六条 【公众参与城乡规划编制】城乡规划报送审批前，组织编制机关应当依法将城乡规划草案予以公告，并采取论证会、听证会或者其他方式征求专家和公众的意见。公告的时间不得少于三十日。

组织编制机关应当充分考虑专家和公众的意见，并在报送审批的材料中附具意见采纳情况及理由。

第二十七条　【专家和有关部门参与城镇规划审批】省域城镇体系规划、城市总体规划、镇总体规划批准前，审批机关应当组织专家和有关部门进行审查。

第三章　城乡规划的实施

第二十八条　【政府实施城乡规划】地方各级人民政府应当根据当地经济社会发展水平，量力而行，尊重群众意愿，有计划、分步骤地组织实施城乡规划。

第二十九条　【城市、镇和乡、村庄建设和发展实施城乡规划】城市的建设和发展，应当优先安排基础设施以及公共服务设施的建设，妥善处理新区开发与旧区改建的关系，统筹兼顾进城务工人员生活和周边农村经济社会发展、村民生产与生活的需要。

镇的建设和发展，应当结合农村经济社会发展和产业结构调整，优先安排供水、排水、供电、供气、道路、通信、广播电视等基础设施和学校、卫生院、文化站、幼儿园、福利院等公共服务设施的建设，为周边农村提供服务。

乡、村庄的建设和发展，应当因地制宜、节约用地，发挥村民自治组织的作用，引导村民合理进行建设，改善农村生产、生活条件。

第三十条　【城市新区开发和建设实施城乡规划】城市新区的开发和建设，应当合理确定建设规模和时序，充分利用现有市政基础设施和公共服务设施，严格保护自然资源和生态环境，体现地方特色。

在城市总体规划、镇总体规划确定的建设用地范围以外，不得设立各类开发区和城市新区。

第三十一条 【旧城区改造实施城乡规划】旧城区的改建，应当保护历史文化遗产和传统风貌，合理确定拆迁和建设规模，有计划地对危房集中、基础设施落后等地段进行改建。

历史文化名城、名镇、名村的保护以及受保护建筑物的维护和使用，应当遵守有关法律、行政法规和国务院的规定。

第三十二条 【城乡建设和发展实施城乡规划】城乡建设和发展，应当依法保护和合理利用风景名胜资源，统筹安排风景名胜区及周边乡、镇、村庄的建设。

风景名胜区的规划、建设和管理，应当遵守有关法律、行政法规和国务院的规定。

第三十三条 【城市地下空间的开发和利用遵循的原则】城市地下空间的开发和利用，应当与经济和技术发展水平相适应，遵循统筹安排、综合开发、合理利用的原则，充分考虑防灾减灾、人民防空和通信等需要，并符合城市规划，履行规划审批手续。

第三十四条 【城市、县、镇人民政府制定近期建设规划】城市、县、镇人民政府应当根据城市总体规划、镇总体规划、土地利用总体规划和年度计划以及国民经济和社会发展规划，制定近期建设规划，报总体规划审批机关备案。

近期建设规划应当以重要基础设施、公共服务设施和中低收入居民住房建设以及生态环境保护为重点内容，明确近期建设的时序、发展方向和空间布局。近期建设规划的规划期限为五年。

第三十五条 【禁止擅自改变城乡规划确定的重要用地用途】城乡规划确定的铁路、公路、港口、机场、道路、绿地、输配电设施及输电线路走廊、通信设施、广播电视设施、管道设施、河道、水库、水源地、自然保护区、防汛通道、消防通道、核电站、垃圾填埋场及焚烧厂、污水处理厂和公共服务设施的用地以及其他需要依法保护的用地，禁止擅自改变用途。

第三十六条　【申请核发选址意见书】按照国家规定需要有关部门批准或者核准的建设项目，以划拨方式提供国有土地使用权的，建设单位在报送有关部门批准或者核准前，应当向城乡规划主管部门申请核发选址意见书。

前款规定以外的建设项目不需要申请选址意见书。

第三十七条　【划拨建设用地程序】在城市、镇规划区内以划拨方式提供国有土地使用权的建设项目，经有关部门批准、核准、备案后，建设单位应当向城市、县人民政府城乡规划主管部门提出建设用地规划许可申请，由城市、县人民政府城乡规划主管部门依据控制性详细规划核定建设用地的位置、面积、允许建设的范围，核发建设用地规划许可证。

建设单位在取得建设用地规划许可证后，方可向县级以上地方人民政府土地主管部门申请用地，经县级以上人民政府审批后，由土地主管部门划拨土地。

第三十八条　【国有土地使用权出让合同】在城市、镇规划区内以出让方式提供国有土地使用权的，在国有土地使用权出让前，城市、县人民政府城乡规划主管部门应当依据控制性详细规划，提出出让地块的位置、使用性质、开发强度等规划条件，作为国有土地使用权出让合同的组成部分。未确定规划条件的地块，不得出让国有土地使用权。

以出让方式取得国有土地使用权的建设项目，建设单位在取得建设项目的批准、核准、备案文件和签订国有土地使用权出让合同后，向城市、县人民政府城乡规划主管部门领取建设用地规划许可证。

城市、县人民政府城乡规划主管部门不得在建设用地规划许可证中，擅自改变作为国有土地使用权出让合同组成部分的规划条件。

第三十九条　【规划条件未纳入出让合同的法律后果】规划条件未纳入国有土地使用权出让合同的，该国有土地使用权出让合同无效；对未取得建设用地规划许可证的建设单位批准用地的，由县级以上人民政府撤销有关批准文件；占用土地的，应当及时退回；给当事人造成损失的，应当依法给予赔偿。

第四十条　【建设单位和个人领取建设工程规划许可证】在城市、镇规划区内进行建筑物、构筑物、道路、管线和其他工程建设的，建设单位或者个人应当向城市、县人民政府城乡规划主管部门或者省、自治区、直辖市人民政府确定的镇人民政府申请办理建设工程规划许可证。

申请办理建设工程规划许可证，应当提交使用土地的有关证明文件、建设工程设计方案等材料。需要建设单位编制修建性详细规划的建设项目，还应当提交修建性详细规划。对符合控制性详细规划和规划条件的，由城市、县人民政府城乡规划主管部门或者省、自治区、直辖市人民政府确定的镇人民政府核发建设工程规划许可证。

城市、县人民政府城乡规划主管部门或者省、自治区、直辖市人民政府确定的镇人民政府应当依法将经审定的修建性详细规划、建设工程设计方案的总平面图予以公布。

第四十一条　【乡村建设规划许可证】在乡、村庄规划区内进行乡镇企业、乡村公共设施和公益事业建设的，建设单位或者个人应当向乡、镇人民政府提出申请，由乡、镇人民政府报城市、县人民政府城乡规划主管部门核发乡村建设规划许可证。

在乡、村庄规划区内使用原有宅基地进行农村村民住宅建设的规划管理办法，由省、自治区、直辖市制定。

在乡、村庄规划区内进行乡镇企业、乡村公共设施和公益事业建设以及农村村民住宅建设，不得占用农用地；确需占用农用地的，应当依照《中华人民共和国土地管理法》有关规定办理农用地转用审批手续后，由城市、县人民政府城乡规划主管部门核发乡村建设规划许可证。

建设单位或者个人在取得乡村建设规划许可证后，方可办理用地审批手续。

第四十二条　【不得超出范围作出规划许可】城乡规划主管部门不得在城乡规划确定的建设用地范围以外作出规划许可。

第四十三条　【建设单位按照规划条件建设】建设单位应当按照规划条件进行建设；确需变更的，必须向城市、县人民政府城乡规划主管部门提出申请。变更内容不符合控制性详细规划的，城乡规划主管部门不得批准。城市、县人民政府城乡规划主管部门应当及时将依法变更后的规划条件通报同级土地主管部门并公示。

建设单位应当及时将依法变更后的规划条件报有关人民政府土地主管部门备案。

第四十四条　【临时建设】在城市、镇规划区内进行临时建设的，应当经城市、县人民政府城乡规划主管部门批准。临时建设影响近期建设规划或者控制性详细规划的实施以及交通、市容、安全等的，不得批准。

临时建设应当在批准的使用期限内自行拆除。

临时建设和临时用地规划管理的具体办法，由省、自治区、直辖市人民政府制定。

第四十五条　【城乡规划主管部门核实符合规划条件情况】县级以上地方人民政府城乡规划主管部门按照国务院规定对建设工程是否符合规划条件予以核实。未经核实或者经核实不符合规划条件的，建设单位不得组织竣工验收。

建设单位应当在竣工验收后六个月内向城乡规划主管部门报送有关竣工验收资料。

第四章　城乡规划的修改

第四十六条　【规划实施情况评估】省域城镇体系规划、城市总体规划、镇总体规划的组织编制机关，应当组织有关部门和专家定期对规划实施情况进行评估，并采取论证会、听证会或者其他方式征求公众意见。组织编制机关应当向本级人民代表大会常务委员会、镇人民代表大会和原审批机关提出评估报告并附具征求意见的情况。

第四十七条 【规划修改条件和程序】 有下列情形之一的，组织编制机关方可按照规定的权限和程序修改省域城镇体系规划、城市总体规划、镇总体规划：

（一）上级人民政府制定的城乡规划发生变更，提出修改规划要求的；

（二）行政区划调整确需修改规划的；

（三）因国务院批准重大建设工程确需修改规划的；

（四）经评估确需修改规划的；

（五）城乡规划的审批机关认为应当修改规划的其他情形。

修改省域城镇体系规划、城市总体规划、镇总体规划前，组织编制机关应当对原规划的实施情况进行总结，并向原审批机关报告；修改涉及城市总体规划、镇总体规划强制性内容的，应当先向原审批机关提出专题报告，经同意后，方可编制修改方案。

修改后的省域城镇体系规划、城市总体规划、镇总体规划，应当依照本法第十三条、第十四条、第十五条和第十六条规定的审批程序报批。

第四十八条 【修改程序性规划以及乡规划、村庄规划】 修改控制性详细规划的，组织编制机关应当对修改的必要性进行论证，征求规划地段内利害关系人的意见，并向原审批机关提出专题报告，经原审批机关同意后，方可编制修改方案。修改后的控制性详细规划，应当依照本法第十九条、第二十条规定的审批程序报批。控制性详细规划修改涉及城市总体规划、镇总体规划的强制性内容的，应当先修改总体规划。

修改乡规划、村庄规划的，应当依照本法第二十二条规定的审批程序报批。

第四十九条　【修改近期建设规划报送备案】城市、县、镇人民政府修改近期建设规划的，应当将修改后的近期建设规划报总体规划审批机关备案。

第五十条　【修改规划或总平面图造成损失补偿】在选址意见书、建设用地规划许可证、建设工程规划许可证或者乡村建设规划许可证发放后，因依法修改城乡规划给被许可人合法权益造成损失的，应当依法给予补偿。

经依法审定的修建性详细规划、建设工程设计方案的总平面图不得随意修改；确需修改的，城乡规划主管部门应当采取听证会等形式，听取利害关系人的意见；因修改给利害关系人合法权益造成损失的，应当依法给予补偿。

第五章　监 督 检 查

第五十一条　【政府及城乡规划主管部门加强监督检查】县级以上人民政府及其城乡规划主管部门应当加强对城乡规划编制、审批、实施、修改的监督检查。

第五十二条　【政府向人大报告城乡规划实施情况】地方各级人民政府应当向本级人民代表大会常务委员会或者乡、镇人民代表大会报告城乡规划的实施情况，并接受监督。

第五十三条　【城乡规划主管部门检查职权和行为规范】县级以上人民政府城乡规划主管部门对城乡规划的实施情况进行监督检查，有权采取以下措施：

（一）要求有关单位和人员提供与监督事项有关的文件、资料，并进行复制；

（二）要求有关单位和人员就监督事项涉及的问题作出解释和说明，并根据需要进入现场进行勘测；

（三）责令有关单位和人员停止违反有关城乡规划的法律、法规的行为。

城乡规划主管部门的工作人员履行前款规定的监督检查职责，应当出示执法证件。被监督检查的单位和人员应当予以配合，不得妨碍和阻挠依法进行的监督检查活动。

第五十四条　【公开监督检查情况和处理结果】监督检查情况和处理结果应当依法公开，供公众查阅和监督。

第五十五条　【城乡规划主管部门提出处分建议】城乡规划主管部门在查处违反本法规定的行为时，发现国家机关工作人员依法应当给予行政处分的，应当向其任免机关或者监察机关提出处分建议。

第五十六条　【上级城乡规划主管部门的建议处罚权】依照本法规定应当给予行政处罚，而有关城乡规划主管部门不给予行政处罚的，上级人民政府城乡规划主管部门有权责令其作出行政处罚决定或者建议有关人民政府责令其给予行政处罚。

第五十七条　【上级城乡规划主管部门责令撤销许可、赔偿损失权】城乡规划主管部门违反本法规定作出行政许可的，上级人民政府城乡规划主管部门有权责令其撤销或者直接撤销该行政许可。因撤销行政许可给当事人合法权益造成损失的，应当依法给予赔偿。

第六章　法律责任

第五十八条　【编制、审批、修改城乡规划玩忽职守的法律责任】对依法应当编制城乡规划而未组织编制，或者未按法定程序编制、审批、修改城乡规划的，由上级人民政府责令改正，通报批评；对有关人民政府负责人和其他直接责任人员依法给予处分。

第五十九条　【委托不合格单位编制城乡规划的法律责任】城乡规划组织编制机关委托不具有相应资质等级的单位编制城乡规划的，由上级人民政府责令改正，通报批评；对有关人民政府负责人和其他直接责任人员依法给予处分。

第六十条　【城乡规划主管部门违法行为的法律责任】镇人民

政府或者县级以上人民政府城乡规划主管部门有下列行为之一的，由本级人民政府、上级人民政府城乡规划主管部门或者监察机关依据职权责令改正，通报批评；对直接负责的主管人员和其他直接责任人员依法给予处分：

（一）未依法组织编制城市的控制性详细规划、县人民政府所在地镇的控制性详细规划的；

（二）超越职权或者对不符合法定条件的申请人核发选址意见书、建设用地规划许可证、建设工程规划许可证、乡村建设规划许可证的；

（三）对符合法定条件的申请人未在法定期限内核发选址意见书、建设用地规划许可证、建设工程规划许可证、乡村建设规划许可证的；

（四）未依法对经审定的修建性详细规划、建设工程设计方案的总平面图予以公布的；

（五）同意修改修建性详细规划、建设工程设计方案的总平面图前未采取听证会等形式听取利害关系人的意见的；

（六）发现未依法取得规划许可或者违反规划许可的规定在规划区内进行建设的行为，而不予查处或者接到举报后不依法处理的。

第六十一条　【县级以上人民政府有关部门的法律责任】县级以上人民政府有关部门有下列行为之一的，由本级人民政府或者上级人民政府有关部门责令改正，通报批评；对直接负责的主管人员和其他直接责任人员依法给予处分：

（一）对未依法取得选址意见书的建设项目核发建设项目批准文件的；

（二）未依法在国有土地使用权出让合同中确定规划条件或者改变国有土地使用权出让合同中依法确定的规划条件的；

（三）对未依法取得建设用地规划许可证的建设单位划拨国有

土地使用权的。

第六十二条 【城乡规划编制单位违法的法律责任】城乡规划编制单位有下列行为之一的，由所在地城市、县人民政府城乡规划主管部门责令限期改正，处合同约定的规划编制费一倍以上二倍以下的罚款；情节严重的，责令停业整顿，由原发证机关降低资质等级或者吊销资质证书；造成损失的，依法承担赔偿责任：

（一）超越资质等级许可的范围承揽城乡规划编制工作的；

（二）违反国家有关标准编制城乡规划的。

未依法取得资质证书承揽城乡规划编制工作的，由县级以上地方人民政府城乡规划主管部门责令停止违法行为，依照前款规定处以罚款；造成损失的，依法承担赔偿责任。

以欺骗手段取得资质证书承揽城乡规划编制工作的，由原发证机关吊销资质证书，依照本条第一款规定处以罚款；造成损失的，依法承担赔偿责任。

第六十三条 【城乡规划编制单位不符合资质的处理】城乡规划编制单位取得资质证书后，不再符合相应的资质条件的，由原发证机关责令限期改正；逾期不改正的，降低资质等级或者吊销资质证书。

第六十四条 【违规建设的法律责任】未取得建设工程规划许可证或者未按照建设工程规划许可证的规定进行建设的，由县级以上地方人民政府城乡规划主管部门责令停止建设；尚可采取改正措施消除对规划实施的影响的，限期改正，处建设工程造价百分之五以上百分之十以下的罚款；无法采取改正措施消除影响的，限期拆除，不能拆除的，没收实物或者违法收入，可以并处建设工程造价百分之十以下的罚款。

第六十五条 【违规进行乡村建设的法律责任】在乡、村庄规划区内未依法取得乡村建设规划许可证或者未按照乡村建设规划许可证的规定进行建设的，由乡、镇人民政府责令停止建设、限期改正；逾期不改正的，可以拆除。

第六十六条 【违规进行临时建设的法律责任】建设单位或者个人有下列行为之一的，由所在地城市、县人民政府城乡规划主管部门责令限期拆除，可以并处临时建设工程造价一倍以下的罚款：

（一）未经批准进行临时建设的；

（二）未按照批准内容进行临时建设的；

（三）临时建筑物、构筑物超过批准期限不拆除的。

第六十七条 【建设单位竣工未报送验收材料的法律责任】建设单位未在建设工程竣工验收后六个月内向城乡规划主管部门报送有关竣工验收资料的，由所在地城市、县人民政府城乡规划主管部门责令限期补报；逾期不补报的，处一万元以上五万元以下的罚款。

第六十八条 【查封施工现场、强制拆除措施】城乡规划主管部门作出责令停止建设或者限期拆除的决定后，当事人不停止建设或者逾期不拆除的，建设工程所在地县级以上地方人民政府可以责成有关部门采取查封施工现场、强制拆除等措施。

第六十九条 【刑事责任】违反本法规定，构成犯罪的，依法追究刑事责任。

第七章 附 则

第七十条 【实施日期】本法自2008年1月1日起施行。《中华人民共和国城市规划法》同时废止。

自然资源部关于规范临时用地管理的通知

（2021 年 11 月 4 日　自然资规〔2021〕2 号）

各省、自治区、直辖市及计划单列市自然资源主管部门，新疆生产建设兵团自然资源局，中国地质调查局及部其他直属单位，各派出机构，部机关各司局：

临时用地管理制度是《土地管理法》规定的重要制度之一。近年来，各地结合实际加强临时用地管理，取得一定成效，但也存在临时用地范围界定不规范、超期使用、使用后复垦不到位及违规批准临时用地等问题，甚至触碰了耕地保护红线。为规范和严格临时用地管理，切实加强耕地保护，促进节约集约用地，现就有关事项通知如下：

一、界定临时用地使用范围

临时用地是指建设项目施工、地质勘查等临时使用，不修建永久性建（构）筑物，使用后可恢复的土地（通过复垦可恢复原地类或者达到可供利用状态）。临时用地具有临时性和可恢复性等特点，与建设项目施工、地质勘查等无关的用地，使用后无法恢复到原地类或者复垦达不到可供利用状态的用地，不得使用临时用地。临时用地的范围包括：

（一）建设项目施工过程中建设的直接服务于施工人员的临时办公和生活用房，包括临时办公用房、生活用房、工棚等使用的土地；直接服务于工程施工的项目自用辅助工程，包括农用地表土剥离堆放场、材料堆场、制梁场、拌合站、钢筋加工厂、施工便道、运输便道、地上线路架设、地下管线敷设作业，以及能源、交通、水利等基础设施项目的取土场、弃土（渣）场等使用的土地。

（二）矿产资源勘查、工程地质勘查、水文地质勘查等，在勘查期间临时生活用房、临时工棚、勘查作业及其辅助工程、施工便道、运输便道等使用的土地，包括油气资源勘查中钻井井场、配套管线、电力设施、进场道路等钻井及配套设施使用的土地。

（三）符合法律、法规规定的其他需要临时使用的土地。

二、临时用地选址要求和使用期限

建设项目施工、地质勘查使用临时用地时应坚持“用多少、批多少、占多少、恢复多少”，尽量不占或者少占耕地。使用后土地复垦难度较大的临时用地，要严格控制占用耕地。铁路、公路等单独选址建设项目，应科学组织施工，节约集约使用临时用地。制梁场、拌合站等难以恢复原种植条件的不得以临时用地方式占用耕地和永久基本农田，可以建设用地方式或者临时占用未利用地方式使用土地。临时用地确需占用永久基本农田的，必须能够恢复原种植条件，并符合《自然资源部 农业农村部关于加强和改进永久基本农田保护工作的通知》（自然资规〔2019〕1号）中申请条件、土壤剥离、复垦验收等有关规定。

临时用地使用期限一般不超过两年。建设周期较长的能源、交通、水利等基础设施建设项目施工使用的临时用地，期限不超过四年。城镇开发边界内临时建设用地规划许可、临时建设工程规划许可的期限应当与临时用地期限相衔接。临时用地使用期限，从批准之日起算。

三、规范临时用地审批

县（市）自然资源主管部门负责临时用地审批，其中涉及占用耕地和永久基本农田的，由市级或者市级以上自然资源主管部门负责审批。不得下放临时用地审批权或者委托相关部门行使审批权。城镇开发边界内使用临时用地的，可以一并申请临时建设用地规划许可和临时用地审批，具备条件的还可以同时申请临时建设工程规划许可，一并出具相关批准文件。油气资源探采合一开发涉及的钻井及配套设施建设用地，可先以临时用地方式批准使用，勘探结束转入生产使用的，办理建设用地审批手续；不转入生产的，油气企业应当完成土地复垦，按期归还。

申请临时用地应当提供临时用地申请书、临时使用土地合同、项目建设依据文件、土地复垦方案报告表、土地权属材料、勘测定界材料、土地利用现状照片及其他必要的材料。临时用地申请人根据土地权属，与县（市）自然资源主管部门或者农村集体经济组织、村民委员会签订临时使用土地合同，明确临时用地的地点、四至范围、面积和现状地类，以及临时使用土地的用途、使用期限、土地复垦标准、补偿费用和支付方式、违约责任等。临时用地申请人应当编制临时用地土地复垦方案报告表，由有关自然资源主管部门负责审核。其中，所申请使用的临时用地位于项目建设用地报批时已批准土地复垦方案范围内的，不再重复编制土地复垦方案报告表。

四、落实临时用地恢复责任

临时用地使用人应当按照批准的用途使用土地，不得转让、出租、抵押临时用地。临时用地使用人应当自临时用地期满之日起一年内完成土地复垦，因气候、灾害等不可抗力因素影响复垦的，经批准可以适当延长复垦期限。

严格落实临时用地恢复责任，临时用地期满后应当拆除临时建（构）筑物，使用耕地的应当复垦为耕地，确保耕地面积不减少、质量不降低；使用耕地以外的其他农用地的应当恢复为农用地；使用未利用地的，对于符合条件的鼓励复垦为耕地。

县（市）自然资源主管部门依法监督临时用地使用人履行复垦义务情况，对逾期不恢复种植条件、违反土地复垦规定的行为，责令限期改正，并依照法律法规的规定进行处罚。按年度统计，县（市）范围内的临时用地，超期一年以上未完成土地复垦规模达到应复垦规模20%以上的，省级自然资源主管部门应当要求所在县（市）暂停审批新的临时用地，根据县（市）整改情况恢复审批。

五、严格临时用地监管

部建立临时用地信息系统。自 2022 年 3 月 1 日起，县（市）自然资源主管部门应当在临时用地批准后 20 个工作日内，将临时用地的批准文件、合同以及四至范围、土地利用现状照片影像资料信息等传至临时用地信息系统完成系统配号，并向社会公开临时用地批准信息。县（市）自然资源主管部门负责督促临时用地使用人按照土地复垦方案报告表开展土地复垦工作，在信息系统中及时更新土地复垦等信息。

建立定期抽查和定期通报制度，部和省级自然资源主管部门负责定期抽查占用耕地和永久基本农田临时用地的使用和复垦情况，对不符合用地要求和未完成复垦任务的，予以公开通报。国家自然资源督察机构要加强临时用地政策执行情况的监督检查，督促地方政府和部门落实审批和监管责任，整改纠正临时用地违法违规突出问题。

加强“一张图”管理，各级自然资源主管部门在年度国土变更调查、卫片执法检查中要结合临时用地信息系统中的批准文件、合同、影像资料、土地复垦方案报告表等，认真审核临时用地的批准、复垦情况。各级自然资源主管部门要严肃查处违法违规审批、使用临时用地，未按照批准内容进行临时建设，以及临时用地超出复垦期限未完成复垦等行为，处理结果向社会公开通报，并依规依纪依法移送问题线索，追究责任人的责任。

本文件自下发之日起执行，有效期五年。

2. 土地储备

土地储备管理办法

（2018年1月3日　国土资规〔2017〕17号）

一、总体要求

（一）为贯彻落实党的十九大精神，落实加强自然资源资产管理和防范风险的要求，进一步规范土地储备管理，增强政府对城乡统一建设用地市场的调控和保障能力，促进土地资源的高效配置和合理利用，根据《国务院关于加强国有土地资产管理的通知》（国发〔2001〕15号）、《国务院关于促进节约集约用地的通知》（国发〔2008〕3号）、《国务院关于加强地方政府性债务管理的意见》（国发〔2014〕43号）、《国务院办公厅关于规范国有土地使用权出让收支管理的通知》（国办发〔2006〕100号），制定本办法。

（二）土地储备是指县级（含）以上国土资源主管部门为调控土地市场、促进土地资源合理利用，依法取得土地，组织前期开发、储存以备供应的行为。土地储备工作统一归口国土资源主管部门管理，土地储备机构承担土地储备的具体实施工作。财政部门负责土地储备资金及形成资产的监管。

（三）土地储备机构应为县级（含）以上人民政府批准成立、具有独立的法人资格、隶属于所在行政区划的国土资源主管部门、承担本行政辖区内土地储备工作的事业单位。国土资源主管部门对土地储备机构实施名录制管理。市、县级国土资源主管部门应将符合规定的机构信息逐级上报至省级国土资源主管部门，经省级国土资源主管部门审核后报国土资源部，列入全国土地储备机构名录，并定期更新。

二、储备计划

（四）各地应根据国民经济和社会发展规划、国土规划、土地利用总体规划、城乡规划等，编制土地储备三年滚动计划，合理确定未来三年土地储备规模，对三年内可收储的土地资源，在总量、结构、布局、时序等方面做出统筹安排，优先储备空闲、低效利用等存量建设用地。

（五）各地应根据城市建设发展和土地市场调控的需要，结合当地社会发展规划、土地储备三年滚动计划、年度土地供应计划、地方政府债务限额等因素，合理制定年度土地储备计划。年度土地储备计划内容应包括：

1. 上年度末储备土地结转情况（含上年度末的拟收储土地及入库储备土地的地块清单）；

2. 年度新增储备土地计划（含当年新增拟收储土地和新增入库储备土地规模及地块清单）；

3. 年度储备土地前期开发计划（含当年前期开发地块清单）；

4. 年度储备土地供应计划（含当年拟供应地块清单）；

5. 年度储备土地临时管护计划；

6. 年度土地储备资金需求总量。

其中，拟收储土地，是指已纳入土地储备计划或经县级（含）以上人民政府批准，目前已启动收回、收购、征收等工作，但未取得完整产权的土地；入库储备土地，是指土地储备机构已取得完整产权，纳入储备土地库管理的土地。

（六）国土资源主管部门应会同财政部门于每年第三季度，组织编制完成下一年度土地储备计划，提交省级国土资源主管部门备案后，报同级人民政府批准。因土地市场调控政策变化或低效用地再开发等原因，确需调整年度土地储备计划的，每年中期可调整一次，按原审批程序备案、报批。

三、入库储备标准

（七）储备土地必须符合土地利用总体规划和城乡规划。存在污染、文物遗存、矿产压覆、洪涝隐患、地质灾害风险等情况的土地，在按照有关规定由相关单位完成核查、评估和治理之前，不得入库储备。

（八）下列土地可以纳入储备范围：

1. 依法收回的国有土地；
2. 收购的土地；
3. 行使优先购买权取得的土地；
4. 已办理农用地转用、征收批准手续并完成征收的土地；
5. 其他依法取得的土地。

入库储备土地必须是产权清晰的土地。土地储备机构应对土地取得方式及程序的合规性、经济补偿、土地权利（包括用益物权和担保物权）等情况进行审核，不得为了收储而强制征收土地。对于取得方式及程序不合规、补偿不到位、土地权属不清晰、应办理相关不动产登记手续而尚未办理的土地，不得入库储备。

（九）收购土地的补偿标准，由土地储备机构与土地使用权人根据土地评估结果协商，经同级国土资源主管部门和财政部门确认，或地方法规规定的其他机构确认。

（十）储备土地入库前，土地储备机构应向不动产登记机构申请办理登记手续。储备土地登记的使用权类型统一确定为“其他（政府储备）”，登记的用途应符合相关法律法规的规定。

四、前期开发、管护与供应

（十一）土地储备机构负责理清入库储备土地产权，评估入库储备土地的资产价值。

（十二）土地储备机构应组织开展对储备土地必要的前期开发，为政府供应土地提供必要保障。

储备土地的前期开发应按照该地块的规划，完成地块内的道路、供水、供电、供气、排水、通讯、围挡等基础设施建设，并进行土地平整，满足必要的“通平”要求。具体工程要按照有关规定，选择工程勘察、设计、施工和监理等单位进行建设。

前期开发工程施工期间，土地储备机构应对工程实施监督管理。工程完成后，土地储备机构应按规定组织开展验收或委托专业机构进行验收，并按有关规定报所属国土资源主管部门备案。

（十三）土地储备机构应对纳入储备的土地采取自行管护、委托管护、临时利用等方式进行管护；建立巡查制度，对侵害储备土地权利的行为要做到早发现、早制止、早处理。对储备土地的管护，可以由土地储备机构的内设机构负责，也可由土地储备机构按照相关规定选择管护单位。

（十四）在储备土地未供应前，土地储备机构可将储备土地或连同地上建（构）筑物，通过出租、临时使用等方式加以利用。储备土地的临时利用，一般不超过两年，且不能影响土地供应。储备土地的临时利用应报同级国土资源主管部门同意。其中，在城市规划区内储备土地的临时使用，需搭建建（构）筑物的，在报批前，应当先经城市规划行政主管部门同意，不得修建永久性建筑物。

（十五）储备土地完成前期开发，并具备供应条件后，应纳入当地市、县土地供应计划，由市、县国土资源主管部门统一组织土地供应。供应已发证的储备土地之前，应收回并注销其不动产权证书及不动产登记证明，并在不动产登记簿中予以注销。

五、资金管理

（十六）土地储备资金收支管理严格执行财政部、国土资源部关于土地储备资金财务管理的规定。土地储备资金通过政府预算安排，实行专款专用。

（十七）土地储备机构应当严格按照规定用途使用土地储备资金，不得挪用。土地储备机构所需的日常经费，纳入政府预算，与土地储备资金实行分账核算，不得相互混用。

（十八）土地储备机构按规定编制土地储备资金收支项目预算，经同级国土资源主管部门审核，报同级财政部门审定后执行。年度终了，土地储备机构向同级财政部门报送土地储备资金收支项目决算，由同级财政部门审核或者由同级财政部门指定具有良好信誉、执业质量高的会计师事务所等相关中介机构进行审核。

（十九）土地储备资金应当建立绩效评价制度，绩效评价结果作为财政部门安排年度土地储备资金收支项目预算的依据。

（二十）土地储备专项债券资金管理执行财政部、国土资源部有关地方政府土地储备专项债券管理的规定。

六、监管责任

（二十一）信息化监管。国土资源部利用土地储备监测监管系统，监测监管土地储备机构业务开展情况。

列入全国土地储备机构名录的机构应按要求在土地储备监测监管系统中填报储备土地、已供储备土地、储备土地资产存量和增量、储备资金收支、土地储备专项债券等相关信息，接受主管部门监督管理。土地储备机构应按相关法律法规和规范性文件开展工作，违反相关要求的，将被给予警示直至退出名录。

（二十二）部门分工监管。各级国土资源主管部门及财政部门应按照职责分工，互相配合，保证土地储备工作顺利开展。

市县级国土资源主管部门应制定相关管理办法，监管土地储备机构、业务运行、资产管理及资金使用，定期考核，加强对土地储备机构的管理与指导；及时核准上传土地储备机构在土地储备监测监管系统中的信息，审核调整土地储备计划及资金需求，并配合财政部门做好土地储备专项债券额度管理及发行等相关工作。

省级国土资源主管部门负责制定本行政辖区内土地储备监管制度，对土地储备业务进行政策和业务指导，监管土地储备机构及本地区土地储备业务运行情况，审核土地储备机构名录、土地储备规模、资金及专项债券的需求，配合财政部门做好土地储备专项债券额度分配及发行等相关工作。

财政部门负责审核土地储备资金收支预决算、监督管理资金支付和收缴及土地储备专项债券发行、还本付息等工作。

（二十三）各级国土资源主管部门、财政部门、中国人民银行分支机构和银行业监督管理部门应建立符合本地实际的联合监管机制。按照职责分工，对储备土地、资产、资金、专项债券进行监督和指导。

七、其他要求

（二十四）各省、自治区、直辖市及计划单列市国土资源主管部门可依据本办法规定，结合当地实际，会同当地同级财政部门、人民银行及银行业监督管理部门制定具体实施办法。

（二十五）本办法由国土资源部会同财政部、中国人民银行及中国银行业监督管理委员会负责解释。

（二十六）本办法自发布之日起实施，有效期5年。《国土资源部 财政部 中国人民银行关于印发〈土地储备管理办法〉的通知》（国土资发〔2007〕277号）同时废止。

土地储备资金财务管理办法

（2018年1月17日　财综〔2018〕8号）

第一章　总　　则

第一条　为规范土地储备行为，加强土地储备资金财务管理，根据《预算法》、《国务院办公厅关于规范国有土地使用权出让收支管理的通知》（国办发〔2006〕100号）、《国务院关于加强地方政府性债务管理的意见》（国发〔2014〕43号）等有关规定，制定本办法。

第二条 本办法适用于土地储备资金财务收支活动。

第三条 本办法所称土地储备资金是指纳入国土资源部名录管理的土地储备机构按照国家有关规定征收、收购、优先购买、收回土地以及对其进行前期开发等所需的资金。

第四条 土地储备资金实行专款专用、分账核算，并实行预决算管理。

第二章 土地储备资金来源

第五条 土地储备资金来源于下列渠道：

（一）财政部门从已供应储备土地产生的土地出让收入中安排给土地储备机构的征地和拆迁补偿费用、土地开发费用等储备土地过程中发生的相关费用；

（二）财政部门从国有土地收益基金中安排用于土地储备的资金；

（三）发行地方政府债券筹集的土地储备资金；

（四）经财政部门批准可用于土地储备的其他财政资金。

第六条 财政部门根据土地储备的需要以及预算安排，及时下达用于土地储备的各项资金。

第七条 土地储备专项债券的发行主体为省级人民政府。土地储备专项债券资金由财政部门纳入政府性基金预算管理，并由土地储备机构专项用于土地储备，具体资金拨付、使用、预决算管理严格执行财政部、国土资源部关于地方政府土地储备专项债券管理的规定。

第三章 土地储备资金使用范围

第八条 土地储备资金使用范围具体包括：

（一）征收、收购、优先购买或收回土地需要支付的土地价款或征地和拆迁补偿费用。包括土地补偿费和安置补助费、地上附着物和青苗补偿费、拆迁补偿费，以及依法需要支付的与征收、收购、优先购买或收回土地有关的其他费用。

（二）征收、收购、优先购买或收回土地后进行必要的前期土地开发费用。储备土地的前期开发，仅限于与储备宗地相关的道路、供水、供电、供气、排水、通讯、照明、绿化、土地平整等基础设施建设支出。

（三）按照财政部关于规范土地储备和资金管理的规定需要偿还的土地储备存量贷款本金和利息支出。

（四）经同级财政部门批准的与土地储备有关的其他费用。包括土地储备工作中发生的地籍调查、土地登记、地价评估以及管护中围栏、围墙等建设等支出。

第九条 土地储备机构用于征地和拆迁补偿费用以及土地开发费用支出，应当严格按照国家规范国有土地使用权出让收支管理的有关规定执行。

第四章 土地储备相关资金管理

第十条 土地储备机构所需的日常经费，应当与土地储备资金实行分账核算，不得相互混用。

第十一条 土地储备机构在持有储备土地期间，临时利用土地取得的零星收入（不含供应储备土地取得的全部土地出让收入，以下简称土地储备零星收入），包括下列范围：

（一）出租储备土地取得的收入；

（二）临时利用储备土地取得的收入；

（三）储备土地的地上建筑物及附着物残值变卖收入；

（四）其他收入。

第十二条 土地储备零星收入全部缴入同级国库，纳入一般公共预算，实行“收支两条线”管理。

第十三条 土地储备零星收入缴入同级国库时，填列政府收支分类科目103类“非税收入”07款“国有资源（资产）有偿使用收入”99项“其他国有资源（资产）有偿使用收入”科目。土地储备零星收入实行国库集中收缴，缴入同级国库的具体方式，按照省、自治区、直辖市、计划单列市财政部门规定执行。

第五章　土地储备资金收支预决算及绩效管理

第十四条　土地储备机构应当于每年第三季度参照本年度土地储备计划，按宗地或项目编制下一年度土地储备资金收支项目预算草案，经主管部门审核后，报同级财政部门审定。其中：属于政府采购和政府购买服务范围的，应当按照规定分别编制政府采购和政府购买服务预算。

第十五条　同级财政部门应当及时批复土地储备机构土地储备资金收支项目预算。

第十六条　土地储备机构应当严格按照同级财政部门批复的预算执行，并根据土地收购储备的工作进度，提出用款申请，经主管部门审核后，报同级财政部门审批，资金支付按照国库集中支付制度的有关规定执行。

第十七条　土地储备资金收支项目预算确需调剂的，应当按照国家有关预算调剂的规定执行。

第十八条　每年年度终了，土地储备机构应当按照同级财政部门规定，向主管部门报送土地储备资金收支项目决算草案，并详细提供宗地或项目支出情况，经主管部门审核后，报同级财政部门审核。

土地储备资金收支项目决算草案的审核，也可委托具有良好信誉、执业质量高的会计师事务所等相关中介机构实施。

第十九条　土地储备机构从财政部门拨付的土地出让收入中安排用于征地和拆迁补偿、土地开发等的支出，按照支出性质，分别填列政府收支分类科目支出功能分类212类“城乡社区支出”08

款“国有土地使用权出让收入及对应专项债务收入安排的支出”01项“征地和拆迁补偿支出”和02项“土地开发支出”等相关科目。同时，分别填列支出经济分类科目310类“资本性支出”09款“土地补偿”、10款“安置补助”、11款“地上附着物和青苗补偿”、12款“拆迁补偿”，以及310类“资本性支出”05款“基础设施建设”支出科目。

第二十条 土地储备机构从国有土地收益基金收入中安排用于土地储备的支出，按照支出性质，分别填列政府收支分类科目支出功能分类212类“城乡社区支出”10款“国有土地收益基金及对应专项债务收入安排的支出”01项“征地和拆迁补偿支出”和02项“土地开发支出”科目。同时，分别填列支出经济分类310类“资本性支出”09款“土地补偿”、10款“安置补助”、11款“地上附着物和青苗补偿”、12款“拆迁补偿”，以及310类“资本性支出”05款“基础设施建设”支出科目。

第二十一条 土地储备机构日常经费预决算管理，按照《预算法》和同级财政部门的规定执行。

第二十二条 土地储备资金会计核算办法，按照财政部规定执行。具体办法由财政部另行制定。

第二十三条 土地储备机构所在地财政部门会同国土资源主管部门应当组织实施对土地储备资金的绩效评价工作，按要求编制绩效目标，做好绩效目标执行监控，建立完善的绩效评价制度，并将绩效评价结果作为财政部门安排年度土地储备资金收支项目预算的依据。

第六章 监督检查

第二十四条 各级财政、国土资源管理部门应当加强对土地储备资金使用情况、土地储备零星收入缴入国库情况以及土地储备机构执行会计核算制度、政府采购制度等的监督检查，确保土地储备资金专款专用，督促土地储备机构及时足额缴纳土地储备零星收入，努力提高土地储备资金管理效率。

第二十五条 土地储备机构应当严格执行本办法规定，自觉接受财政部门、国土资源管理部门和审计机关的监督检查。

第二十六条 任何单位和个人违反本办法规定的，按照《财政违法行为处罚处分条例》等国家有关规定追究法律责任，涉嫌犯罪的，依法移送司法机关处理。

各级财政部门、国土资源管理部门在土地储备资金审批、分配工作中，存在违反本办法及其他滥用职权、玩忽职守、徇私舞弊等违法违纪行为的，按照《预算法》、《公务员法》、《行政监察法》、《财政违法行为处罚处分条例》等国家有关规定追究相应责任；涉嫌犯罪的，依法移送司法机关处理。

第七章 附 则

第二十七条 各省、自治区、直辖市及计划单列市财政部门应当会同国土资源管理部门根据本办法，结合本地区实际情况，制定具体实施办法，并报财政部、国土资源部备案。

第二十八条 本办法由财政部会同国土资源部负责解释。

第二十九条 本办法自2018年2月1日起施行。2007年6月12日财政部、国土资源部发布的《土地储备资金财务管理暂行办法》（财综〔2007〕17号）同时废止。

（三）土地权属

不动产登记暂行条例

（2014 年 11 月 24 日中华人民共和国国务院令第 656 号公布　根据 2019 年 3 月 24 日《国务院关于修改部分行政法规的决定》修订）

第一章　总　　则

第一条　为整合不动产登记职责，规范登记行为，方便群众申请登记，保护权利人合法权益，根据《中华人民共和国物权法》等法律，制定本条例。

第二条　本条例所称不动产登记，是指不动产登记机构依法将不动产权利归属和其他法定事项记载于不动产登记簿的行为。

本条例所称不动产，是指土地、海域以及房屋、林木等定着物。

第三条　不动产首次登记、变更登记、转移登记、注销登记、更正登记、异议登记、预告登记、查封登记等，适用本条例。

第四条　国家实行不动产统一登记制度。

不动产登记遵循严格管理、稳定连续、方便群众的原则。

不动产权利人已经依法享有的不动产权利，不因登记机构和登记程序的改变而受到影响。

第五条　下列不动产权利，依照本条例的规定办理登记：

（一）集体土地所有权；

（二）房屋等建筑物、构筑物所有权；

（三）森林、林木所有权；

（四）耕地、林地、草地等土地承包经营权；

（五）建设用地使用权；

（六）宅基地使用权；

（七）海域使用权；

（八）地役权；

（九）抵押权；

（十）法律规定需要登记的其他不动产权利。

第六条　国务院国土资源主管部门负责指导、监督全国不动产登记工作。

县级以上地方人民政府应当确定一个部门为本行政区域的不动产登记机构，负责不动产登记工作，并接受上级人民政府不动产登记主管部门的指导、监督。

第七条　不动产登记由不动产所在地的县级人民政府不动产登记机构办理；直辖市、设区的市人民政府可以确定本级不动产登记机构统一办理所属各区的不动产登记。

跨县级行政区域的不动产登记，由所跨县级行政区域的不动产登记机构分别办理。不能分别办理的，由所跨县级行政区域的不动产登记机构协商办理；协商不成的，由共同的上一级人民政府不动产登记主管部门指定办理。

国务院确定的重点国有林区的森林、林木和林地，国务院批准项目用海、用岛，中央国家机关使用的国有土地等不动产登记，由国务院国土资源主管部门会同有关部门规定。

第二章　不动产登记簿

第八条　不动产以不动产单元为基本单位进行登记。不动产单元具有唯一编码。

不动产登记机构应当按照国务院国土资源主管部门的规定设立统一的不动产登记簿。

不动产登记簿应当记载以下事项：

（一）不动产的坐落、界址、空间界限、面积、用途等自然状况；

（二）不动产权利的主体、类型、内容、来源、期限、权利变化等权属状况；

（三）涉及不动产权利限制、提示的事项；

（四）其他相关事项。

第九条 不动产登记簿应当采用电子介质，暂不具备条件的，可以采用纸质介质。不动产登记机构应当明确不动产登记簿唯一、合法的介质形式。

不动产登记簿采用电子介质的，应当定期进行异地备份，并具有唯一、确定的纸质转化形式。

第十条 不动产登记机构应当依法将各类登记事项准确、完整、清晰地记载于不动产登记簿。任何人不得损毁不动产登记簿，除依法予以更正外不得修改登记事项。

第十一条 不动产登记工作人员应当具备与不动产登记工作相适应的专业知识和业务能力。

不动产登记机构应当加强对不动产登记工作人员的管理和专业技术培训。

第十二条 不动产登记机构应当指定专人负责不动产登记簿的保管，并建立健全相应的安全责任制度。

采用纸质介质不动产登记簿的，应当配备必要的防盗、防火、防渍、防有害生物等安全保护设施。

采用电子介质不动产登记簿的，应当配备专门的存储设施，并采取信息网络安全防护措施。

第十三条 不动产登记簿由不动产登记机构永久保存。不动产登记簿损毁、灭失的，不动产登记机构应当依据原有登记资料予以重建。

行政区域变更或者不动产登记机构职能调整的，应当及时将不动产登记簿移交相应的不动产登记机构。

第三章　登记程序

第十四条　因买卖、设定抵押权等申请不动产登记的，应当由当事人双方共同申请。

属于下列情形之一的，可以由当事人单方申请：

（一）尚未登记的不动产首次申请登记的；

（二）继承、接受遗赠取得不动产权利的；

（三）人民法院、仲裁委员会生效的法律文书或者人民政府生效的决定等设立、变更、转让、消灭不动产权利的；

（四）权利人姓名、名称或者自然状况发生变化，申请变更登记的；

（五）不动产灭失或者权利人放弃不动产权利，申请注销登记的；

（六）申请更正登记或者异议登记的；

（七）法律、行政法规规定可以由当事人单方申请的其他情形。

第十五条　当事人或者其代理人应当向不动产登记机构申请不动产登记。

不动产登记机构将申请登记事项记载于不动产登记簿前，申请人可以撤回登记申请。

第十六条　申请人应当提交下列材料，并对申请材料的真实性负责：

（一）登记申请书；

（二）申请人、代理人身份证明材料、授权委托书；

（三）相关的不动产权属来源证明材料、登记原因证明文件、不动产权属证书；

（四）不动产界址、空间界限、面积等材料；

（五）与他人利害关系的说明材料；

（六）法律、行政法规以及本条例实施细则规定的其他材料。

不动产登记机构应当在办公场所和门户网站公开申请登记所需

材料目录和示范文本等信息。

第十七条 不动产登记机构收到不动产登记申请材料，应当分别按照下列情况办理：

（一）属于登记职责范围，申请材料齐全、符合法定形式，或者申请人按照要求提交全部补正申请材料的，应当受理并书面告知申请人；

（二）申请材料存在可以当场更正的错误的，应当告知申请人当场更正，申请人当场更正后，应当受理并书面告知申请人；

（三）申请材料不齐全或者不符合法定形式的，应当当场书面告知申请人不予受理并一次性告知需要补正的全部内容；

（四）申请登记的不动产不属于本机构登记范围的，应当当场书面告知申请人不予受理并告知申请人向有登记权的机构申请。

不动产登记机构未当场书面告知申请人不予受理的，视为受理。

第十八条 不动产登记机构受理不动产登记申请的，应当按照下列要求进行查验：

（一）不动产界址、空间界限、面积等材料与申请登记的不动产状况是否一致；

（二）有关证明材料、文件与申请登记的内容是否一致；

（三）登记申请是否违反法律、行政法规规定。

第十九条 属于下列情形之一的，不动产登记机构可以对申请登记的不动产进行实地查看：

（一）房屋等建筑物、构筑物所有权首次登记；

（二）在建建筑物抵押权登记；

（三）因不动产灭失导致的注销登记；

（四）不动产登记机构认为需要实地查看的其他情形。

对可能存在权属争议，或者可能涉及他人利害关系的登记申请，不动产登记机构可以向申请人、利害关系人或者有关单位进行调查。

不动产登记机构进行实地查看或者调查时，申请人、被调查人应当予以配合。

第二十条 不动产登记机构应当自受理登记申请之日起30个工作日内办结不动产登记手续，法律另有规定的除外。

第二十一条 登记事项自记载于不动产登记簿时完成登记。

不动产登记机构完成登记，应当依法向申请人核发不动产权属证书或者登记证明。

第二十二条 登记申请有下列情形之一的，不动产登记机构应当不予登记，并书面告知申请人：

（一）违反法律、行政法规规定的；

（二）存在尚未解决的权属争议的；

（三）申请登记的不动产权利超过规定期限的；

（四）法律、行政法规规定不予登记的其他情形。

第四章 登记信息共享与保护

第二十三条 国务院国土资源主管部门应当会同有关部门建立统一的不动产登记信息管理基础平台。

各级不动产登记机构登记的信息应当纳入统一的不动产登记信息管理基础平台，确保国家、省、市、县四级登记信息的实时共享。

第二十四条 不动产登记有关信息与住房城乡建设、农业、林业、海洋等部门审批信息、交易信息等应当实时互通共享。

不动产登记机构能够通过实时互通共享取得的信息，不得要求不动产登记申请人重复提交。

第二十五条 国土资源、公安、民政、财政、税务、工商、金融、审计、统计等部门应当加强不动产登记有关信息互通共享。

第二十六条 不动产登记机构、不动产登记信息共享单位及其工作人员应当对不动产登记信息保密；涉及国家秘密的不动产登记信息，应当依法采取必要的安全保密措施。

第二十七条 权利人、利害关系人可以依法查询、复制不动产登记资料，不动产登记机构应当提供。

有关国家机关可以依照法律、行政法规的规定查询、复制与调查处理事项有关的不动产登记资料。

第二十八条 查询不动产登记资料的单位、个人应当向不动产登记机构说明查询目的，不得将查询获得的不动产登记资料用于其他目的；未经权利人同意，不得泄露查询获得的不动产登记资料。

第五章 法律责任

第二十九条 不动产登记机构登记错误给他人造成损害，或者当事人提供虚假材料申请登记给他人造成损害的，依照《中华人民共和国物权法》的规定承担赔偿责任。

第三十条 不动产登记机构工作人员进行虚假登记，损毁、伪造不动产登记簿，擅自修改登记事项，或者有其他滥用职权、玩忽职守行为的，依法给予处分；给他人造成损害的，依法承担赔偿责任；构成犯罪的，依法追究刑事责任。

第三十一条 伪造、变造不动产权属证书、不动产登记证明，或者买卖、使用伪造、变造的不动产权属证书、不动产登记证明的，由不动产登记机构或者公安机关依法予以收缴；有违法所得的，没收违法所得；给他人造成损害的，依法承担赔偿责任；构成违反治安管理行为的，依法给予治安管理处罚；构成犯罪的，依法追究刑事责任。

第三十二条 不动产登记机构、不动产登记信息共享单位及其工作人员，查询不动产登记资料的单位或者个人违反国家规定，泄露不动产登记资料、登记信息，或者利用不动产登记资料、登记信息进行不正当活动，给他人造成损害的，依法承担赔偿责任；对有关责任人员依法给予处分；有关责任人员构成犯罪的，依法追究刑事责任。

第六章　附　　则

第三十三条　本条例施行前依法颁发的各类不动产权属证书和制作的不动产登记簿继续有效。

不动产统一登记过渡期内，农村土地承包经营权的登记按照国家有关规定执行。

第三十四条　本条例实施细则由国务院国土资源主管部门会同有关部门制定。

第三十五条　本条例自2015年3月1日起施行。本条例施行前公布的行政法规有关不动产登记的规定与本条例规定不一致的，以本条例规定为准。

不动产登记资料查询暂行办法

（2018年3月2日国土资源部令第80号公布　2019年7月24日自然资源部令第5号修正）

第一章　总　　则

第一条　为了规范不动产登记资料查询活动，加强不动产登记资料管理、保护和利用，维护不动产交易安全，保护不动产权利人的合法权益，根据《中华人民共和国物权法》《不动产登记暂行条例》等法律法规，制定本办法。

第二条　本办法所称不动产登记资料，包括：

（一）不动产登记簿等不动产登记结果；

（二）不动产登记原始资料，包括不动产登记申请书、申请人身份材料、不动产权属来源、登记原因、不动产权籍调查成果等材料以及不动产登记机构审核材料。

不动产登记资料由不动产登记机构负责保存和管理。

第三条 县级以上人民政府不动产登记机构负责不动产登记资料查询管理工作。

第四条 不动产权利人、利害关系人可以依照本办法的规定，查询、复制不动产登记资料。

不动产权利人、利害关系人可以委托律师或者其他代理人查询、复制不动产登记资料。

第五条 不动产登记资料查询，遵循依法、便民、高效的原则。

第六条 不动产登记机构应当加强不动产登记信息化建设，以不动产登记信息管理基础平台为基础，通过运用互联网技术、设置自助查询终端、在相关场所设置登记信息查询端口等方式，为查询人提供便利。

第二章 一般规定

第七条 查询不动产登记资料，应当在不动产所在地的市、县人民政府不动产登记机构进行，但法律法规另有规定的除外。

查询人到非不动产所在地的不动产登记机构申请查询的，该机构应当告知其到相应的机构查询。

不动产登记机构应当提供必要的查询场地，并安排专门人员负责不动产登记资料的查询、复制和出具查询结果证明等工作。

申请查询不动产登记原始资料，应当优先调取数字化成果，确有需求和必要，可以调取纸质不动产登记原始资料。

第八条 不动产权利人、利害关系人申请查询不动产登记资料，应当提交查询申请书以及不动产权利人、利害关系人的身份证明材料。

查询申请书应当包括下列内容：

（一）查询主体；

（二）查询目的；

（三）查询内容；

（四）查询结果要求；

（五）提交的申请材料清单。

第九条　不动产权利人、利害关系人委托代理人代为申请查询不动产登记资料的，被委托人应当提交双方身份证明原件和授权委托书。

授权委托书中应当注明双方姓名或者名称、公民身份号码或者统一社会信用代码、委托事项、委托时限、法律义务、委托日期等内容，双方签字或者盖章。

代理人受委托查询、复制不动产登记资料的，其查询、复制范围由授权委托书确定。

第十条　符合查询条件，查询人需要出具不动产登记资料查询结果证明或者复制不动产登记资料的，不动产登记机构应当当场提供。因特殊原因不能当场提供的，应当在5个工作日内向查询人提供。

查询结果证明应当注明出具的时间，并加盖不动产登记机构查询专用章。

第十一条　有下列情形之一的，不动产登记机构不予查询，并出具不予查询告知书：

（一）查询人提交的申请材料不符合本办法规定的；

（二）申请查询的主体或者查询事项不符合本办法规定的；

（三）申请查询的目的不符合法律法规规定的；

（四）法律、行政法规规定的其他情形。

查询人对不动产登记机构出具的不予查询告知书不服的，可以依法申请行政复议或者提起行政诉讼。

第十二条　申请查询的不动产登记资料涉及国家秘密的，不动产登记机构应当按照保守国家秘密法等有关规定执行。

第十三条　不动产登记机构应当建立查询记录簿，做好查询记录工作，记录查询人、查询目的或者用途、查询时间以及复制不动产登记资料的种类、出具的查询结果证明情况等。

第三章　权利人查询

第十四条　不动产登记簿上记载的权利人可以查询本不动产登记结果和本不动产登记原始资料。

第十五条　不动产权利人可以申请以下列索引信息查询不动产登记资料，但法律法规另有规定的除外：

（一）权利人的姓名或者名称、公民身份号码或者统一社会信用代码等特定主体身份信息；

（二）不动产具体坐落位置信息；

（三）不动产权属证书号；

（四）不动产单元号。

第十六条　不动产登记机构可以设置自助查询终端，为不动产权利人提供不动产登记结果查询服务。

自助查询终端应当具备验证相关身份证明以及出具查询结果证明的功能。

第十七条　继承人、受遗赠人因继承和受遗赠取得不动产权利的，适用本章关于不动产权利人查询的规定。

前款规定的继承人、受遗赠人查询不动产登记资料的，除提交本办法第八条规定的材料外，还应当提交被继承人或者遗赠人死亡证明、遗嘱或者遗赠抚养协议等可以证明继承或者遗赠行为发生的材料。

第十八条　清算组、破产管理人、财产代管人、监护人等依法有权管理和处分不动产权利的主体，参照本章规定查询相关不动产权利人的不动产登记资料。

依照本条规定查询不动产登记资料的，除提交本办法第八条规定的材料外，还应当提交依法有权处分该不动产的材料。

第四章 利害关系人查询

第十九条 符合下列条件的利害关系人可以申请查询有利害关系的不动产登记结果：

（一）因买卖、互换、赠与、租赁、抵押不动产构成利害关系的；

（二）因不动产存在民事纠纷且已经提起诉讼、仲裁而构成利害关系的；

（三）法律法规规定的其他情形。

第二十条 不动产的利害关系人申请查询不动产登记结果的，除提交本办法第八条规定的材料外，还应当提交下列利害关系证明材料：

（一）因买卖、互换、赠与、租赁、抵押不动产构成利害关系的，提交买卖合同、互换合同、赠与合同、租赁合同、抵押合同；

（二）因不动产存在相关民事纠纷且已经提起诉讼或者仲裁而构成利害关系的，提交受理案件通知书、仲裁受理通知书。

第二十一条 有买卖、租赁、抵押不动产意向，或者拟就不动产提起诉讼或者仲裁等，但不能提供本办法第二十条规定的利害关系证明材料的，可以提交本办法第八条规定材料，查询相关不动产登记簿记载的下列信息：

（一）不动产的自然状况；

（二）不动产是否存在共有情形；

（三）不动产是否存在抵押权登记、预告登记或者异议登记情形；

（四）不动产是否存在查封登记或者其他限制处分的情形。

第二十二条 受本办法第二十一条规定的当事人委托的律师，还可以申请查询相关不动产登记簿记载的下列信息：

（一）申请验证所提供的被查询不动产权利主体名称与登记簿的记载是否一致；

（二）不动产的共有形式；

（三）要求办理查封登记或者限制处分机关的名称。

第二十三条 律师受当事人委托申请查询不动产登记资料的，除提交本办法第八条、第九条规定的材料外，还应当提交律师证和律师事务所出具的证明材料。

律师持人民法院的调查令申请查询不动产登记资料的，除提交本办法第八条规定的材料外，还应当提交律师证、律师事务所出具的证明材料以及人民法院的调查令。

第二十四条 不动产的利害关系人可以申请以下列索引信息查询不动产登记资料：

（一）不动产具体坐落位置；

（二）不动产权属证书号；

（三）不动产单元号。

每份申请书只能申请查询一个不动产登记单元。

第二十五条 不动产利害关系人及其委托代理人，按照本办法申请查询的，应当承诺不将查询获得的不动产登记资料、登记信息用于其他目的，不泄露查询获得的不动产登记资料、登记信息，并承担由此产生的法律后果。

第五章 登记资料保护

第二十六条 查询人查询、复制不动产登记资料的，不得将不动产登记资料带离指定场所，不得拆散、调换、抽取、撕毁、污损不动产登记资料，也不得损坏查询设备。

查询人有前款行为的，不动产登记机构有权禁止该查询人继续查询不动产登记资料，并可以拒绝为其出具查询结果证明。

第二十七条 已有电子介质，且符合下列情形之一的纸质不动产登记原始资料可以销毁：

（一）抵押权登记、地役权登记已经注销且自注销之日起满五年的；

（二）查封登记、预告登记、异议登记已经注销且自注销之日起满五年的。

第二十八条　符合本办法第二十七条规定销毁条件的不动产登记资料应当在不动产登记机构指定的场所销毁。

不动产登记机构应当建立纸质不动产登记资料销毁清册，详细记录被销毁的纸质不动产登记资料的名称、数量、时间、地点，负责销毁以及监督销毁的人员应当在清册上签名。

第六章　罚　　则

第二十九条　不动产登记机构及其工作人员违反本办法规定，有下列行为之一，对有关责任人员依法给予处分；涉嫌构成犯罪的，移送有关机关依法追究刑事责任：

（一）对符合查询、复制不动产登记资料条件的申请不予查询、复制，对不符合查询、复制不动产登记资料条件的申请予以查询、复制的；

（二）擅自查询、复制不动产登记资料或者出具查询结果证明的；

（三）泄露不动产登记资料、登记信息的；

（四）利用不动产登记资料进行不正当活动的；

（五）未履行对不动产登记资料的安全保护义务，导致不动产登记资料、登记信息毁损、灭失或者被他人篡改，造成严重后果的。

第三十条　查询人违反本办法规定，有下列行为之一，构成违反治安管理行为的，移送公安机关依法给予治安管理处罚；涉嫌构成犯罪的，移送有关机关依法追究刑事责任：

（一）采用提供虚假材料等欺骗手段申请查询、复制不动产登记资料的；

（二）泄露不动产登记资料、登记信息的；

（三）遗失、拆散、调换、抽取、污损、撕毁不动产登记资料的；

（四）擅自将不动产登记资料带离查询场所、损坏查询设备的；

（五）因扰乱查询、复制秩序导致不动产登记机构受损失的；

（六）滥用查询结果证明的。

第七章 附 则

第三十一条 有关国家机关查询复制不动产登记资料以及国家机关之间共享不动产登记信息的具体办法另行规定。

第三十二条 《不动产登记暂行条例》实施前已经形成的土地、房屋、森林、林木、海域等登记资料，属于不动产登记资料。不动产登记机构应当依照本办法的规定提供查询。

第三十三条 公民、法人或者其他组织依据《中华人民共和国政府信息公开条例》，以申请政府信息公开的方式申请查询不动产登记资料的，有关自然资源主管部门应当告知其按照本办法的规定申请不动产登记资料查询。

第三十四条 本办法自公布之日起施行。2002 年 12 月 4 日国土资源部公布的《土地登记资料公开查询办法》（国土资源部令第 14 号）同时废止。

自然资源统一确权登记暂行办法

（2019 年 7 月 11 日 自然资发〔2019〕116 号）

第一章 总 则

第一条 为贯彻落实党中央、国务院关于生态文明建设决策部署，建立和实施自然资源统一确权登记制度，推进自然资源确权登记法治化，推动建立归属清晰、权责明确、保护严格、流转顺畅、监管有效的自然资源资产产权制度，实现山水林田湖草整体保护、系统修复、综合治理，根据有关法律规定，制定本办法。

第二条　国家实行自然资源统一确权登记制度。

自然资源确权登记坚持资源公有、物权法定和统一确权登记的原则。

第三条　对水流、森林、山岭、草原、荒地、滩涂、海域、无居民海岛以及探明储量的矿产资源等自然资源的所有权和所有自然生态空间统一进行确权登记，适用本办法。

第四条　通过开展自然资源统一确权登记，清晰界定全部国土空间各类自然资源资产的所有权主体，划清全民所有和集体所有之间的边界，划清全民所有、不同层级政府行使所有权的边界，划清不同集体所有者的边界，划清不同类型自然资源之间的边界。

第五条　自然资源统一确权登记以不动产登记为基础，依据《不动产登记暂行条例》的规定办理登记的不动产权利，不再重复登记。

自然资源确权登记涉及调整或限制已登记的不动产权利的，应当符合法律法规规定，依法及时记载于不动产登记簿，并书面通知权利人。

第六条　自然资源主管部门作为承担自然资源统一确权登记工作的机构（以下简称登记机构），按照分级和属地相结合的方式进行登记管辖。

国务院自然资源主管部门负责指导、监督全国自然资源统一确权登记工作，会同省级人民政府负责组织开展由中央政府直接行使所有权的国家公园、自然保护区、自然公园等各类自然保护地以及大江大河大湖和跨境河流、生态功能重要的湿地和草原、国务院确定的重点国有林区、中央政府直接行使所有权的海域、无居民海岛、石油天然气、贵重稀有矿产资源等自然资源和生态空间的统一确权登记工作。具体登记工作由国家登记机构负责办理。

各省负责组织开展本行政区域内由中央委托地方政府代理行使

所有权的自然资源和生态空间的统一确权登记工作。具体登记工作由省级及省级以下登记机构负责办理。

市县应按照要求，做好本行政区域范围内自然资源统一确权登记工作。

跨行政区域的自然资源确权登记由共同的上一级登记机构直接办理或者指定登记机构办理。

第七条 自然资源统一确权登记工作经费应纳入各级政府预算，不得向当事人收取登记费等相关费用。

第二章 自然资源登记簿

第八条 自然资源登记簿的样式由国务院自然资源主管部门统一规定。

已按照《不动产登记暂行条例》办理登记的不动产权利，通过不动产单元号、权利主体实现自然资源登记簿与不动产登记簿的关联。

第九条 自然资源登记簿应当记载以下事项：

（一）自然资源的坐落、空间范围、面积、类型以及数量、质量等自然状况；

（二）自然资源所有权主体、所有权代表行使主体、所有权代理行使主体、行使方式及权利内容等权属状况；

（三）其他相关事项。

自然资源登记簿应当对地表、地上、地下空间范围内各类自然资源进行记载，并关联国土空间规划明确的用途、划定的生态保护红线等管制要求及其他特殊保护规定等信息。

第十条 全民所有自然资源所有权代表行使主体登记为国务院自然资源主管部门，所有权行使方式分为直接行使和代理行使。

中央委托相关部门、地方政府代理行使所有权的，所有权代理行使主体登记为相关部门、地方人民政府。

第十一条 自然资源登记簿附图内容包括自然资源空间范围界

线、面积，所有权主体、所有权代表行使主体、所有权代理行使主体，以及已登记的不动产权利界线，不同类型自然资源的边界、面积等信息。

第十二条　自然资源登记簿由具体负责登记的各级登记机构进行管理，永久保存。

自然资源登记簿和附图应当采用电子介质，配备专门的自然资源登记电子存储设施，采取信息网络安全防护措施，保证电子数据安全，并定期进行异地备份。

第三章　自然资源登记单元

第十三条　自然资源统一确权登记以自然资源登记单元为基本单位。

自然资源登记单元应当由登记机构会同水利、林草、生态环境等部门在自然资源所有权范围的基础上，综合考虑不同自然资源种类和在生态、经济、国防等方面的重要程度以及相对完整的生态功能、集中连片等因素划定。

第十四条　国家批准的国家公园、自然保护区、自然公园等各类自然保护地应当优先作为独立登记单元划定。

登记单元划定以管理或保护审批范围界线为依据。同一区域内存在管理或保护审批范围界线交叉或重叠时，以最大的管理或保护范围界线划定登记单元。范围内存在集体所有自然资源的，应当一并划入登记单元，并在登记簿上对集体所有自然资源的主体、范围、面积等情况予以记载。

第十五条　水流可以单独划定自然资源登记单元。以水流作为独立自然资源登记单元的，依据全国国土调查成果和水资源专项调查成果，以河流、湖泊管理范围为基础，结合堤防、水域岸线划定登记单元。河流的干流、支流，可以分别划定登记单元。

湿地可以单独划定自然资源登记单元。以湿地作为独立自然资源登记单元的，依据全国国土调查成果和湿地专项调查成果，按照自然资源边界划定登记单元。在河流、湖泊、水库等水流范围内的，不再单独划分湿地登记单元。

第十六条 森林、草原、荒地登记单元原则上应当以土地所有权为基础，按照国家土地所有权权属界线封闭的空间划分登记单元，多个独立不相连的国家土地所有权权属界线封闭的空间，应分别划定登记单元。国务院确定的重点国有林区以国家批准的范围界线为依据单独划定自然资源登记单元。

在国家公园、自然保护区、自然公园等各类自然保护地登记单元内的森林、草原、荒地、水流、湿地等不再单独划定登记单元。

第十七条 海域可单独划定自然资源登记单元，范围为我国的内水和领海。以海域作为独立登记单元的，依据沿海县市行政管辖界线，自海岸线起至领海外部界线划定登记单元。无居民海岛按照“一岛一登”的原则，单独划定自然资源登记单元，进行整岛登记。

海域范围内的自然保护地、湿地、探明储量的矿产资源等，不再单独划定登记单元。

第十八条 探明储量的矿产资源，固体矿产以矿区，油气以油气田划分登记单元。若矿业权整合包含或跨越多个矿区的，以矿业权整合后的区域为一个登记单元。登记单元的边界，以现有的储量登记库及储量统计库导出的矿区范围，储量评审备案文件确定的矿产资源储量估算范围，以及国家出资探明矿产地清理结果认定的矿产地范围在空间上套合确定。登记单元内存在依法审批的探矿权、采矿权的，登记簿关联勘查、采矿许可证相关信息。

在国家公园、自然保护区、自然公园等各类自然保护地登记单元内的矿产资源不再单独划定登记单元，通过分层标注的方式在自然资源登记簿上记载探明储量矿产资源的范围、类型、储量等内容。

第十九条 自然资源登记单元具有唯一编码，编码规则由国家统一制定。

第四章　自然资源登记一般程序

第二十条　自然资源登记类型包括自然资源首次登记、变更登记、注销登记和更正登记。

首次登记是指在一定时间内对登记单元内全部国家所有的自然资源所有权进行的第一次登记。

变更登记是指因自然资源的类型、范围和权属边界等自然资源登记簿内容发生变化进行的登记。

注销登记是指因不可抗力等因素导致自然资源所有权灭失进行的登记。

更正登记是指登记机构对自然资源登记簿的错误记载事项进行更正的登记。

第二十一条　自然资源首次登记程序为通告、权籍调查、审核、公告、登簿。

第二十二条　自然资源首次登记应当由登记机构依职权启动。

登记机构会同水利、林草、生态环境等部门预划登记单元后，由自然资源所在地的县级以上地方人民政府向社会发布首次登记通告。通告的主要内容包括：

（一）自然资源登记单元的预划分；

（二）开展自然资源登记工作的时间；

（三）自然资源类型、范围；

（四）需要自然资源所有权代表行使主体、代理行使主体以及集体土地所有权人等相关主体配合的事项及其他需要通告的内容。

第二十三条　登记机构会同水利、林草、生态环境等部门，充分利用全国国土调查、自然资源专项调查等自然资源调查成果，获取自然资源登记单元内各类自然资源的坐落、空间范围、面积、类型、数量和质量等信息，划清自然资源类型边界。

第二十四条　登记机构会同水利、林草、生态环境等部门应充分利用全国国土调查、自然资源专项调查等自然资源调查成果，以及集体土地所有权确权登记发证、国有土地使用权确权登记发证等不动产登记成果，开展自然资源权籍调查，绘制自然资源权籍图和自然资源登记簿附图，划清全民所有和集体所有的边界以及不同集体所有者的边界；依据分级行使国家所有权体制改革成果，划清全民所有、不同层级政府行使所有权的边界。

自然资源登记单元的重要界址点应现场指界，必要时可设立明显界标。在国土调查、专项调查、权籍调查、土地勘测定界等工作中对重要界址点已经指界确认的，不需要重复指界。对涉及权属争议的，按有关法律法规规定处理。

第二十五条 登记机构依据自然资源权籍调查成果和相关审批文件，结合国土空间规划明确的用途、划定的生态保护红线等管制要求或政策性文件以及不动产登记结果资料等，会同相关部门对登记的内容进行审核。

第二十六条 自然资源登簿前应当由自然资源所在地市县配合具有登记管辖权的登记机构在政府门户网站及指定场所进行公告，涉及国家秘密的除外。公告期不少于 15 个工作日。公告期内，相关当事人对登记事项提出异议的，登记机构应当对提出的异议进行调查核实。

第二十七条 公告期满无异议或者异议不成立的，登记机构应当将登记事项记载于自然资源登记簿，可以向自然资源所有权代表行使主体或者代理行使主体颁发自然资源所有权证书。

第二十八条 登记单元内自然资源类型、面积等自然状况发生变化的，以全国国土调查和自然资源专项调查为依据，依职权开展变更登记。自然资源的登记单元边界、权属边界、权利主体和内容等自然资源登记簿主要内容发生变化的，自然资源所有权代表行使主体或者代理行使主体应当持相关资料及时嘱托登记机构办理变更登记或注销登记。

自然资源登记簿记载事项存在错误的，登记机构可以依照自然资源所有权代表行使主体或者代理行使主体的嘱托办理更正登记，也可以依职权办理更正登记。

第五章　自然资源登记信息管理与应用

第二十九条　自然资源登记资料包括：

（一）自然资源登记簿等登记结果；

（二）自然资源权籍调查成果、权属来源材料、相关公共管制要求、登记机构审核材料等登记原始资料。

自然资源登记资料由具体负责的登记机构管理。各级登记机构应当建立登记资料管理制度及信息安全保密制度，建设符合自然资源登记资料安全保护标准的登记资料存放场所。

第三十条　在国家不动产登记信息管理基础平台上，拓展开发全国统一的自然资源登记信息系统，实现自然资源确权登记信息的统一管理；各级登记机构应当建立标准统一的自然资源确权登记数据库，确保自然资源确权登记信息日常更新。

自然资源确权登记信息纳入不动产登记信息管理基础平台，实现自然资源确权登记信息与不动产登记信息有效衔接和融合。

自然资源确权登记信息应当及时汇交国家不动产登记信息管理基础平台，确保国家、省、市、县四级自然资源确权登记信息的实时共享。

第三十一条　自然资源确权登记结果应当向社会公开，但涉及国家秘密以及《不动产登记暂行条例》规定的不动产登记的相关内容除外。

第三十二条　自然资源确权登记信息与水利、林草、生态环境、财税等相关部门管理信息应当互通共享，服务自然资源资产的有效监管和保护。

第六章 附 则

第三十三条 军用土地范围内的自然资源暂不纳入确权登记。

第三十四条 本办法由自然资源部负责解释，自印发之日起施行。

附件

自然资源统一确权登记工作方案

为贯彻党中央、国务院关于生态文明建设的决策部署，落实《生态文明体制改革总体方案》《深化党和国家机构改革方案》要求，在认真总结试点工作经验的基础上，现就全面铺开、分阶段推进全国自然资源统一确权登记制定以下工作方案。

一、总体要求

（一）指导思想。以习近平新时代中国特色社会主义思想为指导，全面贯彻党的十九大和十九届二中、三中全会精神，深入贯彻落实习近平生态文明思想和习近平总书记关于自然资源管理重要论述，牢固树立尊重自然、顺应自然、保护自然理念，按照建立系统完整的生态文明制度体系的要求，在总结前期试点工作经验的基础上，全面铺开、分阶段推进自然资源统一确权登记工作，推动建立归属清晰、权责明确、保护严格、流转顺畅、监管有效的自然资源资产产权制度，支撑自然资源合理开发、有效保护和严格监管。

（二）基本原则。坚持资源公有，坚持自然资源社会主义公有制，即全民所有和集体所有。坚持物权法定，依法依规确定自然资源的物权种类和权利内容、自然资源资产产权主体和行使代表。坚持统筹兼顾，在新的自然资源管理体制和格局基础上，与相关改革做好衔接。坚持以不动产登记为基础，构建自然资源统一确权登记制度体系，实现自然资源统一确权登记与不动产登记的有机融合。

坚持发展和保护相统一，加快形成有利于节约资源和保护环境的新的空间格局。

（三）工作目标。按照《自然资源统一确权登记暂行办法》（以下简称《办法》），以不动产登记为基础，充分利用国土调查成果，首先对国家公园、自然保护区、自然公园等各类自然保护地，以及江河湖泊、生态功能重要的湿地和草原、重点国有林区等具有完整生态功能的自然生态空间和全民所有单项自然资源开展统一确权登记，逐步实现对水流、森林、山岭、草原、荒地、滩涂、海域、无居民海岛以及探明储量的矿产资源等全部国土空间内的自然资源登记全覆盖。清晰界定各类自然资源资产的产权主体，逐步划清全民所有和集体所有之间的边界，划清全民所有、不同层级政府行使所有权的边界，划清不同集体所有者的边界，划清不同类型自然资源的边界，推进确权登记法治化，为建立国土空间规划体系并监督实施，统一行使全民所有自然资源资产所有者职责，统一行使所有国土空间用途管制和生态保护修复职责，提供基础支撑和产权保障。

二、主要任务

（一）开展国家公园自然保护地确权登记。

自然资源部在完善前期国家公园统一确权登记试点工作成果的基础上，对国家公园开展统一确权登记。由自然资源部会同国家公园所在的省级人民政府联合制定印发实施方案，组织技术力量依据国家公园建设、审批等资料划定登记单元界线，收集整理国土空间规划明确的用途、划定的生态保护红线等管制要求及其他特殊保护规定或者政策性文件，直接利用全国国土调查和自然资源专项调查成果确定资源类型、分布，并开展登记单元内各类自然资源的权籍调查。通过确权登记，明确国家公园内各类自然资源的数量、质量、种类、分布等自然状况，所有权主体、所有权代表行使主体、所有权代理行使主体以及权利内容等权属状况，并关联公共管制要求。自然资源部可以依据登记结果颁发自然资源所有权证书，并向社会公开。国家公园范围内的水流、森林、湿地、草原、滩涂等，不单独划分登记单元，作为国家公园登记单元内的资源类型予以调查、记载。

（二）开展自然保护区、自然公园等其他自然保护地确权登记。

自然资源部对由中央政府直接行使所有权的自然保护区、自然公园（根据《关于建立以国家公园为主体的自然保护地体系的指导意见》，自然公园包括森林公园、地质公园、海洋公园、湿地公园等）等自然保护地开展统一确权登记。由自然资源部会同自然保护区、自然公园等自然保护地所在的省级人民政府联合制定印发实施方案，组织技术力量依据自然保护区、自然公园等各类自然保护地设立、审批等资料划定登记单元界线，收集整理国土空间规划明确的用途、划定的生态保护红线等管制要求及其他特殊保护规定或者政策性文件，直接利用全国国土调查和自然资源专项调查成果确定资源类型、分布，并开展登记单元内各类自然资源的权籍调查。通过确权登记，明确自然保护区、自然公园等自然保护地范围内各类自然资源的数量、质量、种类、分布等自然状况，所有权主体、所有权代表行使主体、所有权代理行使主体以及权利内容等权属状况，并关联公共管制要求。自然资源部可以依据登记结果颁发自然资源所有权证书，并向社会公开。

省级人民政府组织省级及省级以下自然资源主管部门依据《办法》，参照自然资源部开展自然保护区、自然公园等自然保护地自然资源确权登记的工作流程和要求，对本辖区内除自然资源部直接开展确权登记之外的自然保护区、自然公园等自然保护地开展确权登记，可以颁发自然资源所有权证书，并向社会公开。

自然保护区、自然公园等自然保护地范围内的水流、森林、湿地、草原、滩涂等，不单独划分登记单元，作为自然保护区、自然公园等自然保护地登记单元内的资源类型予以调查、记载。同一区域内存在多个自然保护地时，以自然保护地的最大范围划分登记单元。

（三）开展江河湖泊等水流自然资源确权登记。

自然资源部对大江大河大湖和跨境河流进行统一确权登记。由自然资源部会同水利部、水流流经的省级人民政府制定印发实施方案，组织技术力量依据国土调查和水资源专项调查结果划定登记单元界线，收集整理国土空间规划明确的用途、划定的生态保护红线等管制要求及其他特殊保护规定或者政策性文件，并对承载水资源的土地开展权籍调查。探索建立水流自然资源三维登记模式，通过确权登记明确水流的范围、面积等自然状况，所有权主体、所有权代表行使主体、所有权代理行使主体以及权利内容等权属状况，并关联公共管制要求。自然资源部可以依据登记结果颁发自然资源所有权证书，并向社会公开。

省级人民政府组织省级及省级以下自然资源主管部门会同水行政主管部门，依据《办法》，参照自然资源部开展水流自然资源确权登记的工作流程和要求，对本辖区内除自然资源部直接开展确权登记之外的水流进行确权登记，可以颁发自然资源所有权证书，并向社会公开。

（四）开展湿地、草原自然资源确权登记。

自然资源部对由中央政府直接行使所有权的、生态功能重要的湿地、草原等进行统一确权登记。由自然资源部会同湿地、草原所在的省级人民政府联合制定印发实施方案，组织技术力量依据国土调查和湿地、草原资源专项调查结果划定登记单元界线，收集整理国土空间规划明确的用途、划定的生态保护红线等管制要求及其他特殊保护规定或者政策性文件，并开展权籍调查。通过确权登记明确湿地、草原自然资源的范围、面积等自然状况，所有权主体、所有权代表行使主体、所有权代理行使主体以及权利内容等权属状况，并关联公共管制要求。自然资源部可以依据登记结果颁发自然资源所有权证书，并向社会公开。

省级人民政府组织省级及省级以下自然资源主管部门依据《办法》，参照自然资源部开展湿地、草原自然资源确权登记的工作流程和要求，对本辖区内除自然资源部直接开展确权登记之外的湿地、草原进行确权登记，可以颁发自然资源所有权证书，并向社会公开。

（五）开展海域、无居民海岛自然资源确权登记。

自然资源部对由中央政府直接行使所有权的海域、无居民海岛进行统一确权登记。以海域作为独立自然资源登记单元的，由自然资源部会同沿海省级人民政府联合制定印发实施方案，组织技术力量充分利用国土调查和海域专项调查结果，依据海岸线和各沿海县市行政管辖界线划定登记单元界线，收集整理国土空间规划明确的用途、划定的生态保护红线等管制要求及其他特殊保护规定或者政策性文件，并开展权籍调查。探索采用三维登记模式，通过确权登记明确海域的范围、面积等自然状况，所有权主体、所有权代表行使主体、所有权代理行使主体以及权利内容等权属状况，并关联公共管制要求。

所有无居民海岛都单独划定自然资源登记单元，进行整岛登记。以无居民海岛作为独立登记单元的，由自然资源部制定印发实施方案，组织技术力量充分利用国土调查和无居民海岛专项调查结果，按照“一岛一登”的原则，划定登记单元界线，收集整理国土空间规划明确的用途、划定的生态保护红线等管制要求及其他特殊保护规定或者政策性文件，并开展权籍调查。通过确权登记明确无居民海岛的名称、位置、面积、高程（最高点高程和平均高程）、类型和空间范围等自然状况，所有权主体、所有权代表行使主体以及权利内容等权属状况，并关联公共管制要求。

省级人民政府组织省级及省级以下自然资源主管部门依据《办法》，参照自然资源部开展海域确权登记的工作流程和要求，对本辖区内除自然资源部直接开展确权登记之外的海域进行确权登记。

（六）开展探明储量的矿产资源确权登记。

自然资源部对探明储量的石油天然气、贵重稀有矿产资源进行统一确权登记。由自然资源部会同相关省级人民政府制定印发实施方案，组织技术力量依据矿产资源储量登记库，结合矿产资源利用现状调查数据库和国家出资探明矿产地清理结果等划定登记单元界线，调查反映各类矿产资源的探明储量状况，收集整理国土空间规划明确的用途、划定的生态保护红线等管制要求及其他特殊保护规定或者政策性文件。对矿产资源的确权登记，探索采用三维登记模式，通过确权登记，明确矿产资源的数量、质量、范围、种类、面积等自然状况，所有权主体、所有权代表行使主体、所有权代理行使主体以及权利内容等权属状况，并关联勘查、采矿许可证号等相关信息和公共管制要求。自然资源部可以依据登记结果颁发自然资源所有权证书，并向社会公开。

省级人民政府组织省级及省级以下自然资源主管部门依据《办法》，参照自然资源部开展矿产资源确权登记的工作流程和要求，对本辖区内除自然资源部直接开展确权登记之外的矿产资源进行确权登记，可以颁发自然资源所有权证书，并向社会公开。

（七）开展森林自然资源确权登记。

自然资源部对已登记发证的重点国有林区要做好林权权属证书与自然资源确权登记的衔接，进一步核实相关权属界线。在明确所有权代表行使主体和代理行使主体的基础上，对国务院确定的重点国有林区森林资源的代表行使主体和代理行使主体探索进行补充登记。

省级人民政府组织省级及省级以下自然资源主管部门依据《办法》，对本辖区内尚未颁发林权权属证书的森林资源，以所有权权属为界线单独划分登记单元，进行所有权确权登记，可以颁发自然资源所有权证书，并向社会公开。

（八）自然资源确权登记信息化建设。

将自然资源确权登记信息纳入不动产登记信息管理基础平台。在不动产登记信息管理基础平台上，开发、扩展自然资源登记信息系统。全国自然资源登记工作采用统一的信息系统，按照统一的标准开展工作，实现自然资源登记信息的统一管理、实时共享，并实现与不动产登记信息、国土调查、专项调查信息的实时关联。自然资源部门与生态环境、水利、林草等相关部门要加强信息共享，服务于自然资源的确权登记和有效监管。

省级及省级以下自然资源主管部门不再单独建设自然资源登记信息系统，统一使用全国自然资源登记信息系统，加强自然资源确权登记成果的信息化管理，建立本级自然资源确权登记信息数据库，做好本级负责的自然资源确权登记工作。

三、时间安排

按照从2019年起，利用5年时间基本完成全国重点区域自然资源统一确权登记，2023年以后，通过补充完善的方式逐步实现全国全覆盖的工作目标，制定总体工作方案和年度实施方案，分阶段推进自然资源确权登记工作。

（一）2019年。自然资源部修订出台《办法》、操作指南、数据库标准、登记单元编码和划定规则等，印发实施《自然资源统一确权登记工作方案》。根据工作安排，适时启动全国自然资源统一确权登记工作。重点对海南热带雨林、大熊猫、湖北神农架、浙江钱江源、云南普达措等国家公园体制试点区，长江干流，太湖等开展自然资源统一确权登记工作。开展由地方人民政府负责的自然保护区、自然公园等其他自然保护地自然资源确权登记的示范建设。探索开展矿产资源自然资源统一确权登记的路径方法。完成全国自然资源确权登记信息系统的开发，并部署全国使用。完善前期国家公园统一确权登记试点工作成果，纳入自然资源统一登记信息系统。对已完成确权登记的区域，适时颁发自然资源所有权证书。

省级人民政府要组织省级自然资源主管部门，制定本省自然资源统一确权登记总体工作方案，于2019年9月底前报自然资源部审核后，以省级人民政府名义予以印发。根据总体工作方案，省级自然资源主管部门分年度、分区域制定本省自然资源确权登记实施方案，启动本省自然资源确权登记工作。

（二）2020—2022年。自然资源部根据中央政府直接行使所有权的资源清单，从自然公园、自然保护区等自然保护地，黄河、淮河、松花江、辽河、海河、珠江等大江大河大湖，生态功能重要的湿地和草原，海域、无居民海岛，以及探明储量的石油天然气、贵重稀有矿产资源等全民所有自然资源中，每年选择一批重要自然生态空间和单项自然资源开展统一确权登记。

省级及省级以下自然资源部门根据本省自然资源统一确权登记总体工作方案，制定年度工作计划，基本完成本辖区内重点区域自然资源确权登记工作。

（三）2023年及以后。在基本完成全国重点区域的自然资源统一确权登记工作的基础上，适时启动非重点区域自然资源确权登记工作，最终实现全国自然资源确权登记全覆盖的目标。

四、保障措施

（一）加强组织领导。自然资源部和省级人民政府是组织实施自然资源确权登记工作的责任主体。要充分认识自然资源确权登记工作对支撑生态文明建设的重大意义，切实加强组织领导，建立多部门合作的协调机制，明确任务要求，保障工作经费，落实责任分工。自然资源部要加强对全国自然资源确权登记工作的指导监督，完善制度建设，会同有关部门及时协商解决工作中的重大问题，委托自然资源部不动产登记中心、中国国土勘测规划院、信息中心等单位承担由国家登记机构具体负责的自然资源统一确权登记组织实施工作。省级人民政府对本省行政区域内的自然资源确权登记工作负总责，要组织省级自然资源主管部门会同有关部门编制本省工作总体方案和年度工作计划，批准和指导监督省级及省级以下自然资源主管部门制定实施本级自然资源确权登记实施方案，创新工作机制，组织工作力量，落实工作责任，确保自然资源确权登记工作落到实处。

（二）强化统筹配合。各级自然资源主管部门要密切配合，形成合力，不折不扣完成自然资源确权登记工作任务。自然资源部要加强对各级登记机构开展自然资源确权登记工作的指导、监督，了解掌握各地工作推进情况并加强实时监管，及时叫停违法违规、损害所有者权益的登记行为，并追究有关单位和人员责任。县级以上地方人民政府和自然资源主管部门要配合、支持自然资源部做好自然资源权籍调查、界线核实、权属争议调处等相关工作。

（三）健全协调机制。各级自然资源主管部门要主动做好与生态环境、水利、林草等相关部门的沟通、协调，充分利用已有的自然资源统一确权登记基础资料，现有资料不能满足需要的，应该积极研究解决办法，必要时可开展补充性调查。加强数据质量审核评估和检查，确保基础数据真实可靠、准确客观。

（四）落实资金保障。自然资源确权登记和权籍调查，根据财政事权和支出责任划分，分别由中央财政和地方财政承担支出责任。

（五）做好宣传培训。各级自然资源主管部门要全面准确宣传自然资源统一确权登记的重要意义、工作进展与成效，加强全国自然资源统一确权登记工作经验交流，为自然资源统一确权登记工作营造良好舆论氛围。各级自然资源主管部门要加大培训力度，提升队伍素质，加强自然资源登记专业人才队伍建设。

（四）土地使用权取得和收回

最高人民法院关于审理涉及国有土地使用权合同纠纷案件适用法律问题的解释

（2004 年 11 月 23 日最高人民法院审判委员会第 1334 次会议通过　根据 2020 年 12 月 23 日最高人民法院审判委员会第 1823 次会议通过的《最高人民法院关于修改〈最高人民法院关于在民事审判工作中适用《中华人民共和国工会法》若干问题的解释〉等二十七件民事类司法解释的决定》修正　2020 年 12 月 29 日最高人民法院公告公布　自 2021 年 1 月 1 日起施行　法释〔2020〕17 号）

为正确审理国有土地使用权合同纠纷案件，依法保护当事人的合法权益，根据《中华人民共和国民法典》《中华人民共和国土地管理法》《中华人民共和国城市房地产管理法》等法律规定，结合民事审判实践，制定本解释。

一、土地使用权出让合同纠纷

第一条　本解释所称的土地使用权出让合同，是指市、县人民政府自然资源主管部门作为出让方将国有土地使用权在一定年限内让与受让方，受让方支付土地使用权出让金的合同。

第二条　开发区管理委员会作为出让方与受让方订立的土地使用权出让合同，应当认定无效。

本解释实施前，开发区管理委员会作为出让方与受让方订立的土地使用权出让合同，起诉前经市、县人民政府自然资源主管部门追认的，可以认定合同有效。

第三条 经市、县人民政府批准同意以协议方式出让的土地使用权，土地使用权出让金低于订立合同时当地政府按照国家规定确定的最低价的，应当认定土地使用权出让合同约定的价格条款无效。

当事人请求按照订立合同时的市场评估价格交纳土地使用权出让金的，应予支持；受让方不同意按照市场评估价格补足，请求解除合同的，应予支持。因此造成的损失，由当事人按照过错承担责任。

第四条 土地使用权出让合同的出让方因未办理土地使用权出让批准手续而不能交付土地，受让方请求解除合同的，应予支持。

第五条 受让方经出让方和市、县人民政府城市规划行政主管部门同意，改变土地使用权出让合同约定的土地用途，当事人请求按照起诉时同种用途的土地出让金标准调整土地出让金的，应予支持。

第六条 受让方擅自改变土地使用权出让合同约定的土地用途，出让方请求解除合同的，应予支持。

二、土地使用权转让合同纠纷

第七条 本解释所称的土地使用权转让合同，是指土地使用权人作为转让方将出让土地使用权转让于受让方，受让方支付价款的合同。

第八条 土地使用权人作为转让方与受让方订立土地使用权转让合同后，当事人一方以双方之间未办理土地使用权变更登记手续为由，请求确认合同无效的，不予支持。

第九条 土地使用权人作为转让方就同一出让土地使用权订立数个转让合同，在转让合同有效的情况下，受让方均要求履行合同的，按照以下情形分别处理：

（一）已经办理土地使用权变更登记手续的受让方，请求转让方履行交付土地等合同义务的，应予支持；

（二）均未办理土地使用权变更登记手续，已先行合法占有投资开发土地的受让方请求转让方履行土地使用权变更登记等合同义务的，应予支持；

（三）均未办理土地使用权变更登记手续，又未合法占有投资开发土地，先行支付土地转让款的受让方请求转让方履行交付土地和办理土地使用权变更登记等合同义务的，应予支持；

（四）合同均未履行，依法成立在先的合同受让方请求履行合同的，应予支持。

未能取得土地使用权的受让方请求解除合同、赔偿损失的，依照民法典的有关规定处理。

第十条 土地使用权人与受让方订立合同转让划拨土地使用权，起诉前经有批准权的人民政府同意转让，并由受让方办理土地使用权出让手续的，土地使用权人与受让方订立的合同可以按照补偿性质的合同处理。

第十一条 土地使用权人与受让方订立合同转让划拨土地使用权，起诉前经有批准权的人民政府决定不办理土地使用权出让手续，并将该划拨土地使用权直接划拨给受让方使用的，土地使用权人与受让方订立的合同可以按照补偿性质的合同处理。

三、合作开发房地产合同纠纷

第十二条 本解释所称的合作开发房地产合同，是指当事人订立的以提供出让土地使用权、资金等作为共同投资，共享利润、共担风险合作开发房地产为基本内容的合同。

第十三条 合作开发房地产合同的当事人一方具备房地产开发经营资质的，应当认定合同有效。

当事人双方均不具备房地产开发经营资质的，应当认定合同无效。但起诉前当事人一方已经取得房地产开发经营资质或者已依法合作成立具有房地产开发经营资质的房地产开发企业的，应当认定合同有效。

第十四条 投资数额超出合作开发房地产合同的约定，对增加的投资数额的承担比例，当事人协商不成的，按照当事人的违约情况确定；因不可归责于当事人的事由或者当事人的违约情况无法确定的，按照约定的投资比例确定；没有约定投资比例的，按照约定的利润分配比例确定。

第十五条 房屋实际建筑面积少于合作开发房地产合同的约定，对房屋实际建筑面积的分配比例，当事人协商不成的，按照当事人的违约情况确定；因不可归责于当事人的事由或者当事人违约情况无法确定的，按照约定的利润分配比例确定。

第十六条 在下列情形下，合作开发房地产合同的当事人请求分配房地产项目利益的，不予受理；已经受理的，驳回起诉：

（一）依法需经批准的房地产建设项目未经有批准权的人民政府主管部门批准；

（二）房地产建设项目未取得建设工程规划许可证；

（三）擅自变更建设工程规划。

因当事人隐瞒建设工程规划变更的事实所造成的损失，由当事人按照过错承担。

第十七条 房屋实际建筑面积超出规划建筑面积，经有批准权的人民政府主管部门批准后，当事人对超出部分的房屋分配比例协商不成的，按照约定的利润分配比例确定。对增加的投资数额的承担比例，当事人协商不成的，按照约定的投资比例确定；没有约定投资比例的，按照约定的利润分配比例确定。

第十八条 当事人违反规划开发建设的房屋，被有批准权的人民政府主管部门认定为违法建筑责令拆除，当事人对损失承担协商不成的，按照当事人过错确定责任；过错无法确定的，按照约定的投资比例确定责任；没有约定投资比例的，按照约定的利润分配比例确定责任。

第十九条 合作开发房地产合同约定仅以投资数额确定利润分配比例，当事人未足额交纳出资的，按照当事人的实际投资比例分配利润。

第二十条 合作开发房地产合同的当事人要求将房屋预售款充抵投资参与利润分配的，不予支持。

第二十一条 合作开发房地产合同约定提供土地使用权的当事人不承担经营风险，只收取固定利益的，应当认定为土地使用权转让合同。

第二十二条 合作开发房地产合同约定提供资金的当事人不承担经营风险，只分配固定数量房屋的，应当认定为房屋买卖合同。

第二十三条 合作开发房地产合同约定提供资金的当事人不承担经营风险，只收取固定数额货币的，应当认定为借款合同。

第二十四条 合作开发房地产合同约定提供资金的当事人不承担经营风险，只以租赁或者其他形式使用房屋的，应当认定为房屋租赁合同。

四、其　　它

第二十五条 本解释自 2005 年 8 月 1 日起施行；施行后受理的第一审案件适用本解释。

本解释施行前最高人民法院发布的司法解释与本解释不一致的，以本解释为准。

中华人民共和国城镇国有土地使用权出让和转让暂行条例

（1990年5月19日中华人民共和国国务院令第55号发布　根据2020年11月29日《国务院关于修改和废止部分行政法规的决定》修订）

第一章　总　　则

第一条　为了改革城镇国有土地使用制度，合理开发、利用、经营土地，加强土地管理，促进城市建设和经济发展，制定本条例。

第二条　国家按照所有权与使用权分离的原则，实行城镇国有土地使用权出让、转让制度，但地下资源、埋藏物和市政公用设施除外。

前款所称城镇国有土地是指市、县城、建制镇、工矿区范围内属于全民所有的土地（以下简称土地）。

第三条　中华人民共和国境内外的公司、企业、其他组织和个人，除法律另有规定者外，均可依照本条例的规定取得土地使用权，进行土地开发、利用、经营。

第四条　依照本条例的规定取得土地使用权的土地使用者，其使用权在使用年限内可以转让、出租、抵押或者用于其他经济活动。合法权益受国家法律保护。

第五条　土地使用者开发、利用、经营土地的活动，应当遵守国家法律、法规的规定，并不得损害社会公共利益。

第六条　县级以上人民政府土地管理部门依法对土地使用权的出让、转让、出租、抵押、终止进行监督检查。

第七条 土地使用权出让、转让、出租、抵押、终止及有关的地上建筑物、其他附着物的登记，由政府土地管理部门、房产管理部门依照法律和国务院的有关规定办理。

登记文件可以公开查阅。

第二章 土地使用权出让

第八条 土地使用权出让是指国家以土地所有者的身份将土地使用权在一定年限内让与土地使用者，并由土地使用者向国家支付土地使用权出让金的行为。

土地使用权出让应当签订出让合同。

第九条 土地使用权的出让，由市、县人民政府负责，有计划、有步骤地进行。

第十条 土地使用权出让的地块、用途、年限和其他条件，由市、县人民政府土地管理部门会同城市规划和建设管理部门、房产管理部门共同拟定方案，按照国务院规定的批准权限报经批准后，由土地管理部门实施。

第十一条 土地使用权出让合同应当按照平等、自愿、有偿的原则，由市、县人民政府土地管理部门（以下简称出让方）与土地使用者签订。

第十二条 土地使用权出让最高年限按下列用途确定：

（一）居住用地 70 年；

（二）工业用地 50 年；

（三）教育、科技、文化、卫生、体育用地 50 年；

（四）商业、旅游、娱乐用地 40 年；

（五）综合或者其他用地 50 年。

第十三条 土地使用权出让可以采取下列方式：

（一）协议；

（二）招标；

（三）拍卖。

依照前款规定方式出让土地使用权的具体程序和步骤，由省、自治区、直辖市人民政府规定。

第十四条 土地使用者应当在签订土地使用权出让合同后 60 日内，支付全部土地使用权出让金。逾期未全部支付的，出让方有权解除合同，并可请求违约赔偿。

第十五条 出让方应当按照合同规定，提供出让的土地使用权。未按合同规定提供土地使用权的，土地使用者有权解除合同，并可请求违约赔偿。

第十六条 土地使用者在支付全部土地使用权出让金后，应当依照规定办理登记，领取土地使用证，取得土地使用权。

第十七条 土地使用者应当按照土地使用权出让合同的规定和城市规划的要求，开发、利用、经营土地。

未按合同规定的期限和条件开发、利用土地的，市、县人民政府土地管理部门应当予以纠正，并根据情节可以给予警告、罚款直至无偿收回土地使用权的处罚。

第十八条 土地使用者需要改变土地使用权出让合同规定的土地用途的，应当征得出让方同意并经土地管理部门和城市规划部门批准，依照本章的有关规定重新签订土地使用权出让合同，调整土地使用权出让金，并办理登记。

第三章 土地使用权转让

第十九条 土地使用权转让是指土地使用者将土地使用权再转移的行为，包括出售、交换和赠与。

未按土地使用权出让合同规定的期限和条件投资开发、利用土地的，土地使用权不得转让。

第二十条 土地使用权转让应当签订转让合同。

第二十一条 土地使用权转让时，土地使用权出让合同和登记文件中所载明的权利、义务随之转移。

第二十二条 土地使用者通过转让方式取得的土地使用权，其使用年限为土地使用权出让合同规定的使用年限减去原土地使用者已使用年限后的剩余年限。

第二十三条 土地使用权转让时，其地上建筑物、其他附着物所有权随之转让。

第二十四条 地上建筑物、其他附着物的所有人或者共有人，享有该建筑物、附着物使用范围内的土地使用权。

土地使用者转让地上建筑物、其他附着物所有权时，其使用范围内的土地使用权随之转让，但地上建筑物、其他附着物作为动产转让的除外。

第二十五条 土地使用权和地上建筑物、其他附着物所有权转让，应当依照规定办理过户登记。

土地使用权和地上建筑物、其他附着物所有权分割转让的，应当经市、县人民政府土地管理部门和房产管理部门批准，并依照规定办理过户登记。

第二十六条 土地使用权转让价格明显低于市场价格的，市、县人民政府有优先购买权。

土地使用权转让的市场价格不合理上涨时，市、县人民政府可以采取必要的措施。

第二十七条 土地使用权转让后，需要改变土地使用权出让合同规定的土地用途的，依照本条例第十八条的规定办理。

第四章 土地使用权出租

第二十八条 土地使用权出租是指土地使用者作为出租人将土地使用权随同地上建筑物、其他附着物租赁给承租人使用，由承租人向出租人支付租金的行为。

未按土地使用权出让合同规定的期限和条件投资开发、利用土地的，土地使用权不得出租。

第二十九条 土地使用权出租，出租人与承租人应当签订租赁合同。

租赁合同不得违背国家法律、法规和土地使用权出让合同的规定。

第三十条 土地使用权出租后，出租人必须继续履行土地使用权出让合同。

第三十一条 土地使用权和地上建筑物、其他附着物出租，出租人应当依照规定办理登记。

第五章 土地使用权抵押

第三十二条 土地使用权可以抵押。

第三十三条 土地使用权抵押时，其地上建筑物、其他附着物随之抵押。

地上建筑物、其他附着物抵押时，其使用范围内的土地使用权随之抵押。

第三十四条 土地使用权抵押，抵押人与抵押权人应当签订抵押合同。

抵押合同不得违背国家法律、法规和土地使用权出让合同的规定。

第三十五条 土地使用权和地上建筑物、其他附着物抵押，应当依照规定办理抵押登记。

第三十六条 抵押人到期未能履行债务或者在抵押合同期间宣告解散、破产的，抵押权人有权依照国家法律、法规和抵押合同的规定处分抵押财产。

因处分抵押财产而取得土地使用权和地上建筑物、其他附着物所有权的，应当依照规定办理过户登记。

第三十七条 处分抵押财产所得，抵押权人有优先受偿权。

第三十八条 抵押权因债务清偿或者其他原因而消灭的，应当依照规定办理注销抵押登记。

第六章 土地使用权终止

第三十九条 土地使用权因土地使用权出让合同规定的使用年限届满、提前收回及土地灭失等原因而终止。

第四十条 土地使用权期满，土地使用权及其地上建筑物、其他附着物所有权由国家无偿取得。土地使用者应当交还土地使用证，并依照规定办理注销登记。

第四十一条 土地使用权期满，土地使用者可以申请续期。需要续期的，应当依照本条例第二章的规定重新签订合同，支付土地使用权出让金，并办理登记。

第四十二条 国家对土地使用者依法取得的土地使用权不提前收回。在特殊情况下，根据社会公共利益的需要，国家可以依照法律程序提前收回，并根据土地使用者已使用的年限和开发、利用土地的实际情况给予相应的补偿。

第七章 划拨土地使用权

第四十三条 划拨土地使用权是指土地使用者通过各种方式依法无偿取得的土地使用权。

前款土地使用者应当依照《中华人民共和国城镇土地使用税暂行条例》的规定缴纳土地使用税。

第四十四条 划拨土地使用权，除本条例第四十五条规定的情况外，不得转让、出租、抵押。

第四十五条 符合下列条件的，经市、县人民政府土地管理部门和房产管理部门批准，其划拨土地使用权和地上建筑物，其他附着物所有权可以转让、出租、抵押：

（一）土地使用者为公司、企业、其他经济组织和个人；

（二）领有国有土地使用证；

（三）具有地上建筑物、其他附着物合法的产权证明；

（四）依照本条例第二章的规定签订土地使用权出让合同，向当地市、县人民政府补交土地使用权出让金或者以转让、出租、抵押所获收益抵交土地使用权出让金。

转让、出租、抵押前款划拨土地使用权的，分别依照本条例第三章、第四章和第五章的规定办理。

第四十六条 对未经批准擅自转让、出租、抵押划拨土地使用权的单位和个人，市、县人民政府土地管理部门应当没收其非法收入，并根据情节处以罚款。

第四十七条 无偿取得划拨土地使用权的土地使用者，因迁移、解散、撤销、破产或者其他原因而停止使用土地的，市、县人民政府应当无偿收回其划拨土地使用权，并可依照本条例的规定予以出让。

对划拨土地使用权，市、县人民政府根据城市建设发展需要和城市规划的要求，可以无偿收回，并可依照本条例的规定予以出让。

无偿收回划拨土地使用权时，对其地上建筑物、其他附着物，市、县人民政府应当根据实际情况给予适当补偿。

第八章　附　　则

第四十八条 依照本条例的规定取得土地使用权的个人，其土地使用权可以继承。

第四十九条 土地使用者应当依照国家税收法规的规定纳税。

第五十条 依照本条例收取的土地使用权出让金列入财政预算，作为专项基金管理，主要用于城市建设和土地开发。具体使用管理办法，由财政部另行制定。

第五十一条 各省、自治区、直辖市人民政府应当根据本条例的规定和当地的实际情况选择部分条件比较成熟的城镇先行试点。

第五十二条　本条例由国家土地管理局负责解释；实施办法由省、自治区、直辖市人民政府制定。

第五十三条　本条例自发布之日起施行。

（五）农村土地管理

1. 农村土地承包

中华人民共和国农村土地承包法

（2002年8月29日第九届全国人民代表大会常务委员会第二十九次会议通过　根据2009年8月27日第十一届全国人民代表大会常务委员会第十次会议《关于修改部分法律的决定》第一次修正　根据2018年12月29日第十三届全国人民代表大会常务委员会第七次会议《关于修改〈中华人民共和国农村土地承包法〉的决定》第二次修正）

目　录

第一章　总　　则
第二章　家庭承包
　第一节　发包方和承包方的权利和义务
　第二节　承包的原则和程序
　第三节　承包期限和承包合同
　第四节　土地承包经营权的保护和互换、转让
　第五节　土地经营权
第三章　其他方式的承包
第四章　争议的解决和法律责任
第五章　附　　则

第一章 总 则

第一条 【立法目的】为了巩固和完善以家庭承包经营为基础、统分结合的双层经营体制，保持农村土地承包关系稳定并长久不变，维护农村土地承包经营当事人的合法权益，促进农业、农村经济发展和农村社会和谐稳定，根据宪法，制定本法。

第二条 【农村土地范围】本法所称农村土地，是指农民集体所有和国家所有依法由农民集体使用的耕地、林地、草地，以及其他依法用于农业的土地。

第三条 【农村土地承包经营制度】国家实行农村土地承包经营制度。

农村土地承包采取农村集体经济组织内部的家庭承包方式，不宜采取家庭承包方式的荒山、荒沟、荒丘、荒滩等农村土地，可以采取招标、拍卖、公开协商等方式承包。

第四条 【农村土地承包后土地所有权性质不变】农村土地承包后，土地的所有权性质不变。承包地不得买卖。

第五条 【承包权的主体及对承包权的保护】农村集体经济组织成员有权依法承包由本集体经济组织发包的农村土地。

任何组织和个人不得剥夺和非法限制农村集体经济组织成员承包土地的权利。

第六条 【土地承包经营权男女平等】农村土地承包，妇女与男子享有平等的权利。承包中应当保护妇女的合法权益，任何组织和个人不得剥夺、侵害妇女应当享有的土地承包经营权。

第七条 【公开、公平、公正原则】农村土地承包应当坚持公开、公平、公正的原则，正确处理国家、集体、个人三者的利益关系。

第八条 【集体土地所有者和承包方合法权益的保护】国家保护集体土地所有者的合法权益，保护承包方的土地承包经营权，任何组织和个人不得侵犯。

第九条　【“三权”分置】承包方承包土地后，享有土地承包经营权，可以自己经营，也可以保留土地承包权，流转其承包地的土地经营权，由他人经营。

第十条　【土地经营权流转的保护】国家保护承包方依法、自愿、有偿流转土地经营权，保护土地经营权人的合法权益，任何组织和个人不得侵犯。

第十一条　【土地资源的保护】农村土地承包经营应当遵守法律、法规，保护土地资源的合理开发和可持续利用。未经依法批准不得将承包地用于非农建设。

国家鼓励增加对土地的投入，培肥地力，提高农业生产能力。

第十二条　【土地承包管理部门】国务院农业农村、林业和草原主管部门分别依照国务院规定的职责负责全国农村土地承包经营及承包经营合同管理的指导。

县级以上地方人民政府农业农村、林业和草原等主管部门分别依照各自职责，负责本行政区域内农村土地承包经营及承包经营合同管理。

乡（镇）人民政府负责本行政区域内农村土地承包经营及承包经营合同管理。

第二章　家庭承包

第一节　发包方和承包方的权利和义务

第十三条　【发包主体】农民集体所有的土地依法属于村农民集体所有的，由村集体经济组织或者村民委员会发包；已经分别属于村内两个以上农村集体经济组织的农民集体所有的，由村内各该农村集体经济组织或者村民小组发包。村集体经济组织或者村民委员会发包的，不得改变村内各集体经济组织农民集体所有的土地的所有权。

国家所有依法由农民集体使用的农村土地，由使用该土地的农村集体经济组织、村民委员会或者村民小组发包。

第十四条　【发包方的权利】发包方享有下列权利：

（一）发包本集体所有的或者国家所有依法由本集体使用的农村土地；

（二）监督承包方依照承包合同约定的用途合理利用和保护土地；

（三）制止承包方损害承包地和农业资源的行为；

（四）法律、行政法规规定的其他权利。

第十五条　【发包方的义务】发包方承担下列义务：

（一）维护承包方的土地承包经营权，不得非法变更、解除承包合同；

（二）尊重承包方的生产经营自主权，不得干涉承包方依法进行正常的生产经营活动；

（三）依照承包合同约定为承包方提供生产、技术、信息等服务；

（四）执行县、乡（镇）土地利用总体规划，组织本集体经济组织内的农业基础设施建设；

（五）法律、行政法规规定的其他义务。

第十六条　【承包主体和家庭成员平等享有权益】家庭承包的承包方是本集体经济组织的农户。

农户内家庭成员依法平等享有承包土地的各项权益。

第十七条　【承包方的权利】承包方享有下列权利：

（一）依法享有承包地使用、收益的权利，有权自主组织生产经营和处置产品；

（二）依法互换、转让土地承包经营权；

（三）依法流转土地经营权；

（四）承包地被依法征收、征用、占用的，有权依法获得相应的补偿；

（五）法律、行政法规规定的其他权利。

第十八条　【承包方的义务】承包方承担下列义务：

（一）维持土地的农业用途，未经依法批准不得用于非农建设；

（二）依法保护和合理利用土地，不得给土地造成永久性损害；

（三）法律、行政法规规定的其他义务。

第二节　承包的原则和程序

第十九条　【土地承包的原则】土地承包应当遵循以下原则：

（一）按照规定统一组织承包时，本集体经济组织成员依法平等地行使承包土地的权利，也可以自愿放弃承包土地的权利；

（二）民主协商，公平合理；

（三）承包方案应当按照本法第十三条的规定，依法经本集体经济组织成员的村民会议三分之二以上成员或者三分之二以上村民代表的同意；

（四）承包程序合法。

第二十条　【土地承包的程序】土地承包应当按照以下程序进行：

（一）本集体经济组织成员的村民会议选举产生承包工作小组；

（二）承包工作小组依照法律、法规的规定拟订并公布承包方案；

（三）依法召开本集体经济组织成员的村民会议，讨论通过承包方案；

（四）公开组织实施承包方案；

（五）签订承包合同。

第三节　承包期限和承包合同

第二十一条　【承包期限】耕地的承包期为三十年。草地的承包期为三十年至五十年。林地的承包期为三十年至七十年。

前款规定的耕地承包期届满后再延长三十年，草地、林地承包期届满后依照前款规定相应延长。

第二十二条　【承包合同】发包方应当与承包方签订书面承包合同。

承包合同一般包括以下条款：

（一）发包方、承包方的名称，发包方负责人和承包方代表的姓名、住所；

（二）承包土地的名称、坐落、面积、质量等级；

（三）承包期限和起止日期；

（四）承包土地的用途；

（五）发包方和承包方的权利和义务；

（六）违约责任。

第二十三条　【承包合同的生效】承包合同自成立之日起生效。承包方自承包合同生效时取得土地承包经营权。

第二十四条　【土地承包经营权登记】国家对耕地、林地和草地等实行统一登记，登记机构应当向承包方颁发土地承包经营权证或者林权证等证书，并登记造册，确认土地承包经营权。

土地承包经营权证或者林权证等证书应当将具有土地承包经营权的全部家庭成员列入。

登记机构除按规定收取证书工本费外，不得收取其他费用。

第二十五条　【承包合同的稳定性】承包合同生效后，发包方不得因承办人或者负责人的变动而变更或者解除，也不得因集体经济组织的分立或者合并而变更或者解除。

第二十六条　【严禁国家机关及其工作人员利用职权干涉农村土地承包或者变更、解除承包合同】国家机关及其工作人员不得利用职权干涉农村土地承包或者变更、解除承包合同。

第四节　土地承包经营权的保护和互换、转让

第二十七条　【承包期内承包地的交回和收回】承包期内，发

包方不得收回承包地。

国家保护进城农户的土地承包经营权。不得以退出土地承包经营权作为农户进城落户的条件。

承包期内，承包农户进城落户的，引导支持其按照自愿有偿原则依法在本集体经济组织内转让土地承包经营权或者将承包地交回发包方，也可以鼓励其流转土地经营权。

承包期内，承包方交回承包地或者发包方依法收回承包地时，承包方对其在承包地上投入而提高土地生产能力的，有权获得相应的补偿。

第二十八条　【承包期内承包地的调整】承包期内，发包方不得调整承包地。

承包期内，因自然灾害严重毁损承包地等特殊情形对个别农户之间承包的耕地和草地需要适当调整的，必须经本集体经济组织成员的村民会议三分之二以上成员或者三分之二以上村民代表的同意，并报乡（镇）人民政府和县级人民政府农业农村、林业和草原等主管部门批准。承包合同中约定不得调整的，按照其约定。

第二十九条　【用于调整承包土地或者承包给新增人口的土地】下列土地应当用于调整承包土地或者承包给新增人口：

（一）集体经济组织依法预留的机动地；

（二）通过依法开垦等方式增加的；

（三）发包方依法收回和承包方依法、自愿交回的。

第三十条　【承包期内承包方自愿将承包地交回发包方的处理】承包期内，承包方可以自愿将承包地交回发包方。承包方自愿交回承包地的，可以获得合理补偿，但是应当提前半年以书面形式通知发包方。承包方在承包期内交回承包地的，在承包期内不得再要求承包土地。

第三十一条　【妇女婚姻关系变动对土地承包的影响】承包期内，妇女结婚，在新居住地未取得承包地的，发包方不得收回其原承包地；妇女离婚或者丧偶，仍在原居住地生活或者不在原居住地生活但在新居住地未取得承包地的，发包方不得收回其原承包地。

第三十二条　【承包收益和林地承包权的继承】 承包人应得的承包收益，依照继承法的规定继承。

林地承包的承包人死亡，其继承人可以在承包期内继续承包。

第三十三条　【土地承包经营权的互换】 承包方之间为方便耕种或者各自需要，可以对属于同一集体经济组织的土地的土地承包经营权进行互换，并向发包方备案。

第三十四条　【土地承包经营权的转让】 经发包方同意，承包方可以将全部或者部分的土地承包经营权转让给本集体经济组织的其他农户，由该农户同发包方确立新的承包关系，原承包方与发包方在该土地上的承包关系即行终止。

第三十五条　【土地承包经营权互换、转让的登记】 土地承包经营权互换、转让的，当事人可以向登记机构申请登记。未经登记，不得对抗善意第三人。

第五节　土地经营权

第三十六条　【土地经营权设立】 承包方可以自主决定依法采取出租（转包）、入股或者其他方式向他人流转土地经营权，并向发包方备案。

第三十七条　【土地经营权人的基本权利】 土地经营权人有权在合同约定的期限内占有农村土地，自主开展农业生产经营并取得收益。

第三十八条　【土地经营权流转的原则】 土地经营权流转应当遵循以下原则：

（一）依法、自愿、有偿，任何组织和个人不得强迫或者阻碍土地经营权流转；

（二）不得改变土地所有权的性质和土地的农业用途，不得破坏农业综合生产能力和农业生态环境；

（三）流转期限不得超过承包期的剩余期限；

（四）受让方须有农业经营能力或者资质；

（五）在同等条件下，本集体经济组织成员享有优先权。

第三十九条 【土地经营权流转价款】土地经营权流转的价款，应当由当事人双方协商确定。流转的收益归承包方所有，任何组织和个人不得擅自截留、扣缴。

第四十条 【土地经营权流转合同】土地经营权流转，当事人双方应当签订书面流转合同。

土地经营权流转合同一般包括以下条款：

（一）双方当事人的姓名、住所；

（二）流转土地的名称、坐落、面积、质量等级；

（三）流转期限和起止日期；

（四）流转土地的用途；

（五）双方当事人的权利和义务；

（六）流转价款及支付方式；

（七）土地被依法征收、征用、占用时有关补偿费的归属；

（八）违约责任。

承包方将土地交由他人代耕不超过一年的，可以不签订书面合同。

第四十一条 【土地经营权流转的登记】土地经营权流转期限为五年以上的，当事人可以向登记机构申请土地经营权登记。未经登记，不得对抗善意第三人。

第四十二条 【土地经营权流转合同单方解除权】承包方不得单方解除土地经营权流转合同，但受让方有下列情形之一的除外：

（一）擅自改变土地的农业用途；

（二）弃耕抛荒连续两年以上；

（三）给土地造成严重损害或者严重破坏土地生态环境；

（四）其他严重违约行为。

第四十三条　【土地经营权受让方依法投资并获得补偿】经承包方同意，受让方可以依法投资改良土壤，建设农业生产附属、配套设施，并按照合同约定对其投资部分获得合理补偿。

第四十四条　【承包方流转土地经营权后与发包方承包关系不变】承包方流转土地经营权的，其与发包方的承包关系不变。

第四十五条　【建立社会资本取得土地经营权的资格审查等制度】县级以上地方人民政府应当建立工商企业等社会资本通过流转取得土地经营权的资格审查、项目审核和风险防范制度。

工商企业等社会资本通过流转取得土地经营权的，本集体经济组织可以收取适量管理费用。

具体办法由国务院农业农村、林业和草原主管部门规定。

第四十六条　【土地经营权的再流转】经承包方书面同意，并向本集体经济组织备案，受让方可以再流转土地经营权。

第四十七条　【土地经营权融资担保】承包方可以用承包地的土地经营权向金融机构融资担保，并向发包方备案。受让方通过流转取得的土地经营权，经承包方书面同意并向发包方备案，可以向金融机构融资担保。

担保物权自融资担保合同生效时设立。当事人可以向登记机构申请登记；未经登记，不得对抗善意第三人。

实现担保物权时，担保物权人有权就土地经营权优先受偿。

土地经营权融资担保办法由国务院有关部门规定。

第三章　其他方式的承包

第四十八条　【其他承包方式】不宜采取家庭承包方式的荒山、荒沟、荒丘、荒滩等农村土地，通过招标、拍卖、公开协商等方式承包的，适用本章规定。

第四十九条　【以其他方式承包农村土地时承包合同的签订】

以其他方式承包农村土地的，应当签订承包合同，承包方取得土地经营权。当事人的权利和义务、承包期限等，由双方协商确定。以招标、拍卖方式承包的，承包费通过公开竞标、竞价确定；以公开协商等方式承包的，承包费由双方议定。

第五十条　【荒山、荒沟、荒丘、荒滩等的承包经营方式】荒山、荒沟、荒丘、荒滩等可以直接通过招标、拍卖、公开协商等方式实行承包经营，也可以将土地经营权折股分给本集体经济组织成员后，再实行承包经营或者股份合作经营。

承包荒山、荒沟、荒丘、荒滩的，应当遵守有关法律、行政法规的规定，防止水土流失，保护生态环境。

第五十一条　【本集体经济组织成员有权优先承包】以其他方式承包农村土地，在同等条件下，本集体经济组织成员有权优先承包。

第五十二条　【将农村土地发包给本集体经济组织以外的单位或者个人承包的程序】发包方将农村土地发包给本集体经济组织以外的单位或者个人承包，应当事先经本集体经济组织成员的村民会议三分之二以上成员或者三分之二以上村民代表的同意，并报乡（镇）人民政府批准。

由本集体经济组织以外的单位或者个人承包的，应当对承包方的资信情况和经营能力进行审查后，再签订承包合同。

第五十三条　【以其他方式承包农村土地后，土地经营权的流转】通过招标、拍卖、公开协商等方式承包农村土地，经依法登记取得权属证书的，可以依法采取出租、入股、抵押或者其他方式流转土地经营权。

第五十四条　【以其他方式取得的土地承包经营权的继承】依照本章规定通过招标、拍卖、公开协商等方式取得土地经营权的，该承包人死亡，其应得的承包收益，依照继承法的规定继承；在承包期内，其继承人可以继续承包。

第四章　争议的解决和法律责任

第五十五条　【土地承包经营纠纷的解决方式】因土地承包经营发生纠纷的，双方当事人可以通过协商解决，也可以请求村民委员会、乡（镇）人民政府等调解解决。

当事人不愿协商、调解或者协商、调解不成的，可以向农村土地承包仲裁机构申请仲裁，也可以直接向人民法院起诉。

第五十六条　【侵害土地承包经营权、土地经营权应当承担民事责任】任何组织和个人侵害土地承包经营权、土地经营权的，应当承担民事责任。

第五十七条　【发包方的民事责任】发包方有下列行为之一的，应当承担停止侵害、排除妨碍、消除危险、返还财产、恢复原状、赔偿损失等民事责任：

（一）干涉承包方依法享有的生产经营自主权；

（二）违反本法规定收回、调整承包地；

（三）强迫或者阻碍承包方进行土地承包经营权的互换、转让或者土地经营权流转；

（四）假借少数服从多数强迫承包方放弃或者变更土地承包经营权；

（五）以划分“口粮田”和“责任田”等为由收回承包地搞招标承包；

（六）将承包地收回抵顶欠款；

（七）剥夺、侵害妇女依法享有的土地承包经营权；

（八）其他侵害土地承包经营权的行为。

第五十八条　【承包合同中无效的约定】承包合同中违背承包方意愿或者违反法律、行政法规有关不得收回、调整承包地等强制性规定的约定无效。

第五十九条　【违约责任】当事人一方不履行合同义务或者履

行义务不符合约定的，应当依法承担违约责任。

第六十条 【无效的土地承包经营权互换、转让或土地经营权流转】任何组织和个人强迫进行土地承包经营权互换、转让或者土地经营权流转的，该互换、转让或者流转无效。

第六十一条 【擅自截留、扣缴土地承包经营权互换、转让或土地经营权流转收益的处理】任何组织和个人擅自截留、扣缴土地承包经营权互换、转让或者土地经营权流转收益的，应当退还。

第六十二条 【非法征收、征用、占用土地或者贪污、挪用土地征收、征用补偿费用的法律责任】违反土地管理法规，非法征收、征用、占用土地或者贪污、挪用土地征收、征用补偿费用，构成犯罪的，依法追究刑事责任；造成他人损害的，应当承担损害赔偿等责任。

第六十三条 【违法将承包地用于非农建设或者给承包地造成永久性损害的法律责任】承包方、土地经营权人违法将承包地用于非农建设的，由县级以上地方人民政府有关主管部门依法予以处罚。

承包方给承包地造成永久性损害的，发包方有权制止，并有权要求赔偿由此造成的损失。

第六十四条 【土地经营权人的民事责任】土地经营权人擅自改变土地的农业用途、弃耕抛荒连续两年以上、给土地造成严重损害或者严重破坏土地生态环境，承包方在合理期限内不解除土地经营权流转合同的，发包方有权要求终止土地经营权流转合同。土地经营权人对土地和土地生态环境造成的损害应当予以赔偿。

第六十五条 【国家机关及其工作人员利用职权侵害土地承包经营权、土地经营权行为的法律责任】国家机关及其工作人员有利用职权干涉农村土地承包经营，变更、解除承包经营合同，干涉承包经营当事人依法享有的生产经营自主权，强迫、阻碍承包经营当事人进行土地承包经营权互换、转让或者土地经营权流转等侵害土地承包经营权、土地经营权的行为，给承包经营当事人造成损失的，应当承担损害赔偿等责任；情节严重的，由上级机关或者所在单位给予直接责任人员处分；构成犯罪的，依法追究刑事责任。

第五章 附 则

第六十六条 **【本法实施前的农村土地承包继续有效】**本法实施前已经按照国家有关农村土地承包的规定承包，包括承包期限长于本法规定的，本法实施后继续有效，不得重新承包土地。未向承包方颁发土地承包经营权证或者林权证等证书的，应当补发证书。

第六十七条 **【机动地的预留】**本法实施前已经预留机动地的，机动地面积不得超过本集体经济组织耕地总面积的百分之五。不足百分之五的，不得再增加机动地。

本法实施前未留机动地的，本法实施后不得再留机动地。

第六十八条 **【实施办法的制定】**各省、自治区、直辖市人民代表大会常务委员会可以根据本法，结合本行政区域的实际情况，制定实施办法。

第六十九条 **【农村集体经济组织成员身份的确认】**确认农村集体经济组织成员身份的原则、程序等，由法律、法规规定。

第七十条 **【施行时间】**本法自 2003 年 3 月 1 日起施行。

农村承包土地的经营权抵押贷款试点暂行办法

（2016 年 3 月 15 日 银发〔2016〕79 号）

第一条 为依法稳妥规范推进农村承包土地的经营权抵押贷款试点，加大金融对“三农”的有效支持，保护借贷当事人合法权益，根据《国务院关于开展农村承包土地的经营权和农民住房财产权抵押贷款试点的指导意见》（国发〔2015〕45号）和《全国人民代表大会常务委员会关于授权国务院在北京市大兴区等232个试点县（市、区）、天津市蓟县等59个试点县（市、区）行政区域分别暂时调整实施有关法律规定的决定》等政策规定，制定本办法。

第二条　本办法所称农村承包土地的经营权抵押贷款，是指以承包土地的经营权作抵押、由银行业金融机构（以下称贷款人）向符合条件的承包方农户或农业经营主体发放的、在约定期限内还本付息的贷款。

第三条　本办法所称试点地区是指《全国人民代表大会常务委员会关于授权国务院在北京市大兴区等232个试点县（市、区）、天津市蓟县等59个试点县（市、区）行政区域分别暂时调整实施有关法律规定的决定》明确授权开展农村承包土地的经营权抵押贷款试点的县（市、区）。

第四条　农村承包土地的经营权抵押贷款试点坚持不改变土地公有制性质、不突破耕地红线、不损害农民利益、不层层下达规模指标。

第五条　符合本办法第六条、第七条规定条件、通过家庭承包方式依法取得土地承包经营权和通过合法流转方式获得承包土地的经营权的农户及农业经营主体（以下称借款人），均可按程序向银行业金融机构申请农村承包土地的经营权抵押贷款。

第六条　通过家庭承包方式取得土地承包经营权的农户以其获得的土地经营权作抵押申请贷款的，应同时符合以下条件：

（一）具有完全民事行为能力，无不良信用记录；

（二）用于抵押的承包土地没有权属争议；

（三）依法拥有县级以上人民政府或政府相关主管部门颁发的土地承包经营权证；

（四）承包方已明确告知发包方承包土地的抵押事宜。

第七条　通过合法流转方式获得承包土地的经营权的农业经营

主体申请贷款的，应同时符合以下条件：

（一）具备农业生产经营管理能力，无不良信用记录；

（二）用于抵押的承包土地没有权属争议；

（三）已经与承包方或者经承包方书面委托的组织或个人签订了合法有效的经营权流转合同，或依流转合同取得了土地经营权权属确认证明，并已按合同约定方式支付了土地租金；

（四）承包方同意承包土地的经营权可用于抵押及合法再流转；

（五）承包方已明确告知发包方承包土地的抵押事宜。

第八条 借款人获得的承包土地经营权抵押贷款，应主要用于农业生产经营等贷款人认可的合法用途。

第九条 贷款人应当统筹考虑借款人信用状况、借款需求与偿还能力、承包土地经营权价值及流转方式等因素，合理自主确定承包土地的经营权抵押贷款抵押率和实际贷款额度。鼓励贷款人对诚实守信、有财政贴息或农业保险等增信手段支持的借款人，适当提高贷款抵押率。

第十条 贷款人应参考人民银行公布的同期同档次基准利率，结合借款人的实际情况合理自主确定承包土地的经营权抵押贷款的利率。

第十一条 贷款人应综合考虑承包土地经营权可抵押期限、贷款用途、贷款风险、土地流转期内租金支付方式等因素合理自主确定贷款期限。鼓励贷款人在农村承包土地的经营权剩余使用期限内发放中长期贷款，有效增加农业生产的中长期信贷投入。

第十二条 借贷双方可采取委托第三方评估机构评估、贷款人自评估或者借贷双方协商等方式，公平、公正、客观、合理确定农村土地经营权价值。

第十三条 鼓励贷款人因地制宜，针对借款人需求积极创新信贷产品和服务方式，简化贷款手续，加强贷款风险控制，全面提高贷款服务质量和效率。在承包土地的经营权抵押合同约定的贷款利率之外不得另外或变相增加其他借款费用。

第十四条 借贷双方要按试点地区规定，在试点地区农业主管部门或试点地区政府授权的农村产权流转交易平台办理承包土地的经营权抵押登记。受理抵押登记的部门应当对用于抵押的承包土地的经营权权属进行审核、公示。

第十五条 因借款人不履行到期债务，或者按借贷双方约定的情形需要依法行使抵押权的，贷款人可依法采取贷款重组、按序清偿、协议转让、交易平台挂牌再流转等多种方式处置抵押物，抵押物处置收益应由贷款人优先受偿。

第十六条 试点地区政府要依托公共资源管理平台，推进建立县（区）、乡（镇、街道）等多级联网的农村产权流转交易平台，建立承包土地的经营权抵押、流转、评估和处置的专业化服务机制，完善承包土地的经营权价值评估体系，推动承包土地的经营权流转交易公开、公正、规范运行。

第十七条 试点地区政府要加快推进行政辖区内农村土地承包经营权确权登记颁证，鼓励探索通过合同鉴证、登记颁证等方式对流转取得的农村承包土地的经营权进行权属确认。

第十八条 鼓励试点地区政府设立农村承包土地的经营权抵押贷款风险补偿基金，用于分担地震、冰雹、严重旱涝等不可抗力造成的贷款损失，或根据地方财力对农村承包土地的经营权抵押贷款给予适当贴息，增强贷款人放贷激励。

第十九条 鼓励试点地区通过政府性担保公司提供担保、农村产权交易平台提供担保等多种方式，为农村承包土地的经营权抵押贷款主体融资增信。

第二十条 试点地区农业主管部门要组织做好流转合同鉴证评估、农村产权交易平台搭建、承包土地的经营权价值评估、抵押物处置等配套工作。

第二十一条 试点地区人民银行分支机构对开展农村承包土地

的经营权抵押贷款业务取得良好效果的贷款人加大支农再贷款支持力度。

第二十二条 银行业监督管理机构要统筹研究，合理确定承包土地经营权抵押贷款的风险权重、资本计提、贷款分类等方面的计算规则和激励政策，支持贷款人开展承包土地的经营权抵押贷款业务。

第二十三条 保险监督管理机构要加快完善农业保险政策，积极扩大试点地区农业保险品种和覆盖范围。通过探索开展农村承包土地的经营权抵押贷款保证保险业务等多种方式，为借款人提供增信支持。

第二十四条 各试点地区试点工作小组要加强统筹协调，靠实职责分工，扎实做好辖内试点组织实施、跟踪指导和总结评估。试点期间各省（区、市）年末形成年度试点总结报告，要于每年 1 月底前（遇节假日顺延）以省级人民政府名义送试点指导小组。

第二十五条 人民银行分支机构会同银行业监督管理机构等部门加强试点监测、业务指导和评估总结。试点县（市、区）应提交季度总结报告和政策建议，由人民银行副省级城市中心支行以上分支机构会同银监局汇总，于季后 20 个工作日内报送试点指导小组办公室，印送试点指导小组各成员单位。

第二十六条 各银行业金融机构可根据本办法有关规定制定农村承包土地的经营权抵押贷款业务管理制度及实施细则，并抄报人民银行和银行业监督管理机构。

第二十七条 对于以承包土地的经营权为他人贷款提供担保的以及没有承包到户的农村集体土地（指耕地）的经营权用于抵押的，可参照本办法执行。

第二十八条 本办法由人民银行、银监会会同试点指导小组相关成员单位负责解释。

第二十九条 本办法自发布之日起施行。

农村土地经营权流转管理办法

（2021 年 1 月 26 日农业农村部令 2021 年第 1 号发布 自 2021 年 3 月 1 日起施行）

第一章 总 则

第一条 为了规范农村土地经营权（以下简称土地经营权）流转行为，保障流转当事人合法权益，加快农业农村现代化，维护农村社会和谐稳定，根据《中华人民共和国农村土地承包法》等法律及有关规定，制定本办法。

第二条 土地经营权流转应当坚持农村土地农民集体所有、农户家庭承包经营的基本制度，保持农村土地承包关系稳定并长久不变，遵循依法、自愿、有偿原则，任何组织和个人不得强迫或者阻碍承包方流转土地经营权。

第三条 土地经营权流转不得损害农村集体经济组织和利害关系人的合法权益，不得破坏农业综合生产能力和农业生态环境，不得改变承包土地的所有权性质及其农业用途，确保农地农用，优先用于粮食生产，制止耕地“非农化”、防止耕地“非粮化”。

第四条 土地经营权流转应当因地制宜、循序渐进，把握好流转、集中、规模经营的度，流转规模应当与城镇化进程和农村劳动力转移规模相适应，与农业科技进步和生产手段改进程度相适应，与农业社会化服务水平提高相适应，鼓励各地建立多种形式的土地经营权流转风险防范和保障机制。

第五条 农业农村部负责全国土地经营权流转及流转合同管理的指导。

县级以上地方人民政府农业农村主管（农村经营管理）部门依

照职责，负责本行政区域内土地经营权流转及流转合同管理。

乡（镇）人民政府负责本行政区域内土地经营权流转及流转合同管理。

第二章　流转当事人

第六条　承包方在承包期限内有权依法自主决定土地经营权是否流转，以及流转对象、方式、期限等。

第七条　土地经营权流转收益归承包方所有，任何组织和个人不得擅自截留、扣缴。

第八条　承包方自愿委托发包方、中介组织或者他人流转其土地经营权的，应当由承包方出具流转委托书。委托书应当载明委托的事项、权限和期限等，并由委托人和受托人签字或者盖章。

没有承包方的书面委托，任何组织和个人无权以任何方式决定流转承包方的土地经营权。

第九条　土地经营权流转的受让方应当为具有农业经营能力或者资质的组织和个人。在同等条件下，本集体经济组织成员享有优先权。

第十条　土地经营权流转的方式、期限、价款和具体条件，由流转双方平等协商确定。流转期限届满后，受让方享有以同等条件优先续约的权利。

第十一条　受让方应当依照有关法律法规保护土地，禁止改变土地的农业用途。禁止闲置、荒芜耕地，禁止占用耕地建窑、建坟或者擅自在耕地上建房、挖砂、采石、采矿、取土等。禁止占用永久基本农田发展林果业和挖塘养鱼。

第十二条　受让方将流转取得的土地经营权再流转以及向金融机构融资担保的，应当事先取得承包方书面同意，并向发包方备案。

第十三条　经承包方同意，受让方依法投资改良土壤，建设农业生产附属、配套设施，及农业生产中直接用于作物种植和畜禽水产养殖设施的，土地经营权流转合同到期或者未到期由承包方依法提前收回承包土地时，受让方有权获得合理补偿。具体补偿办法可在土地经营权流转合同中约定或者由双方协商确定。

第三章 流 转 方 式

第十四条 承包方可以采取出租（转包）、入股或者其他符合有关法律和国家政策规定的方式流转土地经营权。

出租（转包），是指承包方将部分或者全部土地经营权，租赁给他人从事农业生产经营。

入股，是指承包方将部分或者全部土地经营权作价出资，成为公司、合作经济组织等股东或者成员，并用于农业生产经营。

第十五条 承包方依法采取出租（转包）、入股或者其他方式将土地经营权部分或者全部流转的，承包方与发包方的承包关系不变，双方享有的权利和承担的义务不变。

第十六条 承包方自愿将土地经营权入股公司发展农业产业化经营的，可以采取优先股等方式降低承包方风险。公司解散时入股土地应当退回原承包方。

第四章 流 转 合 同

第十七条 承包方流转土地经营权，应当与受让方在协商一致的基础上签订书面流转合同，并向发包方备案。

承包方将土地交由他人代耕不超过一年的，可以不签订书面合同。

第十八条 承包方委托发包方、中介组织或者他人流转土地经营权的，流转合同应当由承包方或者其书面委托的受托人签订。

第十九条 土地经营权流转合同一般包括以下内容：

（一）双方当事人的姓名或者名称、住所、联系方式等；

（二）流转土地的名称、四至、面积、质量等级、土地类型、地块代码等；

（三）流转的期限和起止日期；

（四）流转方式；

（五）流转土地的用途；

（六）双方当事人的权利和义务；

（七）流转价款或者股份分红，以及支付方式和支付时间；

（八）合同到期后地上附着物及相关设施的处理；

（九）土地被依法征收、征用、占用时有关补偿费的归属；

（十）违约责任。

土地经营权流转合同示范文本由农业农村部制定。

第二十条 承包方不得单方解除土地经营权流转合同，但受让方有下列情形之一的除外：

（一）擅自改变土地的农业用途；

（二）弃耕抛荒连续两年以上；

（三）给土地造成严重损害或者严重破坏土地生态环境；

（四）其他严重违约行为。

有以上情形，承包方在合理期限内不解除土地经营权流转合同的，发包方有权要求终止土地经营权流转合同。

受让方对土地和土地生态环境造成的损害应当依法予以赔偿。

第五章 流转管理

第二十一条 发包方对承包方流转土地经营权、受让方再流转土地经营权以及承包方、受让方利用土地经营权融资担保的，应当办理备案，并报告乡（镇）人民政府农村土地承包管理部门。

第二十二条 乡（镇）人民政府农村土地承包管理部门应当向达成流转意向的双方提供统一文本格式的流转合同，并指导签订。流转合同中有违反法律法规的，应当及时予以纠正。

第二十三条 乡（镇）人民政府农村土地承包管理部门应当建立土地经营权流转台账，及时准确记载流转情况。

第二十四条　乡（镇）人民政府农村土地承包管理部门应当对土地经营权流转有关文件、资料及流转合同等进行归档并妥善保管。

第二十五条　鼓励各地建立土地经营权流转市场或者农村产权交易市场。县级以上地方人民政府农业农村主管（农村经营管理）部门应当加强业务指导，督促其建立健全运行规则，规范开展土地经营权流转政策咨询、信息发布、合同签订、交易鉴证、权益评估、融资担保、档案管理等服务。

第二十六条　县级以上地方人民政府农业农村主管（农村经营管理）部门应当按照统一标准和技术规范建立国家、省、市、县等互联互通的农村土地承包信息应用平台，健全土地经营权流转合同网签制度，提升土地经营权流转规范化、信息化管理水平。

第二十七条　县级以上地方人民政府农业农村主管（农村经营管理）部门应当加强对乡（镇）人民政府农村土地承包管理部门工作的指导。乡（镇）人民政府农村土地承包管理部门应当依法开展土地经营权流转的指导和管理工作。

第二十八条　县级以上地方人民政府农业农村主管（农村经营管理）部门应当加强服务，鼓励受让方发展粮食生产；鼓励和引导工商企业等社会资本（包括法人、非法人组织或者自然人等）发展适合企业化经营的现代种养业。

县级以上地方人民政府农业农村主管（农村经营管理）部门应当根据自然经济条件、农村劳动力转移情况、农业机械化水平等因素，引导受让方发展适度规模经营，防止垒大户。

第二十九条　县级以上地方人民政府对工商企业等社会资本流转土地经营权，依法建立分级资格审查和项目审核制度。审查审核的一般程序如下：

（一）受让主体与承包方就流转面积、期限、价款等进行协商并签订流转意向协议书。涉及未承包到户集体土地等集体资源的，应当按照法定程序经本集体经济组织成员的村民会议三分之二以上成员或者三分之二以上村民代表的同意，并与集体经济组织签订流转意向协议书。

（二）受让主体按照分级审查审核规定，分别向乡（镇）人民政府农村土地承包管理部门或者县级以上地方人民政府农业农村主管（农村经营管理）部门提出申请，并提交流转意向协议书、农业经营能力或者资质证明、流转项目规划等相关材料。

（三）县级以上地方人民政府或者乡（镇）人民政府应当依法组织相关职能部门、农村集体经济组织代表、农民代表、专家等就土地用途、受让主体农业经营能力，以及经营项目是否符合粮食生产等产业规划等进行审查审核，并于受理之日起20个工作日内作出审查审核意见。

（四）审查审核通过的，受让主体与承包方签订土地经营权流转合同。未按规定提交审查审核申请或者审查审核未通过的，不得开展土地经营权流转活动。

第三十条 县级以上地方人民政府依法建立工商企业等社会资本通过流转取得土地经营权的风险防范制度，加强事中事后监管，及时查处纠正违法违规行为。

鼓励承包方和受让方在土地经营权流转市场或者农村产权交易市场公开交易。

对整村（组）土地经营权流转面积较大、涉及农户较多、经营风险较高的项目，流转双方可以协商设立风险保障金。

鼓励保险机构为土地经营权流转提供流转履约保证保险等多种形式保险服务。

第三十一条 农村集体经济组织为工商企业等社会资本流转土地经营权提供服务的，可以收取适量管理费用。收取管理费用的金额和方式应当由农村集体经济组织、承包方和工商企业等社会资本三方协商确定。管理费用应当纳入农村集体经济组织会计核算和财务管理，主要用于农田基本建设或者其他公益性支出。

第三十二条 县级以上地方人民政府可以根据本办法，结合本行政区域实际，制定工商企业等社会资本通过流转取得土地经营权的资格审查、项目审核和风险防范实施细则。

第三十三条 土地经营权流转发生争议或者纠纷的，当事人可以协商解决，也可以请求村民委员会、乡（镇）人民政府等进行调解。

当事人不愿意协商、调解或者协商、调解不成的，可以向农村土地承包仲裁机构申请仲裁，也可以直接向人民法院提起诉讼。

第六章 附 则

第三十四条 本办法所称农村土地，是指除林地、草地以外的，农民集体所有和国家所有依法由农民集体使用的耕地和其他用于农业的土地。

本办法所称农村土地经营权流转，是指在承包方与发包方承包关系保持不变的前提下，承包方依法在一定期限内将土地经营权部分或者全部交由他人自主开展农业生产经营的行为。

第三十五条 通过招标、拍卖和公开协商等方式承包荒山、荒沟、荒丘、荒滩等农村土地，经依法登记取得权属证书的，可以流转土地经营权，其流转管理参照本办法执行。

第三十六条 本办法自 2021 年 3 月 1 日起施行。农业部 2005 年 1 月 19 日发布的《农村土地承包经营权流转管理办法》（农业部令第 47 号）同时废止。

最高人民法院关于审理涉及农村土地承包纠纷案件适用法律问题的解释

（2005 年 3 月 29 日最高人民法院审判委员会第 1346 次会议通过　根据 2020 年 12 月 23 日最高人民法院审判委员会第 1823 次会议通过的《最高人民法院关于修改〈最高人民法院关于在民事审判工作中适用《中华人民共和国工会法》若干问题的解释〉等二十七件民事类司法解释的决定》修正　2020 年 12 月 29 日最高人民法院公告公布　自 2021 年 1 月 1 日起施行　法释〔2020〕17 号）

为正确审理农村土地承包纠纷案件，依法保护当事人的合法权益，根据《中华人民共和国民法典》《中华人民共和国农村土地承包法》《中华人民共和国土地管理法》《中华人民共和国民事诉讼法》等法律的规定，结合民事审判实践，制定本解释。

一、受理与诉讼主体

第一条　下列涉及农村土地承包民事纠纷，人民法院应当依法受理：

（一）承包合同纠纷；

（二）承包经营权侵权纠纷；

（三）土地经营权侵权纠纷；

（四）承包经营权互换、转让纠纷；

（五）土地经营权流转纠纷；

（六）承包地征收补偿费用分配纠纷；

（七）承包经营权继承纠纷；

（八）土地经营权继承纠纷。

农村集体经济组织成员因未实际取得土地承包经营权提起民事诉讼的，人民法院应当告知其向有关行政主管部门申请解决。

农村集体经济组织成员就用于分配的土地补偿费数额提起民事诉讼的，人民法院不予受理。

第二条　当事人自愿达成书面仲裁协议的，受诉人民法院应当参照《最高人民法院关于适用〈中华人民共和国民事诉讼法〉的解释》第二百一十五条、第二百一十六条的规定处理。

当事人未达成书面仲裁协议，一方当事人向农村土地承包仲裁机构申请仲裁，另一方当事人提起诉讼的，人民法院应予受理，并书面通知仲裁机构。但另一方当事人接受仲裁管辖后又起诉的，人民法院不予受理。

当事人对仲裁裁决不服并在收到裁决书之日起三十日内提起诉讼的，人民法院应予受理。

第三条　承包合同纠纷，以发包方和承包方为当事人。

前款所称承包方是指以家庭承包方式承包本集体经济组织农村土地的农户，以及以其他方式承包农村土地的组织或者个人。

第四条　农户成员为多人的，由其代表人进行诉讼。

农户代表人按照下列情形确定：

（一）土地承包经营权证等证书上记载的人；

（二）未依法登记取得土地承包经营权证等证书的，为在承包合同上签名的人；

（三）前两项规定的人死亡、丧失民事行为能力或者因其他原因无法进行诉讼的，为农户成员推选的人。

二、家庭承包纠纷案件的处理

第五条　承包合同中有关收回、调整承包地的约定违反农村土地承包法第二十七条、第二十八条、第三十一条规定的，应当认定该约定无效。

第六条 因发包方违法收回、调整承包地，或者因发包方收回承包方弃耕、撂荒的承包地产生的纠纷，按照下列情形，分别处理：

（一）发包方未将承包地另行发包，承包方请求返还承包地的，应予支持；

（二）发包方已将承包地另行发包给第三人，承包方以发包方和第三人为共同被告，请求确认其所签订的承包合同无效、返还承包地并赔偿损失的，应予支持。但属于承包方弃耕、撂荒情形的，对其赔偿损失的诉讼请求，不予支持。

前款第（二）项所称的第三人，请求受益方补偿其在承包地上的合理投入的，应予支持。

第七条 承包合同约定或者土地承包经营权证等证书记载的承包期限短于农村土地承包法规定的期限，承包方请求延长的，应予支持。

第八条 承包方违反农村土地承包法第十八条规定，未经依法批准将承包地用于非农建设或者对承包地造成永久性损害，发包方请求承包方停止侵害、恢复原状或者赔偿损失的，应予支持。

第九条 发包方根据农村土地承包法第二十七条规定收回承包地前，承包方已经以出租、入股或者其他形式将其土地经营权流转给第三人，且流转期限尚未届满，因流转价款收取产生的纠纷，按照下列情形，分别处理：

（一）承包方已经一次性收取了流转价款，发包方请求承包方返还剩余流转期限的流转价款的，应予支持；

（二）流转价款为分期支付，发包方请求第三人按照流转合同的约定支付流转价款的，应予支持。

第十条 承包方交回承包地不符合农村土地承包法第三十条规定程序的，不得认定其为自愿交回。

第十一条 土地经营权流转中，本集体经济组织成员在流转价款、流转期限等主要内容相同的条件下主张优先权的，应予支持。

但下列情形除外：

（一）在书面公示的合理期限内未提出优先权主张的；

（二）未经书面公示，在本集体经济组织以外的人开始使用承包地两个月内未提出优先权主张的。

第十二条 发包方胁迫承包方将土地经营权流转给第三人，承包方请求撤销其与第三人签订的流转合同的，应予支持。

发包方阻碍承包方依法流转土地经营权，承包方请求排除妨碍、赔偿损失的，应予支持。

第十三条 承包方未经发包方同意，转让其土地承包经营权的，转让合同无效。但发包方无法定理由不同意或者拖延表态的除外。

第十四条 承包方依法采取出租、入股或者其他方式流转土地经营权，发包方仅以该土地经营权流转合同未报其备案为由，请求确认合同无效的，不予支持。

第十五条 因承包方不收取流转价款或者向对方支付费用的约定产生纠纷，当事人协商变更无法达成一致，且继续履行又显失公平的，人民法院可以根据发生变更的客观情况，按照公平原则处理。

第十六条 当事人对出租地流转期限没有约定或者约定不明的，参照民法典第七百三十条规定处理。除当事人另有约定或者属于林地承包经营外，承包地交回的时间应当在农作物收获期结束后或者下一耕种期开始前。

对提高土地生产能力的投入，对方当事人请求承包方给予相应补偿的，应予支持。

第十七条 发包方或者其他组织、个人擅自截留、扣缴承包收益或者土地经营权流转收益，承包方请求返还的，应予支持。

发包方或者其他组织、个人主张抵销的，不予支持。

三、其他方式承包纠纷的处理

第十八条 本集体经济组织成员在承包费、承包期限等主要内容相同的条件下主张优先承包的，应予支持。但在发包方将农村土地发包给本集体经济组织以外的组织或者个人，已经法律规定的民主议定程序通过，并由乡（镇）人民政府批准后主张优先承包的，不予支持。

第十九条 发包方就同一土地签订两个以上承包合同，承包方均主张取得土地经营权的，按照下列情形，分别处理：

（一）已经依法登记的承包方，取得土地经营权；

（二）均未依法登记的，生效在先合同的承包方取得土地经营权；

（三）依前两项规定无法确定的，已经根据承包合同合法占有使用承包地的人取得土地经营权，但争议发生后一方强行先占承包地的行为和事实，不得作为确定土地经营权的依据。

四、土地征收补偿费用分配及土地承包经营权继承纠纷的处理

第二十条 承包地被依法征收，承包方请求发包方给付已经收到的地上附着物和青苗的补偿费的，应予支持。

承包方已将土地经营权以出租、入股或者其他方式流转给第三人的，除当事人另有约定外，青苗补偿费归实际投入人所有，地上附着物补偿费归附着物所有人所有。

第二十一条 承包地被依法征收，放弃统一安置的家庭承包方，请求发包方给付已经收到的安置补助费的，应予支持。

第二十二条 农村集体经济组织或者村民委员会、村民小组，可以依照法律规定的民主议定程序，决定在本集体经济组织内部分配已经收到的土地补偿费。征地补偿安置方案确定时已经具有本集体经济组织成员资格的人，请求支付相应份额的，应予支持。但已报全国人大常委会、国务院备案的地方性法规、自治条例和单行条例、地方政府规章对土地补偿费在农村集体经济组织内部的分配办

法另有规定的除外。

第二十三条 林地家庭承包中，承包方的继承人请求在承包期内继续承包的，应予支持。

其他方式承包中，承包方的继承人或者权利义务承受者请求在承包期内继续承包的，应予支持。

五、其他规定

第二十四条 人民法院在审理涉及本解释第五条、第六条第一款第（二）项及第二款、第十五条的纠纷案件时，应当着重进行调解。必要时可以委托人民调解组织进行调解。

第二十五条 本解释自 2005 年 9 月 1 日起施行。施行后受理的第一审案件，适用本解释的规定。

施行前已经生效的司法解释与本解释不一致的，以本解释为准。

2. 农用地

（1）耕地保护

中华人民共和国黑土地保护法

（2022 年 6 月 24 日第十三届全国人民代表大会常务委员会第三十五次会议通过　2022 年 6 月 24 日中华人民共和国主席令第 115 号公布　自 2022 年 8 月 1 日起施行）

第一条 为了保护黑土地资源，稳步恢复提升黑土地基础地力，促进资源可持续利用，维护生态平衡，保障国家粮食安全，制定本法。

第二条 从事黑土地保护、利用和相关治理、修复等活动，适用本法。本法没有规定的，适用土地管理等有关法律的规定。

本法所称黑土地，是指黑龙江省、吉林省、辽宁省、内蒙古自治区（以下简称四省区）的相关区域范围内具有黑色或者暗黑色腐殖质表土层，性状好、肥力高的耕地。

第三条 国家实行科学、有效的黑土地保护政策，保障黑土地保护财政投入，综合采取工程、农艺、农机、生物等措施，保护黑土地的优良生产能力，确保黑土地总量不减少、功能不退化、质量有提升、产能可持续。

第四条 黑土地保护应当坚持统筹规划、因地制宜、用养结合、近期目标与远期目标结合、突出重点、综合施策的原则，建立健全政府主导、农业生产经营者实施、社会参与的保护机制。

国务院农业农村主管部门会同自然资源、水行政等有关部门，综合考虑黑土地开垦历史和利用现状，以及黑土层厚度、土壤性状、土壤类型等，按照最有利于全面保护、综合治理和系统修复的原则，科学合理确定黑土地保护范围并适时调整，有计划、分步骤、分类别地推进黑土地保护工作。历史上属黑土地的，除确无法修复的外，原则上都应列入黑土地保护范围进行修恢复。

第五条 黑土地应当用于粮食和油料作物、糖料作物、蔬菜等农产品生产。

黑土层深厚、土壤性状良好的黑土地应当按照规定的标准划入永久基本农田，重点用于粮食生产，实行严格保护，确保数量和质量长期稳定。

第六条 国务院和四省区人民政府加强对黑土地保护工作的领导、组织、协调、监督管理，统筹制定黑土地保护政策。四省区人民政府对本行政区域内的黑土地数量、质量、生态环境负责。

县级以上地方人民政府应当建立农业农村、自然资源、水行政、发展改革、财政、生态环境等有关部门组成的黑土地保护协调机制，加强协调指导，明确工作责任，推动黑土地保护工作落实。

乡镇人民政府应当协助组织实施黑土地保护工作，向农业生产经营者推广适宜其所经营耕地的保护、治理、修复和利用措施，督促农业生产经营者履行黑土地保护义务。

第七条 各级人民政府应当加强黑土地保护宣传教育，提高全社会的黑土地保护意识。

对在黑土地保护工作中做出突出贡献的单位和个人，按照国家有关规定给予表彰和奖励。

第八条 国务院标准化主管部门和农业农村、自然资源、水行政等主管部门按照职责分工，制定和完善黑土地质量和其他保护标准。

第九条 国家建立健全黑土地调查和监测制度。

县级以上人民政府自然资源主管部门会同有关部门开展土地调查时，同步开展黑土地类型、分布、数量、质量、保护和利用状况等情况的调查，建立黑土地档案。

国务院农业农村、水行政等主管部门会同四省区人民政府建立健全黑土地质量监测网络，加强对黑土地土壤性状、黑土层厚度、水蚀、风蚀等情况的常态化监测，建立黑土地质量动态变化数据库，并做好信息共享工作。

第十条 县级以上人民政府应当将黑土地保护工作纳入国民经济和社会发展规划。

国土空间规划应当充分考虑保护黑土地及其周边生态环境，合理布局各类用途土地，以利于黑土地水蚀、风蚀等的预防和治理。

县级以上人民政府农业农村主管部门会同有关部门以调查和监测为基础、体现整体集中连片治理，编制黑土地保护规划，明确保护范围、目标任务、技术模式、保障措施等，遏制黑土地退化趋势，提升黑土地质量，改善黑土地生态环境。县级黑土地保护规划应当与国土空间规划相衔接，落实到黑土地具体地块，并向社会公布。

第十一条 国家采取措施加强黑土地保护的科技支撑能力建设，将黑土地保护、治理、修复和利用的科技创新作为重点支持领域；鼓励高等学校、科研机构和农业技术推广机构等协同开展科技攻关。县级以上人民政府应当鼓励和支持水土保持、防风固沙、土壤改良、地力培肥、生态保护等科学研究和科研成果推广应用。

有关耕地质量监测保护和农业技术推广机构应当对农业生产经营者保护黑土地进行技术培训、提供指导服务。

国家鼓励企业、高等学校、职业学校、科研机构、科学技术社会团体、农民专业合作社、农业社会化服务组织、农业科技人员等开展黑土地保护相关技术服务。

国家支持开展黑土地保护国际合作与交流。

第十二条 县级以上人民政府应当采取以下措施加强黑土地农田基础设施建设：

（一）加强农田水利工程建设，完善水田、旱地灌排体系；

（二）加强田块整治，修复沟毁耕地，合理划分适宜耕作田块；

（三）加强坡耕地、侵蚀沟水土保持工程建设；

（四）合理规划修建机耕路、生产路；

（五）建设农田防护林网；

（六）其他黑土地保护措施。

第十三条 县级以上人民政府应当推广科学的耕作制度，采取以下措施提高黑土地质量：

（一）因地制宜实行轮作等用地养地相结合的种植制度，按照国家有关规定推广适度休耕；

（二）因地制宜推广免（少）耕、深松等保护性耕作技术，推广适宜的农业机械；

（三）因地制宜推广秸秆覆盖、粉碎深（翻）埋、过腹转化等还田方式；

（四）组织实施测土配方施肥，科学减少化肥施用量，鼓励增施有机肥料，推广土壤生物改良等技术；

（五）推广生物技术或者生物制剂防治病虫害等绿色防控技术，科学减少化学农药、除草剂使用量，合理使用农用薄膜等农业生产资料；

（六）其他黑土地质量提升措施。

第十四条　国家鼓励采取综合性措施，预防和治理水土流失，防止黑土地土壤侵蚀、土地沙化和盐渍化，改善和修复农田生态环境。

县级以上人民政府应当开展侵蚀沟治理，实施沟头沟坡沟底加固防护，因地制宜组织在侵蚀沟的沟坡和沟岸、黑土地周边河流两岸、湖泊和水库周边等区域营造植物保护带或者采取其他措施，防止侵蚀沟变宽变深变长。

县级以上人民政府应当按照因害设防、合理管护、科学布局的原则，制定农田防护林建设计划，组织沿农田道路、沟渠等种植农田防护林，防止违背自然规律造林绿化。农田防护林只能进行抚育、更新性质的采伐，确保防护林功能不减退。

县级以上人民政府应当组织开展防沙治沙，加强黑土地周边的沙漠和沙化土地治理，防止黑土地沙化。

第十五条　县级以上人民政府应当加强黑土地生态保护和黑土地周边林地、草原、湿地的保护修复，推动荒山荒坡治理，提升自然生态系统涵养水源、保持水土、防风固沙、维护生物多样性等生态功能，维持有利于黑土地保护的自然生态环境。

第十六条　县级人民政府应当依据黑土地调查和监测数据，并结合土壤类型和质量等级、气候特点、环境状况等实际情况，对本行政区域内的黑土地进行科学分区，制定并组织实施黑土地质量提升计划，因地制宜合理采取保护、治理、修复和利用的精细化措施。

第十七条　国有农场应当对其经营管理范围内的黑土地加强保护，充分发挥示范作用，并依法接受监督检查。

农村集体经济组织、村民委员会和村民小组应当依法发包农村土地，监督承包方依照承包合同约定的用途合理利用和保护黑土地，制止承包方损害黑土地等行为。

农村集体经济组织、农业企业、农民专业合作社、农户等应当十分珍惜和合理利用黑土地，加强农田基础设施建设，因地制宜应用保护性耕作等技术，积极采取提升黑土地质量和改善农田生态环境的养护措施，依法保护黑土地。

第十八条 农业投入品生产者、经营者和使用者应当依法对农药、肥料、农用薄膜等农业投入品的包装物、废弃物进行回收以及资源化利用或者无害化处理，不得随意丢弃，防止黑土地污染。

县级人民政府应当采取措施，支持农药、肥料、农用薄膜等农业投入品包装物、废弃物的回收以及资源化利用或者无害化处理。

第十九条 从事畜禽养殖的单位和个人，应当科学开展畜禽粪污无害化处理和资源化利用，以畜禽粪污就地就近还田利用为重点，促进黑土地绿色种养循环农业发展。

县级以上人民政府应当支持开展畜禽粪污无害化处理和资源化利用。

第二十条 任何组织和个人不得破坏黑土地资源和生态环境。禁止盗挖、滥挖和非法买卖黑土。国务院自然资源主管部门会同农业农村、水行政、公安、交通运输、市场监督管理等部门应当建立健全保护黑土地资源监督管理制度，提高对盗挖、滥挖、非法买卖黑土和其他破坏黑土地资源、生态环境行为的综合治理能力。

第二十一条 建设项目不得占用黑土地；确需占用的，应当依法严格审批，并补充数量和质量相当的耕地。

建设项目占用黑土地的，应当按照规定的标准对耕作层的土壤进行剥离。剥离的黑土应当就近用于新开垦耕地和劣质耕地改良、被污染耕地的治理、高标准农田建设、土地复垦等。建设项目主体应当制定剥离黑土的再利用方案，报自然资源主管部门备案。具体办法由四省区人民政府分别制定。

第二十二条　国家建立健全黑土地保护财政投入保障制度。县级以上人民政府应当将黑土地保护资金纳入本级预算。

国家加大对黑土地保护措施奖补资金的倾斜力度，建立长期稳定的奖励补助机制。

县级以上地方人民政府应当将黑土地保护作为土地使用权出让收入用于农业农村投入的重点领域，并加大投入力度。

国家组织开展高标准农田、农田水利、水土保持、防沙治沙、农田防护林、土地复垦等建设活动，在项目资金安排上积极支持黑土地保护需要。县级人民政府可以按照国家有关规定统筹使用涉农资金用于黑土地保护，提高财政资金使用效益。

第二十三条　国家实行用养结合、保护效果导向的激励政策，对采取黑土地保护和治理修复措施的农业生产经营者按照国家有关规定给予奖励补助。

第二十四条　国家鼓励粮食主销区通过资金支持、与四省区建立稳定粮食购销关系等经济合作方式参与黑土地保护，建立健全黑土地跨区域投入保护机制。

第二十五条　国家按照政策支持、社会参与、市场化运作的原则，鼓励社会资本投入黑土地保护活动，并保护投资者的合法权益。

国家鼓励保险机构开展黑土地保护相关保险业务。

国家支持农民专业合作社、企业等以多种方式与农户建立利益联结机制和社会化服务机制，发展适度规模经营，推动农产品品质提升、品牌打造和标准化生产，提高黑土地产出效益。

第二十六条　国务院对四省区人民政府黑土地保护责任落实情况进行考核，将黑土地保护情况纳入耕地保护责任目标。

第二十七条　县级以上人民政府自然资源、农业农村、水行政等有关部门按照职责，依法对黑土地保护和质量建设情况联合开展监督检查。

第二十八条　县级以上人民政府应当向本级人民代表大会或者

其常务委员会报告黑土地保护情况，依法接受监督。

第二十九条 违反本法规定，国务院农业农村、自然资源等有关部门、县级以上地方人民政府及其有关部门有下列行为之一的，对直接负责的主管人员和其他直接责任人员给予警告、记过或者记大过处分；情节较重的，给予降级或者撤职处分；情节严重的，给予开除处分：

（一）截留、挪用或者未按照规定使用黑土地保护资金；

（二）对破坏黑土地的行为，发现或者接到举报未及时查处；

（三）其他不依法履行黑土地保护职责导致黑土地资源和生态环境遭受破坏的行为。

第三十条 非法占用或者损毁黑土地农田基础设施的，由县级以上地方人民政府农业农村、水行政等部门责令停止违法行为，限期恢复原状，处恢复费用一倍以上三倍以下罚款。

第三十一条 违法将黑土地用于非农建设的，依照土地管理等有关法律法规的规定从重处罚。

违反法律法规规定，造成黑土地面积减少、质量下降、功能退化或者生态环境损害的，应当依法治理修复、赔偿损失。

农业生产经营者未尽到黑土地保护义务，经批评教育仍不改正的，可以不予发放耕地保护相关补贴。

第三十二条 违反本法第二十条规定，盗挖、滥挖黑土的，依照土地管理等有关法律法规的规定从重处罚。

非法出售黑土的，由县级以上地方人民政府市场监督管理、农业农村、自然资源等部门按照职责分工没收非法出售的黑土和违法所得，并处每立方米五百元以上五千元以下罚款；明知是非法出售的黑土而购买的，没收非法购买的黑土，并处货值金额一倍以上三倍以下罚款。

第三十三条 违反本法第二十一条规定，建设项目占用黑土地未对耕作层的土壤实施剥离的，由县级以上地方人民政府自然资源主管部门处每平方米一百元以上二百元以下罚款；未按照规定的标准对耕作层的土壤实施剥离的，处每平方米五十元以上一百元以下罚款。

第三十四条 拒绝、阻碍对黑土地保护情况依法进行监督检查的，由县级以上地方人民政府有关部门责令改正；拒不改正的，处二千元以上二万元以下罚款。

第三十五条 造成黑土地污染、水土流失的，分别依照污染防治、水土保持等有关法律法规的规定从重处罚。

第三十六条 违反本法规定，构成犯罪的，依法追究刑事责任。

第三十七条 林地、草原、湿地、河湖等范围内黑土的保护，适用《中华人民共和国森林法》、《中华人民共和国草原法》、《中华人民共和国湿地保护法》、《中华人民共和国水法》等有关法律；有关法律对盗挖、滥挖、非法买卖黑土未作规定的，参照本法第三十二条的规定处罚。

第三十八条 本法自 2022 年 8 月 1 日起施行。

省级政府耕地保护责任目标考核办法

（2018 年 1 月 3 日　国办发〔2018〕2 号）

第一章　总　　则

第一条 为贯彻落实《中共中央 国务院关于加强耕地保护和改进占补平衡的意见》，坚持最严格的耕地保护制度和最严格的节约用地制度，守住耕地保护红线，严格保护永久基本农田，建立健全省级人民政府耕地保护责任目标考核制度，依据《中华人民共和国土地管理法》和《基本农田保护条例》等法律法规的规定，制定本办法。

第二条 各省、自治区、直辖市人民政府对《全国土地利用总体规划纲要》（以下简称《纲要》）确定的本行政区域内的耕地保有量、永久基本农田保护面积以及高标准农田建设任务负责，省长、自治区主席、直辖市市长为第一责任人。

第三条 国务院对各省、自治区、直辖市人民政府耕地保护责任目标履行情况进行考核，由国土资源部会同农业部、国家统计局（以下称考核部门）负责组织开展考核检查工作。

第四条 省级政府耕地保护责任目标考核在耕地占补平衡、高标准农田建设等相关考核评价的基础上综合开展，实行年度自查、期中检查、期末考核相结合的方法。

年度自查每年开展1次，由各省、自治区、直辖市自行组织开展；从2016年起，每五年为一个规划期，期中检查在每个规划期的第三年开展1次，由考核部门组织开展；期末考核在每个规划期结束后的次年开展1次，由国务院组织考核部门开展。

第五条 考核部门会同有关部门，根据《纲要》确定的相关指标和高标准农田建设任务、补充耕地国家统筹、生态退耕、灾毁耕地等实际情况，对各省、自治区、直辖市耕地保有量和永久基本农田保护面积等提出考核检查指标建议，经国务院批准后，由考核部门下达，作为省级政府耕地保护责任目标。

第六条 全国土地利用变更调查提供的各省、自治区、直辖市耕地面积、生态退耕面积、永久基本农田面积数据以及耕地质量调查评价与分等定级成果，作为考核依据。

各省、自治区、直辖市人民政府要按照国家统一规范，加强对耕地、永久基本农田保护和高标准农田建设等的动态监测，在考核年向考核部门提交监测调查资料，并对数据的真实性负责。

考核部门依据国土资源遥感监测“一张图”和综合监管平台以及耕地质量监测网络，采用抽样调查和卫星遥感监测等方法和手段，对耕地、永久基本农田保护和高标准农田建设等情况进行核查。

第七条 省级政府耕地保护责任目标考核遵循客观、公开、公正，突出重点、奖惩并重的原则，年度自查、期中检查和期末考核采用定性与定量相结合的综合评价方法，结果采用评分制，满分为100分。考核检查基本评价指标由考核部门依据《中华人民共和国土地管理法》、《基本农田保护条例》等共同制定，并根据实际情况需要适时进行调整完善。

第二章 年度自查

第八条 各省、自治区、直辖市人民政府按照本办法的规定，结合考核部门年度自查工作要求和考核检查基本评价指标，每年组织自查。主要检查所辖市（县）上一年度的耕地数量变化、耕地占补平衡、永久基本农田占用和补划、高标准农田建设、耕地质量保护与提升、耕地动态监测等方面情况，涉及补充耕地国家统筹的省份还应检查该任务落实情况。

第九条 各省、自治区、直辖市人民政府应于每年6月底前向考核部门报送自查情况。考核部门根据自查情况和有关督察检查情况，将有关情况向各省、自治区、直辖市通报，并纳入省级政府耕地保护责任目标期末考核。

第三章 期中检查

第十条 省级政府耕地保护责任目标期中检查按照耕地保护工作任务安排实施，主要检查规划期前两年各地区耕地数量变化、耕地占补平衡、永久基本农田占用和补划、高标准农田建设、耕地质量保护与提升、耕地保护制度建设以及补充耕地国家统筹等方面情况。

第十一条 各省、自治区、直辖市人民政府按照本办法和考核部门期中检查工作要求开展自查，在期中检查年的6月底前向考核部门报送自查报告。考核部门根据情况选取部分省份进行实地抽查，结合各省份省级自查、实地抽查和相关督察检查等对各省耕地保护责任目标落实情况进行综合评价、打分排序，形成期中检查结果报告。

第十二条 期中检查结果由考核部门向各省、自治区、直辖市通报，纳入省级政府耕地保护责任目标期末考核，并向国务院报告。

第四章 期末考核

第十三条 省级政府耕地保护责任目标期末考核内容主要包括耕地保有量、永久基本农田保护面积、耕地数量变化、耕地占补平衡、永久基本农田占用和补划、高标准农田建设、耕地质量保护与提升、耕地保护制度建设等方面情况。涉及补充耕地国家统筹的有关省份，考核部门可以根据国民经济和社会发展规划纲要以及耕地保护工作进展情况，对其耕地保护目标、永久基本农田保护目标等考核指标作相应调整。

第十四条 各省、自治区、直辖市人民政府按照本办法和考核部门期末考核工作要求开展自查，在规划期结束后次年的 6 月底前向国务院报送耕地保护责任目标任务完成情况自查报告，并抄送考核部门。省级人民政府对自查情况及相关数据的真实性、准确性和合法性负责。

第十五条 考核部门对各省、自治区、直辖市人民政府耕地保护责任目标履行情况进行全面抽查，根据省级自查、实地抽查和年度自查、期中检查等对各省份耕地保护责任目标落实情况进行综合评价、打分排序，形成期末考核结果报告。

第十六条 考核部门在规划期结束后次年的 10 月底前将期末考核结果报送国务院，经国务院审定后，向社会公告。

第五章 奖 惩

第十七条 国务院根据考核结果，对认真履行省级政府耕地保护责任、成效突出的省份给予表扬；有关部门在安排年度土地利用计划、土地整治工作专项资金、耕地提质改造项目和耕地质量提升资金时予以倾斜。考核发现问题突出的省份要明确提出整改措施，限期进行整改；整改期间暂停该省、自治区、直辖市相关市、县农用地转用和土地征收审批。

第十八条 省级政府耕地保护责任目标考核结果，列为省级人民政府主要负责人综合考核评价的重要内容，年度自查、期中检查和期末考核结果抄送中央组织部、国家发展改革委、财政部、审计署、国家粮食局等部门，作为领导干部综合考核评价、生态文明建设目标评价考核、粮食安全省长责任制考核、领导干部问责和领导干部自然资源资产离任审计的重要依据。

第六章 附 则

第十九条 县级以上地方人民政府应当根据本办法，结合本行政区域实际情况，制定下一级人民政府耕地保护责任目标考核办法。

第二十条 本办法自印发之日起施行。2005 年 10 月 28 日经国务院同意、由国务院办公厅印发的《省级政府耕地保护责任目标考核办法》同时废止。

跨省域补充耕地国家统筹管理办法

（2018 年 3 月 10 日 国办发〔2018〕16 号）

第一章 总 则

第一条 为规范有序实施跨省域补充耕地国家统筹，严守耕地红线，根据《中华人民共和国土地管理法》和《中共中央 国务院关于加强耕地保护和改进占补平衡的意见》、《中共中央 国务院关于实施乡村振兴战略的意见》有关规定，制定本办法。

第二条 本办法所称跨省域补充耕地国家统筹，是指耕地后备资源严重匮乏的直辖市，占用耕地、新开垦耕地不足以补充所占耕地，或者资源环境条件严重约束、补充耕地能力严重不足的省，由于实施重大建设项目造成补充耕地缺口，经国务院批准，在耕地后备资源丰富省份落实补充耕地任务的行为。

第三条 跨省域补充耕地国家统筹应遵循以下原则：

（一）保护优先，严控占用。坚持耕地保护优先，强化土地利用规划计划管控，严格土地用途管制，从严控制建设占用耕地，促进土地节约集约利用。

（二）明确范围，确定规模。坚持耕地占补平衡县域自行平衡为主、省域内调剂为辅、国家适度统筹为补充，明确补充耕地国家统筹实施范围，合理控制补充耕地国家统筹实施规模。

（三）补足补优，严守红线。坚持耕地数量、质量、生态“三位一体”保护，以土地利用总体规划及相关规划为依据，以土地整治和高标准农田建设新增耕地为主要来源，先建成再调剂，确保统筹补充耕地数量不减少、质量不降低。

（四）加强统筹，调节收益。运用经济手段约束耕地占用，发挥经济发达地区和资源丰富地区资金资源互补优势，建立收益调节分配机制，助推脱贫攻坚和乡村振兴。

第四条 国土资源部负责跨省域补充耕地国家统筹管理，会同财政部、国家发展改革委、农业部等相关部门制定具体实施办法，进行监督考核；财政部会同国土资源部等相关部门负责制定资金使用管理办法；有关省级人民政府负责具体实施，筹措补充耕地资金或落实补充耕地任务。

第二章 申请补充耕地国家统筹

第五条 根据各地资源环境承载状况、耕地后备资源条件、土地整治和高标准农田建设新增耕地潜力等，分类实施补充耕地国家统筹。

（一）耕地后备资源严重匮乏的直辖市，由于城市发展和基础设施建设等占用耕地、新开垦耕地不足以补充所占耕地的，可申请国家统筹补充。

（二）资源环境条件严重约束、补充耕地能力严重不足的省，由于实施重大建设项目造成补充耕地缺口的，可申请国家统筹补充。重大建设项目原则上限于交通、能源、水利、军事国防等领域。

第六条　补充耕地国家统筹申请、批准按以下程序办理：

（一）由省、直辖市人民政府向国务院提出补充耕地国家统筹申请。其中，有关省根据实施重大建设项目需要和补充耕地能力，提出需国家统筹补充的耕地数量、水田规模和粮食产能，原则上每年申请一次，如有特殊需要可分次申请；直辖市根据建设占用耕地需要和补充耕地能力，提出需国家统筹补充的耕地数量、水田规模和粮食产能，每年申请一次。

（二）国土资源部组织对补充耕地国家统筹申请的评估论证，汇总有关情况并提出意见，会同财政部按程序报国务院批准。国土资源部、财政部在国务院批准之日起 30 个工作日内函复有关省、直辖市人民政府，明确国务院批准的国家统筹规模以及相应的跨省域补充耕地资金总额。

第七条　有关省、直辖市人民政府收到复函后，即可在国务院批准的国家统筹规模范围内，依照法定权限组织相应的建设用地报批。

建设用地报批时，用地单位应按规定标准足额缴纳耕地开垦费，补充耕地方案应说明耕地开垦费缴纳和使用国家统筹规模情况。

建设用地属于省级人民政府及以下审批权限的，使用国家统筹规模情况须随建设用地审批结果一并报国土资源部备案。

第八条 经国务院批准补充耕地由国家统筹的省、直辖市，应缴纳跨省域补充耕地资金。以占用的耕地类型确定基准价，以损失的耕地粮食产能确定产能价，以基准价和产能价之和乘以省份调节系数确定跨省域补充耕地资金收取标准。对国家重大公益性建设项目，可按规定适当降低收取标准。

（一）基准价每亩10万元，其中水田每亩20万元。

（二）产能价根据农用地分等定级成果对应的标准粮食产能确定，每亩每百公斤2万元。

（三）根据区域经济发展水平，将省份调节系数分为五档。

一档地区：北京、上海，调节系数为2；

二档地区：天津、江苏、浙江、广东，调节系数为1.5；

三档地区：辽宁、福建、山东，调节系数为1；

四档地区：河北、山西、吉林、黑龙江、安徽、江西、河南、湖北、湖南、海南，调节系数为0.8；

五档地区：重庆、四川、贵州、云南、陕西、甘肃、青海，调节系数为0.5。

第九条 跨省域补充耕地资金总额纳入省级财政向中央财政的一般公共预算转移性支出，在中央财政和地方财政年终结算时上解中央财政。

第十条 跨省域补充耕地资金，全部用于巩固脱贫攻坚成果和支持实施乡村振兴战略。其中，一部分安排给承担国家统筹补充耕地任务的省份，优先用于高标准农田建设等补充耕地任务；其余部分由中央财政统一安排使用。

第三章 落实国家统筹补充耕地

第十一条 根据国务院批准的补充耕地国家统筹规模，在耕地后备资源丰富的省份，按照耕地数量、水田规模相等和粮食产能相当的原则落实补充耕地。

第十二条　在耕地保护责任目标考核期内，不申请补充耕地国家统筹的省份，可由省级人民政府向国务院申请承担国家统筹补充耕地任务。申请承担补充耕地任务的新增耕地，应为已验收并在全国农村土地整治监测监管系统中上图入库的土地整治和高标准农田建设项目新增耕地。

第十三条　国土资源部根据全国农村土地整治监测监管系统信息，对申请承担国家统筹补充耕地任务的新增耕地进行复核，如有必要，会同相关部门进行实地检查。国土资源部会同财政部等相关部门按照自然资源条件相对较好，优先考虑革命老区、民族地区、边疆地区、贫困地区和耕地保护成效突出地区的原则确定省份，认定可用于国家统筹补充耕地的新增耕地数量、水田规模和粮食产能。开展土地整治工程技术创新新增耕地，可作为专项支持，安排承担国家统筹补充耕地任务。

国土资源部会同财政部等相关部门确定承担国家统筹补充耕地任务省份和认定结果，按程序报国务院同意后，由国土资源部函告有关省份。经认定为承担国家统筹补充耕地任务的新增耕地，不得用于所在省份耕地占补平衡。

第十四条　根据认定的承担国家统筹补充耕地规模和相关经费标准，中央财政将国家统筹补充耕地经费预算下达承担国家统筹补充耕地任务的省份。有关省份收到国家统筹补充耕地经费后，按规定用途安排使用。

第十五条　国家统筹补充耕地经费标准根据补充耕地类型和粮食产能确定。补充耕地每亩5万元（其中水田每亩10万元），补充耕地标准粮食产能每亩每百公斤1万元，两项合计确定国家统筹补充耕地经费标准。

第四章　监管考核

第十六条　国土资源部建立跨省域补充耕地国家统筹信息管理

平台，将补充耕地国家统筹规模申请与批准、建设项目占用、补充耕地落实等情况纳入平台管理。

第十七条 有关省级人民政府负责检查核实承担国家统筹补充耕地任务的新增耕地，确保数量真实、质量可靠；监督国家统筹补充耕地经费安排使用情况，严格新增耕地后期管护，发现存在问题要及时予以纠正。

国土资源部利用国土资源遥感监测“一张图”和综合监管平台等手段对国家统筹新增耕地进行监管。

第十八条 补充耕地国家统筹情况纳入有关省级人民政府耕地保护责任目标考核内容，按程序报国务院。

国土资源部做好国家统筹涉及省份耕地变化情况台账管理，在新一轮土地利用总体规划编制或实施期内适时按程序调整有关省份规划耕地保有量。

第十九条 国家土地督察机构在监督检查省级人民政府落实耕地保护主体责任情况时，结合督察工作将有关省份的国家统筹补充耕地实施情况纳入督察内容。

第五章 附 则

第二十条 财政部会同国土资源部根据补充耕地国家统筹实施情况适时调整跨省域补充耕地资金收取标准和国家统筹补充耕地经费标准。

第二十一条 本办法由国土资源部、财政部负责解释。

第二十二条 本办法自印发之日起施行，有效期至2022年12月31日。

国务院办公厅关于坚决制止耕地“非农化”行为的通知

（2020 年 9 月 10 日　国办发明电〔2020〕24 号）

各省、自治区、直辖市人民政府，国务院各部委、各直属机构：

耕地是粮食生产的重要基础，解决好 14 亿人口的吃饭问题，必须守住耕地这个根基。党中央、国务院高度重视耕地保护，习近平总书记作出重要指示批示，李克强总理提出明确要求。近年来，党中央、国务院出台了一系列严格耕地保护的政策措施，但一些地方仍然存在违规占用耕地开展非农建设的行为，有的违规占用永久基本农田绿化造林，有的在高速铁路、国道省道（含高速公路）、河渠两侧违规占用耕地超标准建设绿化带，有的大规模挖湖造景，对国家粮食安全构成威胁。地方各级人民政府要增强“四个意识”、坚定“四个自信”、做到“两个维护”，按照党中央、国务院决策部署，采取有力措施，强化监督管理，落实好最严格的耕地保护制度，坚决制止各类耕地“非农化”行为，坚决守住耕地红线。经国务院同意，现将有关要求通知如下。

一、严禁违规占用耕地绿化造林。要严格执行土地管理法、基本农田保护条例等法律法规，禁止占用永久基本农田种植苗木、草皮等用于绿化装饰以及其他破坏耕作层的植物。违规占用耕地及永久基本农田造林的，不予核实造林面积，不享受财政资金补助政策。平原地区要根据资源禀赋，合理制定绿化造林等生态建设目标。退耕还林还草要严格控制在国家批准的规模和范围内，涉及地块全部实现上图入库管理。正在违规占用耕地绿化造林的要立即停止。

二、严禁超标准建设绿色通道。要严格控制铁路、公路两侧用地范围以外绿化带用地审批，道路沿线是耕地的，两侧用地范围以外绿化带宽度不得超过 5 米，其中县乡道路不得超过 3 米。铁路、国道省道（含高速公路）、县乡道路两侧用地范围以外违规占用耕地超标准建设绿化带的要立即停止。不得违规在河渠两侧、水库周边占用耕地及永久基本农田超标准建设绿色通道。今后新增的绿色通道，要依法依规建设，确需占用永久基本农田的，应履行永久基本农田占用报批手续。交通、水利工程建设用地范围内的绿化用地要严格按照有关规定办理建设用地审批手续，其中涉及占用耕地的必须做到占补平衡。禁止以城乡绿化建设等名义违法违规占用耕地。

三、严禁违规占用耕地挖湖造景。禁止以河流、湿地、湖泊治理为名，擅自占用耕地及永久基本农田挖田造湖、挖湖造景。不准在城市建设中违规占用耕地建设人造湿地公园、人造水利景观。确需占用的，应符合国土空间规划，依法办理建设用地审批和规划许可手续。未履行审批手续的在建项目，应立即停止并纠正；占用永久基本农田的，要限期恢复，确实无法恢复的按照有关规定进行补划。

四、严禁占用永久基本农田扩大自然保护地。新建的自然保护地应当边界清楚，不准占用永久基本农田。目前已划入自然保护地核心保护区内的永久基本农田要纳入生态退耕、有序退出。自然保护地一般控制区内的永久基本农田要根据对生态功能造成的影响确定是否退出，造成明显影响的纳入生态退耕、有序退出，不造成明显影响的可采取依法依规相应调整一般控制区范围等措施妥善处理。自然保护地以外的永久基本农田和集中连片耕地，不得划入生态保护红线，允许生态保护红线内零星的原住民在不扩大现有耕地规模前提下，保留生活必需的少量种植。

五、严禁违规占用耕地从事非农建设。加强农村地区建设用地审批和乡村建设规划许可管理，坚持农地农用。不得违反规划搞非农建设、乱占耕地建房等。巩固“大棚房”问题清理整治成果，强化农业设施用地监管。加强耕地利用情况监测，对乱占耕地从事非农建设及时预警，构建早发现、早制止、严查处的常态化监管机制。

六、严禁违法违规批地用地。批地用地必须符合国土空间规划，凡不符合国土空间规划以及不符合土地管理法律法规和国家产业政策的建设项目，不予批准用地。各地区不得通过擅自调整县乡国土空间规划规避占用永久基本农田审批。各项建设用地必须按照法定权限和程序报批，按照批准的用途、位置、标准使用，严禁未批先用、批少占多、批甲占乙。严格临时用地管理，不得超过规定时限长期使用。对各类未经批准或不符合规定的建设项目、临时用地等占用耕地及永久基本农田的，依法依规严肃处理，责令限期恢复原种植条件。

七、全面开展耕地保护检查。各省、自治区、直辖市人民政府要组织有关部门，结合2016—2020年省级政府耕地保护责任目标考核，对本地区耕地及永久基本农田保护情况进行全面检查，严肃查处违法占用和破坏耕地及永久基本农田的行为，对发现的问题限期整改。自然资源部要会同农业农村部、国家统计局按照《省级政府耕地保护责任目标考核办法》进行全面检查，并将违规占用永久基本农田开展绿化造林、挖湖造景、非农建设等耕地“非农化”行为纳入考核内容，加强对违法违规行为的查处，对有令不行、有禁不止的严肃追究责任。

八、严格落实耕地保护责任。各地区各部门要充分认识实行最严格耕地保护制度的极端重要性。地方各级人民政府要承担起耕地保护责任，对本行政区域内耕地保有量和永久基本农田保护面积及年度计划执行情况负总责。要健全党委领导、政府负责、部门协同、公众参与、上下联动的共同责任机制，对履职不力、监管不严、失职渎职的领导干部，依纪依规追究责任。各地区要根据本通知精神，抓紧制定和调整完善相关政策措施，对违反本通知规定的行为立即纠正，坚决遏制新增问题发生。各省、自治区、直辖市人民政府要在2020年底前将本通知执行情况报国务院，并抄送自然资源部、农业农村部。各有关部门要按照职责分工，履行耕地保护责任。自然资源部、农业农村部要会同有关部门做好对本通知执行情况的监督检查。

国务院办公厅关于防止耕地“非粮化”稳定粮食生产的意见

（2020年11月4日　国办发〔2020〕44号）

近年来，我国农业结构不断优化，区域布局趋于合理，粮食生产连年丰收，有力保障了国家粮食安全，为稳定经济社会发展大局提供坚实支撑。与此同时，部分地区也出现耕地“非粮化”倾向，一些地方把农业结构调整简单理解为压减粮食生产，一些经营主体违规在永久基本农田上种树挖塘，一些工商资本大规模流转耕地改种非粮作物等，这些问题如果任其发展，将影响国家粮食安全。各地区各部门要坚持以习近平新时代中国特色社会主义思想为指导，增强“四个意识”、坚定“四个自信”、做到“两个维护”，认真落实党中央、国务院决策部署，采取有力举措防止耕地“非粮化”，切实稳定粮食生产，牢牢守住国家粮食安全的生命线。经国务院同意，现提出以下意见。

一、充分认识防止耕地“非粮化”稳定粮食生产的重要性紧迫性

（一）坚持把确保国家粮食安全作为“三农”工作的首要任务。随着我国人口增长、消费结构不断升级和资源环境承载能力趋紧，粮食产需仍将维持紧平衡态势。新冠肺炎疫情全球大流行，国

际农产品市场供给不确定性增加，必须以稳定国内粮食生产来应对国际形势变化带来的不确定性。各地区各部门要始终绷紧国家粮食安全这根弦，把稳定粮食生产作为农业供给侧结构性改革的前提，着力稳政策、稳面积、稳产量，坚持耕地管控、建设、激励多措并举，不断巩固提升粮食综合生产能力，确保谷物基本自给、口粮绝对安全，切实把握国家粮食安全主动权。

（二）坚持科学合理利用耕地资源。耕地是粮食生产的根基。我国耕地总量少，质量总体不高，后备资源不足，水热资源空间分布不匹配，确保国家粮食安全，必须处理好发展粮食生产和发挥比较效益的关系，不能单纯以经济效益决定耕地用途，必须将有限的耕地资源优先用于粮食生产。各地区各部门要认真落实重要农产品保障战略，进一步优化区域布局和生产结构，实施最严格的耕地保护制度，科学合理利用耕地资源，防止耕地“非粮化”，切实提高保障国家粮食安全和重要农产品有效供给水平。

（三）坚持共同扛起保障国家粮食安全的责任。我国人多地少的基本国情决定了必须举全国之力解决 14 亿人口的吃饭大事。各地区都有保障国家粮食安全的责任和义务，粮食主产区要努力发挥优势，巩固提升粮食综合生产能力，继续为全国作贡献；产销平衡区和主销区要保持应有的自给率，确保粮食种植面积不减少、产能有提升、产量不下降，共同维护好国家粮食安全。

二、坚持问题导向，坚决防止耕地“非粮化”倾向

（四）明确耕地利用优先序。对耕地实行特殊保护和用途管制，严格控制耕地转为林地、园地等其他类型农用地。永久基本农田是依法划定的优质耕地，要重点用于发展粮食生产，特别是保障稻谷、小麦、玉米三大谷物的种植面积。一般耕地应主要用于粮食和棉、油、糖、蔬菜等农产品及饲草饲料生产。耕地在优先满足粮食和食用农产品生产基础上，适度用于非食用农产品生产，对市场明显过剩的非食用农产品，要加以引导，防止无序发展。

（五）加强粮食生产功能区监管。各地区要把粮食生产功能区落实到地块，引导种植目标作物，保障粮食种植面积。组织开展粮食生产功能区划定情况“回头看”，对粮食种植面积大但划定面积少的进行补划，对耕地性质发生改变、不符合划定标准的予以剔除并及时补划。引导作物一年两熟以上的粮食生产功能区至少生产一季粮食，种植非粮作物的要在一季后能够恢复粮食生产。不得擅自调整粮食生产功能区，不得违规在粮食生产功能区内建设种植和养殖设施，不得违规将粮食生产功能区纳入退耕还林还草范围，不得在粮食生产功能区内超标准建设农田林网。

（六）稳定非主产区粮食种植面积。粮食产销平衡区和主销区要按照重要农产品区域布局及分品种生产供给方案要求，制定具体实施方案并抓好落实，扭转粮食种植面积下滑势头。产销平衡区要着力建成一批旱涝保收、高产稳产的口粮田，保证粮食基本自给。主销区要明确粮食种植面积底线，稳定和提高粮食自给率。

（七）有序引导工商资本下乡。鼓励和引导工商资本到农村从事良种繁育、粮食加工流通和粮食生产专业化社会化服务等。尽快修订农村土地经营权流转管理办法，督促各地区抓紧建立健全工商资本流转土地资格审查和项目审核制度，强化租赁农地监测监管，对工商资本违反相关产业发展规划大规模流转耕地不种粮的“非粮化”行为，一经发现要坚决予以纠正，并立即停止其享受相关扶持政策。

（八）严禁违规占用永久基本农田种树挖塘。贯彻土地管理法、基本农田保护条例有关规定，落实耕地保护目标和永久基本农田保护任务。严格规范永久基本农田上农业生产经营活动，禁止占用永久基本农田从事林果业以及挖塘养鱼、非法取土等破坏耕作层的行为，禁止闲置、荒芜永久基本农田。利用永久基本农田发展稻渔、稻虾、稻蟹等综合立体种养，应当以不破坏永久基本农田为前提，沟坑占比要符合稻渔综合种养技术规范通则标准。推动制订和完善相关法律法规，明确对占用永久基本农田从事林果业、挖塘养鱼等的处罚措施。

三、强化激励约束，落实粮食生产责任

（九）严格落实粮食安全省长责任制。各省、自治区、直辖市人民政府要切实承担起保障本地区粮食安全的主体责任，稳定粮食种植面积，将粮食生产目标任务分解到市县。要坚决遏制住耕地"非粮化"增量，同时对存量问题摸清情况，从实际出发，分类稳妥处置，不搞"一刀切"。国家发展改革委、农业农村部、国家粮食和储备局等部门要将防止耕地"非粮化"作为粮食安全省长责任制考核重要内容，提高粮食种植面积、产量和高标准农田建设等考核指标权重，细化对粮食主产区、产销平衡区和主销区的考核要求。严格考核并强化结果运用，对成绩突出的省份进行表扬，对落实不力的省份进行通报约谈，并与相关支持政策和资金相衔接。

（十）完善粮食生产支持政策。落实产粮大县奖励政策，健全粮食主产区利益补偿机制，着力保护和调动地方各级政府重农抓粮、农民务农种粮的积极性。将省域内高标准农田建设产生的新增耕地指标调剂收益优先用于农田建设再投入和债券偿还、贴息等。加大粮食生产功能区政策支持力度，相关农业资金向粮食生产功能区倾斜，优先支持粮食生产功能区内目标作物种植，加快把粮食生产功能区建成"一季千斤、两季一吨"的高标准粮田。加强对种粮主体的政策激励，支持家庭农场、农民合作社发展粮食适度规模经营，大力推进代耕代种、统防统治、土地托管等农业生产社会化服务，提高种粮规模效益。完善小麦稻谷最低收购价政策，继续实施稻谷补贴和玉米大豆生产者补贴，继续推进三大粮食作物完全成本保险和收入保险试点。积极开展粮食生产薄弱环节机械化技术试验示范，着力解决水稻机插、玉米籽粒机收等瓶颈问题，加快丘陵山区农田宜机化改造。支持建设粮食产后烘干、加工设施，延长产业链条，提高粮食经营效益。

（十一）加强耕地种粮情况监测。农业农村部、自然资源部要综合运用卫星遥感等现代信息技术，每半年开展一次全国耕地种粮情况监测评价，建立耕地“非粮化”情况通报机制。各地区要对本区域耕地种粮情况进行动态监测评价，发现问题及时整改，重大情况及时报告。定期对粮食生产功能区内目标作物种植情况进行监测评价，实行信息化、精细化管理，及时更新电子地图和数据库。

（十二）加强组织领导。各省、自治区、直辖市人民政府要按照本意见要求，抓紧制定工作方案，完善相关政策措施，稳妥有序抓好贯彻落实，于2020年年底前将有关落实情况报国务院，并抄送农业农村部、自然资源部。各有关部门要按照职责分工，切实做好相关工作。农业农村部、自然资源部要会同有关部门做好对本意见执行情况的监督检查。

（2）基本农田保护

基本农田保护条例

（1998年12月27日中华人民共和国国务院令第257号发布　根据2011年1月8日《国务院关于废止和修改部分行政法规的决定》修订）

第一章　总　　则

第一条　为了对基本农田实行特殊保护，促进农业生产和社会经济的可持续发展，根据《中华人民共和国农业法》和《中华人民共和国土地管理法》，制定本条例。

第二条　国家实行基本农田保护制度。

本条例所称基本农田，是指按照一定时期人口和社会经济发展对农产品的需求，依据土地利用总体规划确定的不得占用的耕地。

本条例所称基本农田保护区，是指为对基本农田实行特殊保护而依据土地利用总体规划和依照法定程序确定的特定保护区域。

第三条　基本农田保护实行全面规划、合理利用、用养结合、严格保护的方针。

第四条　县级以上地方各级人民政府应当将基本农田保护工作纳入国民经济和社会发展计划，作为政府领导任期目标责任制的一项内容，并由上一级人民政府监督实施。

第五条　任何单位和个人都有保护基本农田的义务，并有权检举、控告侵占、破坏基本农田和其他违反本条例的行为。

第六条　国务院土地行政主管部门和农业行政主管部门按照国务院规定的职责分工，依照本条例负责全国的基本农田保护管理工作。

县级以上地方各级人民政府土地行政主管部门和农业行政主管部门按照本级人民政府规定的职责分工，依照本条例负责本行政区域内的基本农田保护管理工作。

乡（镇）人民政府负责本行政区域内的基本农田保护管理工作。

第七条　国家对在基本农田保护工作中取得显著成绩的单位和个人，给予奖励。

第二章　划　　定

第八条　各级人民政府在编制土地利用总体规划时，应当将基本农田保护作为规划的一项内容，明确基本农田保护的布局安排、数量指标和质量要求。

县级和乡（镇）土地利用总体规划应当确定基本农田保护区。

第九条　省、自治区、直辖市划定的基本农田应当占本行政区域内耕地总面积的80%以上，具体数量指标根据全国土地利用总体规划逐级分解下达。

第十条 下列耕地应当划入基本农田保护区，严格管理：

（一）经国务院有关主管部门或者县级以上地方人民政府批准确定的粮、棉、油生产基地内的耕地；

（二）有良好的水利与水土保持设施的耕地，正在实施改造计划以及可以改造的中、低产田；

（三）蔬菜生产基地；

（四）农业科研、教学试验田。

根据土地利用总体规划，铁路、公路等交通沿线，城市和村庄、集镇建设用地区周边的耕地，应当优先划入基本农田保护区；需要退耕还林、还牧、还湖的耕地，不应当划入基本农田保护区。

第十一条 基本农田保护区以乡（镇）为单位划区定界，由县级人民政府土地行政主管部门会同同级农业行政主管部门组织实施。

划定的基本农田保护区，由县级人民政府设立保护标志，予以公告，由县级人民政府土地行政主管部门建立档案，并抄送同级农业行政主管部门。任何单位和个人不得破坏或者擅自改变基本农田保护区的保护标志。

基本农田划区定界后，由省、自治区、直辖市人民政府组织土地行政主管部门和农业行政主管部门验收确认，或者由省、自治区人民政府授权设区的市、自治州人民政府组织土地行政主管部门和农业行政主管部门验收确认。

第十二条 划定基本农田保护区时，不得改变土地承包者的承包经营权。

第十三条 划定基本农田保护区的技术规程，由国务院土地行政主管部门会同国务院农业行政主管部门制定。

第三章 保　　护

第十四条 地方各级人民政府应当采取措施，确保土地利用总体规划确定的本行政区域内基本农田的数量不减少。

第十五条 基本农田保护区经依法划定后，任何单位和个人不得改变或者占用。国家能源、交通、水利、军事设施等重点建设项目选址确实无法避开基本农田保护区，需要占用基本农田，涉及农用地转用或者征收土地的，必须经国务院批准。

第十六条 经国务院批准占用基本农田的，当地人民政府应当按照国务院的批准文件修改土地利用总体规划，并补充划入数量和质量相当的基本农田。占用单位应当按照占多少、垦多少的原则，负责开垦与所占基本农田的数量与质量相当的耕地；没有条件开垦或者开垦的耕地不符合要求的，应当按照省、自治区、直辖市的规定缴纳耕地开垦费，专款用于开垦新的耕地。

占用基本农田的单位应当按照县级以上地方人民政府的要求，将所占用基本农田耕作层的土壤用于新开垦耕地、劣质地或者其他耕地的土壤改良。

第十七条 禁止任何单位和个人在基本农田保护区内建窑、建房、建坟、挖砂、采石、采矿、取土、堆放固体废弃物或者进行其他破坏基本农田的活动。

禁止任何单位和个人占用基本农田发展林果业和挖塘养鱼。

第十八条 禁止任何单位和个人闲置、荒芜基本农田。经国务院批准的重点建设项目占用基本农田的，满1年不使用而又可以耕种并收获的，应当由原耕种该幅基本农田的集体或者个人恢复耕种，也可以由用地单位组织耕种；1年以上未动工建设的，应当按照省、自治区、直辖市的规定缴纳闲置费；连续2年未使用的，经国务院批准，由县级以上人民政府无偿收回用地单位的土地使用权；该幅土地原为农民集体所有的，应当交由原农村集体经济组织恢复耕种，重新划入基本农田保护区。

承包经营基本农田的单位或者个人连续2年弃耕抛荒的，原发包单位应当终止承包合同，收回发包的基本农田。

第十九条 国家提倡和鼓励农业生产者对其经营的基本农田施

用有机肥料，合理施用化肥和农药。利用基本农田从事农业生产的单位和个人应当保持和培肥地力。

第二十条 县级人民政府应当根据当地实际情况制定基本农田地力分等定级办法，由农业行政主管部门会同土地行政主管部门组织实施，对基本农田地力分等定级，并建立档案。

第二十一条 农村集体经济组织或者村民委员会应当定期评定基本农田地力等级。

第二十二条 县级以上地方各级人民政府农业行政主管部门应当逐步建立基本农田地力与施肥效益长期定位监测网点，定期向本级人民政府提出基本农田地力变化状况报告以及相应的地力保护措施，并为农业生产者提供施肥指导服务。

第二十三条 县级以上人民政府农业行政主管部门应当会同同级环境保护行政主管部门对基本农田环境污染进行监测和评价，并定期向本级人民政府提出环境质量与发展趋势的报告。

第二十四条 经国务院批准占用基本农田兴建国家重点建设项目的，必须遵守国家有关建设项目环境保护管理的规定。在建设项目环境影响报告书中，应当有基本农田环境保护方案。

第二十五条 向基本农田保护区提供肥料和作为肥料的城市垃圾、污泥的，应当符合国家有关标准。

第二十六条 因发生事故或者其他突然性事件，造成或者可能造成基本农田环境污染事故的，当事人必须立即采取措施处理，并向当地环境保护行政主管部门和农业行政主管部门报告，接受调查处理。

第四章 监督管理

第二十七条 在建立基本农田保护区的地方，县级以上地方人民政府应当与下一级人民政府签订基本农田保护责任书；乡（镇）人民政府应当根据与县级人民政府签订的基本农田保护责任书的要求，与农村集体经济组织或者村民委员会签订基本农田保护责任书。

基本农田保护责任书应当包括下列内容：

（一）基本农田的范围、面积、地块；

（二）基本农田的地力等级；

（三）保护措施；

（四）当事人的权利与义务；

（五）奖励与处罚。

第二十八条　县级以上地方人民政府应当建立基本农田保护监督检查制度，定期组织土地行政主管部门、农业行政主管部门以及其他有关部门对基本农田保护情况进行检查，将检查情况书面报告上一级人民政府。被检查的单位和个人应当如实提供有关情况和资料，不得拒绝。

第二十九条　县级以上地方人民政府土地行政主管部门、农业行政主管部门对本行政区域内发生的破坏基本农田的行为，有权责令纠正。

第五章　法律责任

第三十条　违反本条例规定，有下列行为之一的，依照《中华人民共和国土地管理法》和《中华人民共和国土地管理法实施条例》的有关规定，从重给予处罚：

（一）未经批准或者采取欺骗手段骗取批准，非法占用基本农田的；

（二）超过批准数量，非法占用基本农田的；

（三）非法批准占用基本农田的；

（四）买卖或者以其他形式非法转让基本农田的。

第三十一条　违反本条例规定，应当将耕地划入基本农田保护区而不划入的，由上一级人民政府责令限期改正；拒不改正的，对直接负责的主管人员和其他直接责任人员依法给予行政处分或者纪律处分。

第三十二条 违反本条例规定，破坏或者擅自改变基本农田保护区标志的，由县级以上地方人民政府土地行政主管部门或者农业行政主管部门责令恢复原状，可以处1000元以下罚款。

第三十三条 违反本条例规定，占用基本农田建窑、建房、建坟、挖砂、采石、采矿、取土、堆放固体废弃物或者从事其他活动破坏基本农田，毁坏种植条件的，由县级以上人民政府土地行政主管部门责令改正或者治理，恢复原种植条件，处占用基本农田的耕地开垦费1倍以上2倍以下的罚款；构成犯罪的，依法追究刑事责任。

第三十四条 侵占、挪用基本农田的耕地开垦费，构成犯罪的，依法追究刑事责任；尚不构成犯罪的，依法给予行政处分或者纪律处分。

第六章 附　　则

第三十五条 省、自治区、直辖市人民政府可以根据当地实际情况，将其他农业生产用地划为保护区。保护区内的其他农业生产用地的保护和管理，可以参照本条例执行。

第三十六条 本条例自1999年1月1日起施行。1994年8月18日国务院发布的《基本农田保护条例》同时废止。

国土资源部关于全面实行永久基本农田特殊保护的通知

（2018年2月13日　国土资规〔2018〕1号）

各省、自治区、直辖市及副省级城市国土资源主管部门，新疆生产建设兵团国土资源局，中央军委后勤保障部军事设施建设局，国家海洋局、国家测绘地理信息局，中国地质调查局及部其他直属单位，各派驻地方的国家土地督察局，部机关各司局：

为贯彻落实党的十九大精神，按照2018年中央1号文件和《中共中央 国务院关于加强耕地保护和改进占补平衡的意见》（中发〔2017〕4号，以下简称中央4号文件）部署要求，加快构建数量、质量、生态“三位一体”耕地保护新格局，建立健全永久基本农田“划、建、管、补、护”长效机制，全面落实特殊保护制度，现就有关事项通知如下：

一、总体要求

（一）重大意义。耕地是我国最为宝贵的资源，永久基本农田是耕地的精华，完成永久基本农田控制线划定功在当前、利及长远。全面实行永久基本农田特殊保护，是确保国家粮食安全，加快推进农业农村现代化的有力保障，是深化农业供给侧结构性改革，促进经济高质量发展的重要前提，是实施乡村振兴，促进生态文明建设的必然要求，是贯彻落实新发展理念的应有之义、应有之举、应尽之责，对全面建成小康社会、建成社会主义现代化强国具有重大意义。

（二）指导思想。全面贯彻落实党的十九大精神，以习近平新时代中国特色社会主义思想为指导，统筹推进“五位一体”总体布局和协调推进“四个全面”战略布局，牢固树立和贯彻落实新发展理念，坚持农业农村优先发展战略，坚持最严格的耕地保护制度和最严格的节约用地制度，以守住永久基本农田控制线为目标，以建立健全“划、建、管、补、护”长效机制为重点，巩固划定成果，完善保护措施，提高监管水平，逐步构建形成保护有力、建设有效、管理有序的永久基本农田特殊保护格局，筑牢实现“两个一百年”奋斗目标和中华民族伟大复兴中国梦的土地资源基础。

（三）基本原则。坚持保护优先。永久基本农田的保护和管理适用法律中关于基本农田保护和管理的规定。牢固树立山水林田湖草是一个生命共同体理念，实现永久基本农田保护与经济社会发展、乡村振兴、生态系统保护相统筹。坚持从严管控。强化用途管制，加强永久基本农田对各类建设布局的约束和引导，建立健全占用和补划永久基本农田踏勘论证制度，严格控制非农建设占用永久基本农田。坚持补建结合。落实质量兴农战略，加强农村土地综合整治和高标准农田建设，建立和建设永久基本农田整备区，保障永久基本农田综合生产能力。坚持权责一致。充分发挥市场配置资源的决定性作用和更好发挥政府作用，强化永久基本农田保护主体责任，健全管控性、建设性和激励性保护机制，完善监管考核制度，实现永久基本农田保护权责统一。

二、巩固永久基本农田划定成果

（四）守住永久基本农田控制线。已经划定的永久基本农田特别是城市周边永久基本农田不得随意占用和调整。重大建设项目、生态建设、灾毁等经国务院批准占用或依法认定减少永久基本农田的，按照中央 4 号文件要求，在原县域范围内补划永久基本农田。坚持“保护优先、布局优化、优进劣出、提升质量”的工作原则，坚持“制定方案、调查摸底、核实举证、论证审核、复核质检”的工作程序，按照永久基本农田划定有关要求，补划数量和质量相当的永久基本农田。

（五）统筹永久基本农田保护与各类规划衔接。协同推进生态保护红线、永久基本农田、城镇开发边界三条控制线划定工作。按照中央 4 号文件要求，将永久基本农田控制线划定成果作为土地利用总体规划的规定内容，在规划批准前先行核定并上图入库、落地到户。各地区各有关部门在编制城乡建设、基础设施、生态建设等相关规划，推进多规合一过程中，在划定生态保护红线、城镇开发边界工作中，要与已划定的永久基本农田控制线充分衔接，原则上不得突破永久基本农田边界。位于国家自然保护区核心区内的永久基本农田，经论证确定可逐步退出，按照永久基本农田划定规定原则上在该县域内补划。

三、加强永久基本农田建设

（六）开展永久基本农田整备区建设。永久基本农田整备区是指具有良好农田基础设施，具备调整补充为永久基本农田条件的耕地集中分布区域。各省（区、市）国土资源主管部门要在划定永久基本农田控制线基础上，结合当地实际，组织开展零星分散耕地的整合归并、提质改造等工作，整治后形成的集中连片、质量提升的耕地，经验收评估合格后，划入永久基本农田整备区。建成高标准农田的，优先纳入永久基本农田整备区，用于补充占用或减少的永久基本农田。各县（市、区）永久基本农田整备区规模原则上不低于永久基本农田保护目标任务的1%，具体比例由当地国土资源主管部门确定。

（七）加强永久基本农田质量建设。根据全国高标准农田建设总体规划和全国土地整治规划安排，整合各类涉农资金，吸引社会资本投入，优先在永久基本农田保护区和整备区开展高标准农田建设，推动土地整治工程技术创新和应用，逐步将已划定的永久基本农田全部建成高标准农田，有效稳定永久基本农田规模布局，提升耕地质量，改善生态环境。全面推行建设占用永久基本农田耕作层土壤剥离再利用，剥离的表土优先用于新增耕地、劣质地或永久基本农田整备区的土壤改良，拓宽永久基本农田建设性保护途径。

四、强化永久基本农田管理

（八）从严管控非农建设占用永久基本农田。永久基本农田一经划定，任何单位和个人不得擅自占用或者擅自改变用途，不得多预留一定比例永久基本农田为建设占用留有空间，严禁通过擅自调整县乡土地利用总体规划规避占用永久基本农田的审批，严禁未经审批违法违规占用。按有关要求，重大建设项目选址确实难以避让永久基本农田的，在可行性研究阶段，省级国土资源主管部门负责组织对占用的必要性、合理性和补划方案的可行性进行论证，报国土资源部进行用地预审；农用地转用和土地征收依法依规报国务院批准。

（九）坚决防止永久基本农田“非农化”。永久基本农田必须坚持农地农用，禁止任何单位和个人在永久基本农田保护区范围内建窑、建房、建坟、挖沙、采石、采矿、取土、堆放固体废弃物或者进行其他破坏永久基本农田的活动；禁止任何单位和个人破坏永久基本农田耕作层；禁止任何单位和个人闲置、荒芜永久基本农田；禁止以设施农用地为名违规占用永久基本农田建设休闲旅游、仓储厂房等设施；对利用永久基本农田进行农业结构调整的要合理引导，不得对耕作层造成破坏。临时用地和设施农用地原则上不得占用永久基本农田，重大建设项目施工和地质勘查临时用地选址确实难以避让永久基本农田的，直接服务于规模化粮食生产的粮食晾晒、粮食烘干、粮食和农资临时存放、大型农机具临时存放等用地确实无法避让永久基本农田的，在不破坏永久基本农田耕作层、不修建永久性建（构）筑物的前提下，经省级国土资源主管部门组织论证确需占用且土地复垦方案符合有关规定后，可在规定时间内临时占用永久基本农田，原则上不超过两年，到期后必须及时复垦并恢复原状。

五、量质并重做好永久基本农田补划

（十）明确永久基本农田补划要求。重大建设项目、生态建设、灾毁等占用或减少永久基本农田的，按照“数量不减、质量不降、布局稳定”的要求开展补划，按照法定程序和要求相应修改土地利用总体规划。补划的永久基本农田必须是坡度小于25度的耕地，原则上与现有永久基本农田集中连片，补划数量、质量与占用或减少的永久基本农田相当。占用或减少城市周边永久基本农田的，原则上在城市周边范围内补划，经实地踏勘论证确实难以在城市周边补划的，按照空间由近及远、质量由高到低的要求进行补划。省（区、市）国土资源主管部门要及时组织做好永久基本农田保护责任落实、标志更新和表册完善等工作。

（十一）做好永久基本农田补划论证。占用或减少永久基本农田的，地方国土资源主管部门根据《基本农田划定技术规程》（TD/T 1032-2011），组织做好永久基本农田补划工作，省级国土资源主管部门组织实地踏勘论证并出具论证意见。踏勘论证应对建设占用、生态建设或灾毁等占用或减少的永久基本农田和拟补划耕地的基本情况进行实地勘察，核实空间位置、数量、质量、地类等信息，建设占用的，要对选址选线方案比选和节约集约用地等情况提出意见。省级国土资源主管部门对占用和补划永久基本农田的真实性和准确性负责。永久基本农田补划实地踏勘、论证和说明等要点详见附件。

六、健全永久基本农田保护机制

（十二）强化永久基本农田保护考核机制。按照《省级政府耕地保护责任目标考核办法》（国办发〔2018〕2 号）要求，落实地方各级政府保护耕地的主体责任，永久基本农田保护情况作为省级政府耕地保护责任目标考核、粮食安全省长责任制考核、领导干部自然资源资产离任审计的重要内容。永久基本农田特殊保护落实情况与安排年度土地利用计划、土地整治工作专项资金相挂钩。对永久基本农田全天候监测、保护情况考核中发现突出问题的，及时公开通报，要求限期整改，整改期间暂停所在省份相关市、县农用地转用和土地征收申请受理与审查。

（十三）完善永久基本农田保护补偿机制。省级国土资源主管部门要会同相关部门，认真总结地方经验，积极推进中央和地方各类涉农资金整合，按照“谁保护、谁受益”的原则，探索实行耕地保护激励性补偿和跨区域资源性补偿。鼓励有条件的地区建立耕地保护基金，与整合有关涉农补贴政策、完善粮食主产区利益补偿机制相衔接，与生态补偿机制相联动，对承担永久基本农田保护任务的农村集体经济组织和农户给予奖补。

（十四）构建永久基本农田动态监管机制。永久基本农田划定成果作为土地利用总体规划的重要内容，纳入国土资源遥感监测“一张图”和综合监管平台，作为土地审批、卫片执法、土地督察的重要依据。建立永久基本农田监测监管系统，完善永久基本农田数据库更新机制，省级国土资源主管部门负责组织将本地区永久基本农田保护信息变化情况，通过监测监管系统汇交到部，并对接建设用地审批系统，及时更新批准的永久基本农田占用、补划信息。结合土地督察、全天候遥感监测、土地卫片执法检查等，对永久基本农田数量和质量变化情况进行全程跟踪，实现永久基本农田全面动态管理。

七、保障措施

（十五）加强组织领导。划好守住永久基本农田是地方各级政府的法定责任。各省（区、市）国土资源主管部门要根据通知要求，结合实际情况，制定具体实施办法。各级国土资源主管部门要在地方政府领导下，增强大局意识和责任意识，层层落实保护责任目标，全面贯彻执行永久基本农田特殊保护政策，做到任务明确、责任落实、措施有力、奖惩并举，不断开创永久基本农田保护新局面。

（十六）加强督促检查。县级以上国土资源主管部门要强化土地执法监察，及时发现、制止和严肃查处违法乱占耕地特别是永久基本农田的行为，对违法违规占用永久基本农田建窑、建房、建坟、挖砂、采石、取土、堆放固体废弃物或者从事其他活动破坏永久基本农田，毁坏种植条件的，要及时责令限期改正或治理，恢复原种植条件，并按有关法律法规进行处罚，构成犯罪的，依法追究刑事责任；对破坏或擅自改变永久基本农田保护区标志的，要及时责令限期恢复原状。各派驻地方的国家土地督察机构要加强对永久基本农田特殊保护落实情况的监督检查，对督察发现的违法违规问题，及时向地方政府提出整改意见，并督促问题整改。对整改不力的，按规定追究相关责任人责任。

（十七）加强总结宣传。各省（区、市）国土资源主管部门要认真总结推广基层永久基本农田特殊保护的成功经验和做法，强化舆论宣传和社会监督，主动加强永久基本农田特殊保护政策解读，及时回应社会关切，引导全社会树立保护永久基本农田的意识，营造自觉主动保护永久基本农田的良好氛围。

本文件自下发之日起执行，有效期5年。

附件

永久基本农田补划要点

一、占用（减少）永久基本农田概况

详细说明重大建设项目占用、经国务院批准生态建设、依法认定的灾毁等占用或减少永久基本农田的主要类型、具体位置，详细说明拟占用或减少空间位置、具体数量、质量等别和地类等基本情况。

二、占用永久基本农田的必要性

详细说明重大建设项目不同选址选线方案占用永久基本农田比选情况，对拟占用永久基本农田实地踏勘基本情况，充分说明占用永久基本农田的必要性。

三、占用永久基本农田的合理性

说明重大建设项目选址选线拟占用永久基本农田具体数量（包括水田面积）、平均质量等别、空间位置等情况，详细说明通过综合考虑建设成本、工程施工难易度、占用永久基本农田不同情况，选择项目选址选线拟占用永久基本农田的具体方案，明确经实地踏勘，该项目建设方案是否符合供地政策和节约集约用地要求，是否采取工程、技术等措施，减少占用永久基本农田，充分说明用地选址和占用永久基本农田的合理性。

四、永久基本农田占用（减少）和补划情况

将实地踏勘论证后拟占用（减少）永久基本农田的用地范围与永久基本农田划定数据库套合进行分析，以县级行政区为单元，详细说明占用（减少）永久基本农田具体规模（含水田面积）、图斑数量、平均质量等别、空间位置等基本情况。涉及占用（减少）城市周边永久基本农田的，以县级行政区为单元，详细说明城市周边具体规模（含水田面积）、图斑数量、平均质量等别等情况（详见附表1），并附占用（减少）永久基本农田分布示意图（包含城市周边范围线）。

按照永久基本农田划定要求，以县级行政区为单元，详细说明补划永久基本农田规模（含水田面积）、平均质量等别、空间位置等情况。补划城市周边永久基本农田的，以县级行政区为单元，详细说明城市周边补划永久基本农田规模（含水田面积）、平均质量等别、空间位置等情况（详见附表2），并附补划永久基本农田分布示意图（包含城市周边范围线），同时提交补划永久基本农田拐点坐标表（电子版本）。若城市周边确实没有补划空间，需充分说明理由。

若重大建设项目农转用及土地征收报批时与用地预审时选址选线发生调整，需对用地预审时的占用和补划情况、选址选线调整后的占用和补划进行比较说明。

五、结论

明确提出重大建设项目占用是否必要、是否合理，补划的永久基本农田是否通过省级国土资源主管部门论证审核。经国务院批准的生态建设、因依法认定的灾毁等其他原因减少永久基本农田的，提出是否按规定对减少的永久基本农田进行了补划。说明补划永久基本农田后是否影响相关县级行政区永久基本农田保护任务完成。

附表：1. ＊＊占用（减少）永久基本农田情况表（略）

2. ＊＊占用（减少）永久基本农田补划情况表（略）

（3）其他农用地

中华人民共和国森林法

（1984年9月20日第六届全国人民代表大会常务委员会第七次会议通过　根据1998年4月29日第九届全国人民代表大会常务委员会第二次会议《关于修改〈中华人民共和国森林法〉的决定》第一次修正　根据2009年8月27日第十一届全国人民代表大会常务委员会第十次会议《关于修改部分法律的决定》第二次修正　2019年12月28日第十三届全国人民代表大会常务委员会第十五次会议修订　2019年12月28日中华人民共和国主席令第39号公布　自2020年7月1日起施行）

目　录

第一章　总　　则
第二章　森林权属
第三章　发展规划
第四章　森林保护
第五章　造林绿化
第六章　经营管理
第七章　监督检查
第八章　法律责任
第九章　附　　则

第一章　总　　则

第一条　为了践行绿水青山就是金山银山理念，保护、培育和合理利用森林资源，加快国土绿化，保障森林生态安全，建设生态文明，实现人与自然和谐共生，制定本法。

第二条 在中华人民共和国领域内从事森林、林木的保护、培育、利用和森林、林木、林地的经营管理活动，适用本法。

第三条 保护、培育、利用森林资源应当尊重自然、顺应自然，坚持生态优先、保护优先、保育结合、可持续发展的原则。

第四条 国家实行森林资源保护发展目标责任制和考核评价制度。上级人民政府对下级人民政府完成森林资源保护发展目标和森林防火、重大林业有害生物防治工作的情况进行考核，并公开考核结果。

地方人民政府可以根据本行政区域森林资源保护发展的需要，建立林长制。

第五条 国家采取财政、税收、金融等方面的措施，支持森林资源保护发展。各级人民政府应当保障森林生态保护修复的投入，促进林业发展。

第六条 国家以培育稳定、健康、优质、高效的森林生态系统为目标，对公益林和商品林实行分类经营管理，突出主导功能，发挥多种功能，实现森林资源永续利用。

第七条 国家建立森林生态效益补偿制度，加大公益林保护支持力度，完善重点生态功能区转移支付政策，指导受益地区和森林生态保护地区人民政府通过协商等方式进行生态效益补偿。

第八条 国务院和省、自治区、直辖市人民政府可以依照国家对民族自治地方自治权的规定，对民族自治地方的森林保护和林业发展实行更加优惠的政策。

第九条 国务院林业主管部门主管全国林业工作。县级以上地方人民政府林业主管部门，主管本行政区域的林业工作。

乡镇人民政府可以确定相关机构或者设置专职、兼职人员承担林业相关工作。

第十条　植树造林、保护森林，是公民应尽的义务。各级人民政府应当组织开展全民义务植树活动。

每年三月十二日为植树节。

第十一条　国家采取措施，鼓励和支持林业科学研究，推广先进适用的林业技术，提高林业科学技术水平。

第十二条　各级人民政府应当加强森林资源保护的宣传教育和知识普及工作，鼓励和支持基层群众性自治组织、新闻媒体、林业企业事业单位、志愿者等开展森林资源保护宣传活动。

教育行政部门、学校应当对学生进行森林资源保护教育。

第十三条　对在造林绿化、森林保护、森林经营管理以及林业科学研究等方面成绩显著的组织或者个人，按照国家有关规定给予表彰、奖励。

第二章　森林权属

第十四条　森林资源属于国家所有，由法律规定属于集体所有的除外。

国家所有的森林资源的所有权由国务院代表国家行使。国务院可以授权国务院自然资源主管部门统一履行国有森林资源所有者职责。

第十五条　林地和林地上的森林、林木的所有权、使用权，由不动产登记机构统一登记造册，核发证书。国务院确定的国家重点林区（以下简称重点林区）的森林、林木和林地，由国务院自然资源主管部门负责登记。

森林、林木、林地的所有者和使用者的合法权益受法律保护，任何组织和个人不得侵犯。

森林、林木、林地的所有者和使用者应当依法保护和合理利用森林、林木、林地，不得非法改变林地用途和毁坏森林、林木、林地。

第十六条　国家所有的林地和林地上的森林、林木可以依法确定给林业经营者使用。林业经营者依法取得的国有林地和林地上的森林、林木的使用权，经批准可以转让、出租、作价出资等。具体办法由国务院制定。

林业经营者应当履行保护、培育森林资源的义务，保证国有森林资源稳定增长，提高森林生态功能。

第十七条 集体所有和国家所有依法由农民集体使用的林地（以下简称集体林地）实行承包经营的，承包方享有林地承包经营权和承包林地上的林木所有权，合同另有约定的从其约定。承包方可以依法采取出租（转包）、入股、转让等方式流转林地经营权、林木所有权和使用权。

第十八条 未实行承包经营的集体林地以及林地上的林木，由农村集体经济组织统一经营。经本集体经济组织成员的村民会议三分之二以上成员或者三分之二以上村民代表同意并公示，可以通过招标、拍卖、公开协商等方式依法流转林地经营权、林木所有权和使用权。

第十九条 集体林地经营权流转应当签订书面合同。林地经营权流转合同一般包括流转双方的权利义务、流转期限、流转价款及支付方式、流转期限届满林地上的林木和固定生产设施的处置、违约责任等内容。

受让方违反法律规定或者合同约定造成森林、林木、林地严重毁坏的，发包方或者承包方有权收回林地经营权。

第二十条 国有企业事业单位、机关、团体、部队营造的林木，由营造单位管护并按照国家规定支配林木收益。

农村居民在房前屋后、自留地、自留山种植的林木，归个人所有。城镇居民在自有房屋的庭院内种植的林木，归个人所有。

集体或者个人承包国家所有和集体所有的宜林荒山荒地荒滩营造的林木，归承包的集体或者个人所有；合同另有约定的从其约定。

其他组织或者个人营造的林木，依法由营造者所有并享有林木收益；合同另有约定的从其约定。

第二十一条 为了生态保护、基础设施建设等公共利益的需要，确需征收、征用林地、林木的，应当依照《中华人民共和国土地管理法》等法律、行政法规的规定办理审批手续，并给予公平、合理的补偿。

第二十二条 单位之间发生的林木、林地所有权和使用权争议，由县级以上人民政府依法处理。

个人之间、个人与单位之间发生的林木所有权和林地使用权争议，由乡镇人民政府或者县级以上人民政府依法处理。

当事人对有关人民政府的处理决定不服的，可以自接到处理决定通知之日起三十日内，向人民法院起诉。

在林木、林地权属争议解决前，除因森林防火、林业有害生物防治、国家重大基础设施建设等需要外，当事人任何一方不得砍伐有争议的林木或者改变林地现状。

第三章 发展规划

第二十三条 县级以上人民政府应当将森林资源保护和林业发展纳入国民经济和社会发展规划。

第二十四条 县级以上人民政府应当落实国土空间开发保护要求，合理规划森林资源保护利用结构和布局，制定森林资源保护发展目标，提高森林覆盖率、森林蓄积量，提升森林生态系统质量和稳定性。

第二十五条 县级以上人民政府林业主管部门应当根据森林资源保护发展目标，编制林业发展规划。下级林业发展规划依据上级林业发展规划编制。

第二十六条 县级以上人民政府林业主管部门可以结合本地实际，编制林地保护利用、造林绿化、森林经营、天然林保护等相关专项规划。

第二十七条 国家建立森林资源调查监测制度，对全国森林资源现状及变化情况进行调查、监测和评价，并定期公布。

第四章 森林保护

第二十八条 国家加强森林资源保护，发挥森林蓄水保土、调节气候、改善环境、维护生物多样性和提供林产品等多种功能。

第二十九条 中央和地方财政分别安排资金，用于公益林的营造、抚育、保护、管理和非国有公益林权利人的经济补偿等，实行专款专用。具体办法由国务院财政部门会同林业主管部门制定。

第三十条 国家支持重点林区的转型发展和森林资源保护修复，改善生产生活条件，促进所在地区经济社会发展。重点林区按照规定享受国家重点生态功能区转移支付等政策。

第三十一条 国家在不同自然地带的典型森林生态地区、珍贵动物和植物生长繁殖的林区、天然热带雨林区和具有特殊保护价值的其他天然林区，建立以国家公园为主体的自然保护地体系，加强保护管理。

国家支持生态脆弱地区森林资源的保护修复。

县级以上人民政府应当采取措施对具有特殊价值的野生植物资源予以保护。

第三十二条 国家实行天然林全面保护制度，严格限制天然林采伐，加强天然林管护能力建设，保护和修复天然林资源，逐步提高天然林生态功能。具体办法由国务院规定。

第三十三条 地方各级人民政府应当组织有关部门建立护林组织，负责护林工作；根据实际需要建设护林设施，加强森林资源保护；督促相关组织订立护林公约、组织群众护林、划定护林责任区、配备专职或者兼职护林员。

县级或者乡镇人民政府可以聘用护林员，其主要职责是巡护森林，发现火情、林业有害生物以及破坏森林资源的行为，应当及时处理并向当地林业等有关部门报告。

第三十四条　地方各级人民政府负责本行政区域的森林防火工作，发挥群防作用；县级以上人民政府组织领导应急管理、林业、公安等部门按照职责分工密切配合做好森林火灾的科学预防、扑救和处置工作：

（一）组织开展森林防火宣传活动，普及森林防火知识；

（二）划定森林防火区，规定森林防火期；

（三）设置防火设施，配备防灭火装备和物资；

（四）建立森林火灾监测预警体系，及时消除隐患；

（五）制定森林火灾应急预案，发生森林火灾，立即组织扑救；

（六）保障预防和扑救森林火灾所需费用。

国家综合性消防救援队伍承担国家规定的森林火灾扑救任务和预防相关工作。

第三十五条　县级以上人民政府林业主管部门负责本行政区域的林业有害生物的监测、检疫和防治。

省级以上人民政府林业主管部门负责确定林业植物及其产品的检疫性有害生物，划定疫区和保护区。

重大林业有害生物灾害防治实行地方人民政府负责制。发生暴发性、危险性等重大林业有害生物灾害时，当地人民政府应当及时组织除治。

林业经营者在政府支持引导下，对其经营管理范围内的林业有害生物进行防治。

第三十六条　国家保护林地，严格控制林地转为非林地，实行占用林地总量控制，确保林地保有量不减少。各类建设项目占用林地不得超过本行政区域的占用林地总量控制指标。

第三十七条　矿藏勘查、开采以及其他各类工程建设，应当不占或者少占林地；确需占用林地的，应当经县级以上人民政府林业主管部门审核同意，依法办理建设用地审批手续。

占用林地的单位应当缴纳森林植被恢复费。森林植被恢复费征收使用管理办法由国务院财政部门会同林业主管部门制定。

县级以上人民政府林业主管部门应当按照规定安排植树造林，恢复森林植被，植树造林面积不得少于因占用林地而减少的森林植被面积。上级林业主管部门应当定期督促下级林业主管部门组织植树造林、恢复森林植被，并进行检查。

第三十八条 需要临时使用林地的，应当经县级以上人民政府林业主管部门批准；临时使用林地的期限一般不超过二年，并不得在临时使用的林地上修建永久性建筑物。

临时使用林地期满后一年内，用地单位或者个人应当恢复植被和林业生产条件。

第三十九条 禁止毁林开垦、采石、采砂、采土以及其他毁坏林木和林地的行为。

禁止向林地排放重金属或者其他有毒有害物质含量超标的污水、污泥，以及可能造成林地污染的清淤底泥、尾矿、矿渣等。

禁止在幼林地砍柴、毁苗、放牧。

禁止擅自移动或者损坏森林保护标志。

第四十条 国家保护古树名木和珍贵树木。禁止破坏古树名木和珍贵树木及其生存的自然环境。

第四十一条 各级人民政府应当加强林业基础设施建设，应用先进适用的科技手段，提高森林防火、林业有害生物防治等森林管护能力。

各有关单位应当加强森林管护。国有林业企业事业单位应当加大投入，加强森林防火、林业有害生物防治，预防和制止破坏森林资源的行为。

第五章 造林绿化

第四十二条 国家统筹城乡造林绿化，开展大规模国土绿化行动，绿化美化城乡，推动森林城市建设，促进乡村振兴，建设美丽家园。

第四十三条 各级人民政府应当组织各行各业和城乡居民造林绿化。

宜林荒山荒地荒滩，属于国家所有的，由县级以上人民政府林业主管部门和其他有关主管部门组织开展造林绿化；属于集体所有的，由集体经济组织组织开展造林绿化。

城市规划区内、铁路公路两侧、江河两侧、湖泊水库周围，由各有关主管部门按照有关规定因地制宜组织开展造林绿化；工矿区、工业园区、机关、学校用地，部队营区以及农场、牧场、渔场经营地区，由各该单位负责造林绿化。组织开展城市造林绿化的具体办法由国务院制定。

国家所有和集体所有的宜林荒山荒地荒滩可以由单位或者个人承包造林绿化。

第四十四条 国家鼓励公民通过植树造林、抚育管护、认建认养等方式参与造林绿化。

第四十五条 各级人民政府组织造林绿化，应当科学规划、因地制宜，优化林种、树种结构，鼓励使用乡土树种和林木良种、营造混交林，提高造林绿化质量。

国家投资或者以国家投资为主的造林绿化项目，应当按照国家规定使用林木良种。

第四十六条 各级人民政府应当采取以自然恢复为主、自然恢复和人工修复相结合的措施，科学保护修复森林生态系统。新造幼林地和其他应当封山育林的地方，由当地人民政府组织封山育林。

各级人民政府应当对国务院确定的坡耕地、严重沙化耕地、严重石漠化耕地、严重污染耕地等需要生态修复的耕地，有计划地组织实施退耕还林还草。

各级人民政府应当对自然因素等导致的荒废和受损山体、退化林地以及宜林荒山荒地荒滩，因地制宜实施森林生态修复工程，恢复植被。

第六章 经营管理

第四十七条 国家根据生态保护的需要，将森林生态区位重要或者生态状况脆弱，以发挥生态效益为主要目的的林地和林地上的森林划定为公益林。未划定为公益林的林地和林地上的森林属于商品林。

第四十八条 公益林由国务院和省、自治区、直辖市人民政府划定并公布。

下列区域的林地和林地上的森林，应当划定为公益林：

（一）重要江河源头汇水区域；

（二）重要江河干流及支流两岸、饮用水水源地保护区；

（三）重要湿地和重要水库周围；

（四）森林和陆生野生动物类型的自然保护区；

（五）荒漠化和水土流失严重地区的防风固沙林基干林带；

（六）沿海防护林基干林带；

（七）未开发利用的原始林地区；

（八）需要划定的其他区域。

公益林划定涉及非国有林地的，应当与权利人签订书面协议，并给予合理补偿。

公益林进行调整的，应当经原划定机关同意，并予以公布。

国家级公益林划定和管理的办法由国务院制定；地方级公益林划定和管理的办法由省、自治区、直辖市人民政府制定。

第四十九条 国家对公益林实施严格保护。

县级以上人民政府林业主管部门应当有计划地组织公益林经营者对公益林中生态功能低下的疏林、残次林等低质低效林，采取林分改造、森林抚育等措施，提高公益林的质量和生态保护功能。

在符合公益林生态区位保护要求和不影响公益林生态功能的前提下，经科学论证，可以合理利用公益林林地资源和森林景观资源，适度开展林下经济、森林旅游等。利用公益林开展上述活动应当严格遵守国家有关规定。

第五十条　国家鼓励发展下列商品林：

（一）以生产木材为主要目的的森林；

（二）以生产果品、油料、饮料、调料、工业原料和药材等林产品为主要目的的森林；

（三）以生产燃料和其他生物质能源为主要目的的森林；

（四）其他以发挥经济效益为主要目的的森林。

在保障生态安全的前提下，国家鼓励建设速生丰产、珍贵树种和大径级用材林，增加林木储备，保障木材供给安全。

第五十一条　商品林由林业经营者依法自主经营。在不破坏生态的前提下，可以采取集约化经营措施，合理利用森林、林木、林地，提高商品林经济效益。

第五十二条　在林地上修筑下列直接为林业生产经营服务的工程设施，符合国家有关部门规定的标准的，由县级以上人民政府林业主管部门批准，不需要办理建设用地审批手续；超出标准需要占用林地的，应当依法办理建设用地审批手续：

（一）培育、生产种子、苗木的设施；

（二）贮存种子、苗木、木材的设施；

（三）集材道、运材道、防火巡护道、森林步道；

（四）林业科研、科普教育设施；

（五）野生动植物保护、护林、林业有害生物防治、森林防火、木材检疫的设施；

（六）供水、供电、供热、供气、通讯基础设施；

（七）其他直接为林业生产服务的工程设施。

第五十三条　国有林业企业事业单位应当编制森林经营方案，

明确森林培育和管护的经营措施，报县级以上人民政府林业主管部门批准后实施。重点林区的森林经营方案由国务院林业主管部门批准后实施。

国家支持、引导其他林业经营者编制森林经营方案。

编制森林经营方案的具体办法由国务院林业主管部门制定。

第五十四条 国家严格控制森林年采伐量。省、自治区、直辖市人民政府林业主管部门根据消耗量低于生长量和森林分类经营管理的原则，编制本行政区域的年采伐限额，经征求国务院林业主管部门意见，报本级人民政府批准后公布实施，并报国务院备案。重点林区的年采伐限额，由国务院林业主管部门编制，报国务院批准后公布实施。

第五十五条 采伐森林、林木应当遵守下列规定：

（一）公益林只能进行抚育、更新和低质低效林改造性质的采伐。但是，因科研或者实验、防治林业有害生物、建设护林防火设施、营造生物防火隔离带、遭受自然灾害等需要采伐的除外。

（二）商品林应当根据不同情况，采取不同采伐方式，严格控制皆伐面积，伐育同步规划实施。

（三）自然保护区的林木，禁止采伐。但是，因防治林业有害生物、森林防火、维护主要保护对象生存环境、遭受自然灾害等特殊情况必须采伐的和实验区的竹林除外。

省级以上人民政府林业主管部门应当根据前款规定，按照森林分类经营管理、保护优先、注重效率和效益等原则，制定相应的林木采伐技术规程。

第五十六条 采伐林地上的林木应当申请采伐许可证，并按照采伐许可证的规定进行采伐；采伐自然保护区以外的竹林，不需要申请采伐许可证，但应当符合林木采伐技术规程。

农村居民采伐自留地和房前屋后个人所有的零星林木，不需要申请采伐许可证。

非林地上的农田防护林、防风固沙林、护路林、护岸护堤林和城镇林木等的更新采伐，由有关主管部门按照有关规定管理。

采挖移植林木按照采伐林木管理。具体办法由国务院林业主管部门制定。

禁止伪造、变造、买卖、租借采伐许可证。

第五十七条　采伐许可证由县级以上人民政府林业主管部门核发。

县级以上人民政府林业主管部门应当采取措施，方便申请人办理采伐许可证。

农村居民采伐自留山和个人承包集体林地上的林木，由县级人民政府林业主管部门或者其委托的乡镇人民政府核发采伐许可证。

第五十八条　申请采伐许可证，应当提交有关采伐的地点、林种、树种、面积、蓄积、方式、更新措施和林木权属等内容的材料。超过省级以上人民政府林业主管部门规定面积或者蓄积量的，还应当提交伐区调查设计材料。

第五十九条　符合林木采伐技术规程的，审核发放采伐许可证的部门应当及时核发采伐许可证。但是，审核发放采伐许可证的部门不得超过年采伐限额发放采伐许可证。

第六十条　有下列情形之一的，不得核发采伐许可证：

（一）采伐封山育林期、封山育林区内的林木；

（二）上年度采伐后未按照规定完成更新造林任务；

（三）上年度发生重大滥伐案件、森林火灾或者林业有害生物灾害，未采取预防和改进措施；

（四）法律法规和国务院林业主管部门规定的禁止采伐的其他情形。

第六十一条　采伐林木的组织和个人应当按照有关规定完成更新造林。更新造林的面积不得少于采伐的面积，更新造林应当达到相关技术规程规定的标准。

第六十二条 国家通过贴息、林权收储担保补助等措施，鼓励和引导金融机构开展涉林抵押贷款、林农信用贷款等符合林业特点的信贷业务，扶持林权收储机构进行市场化收储担保。

第六十三条 国家支持发展森林保险。县级以上人民政府依法对森林保险提供保险费补贴。

第六十四条 林业经营者可以自愿申请森林认证，促进森林经营水平提高和可持续经营。

第六十五条 木材经营加工企业应当建立原料和产品出入库台账。任何单位和个人不得收购、加工、运输明知是盗伐、滥伐等非法来源的林木。

第七章 监督检查

第六十六条 县级以上人民政府林业主管部门依照本法规定，对森林资源的保护、修复、利用、更新等进行监督检查，依法查处破坏森林资源等违法行为。

第六十七条 县级以上人民政府林业主管部门履行森林资源保护监督检查职责，有权采取下列措施：

（一）进入生产经营场所进行现场检查；

（二）查阅、复制有关文件、资料，对可能被转移、销毁、隐匿或者篡改的文件、资料予以封存；

（三）查封、扣押有证据证明来源非法的林木以及从事破坏森林资源活动的工具、设备或者财物；

（四）查封与破坏森林资源活动有关的场所。

省级以上人民政府林业主管部门对森林资源保护发展工作不力、问题突出、群众反映强烈的地区，可以约谈所在地区县级以上地方人民政府及其有关部门主要负责人，要求其采取措施及时整改。约谈整改情况应当向社会公开。

第六十八条 破坏森林资源造成生态环境损害的，县级以上人民政府自然资源主管部门、林业主管部门可以依法向人民法院提起诉讼，对侵权人提出损害赔偿要求。

第六十九条 审计机关按照国家有关规定对国有森林资源资产进行审计监督。

第八章 法律责任

第七十条 县级以上人民政府林业主管部门或者其他有关国家机关未依照本法规定履行职责的，对直接负责的主管人员和其他直接责任人员依法给予处分。

依照本法规定应当作出行政处罚决定而未作出的，上级主管部门有权责令下级主管部门作出行政处罚决定或者直接给予行政处罚。

第七十一条 违反本法规定，侵害森林、林木、林地的所有者或者使用者的合法权益的，依法承担侵权责任。

第七十二条 违反本法规定，国有林业企业事业单位未履行保护培育森林资源义务、未编制森林经营方案或者未按照批准的森林经营方案开展森林经营活动的，由县级以上人民政府林业主管部门责令限期改正，对直接负责的主管人员和其他直接责任人员依法给予处分。

第七十三条 违反本法规定，未经县级以上人民政府林业主管部门审核同意，擅自改变林地用途的，由县级以上人民政府林业主管部门责令限期恢复植被和林业生产条件，可以处恢复植被和林业生产条件所需费用三倍以下的罚款。

虽经县级以上人民政府林业主管部门审核同意，但未办理建设用地审批手续擅自占用林地的，依照《中华人民共和国土地管理法》的有关规定处罚。

在临时使用的林地上修建永久性建筑物，或者临时使用林地期满后一年内未恢复植被或者林业生产条件的，依照本条第一款规定处罚。

第七十四条 违反本法规定，进行开垦、采石、采砂、采土或者其他活动，造成林木毁坏的，由县级以上人民政府林业主管部门责令停止违法行为，限期在原地或者异地补种毁坏株数一倍以上三倍以下的树木，可以处毁坏林木价值五倍以下的罚款；造成林地毁坏的，由县级以上人民政府林业主管部门责令停止违法行为，限期恢复植被和林业生产条件，可以处恢复植被和林业生产条件所需费用三倍以下的罚款。

违反本法规定，在幼林地砍柴、毁苗、放牧造成林木毁坏的，由县级以上人民政府林业主管部门责令停止违法行为，限期在原地或者异地补种毁坏株数一倍以上三倍以下的树木。

向林地排放重金属或者其他有毒有害物质含量超标的污水、污泥，以及可能造成林地污染的清淤底泥、尾矿、矿渣等的，依照《中华人民共和国土壤污染防治法》的有关规定处罚。

第七十五条 违反本法规定，擅自移动或者毁坏森林保护标志的，由县级以上人民政府林业主管部门恢复森林保护标志，所需费用由违法者承担。

第七十六条 盗伐林木的，由县级以上人民政府林业主管部门责令限期在原地或者异地补种盗伐株数一倍以上五倍以下的树木，并处盗伐林木价值五倍以上十倍以下的罚款。

滥伐林木的，由县级以上人民政府林业主管部门责令限期在原地或者异地补种滥伐株数一倍以上三倍以下的树木，可以处滥伐林木价值三倍以上五倍以下的罚款。

第七十七条 违反本法规定，伪造、变造、买卖、租借采伐许可证的，由县级以上人民政府林业主管部门没收证件和违法所得，并处违法所得一倍以上三倍以下的罚款；没有违法所得的，可以处二万元以下的罚款。

第七十八条 违反本法规定，收购、加工、运输明知是盗伐、滥伐等非法来源的林木的，由县级以上人民政府林业主管部门责令停止违法行为，没收违法收购、加工、运输的林木或者变卖所得，可以处违法收购、加工、运输林木价款三倍以下的罚款。

第七十九条 违反本法规定，未完成更新造林任务的，由县级以上人民政府林业主管部门责令限期完成；逾期未完成的，可以处未完成造林任务所需费用二倍以下的罚款；对直接负责的主管人员和其他直接责任人员，依法给予处分。

第八十条 违反本法规定，拒绝、阻碍县级以上人民政府林业主管部门依法实施监督检查的，可以处五万元以下的罚款，情节严重的，可以责令停产停业整顿。

第八十一条 违反本法规定，有下列情形之一的，由县级以上人民政府林业主管部门依法组织代为履行，代为履行所需费用由违法者承担：

（一）拒不恢复植被和林业生产条件，或者恢复植被和林业生产条件不符合国家有关规定；

（二）拒不补种树木，或者补种不符合国家有关规定。

恢复植被和林业生产条件、树木补种的标准，由省级以上人民政府林业主管部门制定。

第八十二条 公安机关按照国家有关规定，可以依法行使本法第七十四条第一款、第七十六条、第七十七条、第七十八条规定的行政处罚权。

违反本法规定，构成违反治安管理行为的，依法给予治安管理处罚；构成犯罪的，依法追究刑事责任。

第九章 附 则

第八十三条 本法下列用语的含义是：

（一）森林，包括乔木林、竹林和国家特别规定的灌木林。按照用途可以分为防护林、特种用途林、用材林、经济林和能源林。

（二）林木，包括树木和竹子。

（三）林地，是指县级以上人民政府规划确定的用于发展林业的土地。包括郁闭度 0.2 以上的乔木林地以及竹林地、灌木林地、疏林地、采伐迹地、火烧迹地、未成林造林地、苗圃地等。

第八十四条 本法自 2020 年 7 月 1 日起施行。

退耕还林条例

（2002 年 12 月 14 日中华人民共和国国务院令第 367 号公布 根据 2016 年 2 月 6 日《国务院关于修改部分行政法规的决定》修订）

第一章 总 则

第一条 为了规范退耕还林活动，保护退耕还林者的合法权益，巩固退耕还林成果，优化农村产业结构，改善生态环境，制定本条例。

第二条 国务院批准规划范围内的退耕还林活动，适用本条例。

第三条 各级人民政府应当严格执行“退耕还林、封山绿化、以粮代赈、个体承包”的政策措施。

第四条 退耕还林必须坚持生态优先。退耕还林应当与调整农村产业结构、发展农村经济，防治水土流失、保护和建设基本农田、提高粮食单产，加强农村能源建设，实施生态移民相结合。

第五条 退耕还林应当遵循下列原则：

（一）统筹规划、分步实施、突出重点、注重实效；

（二）政策引导和农民自愿退耕相结合，谁退耕、谁造林、谁经营、谁受益；

（三）遵循自然规律，因地制宜，宜林则林，宜草则草，综合治理；

（四）建设与保护并重，防止边治理边破坏；

（五）逐步改善退耕还林者的生活条件。

第六条　国务院西部开发工作机构负责退耕还林工作的综合协调，组织有关部门研究制定退耕还林有关政策、办法，组织和协调退耕还林总体规划的落实；国务院林业行政主管部门负责编制退耕还林总体规划、年度计划，主管全国退耕还林的实施工作，负责退耕还林工作的指导和监督检查；国务院发展计划部门会同有关部门负责退耕还林总体规划的审核、计划的汇总、基建年度计划的编制和综合平衡；国务院财政主管部门负责退耕还林中央财政补助资金的安排和监督管理；国务院农业行政主管部门负责已垦草场的退耕还草以及天然草场的恢复和建设有关规划、计划的编制，以及技术指导和监督检查；国务院水行政主管部门负责退耕还林还草地区小流域治理、水土保持等相关工作的技术指导和监督检查；国务院粮食行政管理部门负责粮源的协调和调剂工作。

县级以上地方人民政府林业、计划、财政、农业、水利、粮食等部门在本级人民政府的统一领导下，按照本条例和规定的职责分工，负责退耕还林的有关工作。

第七条　国家对退耕还林实行省、自治区、直辖市人民政府负责制。省、自治区、直辖市人民政府应当组织有关部门采取措施，保证退耕还林中央补助资金的专款专用，组织落实补助粮食的调运和供应，加强退耕还林的复查工作，按期完成国家下达的退耕还林任务，并逐级落实目标责任，签订责任书，实现退耕还林目标。

第八条　退耕还林实行目标责任制。

县级以上地方各级人民政府有关部门应当与退耕还林工程项目负责人和技术负责人签订责任书，明确其应当承担的责任。

第九条　国家支持退耕还林应用技术的研究和推广，提高退耕还林科学技术水平。

第十条　国务院有关部门和地方各级人民政府应当组织开展退

耕还林活动的宣传教育，增强公民的生态建设和保护意识。

在退耕还林工作中做出显著成绩的单位和个人，由国务院有关部门和地方各级人民政府给予表彰和奖励。

第十一条 任何单位和个人都有权检举、控告破坏退耕还林的行为。

有关人民政府及其有关部门接到检举、控告后，应当及时处理。

第十二条 各级审计机关应当加强对退耕还林资金和粮食补助使用情况的审计监督。

第二章 规划和计划

第十三条 退耕还林应当统筹规划。

退耕还林总体规划由国务院林业行政主管部门编制，经国务院西部开发工作机构协调、国务院发展计划部门审核后，报国务院批准实施。

省、自治区、直辖市人民政府林业行政主管部门根据退耕还林总体规划会同有关部门编制本行政区域的退耕还林规划，经本级人民政府批准，报国务院有关部门备案。

第十四条 退耕还林规划应当包括下列主要内容：

（一）范围、布局和重点；

（二）年限、目标和任务；

（三）投资测算和资金来源；

（四）效益分析和评价；

（五）保障措施。

第十五条 下列耕地应当纳入退耕还林规划，并根据生态建设需要和国家财力有计划地实施退耕还林：

（一）水土流失严重的；

（二）沙化、盐碱化、石漠化严重的；

（三）生态地位重要、粮食产量低而不稳的。

江河源头及其两侧、湖库周围的陡坡耕地以及水土流失和风沙危害严重等生态地位重要区域的耕地，应当在退耕还林规划中优先安排。

第十六条　基本农田保护范围内的耕地和生产条件较好、实际粮食产量超过国家退耕还林补助粮食标准并且不会造成水土流失的耕地，不得纳入退耕还林规划；但是，因生态建设特殊需要，经国务院批准并依照有关法律、行政法规规定的程序调整基本农田保护范围后，可以纳入退耕还林规划。

制定退耕还林规划时，应当考虑退耕农民长期的生计需要。

第十七条　退耕还林规划应当与国民经济和社会发展规划、农村经济发展总体规划、土地利用总体规划相衔接，与环境保护、水土保持、防沙治沙等规划相协调。

第十八条　退耕还林必须依照经批准的规划进行。未经原批准机关同意，不得擅自调整退耕还林规划。

第十九条　省、自治区、直辖市人民政府林业行政主管部门根据退耕还林规划，会同有关部门编制本行政区域下一年度退耕还林计划建议，由本级人民政府发展计划部门审核，并经本级人民政府批准后，于每年 8 月 31 日前报国务院西部开发工作机构、林业、发展计划等有关部门。国务院林业行政主管部门汇总编制全国退耕还林年度计划建议，经国务院西部开发工作机构协调，国务院发展计划部门审核和综合平衡，报国务院批准后，由国务院发展计划部门会同有关部门于 10 月 31 日前联合下达。

省、自治区、直辖市人民政府发展计划部门会同有关部门根据全国退耕还林年度计划，于 11 月 30 日前将本行政区域下一年度退耕还林计划分解下达到有关县（市）人民政府，并将分解下达情况报国务院有关部门备案。

第二十条　省、自治区、直辖市人民政府林业行政主管部门根据国家下达的下一年度退耕还林计划，会同有关部门编制本行政区域内的年度退耕还林实施方案，报本级人民政府批准实施。

县级人民政府林业行政主管部门可以根据批准后的省级退耕还林年度实施方案，编制本行政区域内的退耕还林年度实施方案，报本级人民政府批准后实施，并报省、自治区、直辖市人民政府林业行政主管部门备案。

第二十一条 年度退耕还林实施方案，应当包括下列主要内容：

（一）退耕还林的具体范围；

（二）生态林与经济林比例；

（三）树种选择和植被配置方式；

（四）造林模式；

（五）种苗供应方式；

（六）植被管护和配套保障措施；

（七）项目和技术负责人。

第二十二条 县级人民政府林业行政主管部门应当根据年度退耕还林实施方案组织专业人员或者有资质的设计单位编制乡镇作业设计，把实施方案确定的内容落实到具体地块和土地承包经营权人。

编制作业设计时，干旱、半干旱地区应当以种植耐旱灌木（草）、恢复原有植被为主；以间作方式植树种草的，应当间作多年生植物，主要林木的初植密度应当符合国家规定的标准。

第二十三条 退耕土地还林营造的生态林面积，以县为单位核算，不得低于退耕土地还林面积的80%。

退耕还林营造的生态林，由县级以上地方人民政府林业行政主管部门根据国务院林业行政主管部门制定的标准认定。

第三章 造林、管护与检查验收

第二十四条 县级人民政府或者其委托的乡级人民政府应当与有退耕还林任务的土地承包经营权人签订退耕还林合同。

退耕还林合同应当包括下列主要内容：

（一）退耕土地还林范围、面积和宜林荒山荒地造林范围、面积；

（二）按照作业设计确定的退耕还林方式；

（三）造林成活率及其保存率；

（四）管护责任；

（五）资金和粮食的补助标准、期限和给付方式；

（六）技术指导、技术服务的方式和内容；

（七）种苗来源和供应方式；

（八）违约责任；

（九）合同履行期限。

退耕还林合同的内容不得与本条例以及国家其他有关退耕还林的规定相抵触。

第二十五条 退耕还林需要的种苗，可以由县级人民政府根据本地区实际组织集中采购，也可以由退耕还林者自行采购。集中采购的，应当征求退耕还林者的意见，并采用公开竞价方式，签订书面合同，超过国家种苗造林补助费标准的，不得向退耕还林者强行收取超出部分的费用。

任何单位和个人不得为退耕还林者指定种苗供应商。

禁止垄断经营种苗和哄抬种苗价格。

第二十六条 退耕还林所用种苗应当就地培育、就近调剂，优先选用乡土树种和抗逆性强树种的良种壮苗。

第二十七条 林业、农业行政主管部门应当加强种苗培育的技术指导和服务的管理工作，保证种苗质量。

销售、供应的退耕还林种苗应当经县级人民政府林业、农业行政主管部门检验合格，并附具标签和质量检验合格证；跨县调运的，还应当依法取得检疫合格证。

第二十八条 省、自治区、直辖市人民政府应当根据本行政区域的退耕还林规划，加强种苗生产与采种基地的建设。

国家鼓励企业和个人采取多种形式培育种苗，开展产业化经营。

第二十九条 退耕还林者应当按照作业设计和合同的要求植树种草。

禁止林粮间作和破坏原有林草植被的行为。

第三十条 退耕还林者在享受资金和粮食补助期间，应当按照作业设计和合同的要求在宜林荒山荒地造林。

第三十一条 县级人民政府应当建立退耕还林植被管护制度，落实管护责任。

退耕还林者应当履行管护义务。

禁止在退耕还林项目实施范围内复耕和从事滥采、乱挖等破坏地表植被的活动。

第三十二条 地方各级人民政府及其有关部门应当组织技术推广单位或者技术人员，为退耕还林提供技术指导和技术服务。

第三十三条 县级人民政府林业行政主管部门应当按照国务院林业行政主管部门制定的检查验收标准和办法，对退耕还林建设项目进行检查验收，经验收合格的，方可发给验收合格证明。

第三十四条 省、自治区、直辖市人民政府应当对县级退耕还林检查验收结果进行复查，并根据复查结果对县级人民政府和有关责任人员进行奖惩。

国务院林业行政主管部门应当对省级复查结果进行核查，并将核查结果上报国务院。

第四章　资金和粮食补助

第三十五条 国家按照核定的退耕还林实际面积，向土地承包经营权人提供补助粮食、种苗造林补助费和生活补助费。具体补助标准和补助年限按照国务院有关规定执行。

第三十六条 尚未承包到户和休耕的坡耕地退耕还林的，以及纳入退耕还林规划的宜林荒山荒地造林，只享受种苗造林补助费。

第三十七条 种苗造林补助费和生活补助费由国务院计划、财政、林业部门按照有关规定及时下达、核拨。

第三十八条 补助粮食应当就近调运，减少供应环节，降低供应成本。粮食补助费按照国家有关政策处理。

粮食调运费用由地方财政承担，不得向供应补助粮食的企业和退耕还林者分摊。

第三十九条 省、自治区、直辖市人民政府应当根据当地口粮消费习惯和农作物种植习惯以及当地粮食库存实际情况合理确定补助粮食的品种。

补助粮食必须达到国家规定的质量标准。不符合国家质量标准的，不得供应给退耕还林者。

第四十条 退耕土地还林的第一年，该年度补助粮食可以分两次兑付，每次兑付的数量由省、自治区、直辖市人民政府确定。

从退耕土地还林第二年起，在规定的补助期限内，县级人民政府应当组织有关部门和单位及时向持有验收合格证明的退耕还林者一次兑付该年度补助粮食。

第四十一条 兑付的补助粮食，不得折算成现金或者代金券。供应补助粮食的企业不得回购退耕还林补助粮食。

第四十二条 种苗造林补助费应当用于种苗采购，节余部分可以用于造林补助和封育管护。

退耕还林者自行采购种苗的，县级人民政府或者其委托的乡级人民政府应当在退耕还林合同生效时一次付清种苗造林补助费。

集中采购种苗的，退耕还林验收合格后，种苗采购单位应当与退耕还林者结算种苗造林补助费。

第四十三条 退耕土地还林后，在规定的补助期限内，县级人民政府应当组织有关部门及时向持有验收合格证明的退耕还林者一次付清该年度生活补助费。

第四十四条 退耕还林资金实行专户存储、专款专用，任何单位和个人不得挤占、截留、挪用和克扣。

任何单位和个人不得弄虚作假、虚报冒领补助资金和粮食。

第四十五条 退耕还林所需前期工作和科技支撑等费用，国家按照退耕还林基本建设投资的一定比例给予补助，由国务院发展计划部门根据工程情况在年度计划中安排。

退耕还林地方所需检查验收、兑付等费用，由地方财政承担。中央有关部门所需核查等费用，由中央财政承担。

第四十六条 实施退耕还林的乡（镇）、村应当建立退耕还林公示制度，将退耕还林者的退耕还林面积、造林树种、成活率以及资金和粮食补助发放等情况进行公示。

第五章 其他保障措施

第四十七条 国家保护退耕还林者享有退耕土地上的林木（草）所有权。自行退耕还林的，土地承包经营权人享有退耕土地上的林木（草）所有权；委托他人还林或者与他人合作还林的，退耕土地上的林木（草）所有权由合同约定。

退耕土地还林后，由县级以上人民政府依照森林法、草原法的有关规定发放林（草）权属证书，确认所有权和使用权，并依法办理土地变更登记手续。土地承包经营合同应当作相应调整。

第四十八条 退耕土地还林后的承包经营权期限可以延长到70年。承包经营权到期后，土地承包经营权人可以依照有关法律、法规的规定继续承包。

退耕还林土地和荒山荒地造林后的承包经营权可以依法继承、转让。

第四十九条 退耕还林者按照国家有关规定享受税收优惠，其中退耕还林（草）所取得的农业特产收入，依照国家规定免征农业特产税。

退耕还林的县（市）农业税收因灾减收部分，由上级财政以转移支付的方式给予适当补助；确有困难的，经国务院批准，由中央财政以转移支付的方式给予适当补助。

第五十条　资金和粮食补助期满后，在不破坏整体生态功能的前提下，经有关主管部门批准，退耕还林者可以依法对其所有的林木进行采伐。

第五十一条　地方各级人民政府应当加强基本农田和农业基础设施建设，增加投入，改良土壤，改造坡耕地，提高地力和单位粮食产量，解决退耕还林者的长期口粮需求。

第五十二条　地方各级人民政府应当根据实际情况加强沼气、小水电、太阳能、风能等农村能源建设，解决退耕还林者对能源的需求。

第五十三条　地方各级人民政府应当调整农村产业结构，扶持龙头企业，发展支柱产业，开辟就业门路，增加农民收入，加快小城镇建设，促进农业人口逐步向城镇转移。

第五十四条　国家鼓励在退耕还林过程中实行生态移民，并对生态移民农户的生产、生活设施给予适当补助。

第五十五条　退耕还林后，有关地方人民政府应当采取封山禁牧、舍饲圈养等措施，保护退耕还林成果。

第五十六条　退耕还林应当与扶贫开发、农业综合开发和水土保持等政策措施相结合，对不同性质的项目资金应当在专款专用的前提下统筹安排，提高资金使用效益。

第六章　法 律 责 任

第五十七条　国家工作人员在退耕还林活动中违反本条例的规定，有下列行为之一的，依照刑法关于贪污罪、受贿罪、挪用公款罪或者其他罪的规定，依法追究刑事责任；尚不够刑事处罚的，依法给予行政处分：

（一）挤占、截留、挪用退耕还林资金或者克扣补助粮食的；

（二）弄虚作假、虚报冒领补助资金和粮食的；

（三）利用职务上的便利收受他人财物或者其他好处的。

国家工作人员以外的其他人员有前款第（二）项行为的，依照刑法关于诈骗罪或者其他罪的规定，依法追究刑事责任；尚不够刑事处罚的，由县级以上人民政府林业行政主管部门责令退回所冒领的补助资金和粮食，处以冒领资金额 2 倍以上 5 倍以下的罚款。

第五十八条 国家机关工作人员在退耕还林活动中违反本条例的规定，有下列行为之一的，由其所在单位或者上一级主管部门责令限期改正，退还分摊的和多收取的费用，对直接负责的主管人员和其他直接责任人员，依照刑法关于滥用职权罪、玩忽职守罪或者其他罪的规定，依法追究刑事责任；尚不够刑事处罚的，依法给予行政处分：

（一）未及时处理有关破坏退耕还林活动的检举、控告的；

（二）向供应补助粮食的企业和退耕还林者分摊粮食调运费用的；

（三）不及时向持有验收合格证明的退耕还林者发放补助粮食和生活补助费的；

（四）在退耕还林合同生效时，对自行采购种苗的退耕还林者未一次付清种苗造林补助费的；

（五）集中采购种苗的，在退耕还林验收合格后，未与退耕还林者结算种苗造林补助费的；

（六）集中采购的种苗不合格的；

（七）集中采购种苗的，向退耕还林者强行收取超出国家规定种苗造林补助费标准的种苗费的；

（八）为退耕还林者指定种苗供应商的；

（九）批准粮食企业向退耕还林者供应不符合国家质量标准的补助粮食或者将补助粮食折算成现金、代金券支付的；

（十）其他不依照本条例规定履行职责的。

第五十九条 采用不正当手段垄断种苗市场，或者哄抬种苗价格的，依照刑法关于非法经营罪、强迫交易罪或者其他罪的规定，依法追究刑事责任；尚不够刑事处罚的，由工商行政管理机关依照反不正当竞争法的规定处理；反不正当竞争法未作规定的，由工商行政管理机关处以非法经营额2倍以上5倍以下的罚款。

第六十条 销售、供应未经检验合格的种苗或者未附具标签、质量检验合格证、检疫合格证的种苗的，依照刑法关于生产、销售伪劣种子罪或者其他罪的规定，依法追究刑事责任；尚不够刑事处罚的，由县级以上人民政府林业、农业行政主管部门或者工商行政管理机关依照种子法的规定处理；种子法未作规定的，由县级以上人民政府林业、农业行政主管部门依据职权处以非法经营额2倍以上5倍以下的罚款。

第六十一条 供应补助粮食的企业向退耕还林者供应不符合国家质量标准的补助粮食的，由县级以上人民政府粮食行政管理部门责令限期改正，可以处非法供应的补助粮食数量乘以标准口粮单价1倍以下的罚款。

供应补助粮食的企业将补助粮食折算成现金或者代金券支付的，或者回购补助粮食的，由县级以上人民政府粮食行政管理部门责令限期改正，可以处折算现金额、代金券额或者回购粮食价款1倍以下的罚款。

第六十二条 退耕还林者擅自复耕，或者林粮间作、在退耕还林项目实施范围内从事滥采、乱挖等破坏地表植被的活动的，依照刑法关于非法占用农用地罪、滥伐林木罪或者其他罪的规定，依法追究刑事责任；尚不够刑事处罚的，由县级以上人民政府林业、农业、水利行政主管部门依照森林法、草原法、水土保持法的规定处罚。

第七章　附　　则

第六十三条 已垦草场退耕还草和天然草场恢复与建设的具体

实施，依照草原法和国务院有关规定执行。

退耕还林还草地区小流域治理、水土保持等相关工作的具体实施，依照水土保持法和国务院有关规定执行。

第六十四条 国务院批准的规划范围外的土地，地方各级人民政府决定实施退耕还林的，不享受本条例规定的中央政策补助。

第六十五条 本条例自2003年1月20日起施行。

中华人民共和国草原法

（1985年6月18日第六届全国人民代表大会常务委员会第十一次会议通过 2002年12月28日第九届全国人民代表大会常务委员会第三十一次会议修订 根据2009年8月27日第十一届全国人民代表大会常务委员会第十次会议《关于修改部分法律的决定》第一次修正 根据2013年6月29日第十二届全国人民代表大会常务委员会第三次会议《关于修改〈中华人民共和国文物保护法〉等十二部法律的决定》第二次修正 根据2021年4月29日第十三届全国人民代表大会常务委员会第二十八次会议《关于修改〈中华人民共和国道路交通安全法〉等八部法律的决定》第三次修正）

目 录

第一章 总　　则
第二章 草原权属
第三章 规　　划
第四章 建　　设
第五章 利　　用

第六章　保　　护
第七章　监督检查
第八章　法律责任
第九章　附　　则

第一章　总　　则

第一条　为了保护、建设和合理利用草原，改善生态环境，维护生物多样性，发展现代畜牧业，促进经济和社会的可持续发展，制定本法。

第二条　在中华人民共和国领域内从事草原规划、保护、建设、利用和管理活动，适用本法。

本法所称草原，是指天然草原和人工草地。

第三条　国家对草原实行科学规划、全面保护、重点建设、合理利用的方针，促进草原的可持续利用和生态、经济、社会的协调发展。

第四条　各级人民政府应当加强对草原保护、建设和利用的管理，将草原的保护、建设和利用纳入国民经济和社会发展计划。

各级人民政府应当加强保护、建设和合理利用草原的宣传教育。

第五条　任何单位和个人都有遵守草原法律法规、保护草原的义务，同时享有对违反草原法律法规、破坏草原的行为进行监督、检举和控告的权利。

第六条　国家鼓励与支持开展草原保护、建设、利用和监测方面的科学研究，推广先进技术和先进成果，培养科学技术人才。

第七条　国家对在草原管理、保护、建设、合理利用和科学研究等工作中做出显著成绩的单位和个人，给予奖励。

第八条　国务院草原行政主管部门主管全国草原监督管理工作。

县级以上地方人民政府草原行政主管部门主管本行政区域内草

原监督管理工作。

乡（镇）人民政府应当加强对本行政区域内草原保护、建设和利用情况的监督检查，根据需要可以设专职或者兼职人员负责具体监督检查工作。

第二章 草原权属

第九条 草原属于国家所有，由法律规定属于集体所有的除外。国家所有的草原，由国务院代表国家行使所有权。

任何单位或者个人不得侵占、买卖或者以其他形式非法转让草原。

第十条 国家所有的草原，可以依法确定给全民所有制单位、集体经济组织等使用。

使用草原的单位，应当履行保护、建设和合理利用草原的义务。

第十一条 依法确定给全民所有制单位、集体经济组织等使用的国家所有的草原，由县级以上人民政府登记，核发使用权证，确认草原使用权。

未确定使用权的国家所有的草原，由县级以上人民政府登记造册，并负责保护管理。

集体所有的草原，由县级人民政府登记，核发所有权证，确认草原所有权。

依法改变草原权属的，应当办理草原权属变更登记手续。

第十二条 依法登记的草原所有权和使用权受法律保护，任何单位或者个人不得侵犯。

第十三条 集体所有的草原或者依法确定给集体经济组织使用的国家所有的草原，可以由本集体经济组织内的家庭或者联户承包经营。

在草原承包经营期内，不得对承包经营者使用的草原进行调整；个别确需适当调整的，必须经本集体经济组织成员的村（牧）

民会议三分之二以上成员或者三分之二以上村（牧）民代表的同意，并报乡（镇）人民政府和县级人民政府草原行政主管部门批准。

集体所有的草原或者依法确定给集体经济组织使用的国家所有的草原由本集体经济组织以外的单位或者个人承包经营的，必须经本集体经济组织成员的村（牧）民会议三分之二以上成员或者三分之二以上村（牧）民代表的同意，并报乡（镇）人民政府批准。

第十四条　承包经营草原，发包方和承包方应当签订书面合同。草原承包合同的内容应当包括双方的权利和义务、承包草原四至界限、面积和等级、承包期和起止日期、承包草原用途和违约责任等。承包期届满，原承包经营者在同等条件下享有优先承包权。

承包经营草原的单位和个人，应当履行保护、建设和按照承包合同约定的用途合理利用草原的义务。

第十五条　草原承包经营权受法律保护，可以按照自愿、有偿的原则依法转让。

草原承包经营权转让的受让方必须具有从事畜牧业生产的能力，并应当履行保护、建设和按照承包合同约定的用途合理利用草原的义务。

草原承包经营权转让应当经发包方同意。承包方与受让方在转让合同中约定的转让期限，不得超过原承包合同剩余的期限。

第十六条　草原所有权、使用权的争议，由当事人协商解决；协商不成的，由有关人民政府处理。

单位之间的争议，由县级以上人民政府处理；个人之间、个人与单位之间的争议，由乡（镇）人民政府或者县级以上人民政府处理。

当事人对有关人民政府的处理决定不服的，可以依法向人民法院起诉。

在草原权属争议解决前，任何一方不得改变草原利用现状，不得破坏草原和草原上的设施。

第三章 规　　划

第十七条 国家对草原保护、建设、利用实行统一规划制度。国务院草原行政主管部门会同国务院有关部门编制全国草原保护、建设、利用规划，报国务院批准后实施。

县级以上地方人民政府草原行政主管部门会同同级有关部门依据上一级草原保护、建设、利用规划编制本行政区域的草原保护、建设、利用规划，报本级人民政府批准后实施。

经批准的草原保护、建设、利用规划确需调整或者修改时，须经原批准机关批准。

第十八条 编制草原保护、建设、利用规划，应当依据国民经济和社会发展规划并遵循下列原则：

（一）改善生态环境，维护生物多样性，促进草原的可持续利用；

（二）以现有草原为基础，因地制宜，统筹规划，分类指导；

（三）保护为主、加强建设、分批改良、合理利用；

（四）生态效益、经济效益、社会效益相结合。

第十九条 草原保护、建设、利用规划应当包括：草原保护、建设、利用的目标和措施，草原功能分区和各项建设的总体部署，各项专业规划等。

第二十条 草原保护、建设、利用规划应当与土地利用总体规划相衔接，与环境保护规划、水土保持规划、防沙治沙规划、水资源规划、林业长远规划、城市总体规划、村庄和集镇规划以及其他有关规划相协调。

第二十一条 草原保护、建设、利用规划一经批准，必须严格执行。

第二十二条 国家建立草原调查制度。

县级以上人民政府草原行政主管部门会同同级有关部门定期进

行草原调查；草原所有者或者使用者应当支持、配合调查，并提供有关资料。

第二十三条　国务院草原行政主管部门会同国务院有关部门制定全国草原等级评定标准。

县级以上人民政府草原行政主管部门根据草原调查结果、草原的质量，依据草原等级评定标准，对草原进行评等定级。

第二十四条　国家建立草原统计制度。

县级以上人民政府草原行政主管部门和同级统计部门共同制定草原统计调查办法，依法对草原的面积、等级、产草量、载畜量等进行统计，定期发布草原统计资料。

草原统计资料是各级人民政府编制草原保护、建设、利用规划的依据。

第二十五条　国家建立草原生产、生态监测预警系统。

县级以上人民政府草原行政主管部门对草原的面积、等级、植被构成、生产能力、自然灾害、生物灾害等草原基本状况实行动态监测，及时为本级政府和有关部门提供动态监测和预警信息服务。

第四章　建　　设

第二十六条　县级以上人民政府应当增加草原建设的投入，支持草原建设。

国家鼓励单位和个人投资建设草原，按照谁投资、谁受益的原则保护草原投资建设者的合法权益。

第二十七条　国家鼓励与支持人工草地建设、天然草原改良和饲草饲料基地建设，稳定和提高草原生产能力。

第二十八条　县级以上人民政府应当支持、鼓励和引导农牧民开展草原围栏、饲草饲料储备、牲畜圈舍、牧民定居点等生产生活设施的建设。

县级以上地方人民政府应当支持草原水利设施建设，发展草原节水灌溉，改善人畜饮水条件。

第二十九条 县级以上人民政府应当按照草原保护、建设、利用规划加强草种基地建设，鼓励选育、引进、推广优良草品种。

新草品种必须经全国草品种审定委员会审定，由国务院草原行政主管部门公告后方可推广。从境外引进草种必须依法进行审批。

县级以上人民政府草原行政主管部门应当依法加强对草种生产、加工、检疫、检验的监督管理，保证草种质量。

第三十条 县级以上人民政府应当有计划地进行火情监测、防火物资储备、防火隔离带等草原防火设施的建设，确保防火需要。

第三十一条 对退化、沙化、盐碱化、石漠化和水土流失的草原，地方各级人民政府应当按照草原保护、建设、利用规划，划定治理区，组织专项治理。

大规模的草原综合治理，列入国家国土整治计划。

第三十二条 县级以上人民政府应当根据草原保护、建设、利用规划，在本级国民经济和社会发展计划中安排资金用于草原改良、人工种草和草种生产，任何单位或者个人不得截留、挪用；县级以上人民政府财政部门和审计部门应当加强监督管理。

第五章 利 用

第三十三条 草原承包经营者应当合理利用草原，不得超过草原行政主管部门核定的载畜量；草原承包经营者应当采取种植和储备饲草饲料、增加饲草饲料供应量、调剂处理牲畜、优化畜群结构、提高出栏率等措施，保持草畜平衡。

草原载畜量标准和草畜平衡管理办法由国务院草原行政主管部门规定。

第三十四条 牧区的草原承包经营者应当实行划区轮牧，合理配置畜群，均衡利用草原。

第三十五条 国家提倡在农区、半农半牧区和有条件的牧区实行牲畜圈养。草原承包经营者应当按照饲养牲畜的种类和数量，调剂、储备饲草饲料，采用青贮和饲草饲料加工等新技术，逐步改变依赖天然草地放牧的生产方式。

在草原禁牧、休牧、轮牧区，国家对实行舍饲圈养的给予粮食和资金补助，具体办法由国务院或者国务院授权的有关部门规定。

第三十六条　县级以上地方人民政府草原行政主管部门对割草场和野生草种基地应当规定合理的割草期、采种期以及留茬高度和采割强度，实行轮割轮采。

第三十七条　遇到自然灾害等特殊情况，需要临时调剂使用草原的，按照自愿互利的原则，由双方协商解决；需要跨县临时调剂使用草原的，由有关县级人民政府或者共同的上级人民政府组织协商解决。

第三十八条　进行矿藏开采和工程建设，应当不占或者少占草原；确需征收、征用或者使用草原的，必须经省级以上人民政府草原行政主管部门审核同意后，依照有关土地管理的法律、行政法规办理建设用地审批手续。

第三十九条　因建设征收、征用集体所有的草原的，应当依照《中华人民共和国土地管理法》的规定给予补偿；因建设使用国家所有的草原的，应当依照国务院有关规定对草原承包经营者给予补偿。

因建设征收、征用或者使用草原的，应当交纳草原植被恢复费。草原植被恢复费专款专用，由草原行政主管部门按照规定用于恢复草原植被，任何单位和个人不得截留、挪用。草原植被恢复费的征收、使用和管理办法，由国务院价格主管部门和国务院财政部门会同国务院草原行政主管部门制定。

第四十条　需要临时占用草原的，应当经县级以上地方人民政府草原行政主管部门审核同意。

临时占用草原的期限不得超过二年，并不得在临时占用的草原上修建永久性建筑物、构筑物；占用期满，用地单位必须恢复草原植被并及时退还。

第四十一条 在草原上修建直接为草原保护和畜牧业生产服务的工程设施，需要使用草原的，由县级以上人民政府草原行政主管部门批准；修筑其他工程，需要将草原转为非畜牧业生产用地的，必须依法办理建设用地审批手续。

前款所称直接为草原保护和畜牧业生产服务的工程设施，是指：

（一）生产、贮存草种和饲草饲料的设施；

（二）牲畜圈舍、配种点、剪毛点、药浴池、人畜饮水设施；

（三）科研、试验、示范基地；

（四）草原防火和灌溉设施。

第六章 保　　护

第四十二条 国家实行基本草原保护制度。下列草原应当划为基本草原，实施严格管理：

（一）重要放牧场；

（二）割草地；

（三）用于畜牧业生产的人工草地、退耕还草地以及改良草地、草种基地；

（四）对调节气候、涵养水源、保持水土、防风固沙具有特殊作用的草原；

（五）作为国家重点保护野生动植物生存环境的草原；

（六）草原科研、教学试验基地；

（七）国务院规定应当划为基本草原的其他草原。

基本草原的保护管理办法，由国务院制定。

第四十三条 国务院草原行政主管部门或者省、自治区、直辖市人民政府可以按照自然保护区管理的有关规定在下列地区建立草原自然保护区：

（一）具有代表性的草原类型；

（二）珍稀濒危野生动植物分布区；

（三）具有重要生态功能和经济科研价值的草原。

第四十四条　县级以上人民政府应当依法加强对草原珍稀濒危野生植物和种质资源的保护、管理。

第四十五条　国家对草原实行以草定畜、草畜平衡制度。县级以上地方人民政府草原行政主管部门应当按照国务院草原行政主管部门制定的草原载畜量标准，结合当地实际情况，定期核定草原载畜量。各级人民政府应当采取有效措施，防止超载过牧。

第四十六条　禁止开垦草原。对水土流失严重、有沙化趋势、需要改善生态环境的已垦草原，应当有计划、有步骤地退耕还草；已造成沙化、盐碱化、石漠化的，应当限期治理。

第四十七条　对严重退化、沙化、盐碱化、石漠化的草原和生态脆弱区的草原，实行禁牧、休牧制度。

第四十八条　国家支持依法实行退耕还草和禁牧、休牧。具体办法由国务院或者省、自治区、直辖市人民政府制定。

对在国务院批准规划范围内实施退耕还草的农牧民，按照国家规定给予粮食、现金、草种费补助。退耕还草完成后，由县级以上人民政府草原行政主管部门核实登记，依法履行土地用途变更手续，发放草原权属证书。

第四十九条　禁止在荒漠、半荒漠和严重退化、沙化、盐碱化、石漠化、水土流失的草原以及生态脆弱区的草原上采挖植物和从事破坏草原植被的其他活动。

第五十条　在草原上从事采土、采砂、采石等作业活动，应当报县级人民政府草原行政主管部门批准；开采矿产资源的，并应当依法办理有关手续。

经批准在草原上从事本条第一款所列活动的，应当在规定的时间、区域内，按照准许的采挖方式作业，并采取保护草原植被的措施。

在他人使用的草原上从事本条第一款所列活动的，还应当事先征得草原使用者的同意。

第五十一条 在草原上种植牧草或者饲料作物，应当符合草原保护、建设、利用规划；县级以上地方人民政府草原行政主管部门应当加强监督管理，防止草原沙化和水土流失。

第五十二条 在草原上开展经营性旅游活动，应当符合有关草原保护、建设、利用规划，并不得侵犯草原所有者、使用者和承包经营者的合法权益，不得破坏草原植被。

第五十三条 草原防火工作贯彻预防为主、防消结合的方针。

各级人民政府应当建立草原防火责任制，规定草原防火期，制定草原防火扑火预案，切实做好草原火灾的预防和扑救工作。

第五十四条 县级以上地方人民政府应当做好草原鼠害、病虫害和毒害草防治的组织管理工作。县级以上地方人民政府草原行政主管部门应当采取措施，加强草原鼠害、病虫害和毒害草监测预警、调查以及防治工作，组织研究和推广综合防治的办法。

禁止在草原上使用剧毒、高残留以及可能导致二次中毒的农药。

第五十五条 除抢险救灾和牧民搬迁的机动车辆外，禁止机动车辆离开道路在草原上行驶，破坏草原植被；因从事地质勘探、科学考察等活动确需离开道路在草原上行驶的，应当事先向所在地县级人民政府草原行政主管部门报告行驶区域和行驶路线，并按照报告的行驶区域和行驶路线在草原上行驶。

第七章 监督检查

第五十六条 国务院草原行政主管部门和草原面积较大的省、自治区的县级以上地方人民政府草原行政主管部门设立草原监督管理机构，负责草原法律、法规执行情况的监督检查，对违反草原法律、法规的行为进行查处。

草原行政主管部门和草原监督管理机构应当加强执法队伍建

设，提高草原监督检查人员的政治、业务素质。草原监督检查人员应当忠于职守，秉公执法。

第五十七条 草原监督检查人员履行监督检查职责时，有权采取下列措施：

（一）要求被检查单位或者个人提供有关草原权属的文件和资料，进行查阅或者复制；

（二）要求被检查单位或者个人对草原权属等问题作出说明；

（三）进入违法现场进行拍照、摄像和勘测；

（四）责令被检查单位或者个人停止违反草原法律、法规的行为，履行法定义务。

第五十八条 国务院草原行政主管部门和省、自治区、直辖市人民政府草原行政主管部门，应当加强对草原监督检查人员的培训和考核。

第五十九条 有关单位和个人对草原监督检查人员的监督检查工作应当给予支持、配合，不得拒绝或者阻碍草原监督检查人员依法执行职务。

草原监督检查人员在履行监督检查职责时，应当向被检查单位和个人出示执法证件。

第六十条 对违反草原法律、法规的行为，应当依法作出行政处理，有关草原行政主管部门不作出行政处理决定的，上级草原行政主管部门有权责令有关草原行政主管部门作出行政处理决定或者直接作出行政处理决定。

第八章 法律责任

第六十一条 草原行政主管部门工作人员及其他国家机关有关工作人员玩忽职守、滥用职权，不依法履行监督管理职责，或者发现违法行为不予查处，造成严重后果，构成犯罪的，依法追究刑事责任；尚不够刑事处罚的，依法给予行政处分。

第六十二条 截留、挪用草原改良、人工种草和草种生产资金或者草原植被恢复费，构成犯罪的，依法追究刑事责任；尚不够刑事处罚的，依法给予行政处分。

第六十三条 无权批准征收、征用、使用草原的单位或者个人非法批准征收、征用、使用草原的，超越批准权限非法批准征收、征用、使用草原的，或者违反法律规定的程序批准征收、征用、使用草原，构成犯罪的，依法追究刑事责任；尚不够刑事处罚的，依法给予行政处分。非法批准征收、征用、使用草原的文件无效。非法批准征收、征用、使用的草原应当收回，当事人拒不归还的，以非法使用草原论处。

非法批准征收、征用、使用草原，给当事人造成损失的，依法承担赔偿责任。

第六十四条 买卖或者以其他形式非法转让草原，构成犯罪的，依法追究刑事责任；尚不够刑事处罚的，由县级以上人民政府草原行政主管部门依据职权责令限期改正，没收违法所得，并处违法所得一倍以上五倍以下的罚款。

第六十五条 未经批准或者采取欺骗手段骗取批准，非法使用草原，构成犯罪的，依法追究刑事责任；尚不够刑事处罚的，由县级以上人民政府草原行政主管部门依据职权责令退还非法使用的草原，对违反草原保护、建设、利用规划擅自将草原改为建设用地的，限期拆除在非法使用的草原上新建的建筑物和其他设施，恢复草原植被，并处草原被非法使用前三年平均产值六倍以上十二倍以下的罚款。

第六十六条 非法开垦草原，构成犯罪的，依法追究刑事责任；尚不够刑事处罚的，由县级以上人民政府草原行政主管部门依据职权责令停止违法行为，限期恢复植被，没收非法财物和违法所得，并处违法所得一倍以上五倍以下的罚款；没有违法所得的，并处五万元以下的罚款；给草原所有者或者使用者造成损失的，依法承担赔偿责任。

第六十七条 在荒漠、半荒漠和严重退化、沙化、盐碱化、石漠化、水土流失的草原，以及生态脆弱区的草原上采挖植物或者从事破坏草原植被的其他活动的，由县级以上地方人民政府草原行政主管部门依据职权责令停止违法行为，没收非法财物和违法所得，可以并处违法所得一倍以上五倍以下的罚款；没有违法所得的，可以并处五万元以下的罚款；给草原所有者或者使用者造成损失的，依法承担赔偿责任。

第六十八条 未经批准或者未按照规定的时间、区域和采挖方式在草原上进行采土、采砂、采石等活动的，由县级人民政府草原行政主管部门责令停止违法行为，限期恢复植被，没收非法财物和违法所得，可以并处违法所得一倍以上二倍以下的罚款；没有违法所得的，可以并处二万元以下的罚款；给草原所有者或者使用者造成损失的，依法承担赔偿责任。

第六十九条 违反本法第五十二条规定，在草原上开展经营性旅游活动，破坏草原植被的，由县级以上地方人民政府草原行政主管部门依据职权责令停止违法行为，限期恢复植被，没收违法所得，可以并处违法所得一倍以上二倍以下的罚款；没有违法所得的，可以并处草原被破坏前三年平均产值六倍以上十二倍以下的罚款；给草原所有者或者使用者造成损失的，依法承担赔偿责任。

第七十条 非抢险救灾和牧民搬迁的机动车辆离开道路在草原上行驶，或者从事地质勘探、科学考察等活动，未事先向所在地县级人民政府草原行政主管部门报告或者未按照报告的行驶区域和行驶路线在草原上行驶，破坏草原植被的，由县级人民政府草原行政主管部门责令停止违法行为，限期恢复植被，可以并处草原被破坏前三年平均产值三倍以上九倍以下的罚款；给草原所有者或者使用者造成损失的，依法承担赔偿责任。

第七十一条 在临时占用的草原上修建永久性建筑物、构筑物的，由县级以上地方人民政府草原行政主管部门依据职权责令限期拆除；逾期不拆除的，依法强制拆除，所需费用由违法者承担。

临时占用草原，占用期届满，用地单位不予恢复草原植被的，由县级以上地方人民政府草原行政主管部门依据职权责令限期恢复；逾期不恢复的，由县级以上地方人民政府草原行政主管部门代为恢复，所需费用由违法者承担。

第七十二条 未经批准，擅自改变草原保护、建设、利用规划的，由县级以上人民政府责令限期改正；对直接负责的主管人员和其他直接责任人员，依法给予行政处分。

第七十三条 对违反本法有关草畜平衡制度的规定，牲畜饲养量超过县级以上地方人民政府草原行政主管部门核定的草原载畜量标准的纠正或者处罚措施，由省、自治区、直辖市人民代表大会或者其常务委员会规定。

第九章 附 则

第七十四条 本法第二条第二款中所称的天然草原包括草地、草山和草坡，人工草地包括改良草地和退耕还草地，不包括城镇草地。

第七十五条 本法自2003年3月1日起施行。

国务院办公厅关于加强草原保护修复的若干意见

（2021年3月12日 国办发〔2021〕7号）

草原是我国重要的生态系统和自然资源，在维护国家生态安全、边疆稳定、民族团结和促进经济社会可持续发展、农牧民增收等方面具有基础性、战略性作用。党的十八大以来，草原保护修复工作取得显著成效，草原生态持续恶化的状况得到初步遏制，部分地区草原生态明显恢复。但当前我国草原生态系统整体仍较脆弱，保护修复力度不够、利用管理水平不高、科技支撑能力不足、草原资源底数不清等问题依然突出，草原生态形势依然严峻。为进一步加强草原保护修复，加快推进生态文明建设，经国务院同意，现提出以下意见。

一、总体要求

（一）指导思想。以习近平新时代中国特色社会主义思想为指导，全面贯彻党的十九大和十九届二中、三中、四中、五中全会精神，深入贯彻习近平生态文明思想，坚持绿水青山就是金山银山、山水林田湖草是一个生命共同体，按照节约优先、保护优先、自然恢复为主的方针，以完善草原保护修复制度、推进草原治理体系和治理能力现代化为主线，加强草原保护管理，推进草原生态修复，促进草原合理利用，改善草原生态状况，推动草原地区绿色发展，为建设生态文明和美丽中国奠定重要基础。

（二）工作原则。

坚持尊重自然，保护优先。遵循顺应生态系统演替规律和内在机理，促进草原休养生息，维护自然生态系统安全稳定。宜林则林、宜草则草，林草有机结合。把保护草原生态放在更加突出的位置，全面维护和提升草原生态功能。

坚持系统治理，分区施策。采取综合措施全面保护、系统修复草原生态系统，同时注重因地制宜、突出重点，增强草原保护修复的系统性、针对性、长效性。

坚持科学利用，绿色发展。正确处理保护与利用的关系，在保护好草原生态的基础上，科学利用草原资源，促进草原地区绿色发展和农牧民增收。

坚持政府主导，全民参与。明确地方各级人民政府保护修复草原的主导地位，落实林（草）长制，充分发挥农牧民的主体作用，积极引导全社会参与草原保护修复。

（三）主要目标。到 2025 年，草原保护修复制度体系基本建立，草畜矛盾明显缓解，草原退化趋势得到根本遏制，草原综合植被盖度稳定在 57%左右，草原生态状况持续改善。到 2035 年，草原保护修复制度体系更加完善，基本实现草畜平衡，退化草原得到有效治理和修复，草原综合植被盖度稳定在 60%左右，草原生态功能和生产功能显著提升，在美丽中国建设中的作用彰显。到本世纪中叶，退化草原得到全面治理和修复，草原生态系统实现良性循环，形成人与自然和谐共生的新格局。

二、工作措施

（四）建立草原调查体系。完善草原调查制度，整合优化草原调查队伍，健全草原调查技术标准体系。在第三次全国国土调查基础上，适时组织开展草原资源专项调查，全面查清草原类型、权属、面积、分布、质量以及利用状况等底数，建立草原管理基本档案。（自然资源部、国家林草局负责）

（五）健全草原监测评价体系。建立完善草原监测评价队伍、技术和标准体系。加强草原监测网络建设，充分利用遥感卫星等数据资源，构建空天地一体化草原监测网络，强化草原动态监测。健全草原监测评价数据汇交、定期发布和信息共享机制。加强草原统计，完善草原统计指标和方法。（国家林草局、自然资源部、生态环境部、国家统计局等按职责分工负责）

（六）编制草原保护修复利用规划。按照因地制宜、分区施策的原则，依据国土空间规划，编制全国草原保护修复利用规划，明确草原功能分区、保护目标和管理措施。合理规划牧民定居点，防止出现定居点周边草原退化问题。地方各级人民政府要依据上一级规划，编制本行政区域草原保护修复利用规划并组织实施。（国家林草局、自然资源部、生态环境部等按职责分工负责）

（七）加大草原保护力度。落实基本草原保护制度，把维护国家生态安全、保障草原畜牧业健康发展所需最基本、最重要的草原划定为基本草原，实施更加严格的保护和管理，确保基本草原面积不减少、质量不下降、用途不改变。严格落实生态保护红线制度和国土空间用途管制制度。加大执法监督力度，建立健全草原联合执法机制，严厉打击、坚决遏制各类非法挤占草原生态空间、乱开滥垦草原等行为。建立健全草原执法责任追究制度，严格落实草原生态环境损害赔偿制度。加强矿藏开采、工程建设等征占用草原审核审批管理，强化源头管控和事中事后监管。依法规范规模化养殖场等设施建设占用草原行为。完善落实禁牧休牧和草畜平衡制度，依法查处超载过牧和禁牧休牧期违规放牧行为。组织开展草畜平衡示范县建设，总结推广实现草畜平衡的经验和模式。（国家林草局、自然资源部、生态环境部、农业农村部等按职责分工负责）

（八）完善草原自然保护地体系。整合优化建立草原类型自然保护地，实行整体保护、差别化管理。开展自然保护地自然资源确权登记，在自然保护地核心保护区，原则上禁止人为活动；在自然保护地一般控制区和草原自然公园，实行负面清单管理，规范生产生活和旅游等活动，增强草原生态系统的完整性和连通性，为野生动植物生存繁衍留下空间，有效保护生物多样性。（国家林草局、自然资源部、生态环境部等按职责分工负责）

（九）加快推进草原生态修复。实施草原生态修复治理，加快退化草原植被和土壤恢复，提升草原生态功能和生产功能。在严重超载过牧地区，采取禁牧封育、免耕补播、松土施肥、鼠虫害防治等措施，促进草原植被恢复。对已垦草原，按照国务院批准的范围和规模，有计划地退耕还草。在水土条件适宜地区，实施退化草原生态修复，鼓励和支持人工草地建设，恢复提升草原生产能力，支持优质储备饲草基地建设，促进草原生态修复与草原畜牧业高质量发展有机融合。强化草原生物灾害监测预警，加强草原有害生物及外来入侵物种防治，不断提高绿色防治水平。完善草原火灾突发事件应急预案，加强草原火情监测预警和火灾防控。健全草原生态保护修复监管制度。（国家林草局、自然资源部、应急部、生态环境部、农业农村部等按职责分工负责）

（十）统筹推进林草生态治理。按照山水林田湖草整体保护、系统修复、综合治理的要求和宜林则林、宜草则草、宜荒则荒的原则，统筹推进森林、草原保护修复和荒漠化治理。在干旱半干旱地区，坚持以水定绿，采取以草灌为主、林草结合方式恢复植被，增强生态系统稳定性。在林草交错地带，营造林草复合植被，避免过分强调集中连片和高密度造林。在森林区，适当保留林间和林缘草地，形成林地、草地镶嵌分布的复合生态系统。在草原区，对生态系统脆弱、生态区位重要的退化草原，加强生态修复和保护管理，巩固生态治理成果。研究设置林草覆盖率指标，用于考核评价各地生态建设成效。（国家林草局负责）

（十一）大力发展草种业。建立健全国家草种质资源保护利用体系，鼓励地方开展草种质资源普查，建立草种质资源库、资源圃及原生境保护为一体的保存体系，完善草种质资源收集保存、评价鉴定、创新利用和信息共享的技术体系。加强优良草种特别是优质乡土草种选育、扩繁、储备和推广利用，不断提高草种自给率，满足草原生态修复用种需要。完善草品种审定制度，加强草种质量监管。（国家林草局负责）

（十二）合理利用草原资源。牧区要以实现草畜平衡为目标，优化畜群结构，控制放牧牲畜数量，提高科学饲养和放牧管理水平，减轻天然草原放牧压力。半农半牧区要因地制宜建设多年生人工草地，发展适度规模经营。农区要结合退耕还草、草田轮作等工作，大力发展人工草地，提高饲草供给能力，发展规模化、标准化养殖。加快转变传统草原畜牧业生产方式，优化牧区、半农半牧区和农区资源配置，推行“牧区繁育、农区育肥”等生产模式，提高资源利用效率。发展现代草业，支持草产品加工业发展，建立完善

草产品质量标准体系。强化农牧民培训，提升科学保护、合理利用草原的能力水平。（农业农村部、国家林草局等按职责分工负责）

（十三）完善草原承包经营制度。加快推进草原确权登记颁证。牧区半牧区要着重解决草原承包地块四至不清、证地不符、交叉重叠等问题。草原面积较小、零星分布地区，要因地制宜采取灵活多样方式落实完善草原承包经营制度，明确责任主体。加强草原承包经营管理，明确所有权、使用权，稳定承包权，放活经营权。规范草原经营权流转，引导鼓励按照放牧系统单元实行合作经营，提高草原合理经营利用水平。在落实草原承包经营制度和规范经营权流转时，要充分考虑草原生态系统的完整性，防止草原碎片化。（国家林草局、自然资源部等按职责分工负责）

（十四）稳妥推进国有草原资源有偿使用制度改革。合理确定国有草原有偿使用范围。由农村集体经济组织成员实行家庭或者联户承包经营使用的国有草原，不纳入有偿使用范围，但需要明确使用者保护草原的义务。应签订协议明确国有草原所有权代理行使主体和使用权人并落实双方权利义务。探索创新国有草原所有者权益的有效实现形式，国有草原所有权代理行使主体以租金、特许经营费、经营收益分红等方式收取有偿使用费，并建立收益分配机制。将有偿使用情况纳入年度国有资产报告。（国家林草局、自然资源部、国家发展改革委、财政部等按职责分工负责）

（十五）推动草原地区绿色发展。科学推进草原资源多功能利用，加快发展绿色低碳产业，努力拓宽农牧民增收渠道。充分发挥草原生态和文化功能，打造一批草原旅游景区、度假地和精品旅游线路，推动草原旅游和生态康养产业发展。引导支持草原地区低收入人口通过参与草原保护修复增加收入。（国家林草局、文化和旅游部、国家乡村振兴局等按职责分工负责）

三、保障措施

（十六）提升科技支撑能力。通过国家科技计划，支持草原科技创新，开展草原保护修复重大问题研究，尽快在退化草原修复治理、生态系统重建、生态服务价值评估、智慧草原建设等方面取得突破，着力解决草原保护修复科技支撑能力不足问题。加强草品种选育、草种生产、退化草原植被恢复、人工草地建设、草原有害生物防治等关键技术和装备研发推广。建立健全草原保护修复技术标准体系。加强草原学科建设和高素质专业人才培养。加强草原重点实验室、长期科研基地、定位观测站、创新联盟等平台建设，构建产学研推用协调机制，提高草原科技成果转化效率。加强草原保护修复国际合作与交流，积极参与全球生态治理。（科技部、教育部、国家林草局等按职责分工负责）

（十七）完善法律法规体系。加快推动草原法修改，研究制定基本草原保护相关规定，推动地方性法规制修订，健全草原保护修复制度体系。加大草原法律法规贯彻实施力度，建立健全违法举报、案件督办等机制，依法打击各类破坏草原的违法行为。完善草原行政执法与刑事司法衔接机制，依法惩治破坏草原的犯罪行为。（国家林草局、自然资源部、生态环境部、司法部、公安部等按职责分工负责）

（十八）加大政策支持力度。建立健全草原保护修复财政投入保障机制，加大中央财政对重点生态功能区转移支付力度。健全草原生态保护补偿机制。地方各级人民政府要把草原保护修复及相关基础设施建设纳入基本建设规划，加大投入力度，完善补助政策。探索开展草原生态价值评估和资产核算。鼓励金融机构创设适合草原特点的金融产品，强化金融支持。鼓励地方探索开展草原政策性保险试点。鼓励社会资本设立草原保护基金，参与草原保护修复。（国家林草局、国家发展改革委、财政部、自然资源部、生态环境部、农业农村部、水利部、人民银行、银保监会等按职责分工负责）

（十九）加强管理队伍建设。进一步整合加强、稳定壮大基层草原管理和技术推广队伍，提升监督管理和公共服务能力。重点草原地区要强化草原监管执法，加强执法人员培训，提升执法监督能力。加强草原管护员队伍建设管理，充分发挥作用。支持社会化服务组织发展，充分发挥草原专业学会、协会等社会组织在政策咨询、信息服务、科技推广、行业自律等方面作用。（国家林草局、自然资源部、人力资源社会保障部、民政部等按职责分工负责）

四、组织领导

（二十）加强对草原保护修复工作的领导。地方各级人民政府要进一步提高认识，切实把草原保护修复工作摆在重要位置，加强组织领导，周密安排部署，确保取得实效。省级人民政府对本行政区域草原保护修复工作负总责，实行市（地、州、盟）、县（市、区、旗）人民政府目标责任制。要把草原承包经营、基本草原保护、草畜平衡、禁牧休牧等制度落实情况纳入地方各级人民政府年度目标考核，细化考核指标，压实地方责任。

（二十一）落实部门责任。各有关部门要根据职责分工，认真做好草原保护修复相关工作。各级林业和草原主管部门要适应生态文明体制改革新形势，进一步转变职能，切实加强对草原保护修复工作的管理、服务和监督，及时研究解决重大问题。

（二十二）引导全社会关心支持草原事业发展。深入开展草原普法宣传和科普活动，广泛宣传草原的重要生态、经济、社会和文化功能，不断增强全社会关心关爱草原和依法保护草原的意识，夯实加强草原保护修复的群众基础。充分发挥种草护草在国土绿化中的重要作用，积极动员社会组织和群众参与草原保护修复。

（六）土地征收

国有土地上房屋征收与补偿条例

（2011年1月19日国务院第141次常务会议通过
2011年1月21日中华人民共和国国务院令第590号公布
自公布之日起施行）

第一章　总　　则

第一条　【立法目的】为了规范国有土地上房屋征收与补偿活动，维护公共利益，保障被征收房屋所有权人的合法权益，制定本条例。

第二条　【适用范围】为了公共利益的需要，征收国有土地上单位、个人的房屋，应当对被征收房屋所有权人（以下称被征收人）给予公平补偿。

第三条　【基本原则】房屋征收与补偿应当遵循决策民主、程序正当、结果公开的原则。

第四条　【行政管辖】市、县级人民政府负责本行政区域的房屋征收与补偿工作。

市、县级人民政府确定的房屋征收部门（以下称房屋征收部门）组织实施本行政区域的房屋征收与补偿工作。

市、县级人民政府有关部门应当依照本条例的规定和本级人民政府规定的职责分工，互相配合，保障房屋征收与补偿工作的顺利进行。

第五条　【房屋征收实施单位】房屋征收部门可以委托房屋征收实施单位，承担房屋征收与补偿的具体工作。房屋征收实施单位不得以营利为目的。

房屋征收部门对房屋征收实施单位在委托范围内实施的房屋征

收与补偿行为负责监督，并对其行为后果承担法律责任。

第六条 【主管部门】上级人民政府应当加强对下级人民政府房屋征收与补偿工作的监督。

国务院住房城乡建设主管部门和省、自治区、直辖市人民政府住房城乡建设主管部门应当会同同级财政、国土资源、发展改革等有关部门，加强对房屋征收与补偿实施工作的指导。

第七条 【举报与监察】任何组织和个人对违反本条例规定的行为，都有权向有关人民政府、房屋征收部门和其他有关部门举报。接到举报的有关人民政府、房屋征收部门和其他有关部门对举报应当及时核实、处理。

监察机关应当加强对参与房屋征收与补偿工作的政府和有关部门或者单位及其工作人员的监察。

第二章 征收决定

第八条 【征收情形】为了保障国家安全、促进国民经济和社会发展等公共利益的需要，有下列情形之一，确需征收房屋的，由市、县级人民政府作出房屋征收决定：

（一）国防和外交的需要；

（二）由政府组织实施的能源、交通、水利等基础设施建设的需要；

（三）由政府组织实施的科技、教育、文化、卫生、体育、环境和资源保护、防灾减灾、文物保护、社会福利、市政公用等公共事业的需要；

（四）由政府组织实施的保障性安居工程建设的需要；

（五）由政府依照城乡规划法有关规定组织实施的对危房集中、基础设施落后等地段进行旧城区改建的需要；

（六）法律、行政法规规定的其他公共利益的需要。

第九条 【征收相关建设的要求】依照本条例第八条规定，确需征收房屋的各项建设活动，应当符合国民经济和社会发展规划、土地利用总体规划、城乡规划和专项规划。保障性安居工程建设、旧城区改建，应当纳入市、县级国民经济和社会发展年度计划。

制定国民经济和社会发展规划、土地利用总体规划、城乡规划和专项规划，应当广泛征求社会公众意见，经过科学论证。

第十条　【征收补偿方案】房屋征收部门拟定征收补偿方案，报市、县级人民政府。

市、县级人民政府应当组织有关部门对征收补偿方案进行论证并予以公布，征求公众意见。征求意见期限不得少于30日。

第十一条　【旧城区改建】市、县级人民政府应当将征求意见情况和根据公众意见修改的情况及时公布。

因旧城区改建需要征收房屋，多数被征收人认为征收补偿方案不符合本条例规定的，市、县级人民政府应当组织由被征收人和公众代表参加的听证会，并根据听证会情况修改方案。

第十二条　【社会稳定风险评估】市、县级人民政府作出房屋征收决定前，应当按照有关规定进行社会稳定风险评估；房屋征收决定涉及被征收人数量较多的，应当经政府常务会议讨论决定。

作出房屋征收决定前，征收补偿费用应当足额到位、专户存储、专款专用。

第十三条　【征收公告】市、县级人民政府作出房屋征收决定后应当及时公告。公告应当载明征收补偿方案和行政复议、行政诉讼权利等事项。

市、县级人民政府及房屋征收部门应当做好房屋征收与补偿的宣传、解释工作。

房屋被依法征收的，国有土地使用权同时收回。

第十四条　【征收复议与诉讼】被征收人对市、县级人民政府作出的房屋征收决定不服的，可以依法申请行政复议，也可以依法提起行政诉讼。

第十五条　【征收调查登记】房屋征收部门应当对房屋征收范围内房屋的权属、区位、用途、建筑面积等情况组织调查登记，被征收人应当予以配合。调查结果应当在房屋征收范围内向被征收人公布。

第十六条　【房屋征收范围确定】房屋征收范围确定后，不得在房屋征收范围内实施新建、扩建、改建房屋和改变房屋用途等不当增加补偿费用的行为；违反规定实施的，不予补偿。

房屋征收部门应当将前款所列事项书面通知有关部门暂停办理相关手续。暂停办理相关手续的书面通知应当载明暂停期限。暂停期限最长不得超过1年。

第三章　补　　偿

第十七条　【征收补偿范围】作出房屋征收决定的市、县级人民政府对被征收人给予的补偿包括：

（一）被征收房屋价值的补偿；

（二）因征收房屋造成的搬迁、临时安置的补偿；

（三）因征收房屋造成的停产停业损失的补偿。

市、县级人民政府应当制定补助和奖励办法，对被征收人给予补助和奖励。

第十八条　【涉及住房保障情形的征收】征收个人住宅，被征收人符合住房保障条件的，作出房屋征收决定的市、县级人民政府应当优先给予住房保障。具体办法由省、自治区、直辖市制定。

第十九条　【被征收房屋价值的补偿】对被征收房屋价值的补偿，不得低于房屋征收决定公告之日被征收房屋类似房地产的市场价格。被征收房屋的价值，由具有相应资质的房地产价格评估机构按照房屋征收评估办法评估确定。

对评估确定的被征收房屋价值有异议的，可以向房地产价格评估机构申请复核评估。对复核结果有异议的，可以向房地产价格评估专家委员会申请鉴定。

房屋征收评估办法由国务院住房城乡建设主管部门制定，制定过程中，应当向社会公开征求意见。

第二十条　【房地产价格评估机构】房地产价格评估机构由被征收人协商选定；协商不成的，通过多数决定、随机选定等方式确定，具体办法由省、自治区、直辖市制定。

房地产价格评估机构应当独立、客观、公正地开展房屋征收评估工作，任何单位和个人不得干预。

第二十一条　【产权调换】被征收人可以选择货币补偿，也可以选择房屋产权调换。

被征收人选择房屋产权调换的，市、县级人民政府应当提供用于产权调换的房屋，并与被征收人计算、结清被征收房屋价值与用于产权调换房屋价值的差价。

因旧城区改建征收个人住宅，被征收人选择在改建地段进行房屋产权调换的，作出房屋征收决定的市、县级人民政府应当提供改建地段或者就近地段的房屋。

第二十二条　【搬迁与临时安置】因征收房屋造成搬迁的，房屋征收部门应当向被征收人支付搬迁费；选择房屋产权调换的，产权调换房屋交付前，房屋征收部门应当向被征收人支付临时安置费或者提供周转用房。

第二十三条　【停产停业损失的补偿】对因征收房屋造成停产停业损失的补偿，根据房屋被征收前的效益、停产停业期限等因素确定。具体办法由省、自治区、直辖市制定。

第二十四条　【临时建筑】市、县级人民政府及其有关部门应当依法加强对建设活动的监督管理，对违反城乡规划进行建设的，依法予以处理。

市、县级人民政府作出房屋征收决定前，应当组织有关部门依法对征收范围内未经登记的建筑进行调查、认定和处理。对认定为合法建筑和未超过批准期限的临时建筑的，应当给予补偿；对认定为违法建筑和超过批准期限的临时建筑的，不予补偿。

第二十五条　【补偿协议】房屋征收部门与被征收人依照本条例的规定，就补偿方式、补偿金额和支付期限、用于产权调换房屋的地点和面积、搬迁费、临时安置费或者周转用房、停产停业损失、搬迁期限、过渡方式和过渡期限等事项，订立补偿协议。

补偿协议订立后，一方当事人不履行补偿协议约定的义务的，另一方当事人可以依法提起诉讼。

第二十六条　【补偿决定】房屋征收部门与被征收人在征收补偿方案确定的签约期限内达不成补偿协议，或者被征收房屋所有权人不明确的，由房屋征收部门报请作出房屋征收决定的市、县级人民政府依照本条例的规定，按照征收补偿方案作出补偿决定，并在房屋征收范围内予以公告。

补偿决定应当公平，包括本条例第二十五条第一款规定的有关补偿协议的事项。

被征收人对补偿决定不服的，可以依法申请行政复议，也可以依法提起行政诉讼。

第二十七条　【先补偿后搬迁】实施房屋征收应当先补偿、后搬迁。

作出房屋征收决定的市、县级人民政府对被征收人给予补偿后，被征收人应当在补偿协议约定或者补偿决定确定的搬迁期限内完成搬迁。

任何单位和个人不得采取暴力、威胁或者违反规定中断供水、供热、供气、供电和道路通行等非法方式迫使被征收人搬迁。禁止建设单位参与搬迁活动。

第二十八条　【依法申请法院强制执行】被征收人在法定期限内不申请行政复议或者不提起行政诉讼，在补偿决定规定的期限内又不搬迁的，由作出房屋征收决定的市、县级人民政府依法申请人民法院强制执行。

强制执行申请书应当附具补偿金额和专户存储账号、产权调换房屋和周转用房的地点和面积等材料。

第二十九条　【征收补偿档案与审计监督】房屋征收部门应当依法建立房屋征收补偿档案，并将分户补偿情况在房屋征收范围内向被征收人公布。

审计机关应当加强对征收补偿费用管理和使用情况的监督，并公布审计结果。

第四章　法 律 责 任

第三十条　【玩忽职守等法律责任】市、县级人民政府及房屋征收部门的工作人员在房屋征收与补偿工作中不履行本条例规定的职责，或者滥用职权、玩忽职守、徇私舞弊的，由上级人民政府或者本级人民政府责令改正，通报批评；造成损失的，依法承担赔偿责任；对直接负责的主管人员和其他直接责任人员，依法给予处分；构成犯罪的，依法追究刑事责任。

第三十一条　【暴力等非法搬迁法律责任】采取暴力、威胁或者违反规定中断供水、供热、供气、供电和道路通行等非法方式迫使被征收人搬迁，造成损失的，依法承担赔偿责任；对直接负责的主管人员和其他直接责任人员，构成犯罪的，依法追究刑事责任；尚不构成犯罪的，依法给予处分；构成违反治安管理行为的，依法给予治安管理处罚。

第三十二条　【非法阻碍征收与补偿工作法律责任】采取暴力、威胁等方法阻碍依法进行的房屋征收与补偿工作，构成犯罪的，依法追究刑事责任；构成违反治安管理行为的，依法给予治安管理处罚。

第三十三条　【贪污、挪用等法律责任】贪污、挪用、私分、截留、拖欠征收补偿费用的，责令改正，追回有关款项，限期退还违法所得，对有关责任单位通报批评、给予警告；造成损失的，依法承担赔偿责任；对直接负责的主管人员和其他直接责任人员，构成犯罪的，依法追究刑事责任；尚不构成犯罪的，依法给予处分。

第三十四条 【违法评估法律责任】房地产价格评估机构或者房地产估价师出具虚假或者有重大差错的评估报告的，由发证机关责令限期改正，给予警告，对房地产价格评估机构并处 5 万元以上 20 万元以下罚款，对房地产估价师并处 1 万元以上 3 万元以下罚款，并记入信用档案；情节严重的，吊销资质证书、注册证书；造成损失的，依法承担赔偿责任；构成犯罪的，依法追究刑事责任。

第五章 附 则

第三十五条 【施行日期】本条例自公布之日起施行。2001 年 6 月 13 日国务院公布的《城市房屋拆迁管理条例》同时废止。本条例施行前已依法取得房屋拆迁许可证的项目，继续沿用原有的规定办理，但政府不得责成有关部门强制拆迁。

大中型水利水电工程建设征地补偿和移民安置条例

（2006 年 7 月 7 日中华人民共和国国务院令第 471 号公布 根据 2013 年 7 月 18 日《国务院关于废止和修改部分行政法规的决定》第一次修订 根据 2013 年 12 月 7 日《国务院关于修改部分行政法规的决定》第二次修订 根据 2017 年 4 月 14 日《国务院关于修改〈大中型水利水电工程建设征地补偿和移民安置条例〉的决定》第三次修订）

第一章 总 则

第一条 为了做好大中型水利水电工程建设征地补偿和移民安

置工作，维护移民合法权益，保障工程建设的顺利进行，根据《中华人民共和国土地管理法》和《中华人民共和国水法》，制定本条例。

第二条 大中型水利水电工程的征地补偿和移民安置，适用本条例。

第三条 国家实行开发性移民方针，采取前期补偿、补助与后期扶持相结合的办法，使移民生活达到或者超过原有水平。

第四条 大中型水利水电工程建设征地补偿和移民安置应当遵循下列原则：

（一）以人为本，保障移民的合法权益，满足移民生存与发展的需求；

（二）顾全大局，服从国家整体安排，兼顾国家、集体、个人利益；

（三）节约利用土地，合理规划工程占地，控制移民规模；

（四）可持续发展，与资源综合开发利用、生态环境保护相协调；

（五）因地制宜，统筹规划。

第五条 移民安置工作实行政府领导、分级负责、县为基础、项目法人参与的管理体制。

国务院水利水电工程移民行政管理机构（以下简称国务院移民管理机构）负责全国大中型水利水电工程移民安置工作的管理和监督。

县级以上地方人民政府负责本行政区域内大中型水利水电工程移民安置工作的组织和领导；省、自治区、直辖市人民政府规定的移民管理机构，负责本行政区域内大中型水利水电工程移民安置工作的管理和监督。

第二章 移民安置规划

第六条 已经成立项目法人的大中型水利水电工程，由项目法人编制移民安置规划大纲，按照审批权限报省、自治区、直辖市人民政府或者国务院移民管理机构审批；省、自治区、直辖市人民政府或者国务院移民管理机构在审批前应当征求移民区和移民安置区县级以上地方人民政府的意见。

没有成立项目法人的大中型水利水电工程，项目主管部门应当会同移民区和移民安置区县级以上地方人民政府编制移民安置规划大纲，按照审批权限报省、自治区、直辖市人民政府或者国务院移民管理机构审批。

第七条　移民安置规划大纲应当根据工程占地和淹没区实物调查结果以及移民区、移民安置区经济社会情况和资源环境承载能力编制。

工程占地和淹没区实物调查，由项目主管部门或者项目法人会同工程占地和淹没区所在地的地方人民政府实施；实物调查应当全面准确，调查结果经调查者和被调查者签字认可并公示后，由有关地方人民政府签署意见。实物调查工作开始前，工程占地和淹没区所在地的省级人民政府应当发布通告，禁止在工程占地和淹没区新增建设项目和迁入人口，并对实物调查工作作出安排。

第八条　移民安置规划大纲应当主要包括移民安置的任务、去向、标准和农村移民生产安置方式以及移民生活水平评价和搬迁后生活水平预测、水库移民后期扶持政策、淹没线以上受影响范围的划定原则、移民安置规划编制原则等内容。

第九条　编制移民安置规划大纲应当广泛听取移民和移民安置区居民的意见；必要时，应当采取听证的方式。

经批准的移民安置规划大纲是编制移民安置规划的基本依据，应当严格执行，不得随意调整或者修改；确需调整或者修改的，应当报原批准机关批准。

第十条　已经成立项目法人的，由项目法人根据经批准的移民安置规划大纲编制移民安置规划；没有成立项目法人的，项目主管部门应当会同移民区和移民安置区县级以上地方人民政府，根据经批准的移民安置规划大纲编制移民安置规划。

大中型水利水电工程的移民安置规划，按照审批权限经省、自治区、直辖市人民政府移民管理机构或者国务院移民管理机构审核后，由项目法人或者项目主管部门报项目审批或者核准部门，与可行性研究报告或者项目申请报告一并审批或者核准。

省、自治区、直辖市人民政府移民管理机构或者国务院移民管理机构审核移民安置规划，应当征求本级人民政府有关部门以及移民区和移民安置区县级以上地方人民政府的意见。

第十一条 编制移民安置规划应当以资源环境承载能力为基础，遵循本地安置与异地安置、集中安置与分散安置、政府安置与移民自找门路安置相结合的原则。

编制移民安置规划应当尊重少数民族的生产、生活方式和风俗习惯。

移民安置规划应当与国民经济和社会发展规划以及土地利用总体规划、城市总体规划、村庄和集镇规划相衔接。

第十二条 移民安置规划应当对农村移民安置、城（集）镇迁建、工矿企业迁建、专项设施迁建或者复建、防护工程建设、水库水域开发利用、水库移民后期扶持措施、征地补偿和移民安置资金概（估）算等作出安排。

对淹没线以上受影响范围内因水库蓄水造成的居民生产、生活困难问题，应当纳入移民安置规划，按照经济合理的原则，妥善处理。

第十三条 对农村移民安置进行规划，应当坚持以农业生产安置为主，遵循因地制宜、有利生产、方便生活、保护生态的原则，合理规划农村移民安置点；有条件的地方，可以结合小城镇建设进行。

农村移民安置后，应当使移民拥有与移民安置区居民基本相当的土地等农业生产资料。

第十四条 对城（集）镇移民安置进行规划，应当以城（集）镇现状为基础，节约用地，合理布局。

工矿企业的迁建，应当符合国家的产业政策，结合技术改造和结构调整进行；对技术落后、浪费资源、产品质量低劣、污染严重、不具备安全生产条件的企业，应当依法关闭。

第十五条 编制移民安置规划应当广泛听取移民和移民安置区居民的意见；必要时，应当采取听证的方式。

经批准的移民安置规划是组织实施移民安置工作的基本依据，应当严格执行，不得随意调整或者修改；确需调整或者修改的，应当依照本条例第十条的规定重新报批。

未编制移民安置规划或者移民安置规划未经审核的大中型水利水电工程建设项目，有关部门不得批准或者核准其建设，不得为其办理用地等有关手续。

第十六条 征地补偿和移民安置资金、依法应当缴纳的耕地占用税和耕地开垦费以及依照国务院有关规定缴纳的森林植被恢复费等应当列入大中型水利水电工程概算。

征地补偿和移民安置资金包括土地补偿费、安置补助费，农村居民点迁建、城（集）镇迁建、工矿企业迁建以及专项设施迁建或者复建补偿费（含有关地上附着物补偿费），移民个人财产补偿费（含地上附着物和青苗补偿费）和搬迁费，库底清理费，淹没区文物保护费和国家规定的其他费用。

第十七条 农村移民集中安置的农村居民点、城（集）镇、工矿企业以及专项设施等基础设施的迁建或者复建选址，应当依法做好环境影响评价、水文地质与工程地质勘察、地质灾害防治和地质灾害危险性评估。

第十八条 对淹没区内的居民点、耕地等，具备防护条件的，应当在经济合理的前提下，采取修建防护工程等防护措施，减少淹没损失。

防护工程的建设费用由项目法人承担，运行管理费用由大中型水利水电工程管理单位负责。

第十九条 对工程占地和淹没区内的文物，应当查清分布，确认保护价值，坚持保护为主、抢救第一的方针，实行重点保护、重点发掘。

第三章 征地补偿

第二十条 依法批准的流域规划中确定的大中型水利水电工程建设项目的用地，应当纳入项目所在地的土地利用总体规划。

大中型水利水电工程建设项目核准或者可行性研究报告批准后，项目用地应当列入土地利用年度计划。

属于国家重点扶持的水利、能源基础设施的大中型水利水电工程建设项目，其用地可以以划拨方式取得。

第二十一条 大中型水利水电工程建设项目用地，应当依法申请并办理审批手续，实行一次报批、分期征收，按期支付征地补偿费。

对于应急的防洪、治涝等工程，经有批准权的人民政府决定，可以先行使用土地，事后补办用地手续。

第二十二条 大中型水利水电工程建设征收土地的土地补偿费和安置补助费，实行与铁路等基础设施项目用地同等补偿标准，按照被征收土地所在省、自治区、直辖市规定的标准执行。

被征收土地上的零星树木、青苗等补偿标准，按照被征收土地所在省、自治区、直辖市规定的标准执行。

被征收土地上的附着建筑物按照其原规模、原标准或者恢复原功能的原则补偿；对补偿费用不足以修建基本用房的贫困移民，应当给予适当补助。

使用其他单位或者个人依法使用的国有耕地，参照征收耕地的补偿标准给予补偿；使用未确定给单位或者个人使用的国有未利用地，不予补偿。

移民远迁后，在水库周边淹没线以上属于移民个人所有的零星树木、房屋等应当分别依照本条第二款、第三款规定的标准给予补偿。

第二十三条 大中型水利水电工程建设临时用地，由县级以上人民政府土地主管部门批准。

第二十四条 工矿企业和交通、电力、电信、广播电视等专项设施以及中小学的迁建或者复建，应当按照其原规模、原标准或者恢复原功能的原则补偿。

第二十五条 大中型水利水电工程建设占用耕地的，应当执行占补平衡的规定。为安置移民开垦的耕地、因大中型水利水电工程建设而进行土地整理新增的耕地、工程施工新造的耕地可以抵扣或者折抵建设占用耕地的数量。

大中型水利水电工程建设占用25度以上坡耕地的，不计入需要补充耕地的范围。

第四章 移民安置

第二十六条 移民区和移民安置区县级以上地方人民政府负责移民安置规划的组织实施。

第二十七条 大中型水利水电工程开工前，项目法人应当根据经批准的移民安置规划，与移民区和移民安置区所在的省、自治区、直辖市人民政府或者市、县人民政府签订移民安置协议；签订协议的省、自治区、直辖市人民政府或者市人民政府，可以与下一级有移民或者移民安置任务的人民政府签订移民安置协议。

第二十八条 项目法人应当根据大中型水利水电工程建设的要求和移民安置规划，在每年汛期结束后60日内，向与其签订移民安置协议的地方人民政府提出下年度移民安置计划建议；签订移民安置协议的地方人民政府，应当根据移民安置规划和项目法人的年度移民安置计划建议，在与项目法人充分协商的基础上，组织编制并下达本行政区域的下年度移民安置年度计划。

第二十九条 项目法人应当根据移民安置年度计划，按照移民安置实施进度将征地补偿和移民安置资金支付给与其签订移民安置协议的地方人民政府。

第三十条 农村移民在本县通过新开发土地或者调剂土地集中安置的，县级人民政府应当将土地补偿费、安置补助费和集体财产补偿费直接全额兑付给该村集体经济组织或者村民委员会。

农村移民分散安置到本县内其他村集体经济组织或者村民委员会的，应当由移民安置村集体经济组织或者村民委员会与县级人民政府签订协议，按照协议安排移民的生产和生活。

第三十一条 农村移民在本省行政区域内其他县安置的，与项目法人签订移民安置协议的地方人民政府，应当及时将相应的征地补偿和移民安置资金交给移民安置区县级人民政府，用于安排移民的生产和生活。

农村移民跨省安置的，项目法人应当及时将相应的征地补偿和移民安置资金交给移民安置区省、自治区、直辖市人民政府，用于安排移民的生产和生活。

第三十二条 搬迁费以及移民个人房屋和附属建筑物、个人所有的零星树木、青苗、农副业设施等个人财产补偿费，由移民区县级人民政府直接全额兑付给移民。

第三十三条 移民自愿投亲靠友的，应当由本人向移民区县级人民政府提出申请，并提交接收地县级人民政府出具的接收证明；移民区县级人民政府确认其具有土地等农业生产资料后，应当与接收地县级人民政府和移民共同签订协议，将土地补偿费、安置补助费交给接收地县级人民政府，统筹安排移民的生产和生活，将个人财产补偿费和搬迁费发给移民个人。

第三十四条　城（集）镇迁建、工矿企业迁建、专项设施迁建或者复建补偿费，由移民区县级以上地方人民政府交给当地人民政府或者有关单位。因扩大规模、提高标准增加的费用，由有关地方人民政府或者有关单位自行解决。

第三十五条　农村移民集中安置的农村居民点应当按照经批准的移民安置规划确定的规模和标准迁建。

农村移民集中安置的农村居民点的道路、供水、供电等基础设施，由乡（镇）、村统一组织建设。

农村移民住房，应当由移民自主建造。有关地方人民政府或者村民委员会应当统一规划宅基地，但不得强行规定建房标准。

第三十六条　农村移民安置用地应当依照《中华人民共和国土地管理法》和《中华人民共和国农村土地承包法》办理有关手续。

第三十七条　移民安置达到阶段性目标和移民安置工作完毕后，省、自治区、直辖市人民政府或者国务院移民管理机构应当组织有关单位进行验收；移民安置未经验收或者验收不合格的，不得对大中型水利水电工程进行阶段性验收和竣工验收。

第五章　后期扶持

第三十八条　移民安置区县级以上地方人民政府应当编制水库移民后期扶持规划，报上一级人民政府或者其移民管理机构批准后实施。

编制水库移民后期扶持规划应当广泛听取移民的意见；必要时，应当采取听证的方式。

经批准的水库移民后期扶持规划是水库移民后期扶持工作的基本依据，应当严格执行，不得随意调整或者修改；确需调整或者修改的，应当报原批准机关批准。

未编制水库移民后期扶持规划或者水库移民后期扶持规划未经批准，有关单位不得拨付水库移民后期扶持资金。

第三十九条 水库移民后期扶持规划应当包括后期扶持的范围、期限、具体措施和预期达到的目标等内容。水库移民安置区县级以上地方人民政府应当采取建立责任制等有效措施，做好后期扶持规划的落实工作。

第四十条 水库移民后期扶持资金应当按照水库移民后期扶持规划，主要作为生产生活补助发放给移民个人；必要时可以实行项目扶持，用于解决移民村生产生活中存在的突出问题，或者采取生产生活补助和项目扶持相结合的方式。具体扶持标准、期限和资金的筹集、使用管理依照国务院有关规定执行。

省、自治区、直辖市人民政府根据国家规定的原则，结合本行政区域实际情况，制定水库移民后期扶持具体实施办法，报国务院批准后执行。

第四十一条 各级人民政府应当加强移民安置区的交通、能源、水利、环保、通信、文化、教育、卫生、广播电视等基础设施建设，扶持移民安置区发展。

移民安置区地方人民政府应当将水库移民后期扶持纳入本级人民政府国民经济和社会发展规划。

第四十二条 国家在移民安置区和大中型水利水电工程受益地区兴办的生产建设项目，应当优先吸收符合条件的移民就业。

第四十三条 大中型水利水电工程建成后形成的水面和水库消落区土地属于国家所有，由该工程管理单位负责管理，并可以在服从水库统一调度和保证工程安全、符合水土保持和水质保护要求的前提下，通过当地县级人民政府优先安排给当地农村移民使用。

第四十四条 国家在安排基本农田和水利建设资金时，应当对移民安置区所在县优先予以扶持。

第四十五条 各级人民政府及其有关部门应当加强对移民的科学文化知识和实用技术的培训，加强法制宣传教育，提高移民素质，增强移民就业能力。

第四十六条 大中型水利水电工程受益地区的各级地方人民政府及其有关部门应当按照优势互补、互惠互利、长期合作、共同发展的原则，采取多种形式对移民安置区给予支持。

第六章 监督管理

第四十七条 国家对移民安置和水库移民后期扶持实行全过程监督。省、自治区、直辖市人民政府和国务院移民管理机构应当加强对移民安置和水库移民后期扶持的监督，发现问题应当及时采取措施。

第四十八条 国家对征地补偿和移民安置资金、水库移民后期扶持资金的拨付、使用和管理实行稽察制度，对拨付、使用和管理征地补偿和移民安置资金、水库移民后期扶持资金的有关地方人民政府及其有关部门的负责人依法实行任期经济责任审计。

第四十九条 县级以上人民政府应当加强对下级人民政府及其财政、发展改革、移民等有关部门或者机构拨付、使用和管理征地补偿和移民安置资金、水库移民后期扶持资金的监督。

县级以上地方人民政府或者其移民管理机构应当加强对征地补偿和移民安置资金、水库移民后期扶持资金的管理，定期向上一级人民政府或者其移民管理机构报告并向项目法人通报有关资金拨付、使用和管理情况。

第五十条 各级审计、监察机关应当依法加强对征地补偿和移民安置资金、水库移民后期扶持资金拨付、使用和管理情况的审计和监察。

县级以上人民政府财政部门应当加强对征地补偿和移民安置资金、水库移民后期扶持资金拨付、使用和管理情况的监督。

审计、监察机关和财政部门进行审计、监察和监督时，有关单位和个人应当予以配合，及时提供有关资料。

第五十一条 国家对移民安置实行全过程监督评估。签订移民安置协议的地方人民政府和项目法人应当采取招标的方式，共同委托移民安置监督评估单位对移民搬迁进度、移民安置质量、移民资金的拨付和使用情况以及移民生活水平的恢复情况进行监督评估；被委托方应当将监督评估的情况及时向委托方报告。

第五十二条 征地补偿和移民安置资金应当专户存储、专账核算，存储期间的孳息，应当纳入征地补偿和移民安置资金，不得挪作他用。

第五十三条 移民区和移民安置区县级人民政府，应当以村为单位将大中型水利水电工程征收的土地数量、土地种类和实物调查结果、补偿范围、补偿标准和金额以及安置方案等向群众公布。群众提出异议的，县级人民政府应当及时核查，并对统计调查结果不准确的事项进行改正；经核查无误的，应当及时向群众解释。

有移民安置任务的乡（镇）、村应当建立健全征地补偿和移民安置资金的财务管理制度，并将征地补偿和移民安置资金收支情况张榜公布，接受群众监督；土地补偿费和集体财产补偿费的使用方案应当经村民会议或者村民代表会议讨论通过。

移民安置区乡（镇）人民政府、村（居）民委员会应当采取有效措施帮助移民适应当地的生产、生活，及时调处矛盾纠纷。

第五十四条 县级以上地方人民政府或者其移民管理机构以及项目法人应当建立移民工作档案，并按照国家有关规定进行管理。

第五十五条 国家切实维护移民的合法权益。

在征地补偿和移民安置过程中，移民认为其合法权益受到侵害的，可以依法向县级以上人民政府或者其移民管理机构反映，县级以上人民政府或者其移民管理机构应当对移民反映的问题进行核实并妥善解决。移民也可以依法向人民法院提起诉讼。

移民安置后，移民与移民安置区当地居民享有同等的权利，承担同等的义务。

第五十六条 按照移民安置规划必须搬迁的移民，无正当理由不得拖延搬迁或者拒迁。已经安置的移民不得返迁。

第七章 法律责任

第五十七条 违反本条例规定，有关地方人民政府、移民管理机构、项目审批部门及其他有关部门有下列行为之一的，对直接负责的主管人员和其他直接责任人员依法给予行政处分；造成严重后果，有关责任人员构成犯罪的，依法追究刑事责任：

（一）违反规定批准移民安置规划大纲、移民安置规划或者水库移民后期扶持规划的；

（二）违反规定批准或者核准未编制移民安置规划或者移民安置规划未经审核的大中型水利水电工程建设项目的；

（三）移民安置未经验收或者验收不合格而对大中型水利水电工程进行阶段性验收或者竣工验收的；

（四）未编制水库移民后期扶持规划，有关单位拨付水库移民后期扶持资金的；

（五）移民安置管理、监督和组织实施过程中发现违法行为不予查处的；

（六）在移民安置过程中发现问题不及时处理，造成严重后果以及有其他滥用职权、玩忽职守等违法行为的。

第五十八条 违反本条例规定，项目主管部门或者有关地方人民政府及其有关部门调整或者修改移民安置规划大纲、移民安置规划或者水库移民后期扶持规划的，由批准该规划大纲、规划的有关人民政府或者其有关部门、机构责令改正，对直接负责的主管人员和其他直接责任人员依法给予行政处分；造成重大损失，有关责任人员构成犯罪的，依法追究刑事责任。

违反本条例规定，项目法人调整或者修改移民安置规划大纲、移民安置规划的，由批准该规划大纲、规划的有关人民政府或者其有关部门、机构责令改正，处 10 万元以上 50 万元以下的罚款；对直接负责的主管人员和其他直接责任人员处 1 万元以上 5 万元以下的罚款；造成重大损失，有关责任人员构成犯罪的，依法追究刑事责任。

第五十九条 违反本条例规定，在编制移民安置规划大纲、移民安置规划、水库移民后期扶持规划，或者进行实物调查、移民安置监督评估中弄虚作假的，由批准该规划大纲、规划的有关人民政府或者其有关部门、机构责令改正，对有关单位处10万元以上50万元以下的罚款；对直接负责的主管人员和其他直接责任人员处1万元以上5万元以下的罚款；给他人造成损失的，依法承担赔偿责任。

第六十条 违反本条例规定，侵占、截留、挪用征地补偿和移民安置资金、水库移民后期扶持资金的，责令退赔，并处侵占、截留、挪用资金额3倍以下的罚款，对直接负责的主管人员和其他责任人员依法给予行政处分；构成犯罪的，依法追究有关责任人员的刑事责任。

第六十一条 违反本条例规定，拖延搬迁或者拒迁的，当地人民政府或者其移民管理机构可以申请人民法院强制执行；违反治安管理法律、法规的，依法给予治安管理处罚；构成犯罪的，依法追究有关责任人员的刑事责任。

第八章 附　　则

第六十二条 长江三峡工程的移民工作，依照《长江三峡工程建设移民条例》执行。

南水北调工程的征地补偿和移民安置工作，依照本条例执行。但是，南水北调工程中线、东线一期工程的移民安置规划的编制审批，依照国务院的规定执行。

第六十三条 本条例自2006年9月1日起施行。1991年2月15日国务院发布的《大中型水利水电工程建设征地补偿和移民安置条例》同时废止。

农村集体土地征收基层政务公开标准指引

（2019年6月27日 自然资办函〔2019〕1105号）

为贯彻落实党中央、国务院政务公开工作部署和新修订的《中华人民共和国政府信息公开条例》，充分发挥基层在实施农村集体土地征收中的主体作用，全面提升农村集体土地征收基层政务公开和政务服务水平，切实保障被征地农民的合法权益，制定农村集体土地征收基层政务公开标准指引如下。

一、总体要求

（一）指导思想。

以习近平新时代中国特色社会主义思想为指导，全面贯彻落实党的十九大和十九届二中、三中全会精神，坚持以人民为中心的发展思想，创新完善基层政务公开机制，全面梳理公开事项、明确公开内容、规范公开流程、完善公开方式，扎实推进农村集体土地征收基层政务公开工作。

（二）重要意义。

农村集体土地征收涉及被征地农民切身利益，关系到社会和谐稳定。做好农村集体土地征收基层政务公开工作，对于增强工作透明度，维护被征地农民的合法权益，从源头上防范和化解征地矛盾纠纷；对于规范土地征收行为，促进土地征收顺利实施，为各项建设提供合理用地保障；对于全面加强征地管理，建立适应中国特色社会主义的土地征收制度等都具有十分重要的意义。

（三）工作目标。

在现有征地信息公开工作基础上，按照标准化、规范化要求，进一步细化农村集体土地征收基层政务公开事项、内容、流程、时限、方式等，全面提高征地信息公开水平，促进政务公开建设。持续推进省级征地信息公开平台建设，实现征地信息全覆盖，保证被征地农民能够高效便捷获取征地信息，切实维护人民群众的知情权、参与权、表达权和监督权。

二、适用范围

本标准指引适用于实施农村集体土地征收的县（市、区）自然资源主管部门以及其他负责农村集体土地征收相关工作部门组织开展的农村集体土地征收政务公开工作。设区的市参照本标准指引执行。

三、公开目录及事项标准

本标准指引按照征地管理和报批流程划分公开事项，包括征地管理政策、征地前期准备、征地审查报批、征地组织实施 4 个一级公开事项，在一级公开事项下细分拟征收土地告知、拟征收土地现状调查、拟征地听证、征地报批材料、征地批准文件、征收土地公告、征地补偿登记、征地补偿安置方案公告、征地补偿安置方案听证、征地补偿费用支付等 10 个二级公开事项。每一事项明确了公开内容、公开主体、公开渠道和公开方式等的标准规范。

本标准指引除规定必须公开事项外，还设置了可选项，以“〔*〕”标注，各地可根据实际情况确定。

国家法律法规和规章对公开事项另有规定的，以及涉及国家秘密的用地，按有关规定执行。

四、管理规范

（一）公文属性源头管理。

各地拟制农村集体土地征收有关公文时，应当明确公文公开方式（主动公开、依申请公开、不公开），对于不公开的，应依法依规说明理由。

（二）主动公开。

征收前期准备、征地审查报批、征地组织实施等一级公开事项和 10 个二级公开事项政府信息生成后，应通过政府网站、征地信息公开平台、村公示栏等渠道，及时主动公开。属于依申请公开的，明确公开有关规定要求。信息公开平台应当具备信息检索、查阅、下载等功能。

（三）政策解读。

县（市、区）自然资源主管部门和负责农村集体土地征收的有关部门应在县（市、区）党委、政府的组织领导下，按照“谁起草、谁解读”的原则，切实做好本部门起草或者本部门牵头起草的政策文件解读及信息发布工作。

县（市、区）自然资源主管部门和负责农村集体土地征收的有关部门应将县（市、区）政府门户网站作为政策文件和解读信息公开的第一平台，并统筹运用政府网站、政务微博微信、新闻发布会等方式发布政策文件和解读信息，充分发挥广播电视、报刊杂志、新闻网站、新媒体的作用，扩大解读信息的受众面。

（四）回应关切。

县（市、区）自然资源主管部门和负责农村集体土地征收的有关部门应将网络政务舆情收集研判和回应工作列入本部门重要议事日程，建立健全网络政务舆情“收集、认领、研判、处置、回应”处理流程，做到及时发现、及时报告、及时处置、及时回应社会关切。应持续关注舆情处置后的发展态势，防范负面舆情出现反复，最大限度地避免或减少公众猜测，有效降低负面信息的不良影响。积极探索推进政务微博、微信、手机报与政府网站的联动和互补，发挥新媒体在传播政务信息、引导社会舆论、畅通民意渠道等方面的积极作用。

（五）公众参与。

县（市、区）自然资源主管部门和负责农村集体土地征收的有关部门要按照县（市、区）党委、政府的部署要求，创新公众参与形式，扩大政民互动交流。在制定政策时，可通过增加公众列席相关会议、政府开放日、政风行风热线、在线访谈等互动方式，与公众深入交流，倾听呼声，回答关心的问题，使公众更加了解农村集体土地征收的政策规定。

（六）省级征地信息公开平台建设。

县（市、区）自然资源主管部门和负责农村集体土地征收的有关部门要及时将农村集体土地征收信息录入到政府网站，并共享到省级征地信息公开平台。做好省级征地信息公开平台与全国征地信息共享平台的衔接，保持信息完整性、一致性。通过各级征地信息公开平台建设，促进农村集体土地征收政务公开工作更加高效。

（七）历史征地信息处理。

本标准指引自 2019 年 8 月 1 日起施行。施行之日起，县（市、区）新受理的土地征收申请及其审查报批、组织实施等有关征地信息按本标准指引予以公开。此前受理的土地征收申请形成的信息和历史形成的征地信息，可通过系统升级，转移到新的平台。有条件的地区，可按新的要求逐步补充完善历史征地信息。历史征地信息尚未公开的，按有关规定通过依申请公开等方式提供。

征地信息公开有关规定与本《通知》不一致的，以本《通知》为准。

附件：农村集体土地征收基层政务公开标准目录（略）

（七）土地税收与财政

中华人民共和国耕地占用税法

（2018 年 12 月 29 日第十三届全国人民代表大会常务委员会第七次会议通过　2018 年 12 月 29 日中华人民共和国主席令第 18 号公布　自 2019 年 9 月 1 日起施行）

第一条　为了合理利用土地资源，加强土地管理，保护耕地，制定本法。

第二条 在中华人民共和国境内占用耕地建设建筑物、构筑物或者从事非农业建设的单位和个人，为耕地占用税的纳税人，应当依照本法规定缴纳耕地占用税。

占用耕地建设农田水利设施的，不缴纳耕地占用税。

本法所称耕地，是指用于种植农作物的土地。

第三条 耕地占用税以纳税人实际占用的耕地面积为计税依据，按照规定的适用税额一次性征收，应纳税额为纳税人实际占用的耕地面积（平方米）乘以适用税额。

第四条 耕地占用税的税额如下：

（一）人均耕地不超过一亩的地区（以县、自治县、不设区的市、市辖区为单位，下同），每平方米为十元至五十元；

（二）人均耕地超过一亩但不超过二亩的地区，每平方米为八元至四十元；

（三）人均耕地超过二亩但不超过三亩的地区，每平方米为六元至三十元；

（四）人均耕地超过三亩的地区，每平方米为五元至二十五元。

各地区耕地占用税的适用税额，由省、自治区、直辖市人民政府根据人均耕地面积和经济发展等情况，在前款规定的税额幅度内提出，报同级人民代表大会常务委员会决定，并报全国人民代表大会常务委员会和国务院备案。各省、自治区、直辖市耕地占用税适用税额的平均水平，不得低于本法所附《各省、自治区、直辖市耕地占用税平均税额表》规定的平均税额。

第五条 在人均耕地低于零点五亩的地区，省、自治区、直辖市可以根据当地经济发展情况，适当提高耕地占用税的适用税额，但提高的部分不得超过本法第四条第二款确定的适用税额的百分之五十。具体适用税额按照本法第四条第二款规定的程序确定。

第六条 占用基本农田的，应当按照本法第四条第二款或者第五条确定的当地适用税额，加按百分之一百五十征收。

第七条 军事设施、学校、幼儿园、社会福利机构、医疗机构占用耕地，免征耕地占用税。

铁路线路、公路线路、飞机场跑道、停机坪、港口、航道、水利工程占用耕地，减按每平方米二元的税额征收耕地占用税。

农村居民在规定用地标准以内占用耕地新建自用住宅，按照当地适用税额减半征收耕地占用税；其中农村居民经批准搬迁，新建自用住宅占用耕地不超过原宅基地面积的部分，免征耕地占用税。

农村烈士遗属、因公牺牲军人遗属、残疾军人以及符合农村最低生活保障条件的农村居民，在规定用地标准以内新建自用住宅，免征耕地占用税。

根据国民经济和社会发展的需要，国务院可以规定免征或者减征耕地占用税的其他情形，报全国人民代表大会常务委员会备案。

第八条 依照本法第七条第一款、第二款规定免征或者减征耕地占用税后，纳税人改变原占地用途，不再属于免征或者减征耕地占用税情形的，应当按照当地适用税额补缴耕地占用税。

第九条 耕地占用税由税务机关负责征收。

第十条 耕地占用税的纳税义务发生时间为纳税人收到自然资源主管部门办理占用耕地手续的书面通知的当日。纳税人应当自纳税义务发生之日起三十日内申报缴纳耕地占用税。

自然资源主管部门凭耕地占用税完税凭证或者免税凭证和其他有关文件发放建设用地批准书。

第十一条 纳税人因建设项目施工或者地质勘查临时占用耕地，应当依照本法的规定缴纳耕地占用税。纳税人在批准临时占用耕地期满之日起一年内依法复垦，恢复种植条件的，全额退还已经缴纳的耕地占用税。

第十二条 占用园地、林地、草地、农田水利用地、养殖水面、渔业水域滩涂以及其他农用地建设建筑物、构筑物或者从事非农业建设的，依照本法的规定缴纳耕地占用税。

占用前款规定的农用地的，适用税额可以适当低于本地区按照本法第四条第二款确定的适用税额，但降低的部分不得超过百分之五十。具体适用税额由省、自治区、直辖市人民政府提出，报同级人民代表大会常务委员会决定，并报全国人民代表大会常务委员会和国务院备案。

占用本条第一款规定的农用地建设直接为农业生产服务的生产设施的，不缴纳耕地占用税。

第十三条　税务机关应当与相关部门建立耕地占用税涉税信息共享机制和工作配合机制。县级以上地方人民政府自然资源、农业农村、水利等相关部门应当定期向税务机关提供农用地转用、临时占地等信息，协助税务机关加强耕地占用税征收管理。

税务机关发现纳税人的纳税申报数据资料异常或者纳税人未按照规定期限申报纳税的，可以提请相关部门进行复核，相关部门应当自收到税务机关复核申请之日起三十日内向税务机关出具复核意见。

第十四条　耕地占用税的征收管理，依照本法和《中华人民共和国税收征收管理法》的规定执行。

第十五条　纳税人、税务机关及其工作人员违反本法规定的，依照《中华人民共和国税收征收管理法》和有关法律法规的规定追究法律责任。

第十六条　本法自 2019 年 9 月 1 日起施行。2007 年 12 月 1 日国务院公布的《中华人民共和国耕地占用税暂行条例》同时废止。

附：

各省、自治区、直辖市耕地占用税平均税额表

省、自治区、直辖市	平均税额（元/平方米）
上海	45
北京	40
天津	35
江苏、浙江、福建、广东	30
辽宁、湖北、湖南	25
河北、安徽、江西、山东、河南、重庆、四川	22.5
广西、海南、贵州、云南、陕西	20
山西、吉林、黑龙江	17.5
内蒙古、西藏、甘肃、青海、宁夏、新疆	12.5

中华人民共和国耕地占用税法实施办法

（2019年8月29日财政部、税务总局、自然资源部、农业农村部、生态环境部公告2019年第81号发布　自2019年9月1日起施行）

第一条　为了贯彻实施《中华人民共和国耕地占用税法》（以下简称税法），制定本办法。

第二条　经批准占用耕地的，纳税人为农用地转用审批文件中标明的建设用地人；农用地转用审批文件中未标明建设用地人的，纳税人为用地申请人，其中用地申请人为各级人民政府的，由同级土地储备中心、自然资源主管部门或政府委托的其他部门、单位履行耕地占用税申报纳税义务。

未经批准占用耕地的，纳税人为实际用地人。

第三条　实际占用的耕地面积，包括经批准占用的耕地面积和未经批准占用的耕地面积。

第四条　基本农田，是指依据《基本农田保护条例》划定的基本农田保护区范围内的耕地。

第五条　免税的军事设施，具体范围为《中华人民共和国军事设施保护法》规定的军事设施。

第六条　免税的学校，具体范围包括县级以上人民政府教育行政部门批准成立的大学、中学、小学，学历性职业教育学校和特殊教育学校，以及经省级人民政府或其人力资源社会保障行政部门批准成立的技工院校。

学校内经营性场所和教职工住房占用耕地的，按照当地适用税额缴纳耕地占用税。

第七条　免税的幼儿园，具体范围限于县级以上人民政府教育行政部门批准成立的幼儿园内专门用于幼儿保育、教育的场所。

第八条　免税的社会福利机构，具体范围限于依法登记的养老服务机构、残疾人服务机构、儿童福利机构、救助管理机构、未成年人救助保护机构内，专门为老年人、残疾人、未成年人、生活无着的流浪乞讨人员提供养护、康复、托管等服务的场所。

第九条　免税的医疗机构，具体范围限于县级以上人民政府卫生健康行政部门批准设立的医疗机构内专门从事疾病诊断、治疗活动的场所及其配套设施。

医疗机构内职工住房占用耕地的，按照当地适用税额缴纳耕地占用税。

第十条　减税的铁路线路，具体范围限于铁路路基、桥梁、涵洞、隧道及其按照规定两侧留地、防火隔离带。

专用铁路和铁路专用线占用耕地的，按照当地适用税额缴纳耕地占用税。

第十一条 减税的公路线路，具体范围限于经批准建设的国道、省道、县道、乡道和属于农村公路的村道的主体工程以及两侧边沟或者截水沟。

专用公路和城区内机动车道占用耕地的，按照当地适用税额缴纳耕地占用税。

第十二条 减税的飞机场跑道、停机坪，具体范围限于经批准建设的民用机场专门用于民用航空器起降、滑行、停放的场所。

第十三条 减税的港口，具体范围限于经批准建设的港口内供船舶进出、停靠以及旅客上下、货物装卸的场所。

第十四条 减税的航道，具体范围限于在江、河、湖泊、港湾等水域内供船舶安全航行的通道。

第十五条 减税的水利工程，具体范围限于经县级以上人民政府水行政主管部门批准建设的防洪、排涝、灌溉、引（供）水、滩涂治理、水土保持、水资源保护等各类工程及其配套和附属工程的建筑物、构筑物占压地和经批准的管理范围用地。

第十六条 纳税人符合税法第七条规定情形，享受免征或者减征耕地占用税的，应当留存相关证明资料备查。

第十七条 根据税法第八条的规定，纳税人改变原占地用途，不再属于免征或减征情形的，应自改变用途之日起30日内申报补缴税款，补缴税款按改变用途的实际占用耕地面积和改变用途时当地适用税额计算。

第十八条 临时占用耕地，是指经自然资源主管部门批准，在一般不超过2年内临时使用耕地并且没有修建永久性建筑物的行为。

依法复垦应由自然资源主管部门会同有关行业管理部门认定并出具验收合格确认书。

第十九条 因挖损、采矿塌陷、压占、污染等损毁耕地属于税法所称的非农业建设，应依照税法规定缴纳耕地占用税；自自然资源、农业农村等相关部门认定损毁耕地之日起3年内依法复垦或修复，恢复种植条件的，比照税法第十一条规定办理退税。

第二十条　园地，包括果园、茶园、橡胶园、其他园地。

前款的其他园地包括种植桑树、可可、咖啡、油棕、胡椒、药材等其他多年生作物的园地。

第二十一条　林地，包括乔木林地、竹林地、红树林地、森林沼泽、灌木林地、灌丛沼泽、其他林地，不包括城镇村庄范围内的绿化林木用地，铁路、公路征地范围内的林木用地，以及河流、沟渠的护堤林用地。

前款的其他林地包括疏林地、未成林地、迹地、苗圃等林地。

第二十二条　草地，包括天然牧草地、沼泽草地、人工牧草地，以及用于农业生产并已由相关行政主管部门发放使用权证的草地。

第二十三条　农田水利用地，包括农田排灌沟渠及相应附属设施用地。

第二十四条　养殖水面，包括人工开挖或者天然形成的用于水产养殖的河流水面、湖泊水面、水库水面、坑塘水面及相应附属设施用地。

第二十五条　渔业水域滩涂，包括专门用于种植或者养殖水生动植物的海水潮浸地带和滩地，以及用于种植芦苇并定期进行人工养护管理的苇田。

第二十六条　直接为农业生产服务的生产设施，是指直接为农业生产服务而建设的建筑物和构筑物。具体包括：储存农用机具和种子、苗木、木材等农业产品的仓储设施；培育、生产种子、种苗的设施；畜禽养殖设施；木材集材道、运材道；农业科研、试验、示范基地；野生动植物保护、护林、森林病虫害防治、森林防火、木材检疫的设施；专为农业生产服务的灌溉排水、供水、供电、供热、供气、通讯基础设施；农业生产者从事农业生产必需的食宿和管理设施；其他直接为农业生产服务的生产设施。

第二十七条 未经批准占用耕地的，耕地占用税纳税义务发生时间为自然资源主管部门认定的纳税人实际占用耕地的当日。

因挖损、采矿塌陷、压占、污染等损毁耕地的纳税义务发生时间为自然资源、农业农村等相关部门认定损毁耕地的当日。

第二十八条 纳税人占用耕地，应当在耕地所在地申报纳税。

第二十九条 在农用地转用环节，用地申请人能证明建设用地人符合税法第七条第一款规定的免税情形的，免征用地申请人的耕地占用税；在供地环节，建设用地人使用耕地用途符合税法第七条第一款规定的免税情形的，由用地申请人和建设用地人共同申请，按退税管理的规定退还用地申请人已经缴纳的耕地占用税。

第三十条 县级以上地方人民政府自然资源、农业农村、水利、生态环境等相关部门向税务机关提供的农用地转用、临时占地等信息，包括农用地转用信息、城市和村庄集镇按批次建设用地转而未供信息、经批准临时占地信息、改变原占地用途信息、未批先占农用地查处信息、土地损毁信息、土壤污染信息、土地复垦信息、草场使用和渔业养殖权证发放信息等。

各省、自治区、直辖市人民政府应当建立健全本地区跨部门耕地占用税部门协作和信息交换工作机制。

第三十一条 纳税人占地类型、占地面积和占地时间等纳税申报数据材料以自然资源等相关部门提供的相关材料为准；未提供相关材料或者材料信息不完整的，经主管税务机关提出申请，由自然资源等相关部门自收到申请之日起30日内出具认定意见。

第三十二条 纳税人的纳税申报数据资料异常或者纳税人未按照规定期限申报纳税的，包括下列情形：

（一）纳税人改变原占地用途，不再属于免征或者减征耕地占用税情形，未按照规定进行申报的；

（二）纳税人已申请用地但尚未获得批准先行占地开工，未按照规定进行申报的；

（三）纳税人实际占用耕地面积大于批准占用耕地面积，未按照规定进行申报的；

（四）纳税人未履行报批程序擅自占用耕地，未按照规定进行申报的；

（五）其他应提请相关部门复核的情形。

第三十三条　本办法自2019年9月1日起施行。

矿产资源管理

中华人民共和国矿产资源法

（1986 年 3 月 19 日第六届全国人民代表大会常务委员会第十五次会议通过　根据 1996 年 8 月 29 日第八届全国人民代表大会常务委员会第二十一次会议《关于修改〈中华人民共和国矿产资源法〉的决定》第一次修正　根据 2009 年 8 月 27 日第十一届全国人民代表大会常务委员会第十次会议《关于修改部分法律的决定》第二次修正）

目　　录

第一章　总　　则
第二章　矿产资源勘查的登记和开采的审批
第三章　矿产资源的勘查
第四章　矿产资源的开采
第五章　集体矿山企业和个体采矿
第六章　法律责任
第七章　附　　则

第一章　总　　则

第一条　为了发展矿业，加强矿产资源的勘查、开发利用和保护工作，保障社会主义现代化建设的当前和长远的需要，根据中华人民共和国宪法，特制定本法。

第二条 在中华人民共和国领域及管辖海域勘查、开采矿产资源，必须遵守本法。

第三条 矿产资源属于国家所有，由国务院行使国家对矿产资源的所有权。地表或者地下的矿产资源的国家所有权，不因其所依附的土地的所有权或者使用权的不同而改变。

国家保障矿产资源的合理开发利用。禁止任何组织或者个人用任何手段侵占或者破坏矿产资源。各级人民政府必须加强矿产资源的保护工作。

勘查、开采矿产资源，必须依法分别申请、经批准取得探矿权、采矿权，并办理登记；但是，已经依法申请取得采矿权的矿山企业在划定的矿区范围内为本企业的生产而进行的勘查除外。国家保护探矿权和采矿权不受侵犯，保障矿区和勘查作业区的生产秩序、工作秩序不受影响和破坏。

从事矿产资源勘查和开采的，必须符合规定的资质条件。

第四条 国家保障依法设立的矿山企业开采矿产资源的合法权益。

国有矿山企业是开采矿产资源的主体。国家保障国有矿业经济的巩固和发展。

第五条 国家实行探矿权、采矿权有偿取得的制度；但是，国家对探矿权、采矿权有偿取得的费用，可以根据不同情况规定予以减缴、免缴。具体办法和实施步骤由国务院规定。

开采矿产资源，必须按照国家有关规定缴纳资源税和资源补偿费。

第六条 除按下列规定可以转让外，探矿权、采矿权不得转让：

（一）探矿权人有权在划定的勘查作业区内进行规定的勘查作业，有权优先取得勘查作业区内矿产资源的采矿权。探矿权人在完成规定的最低勘查投入后，经依法批准，可以将探矿权转让他人。

（二）已取得采矿权的矿山企业，因企业合并、分立，与他人合资、合作经营，或者因企业资产出售以及有其他变更企业资产产权的情形而需要变更采矿权主体的，经依法批准可以将采矿权转让他人采矿。

前款规定的具体办法和实施步骤由国务院规定。

禁止将探矿权、采矿权倒卖牟利。

第七条 国家对矿产资源的勘查、开发实行统一规划、合理布局、综合勘查、合理开采和综合利用的方针。

第八条 国家鼓励矿产资源勘查、开发的科学技术研究，推广先进技术，提高矿产资源勘查、开发的科学技术水平。

第九条 在勘查、开发、保护矿产资源和进行科学技术研究等方面成绩显著的单位和个人，由各级人民政府给予奖励。

第十条 国家在民族自治地方开采矿产资源，应当照顾民族自治地方的利益，作出有利于民族自治地方经济建设的安排，照顾当地少数民族群众的生产和生活。

民族自治地方的自治机关根据法律规定和国家的统一规划，对可以由本地方开发的矿产资源，优先合理开发利用。

第十一条 国务院地质矿产主管部门主管全国矿产资源勘查、开采的监督管理工作。国务院有关主管部门协助国务院地质矿产主管部门进行矿产资源勘查、开采的监督管理工作。

省、自治区、直辖市人民政府地质矿产主管部门主管本行政区域内矿产资源勘查、开采的监督管理工作。省、自治区、直辖市人民政府有关主管部门协助同级地质矿产主管部门进行矿产资源勘查、开采的监督管理工作。

第二章 矿产资源勘查的登记和开采的审批

第十二条 国家对矿产资源勘查实行统一的区块登记管理制度。矿产资源勘查登记工作，由国务院地质矿产主管部门负责；特定矿种的矿产资源勘查登记工作，可以由国务院授权有关主管部门负责。矿产资源勘查区块登记管理办法由国务院制定。

第十三条 国务院矿产储量审批机构或者省、自治区、直辖市矿产储量审批机构负责审查批准供矿山建设设计使用的勘探报告，并在规定的期限内批复报送单位。勘探报告未经批准，不得作为矿山建设设计的依据。

第十四条 矿产资源勘查成果档案资料和各类矿产储量的统计资料，实行统一的管理制度，按照国务院规定汇交或者填报。

第十五条 设立矿山企业，必须符合国家规定的资质条件，并依照法律和国家有关规定，由审批机关对其矿区范围、矿山设计或者开采方案、生产技术条件、安全措施和环境保护措施等进行审查；审查合格的，方予批准。

第十六条 开采下列矿产资源的，由国务院地质矿产主管部门审批，并颁发采矿许可证：

（一）国家规划矿区和对国民经济具有重要价值的矿区内的矿产资源；

（二）前项规定区域以外可供开采的矿产储量规模在大型以上的矿产资源；

（三）国家规定实行保护性开采的特定矿种；

（四）领海及中国管辖的其他海域的矿产资源；

（五）国务院规定的其他矿产资源。

开采石油、天然气、放射性矿产等特定矿种的，可以由国务院授权的有关主管部门审批，并颁发采矿许可证。

开采第一款、第二款规定以外的矿产资源，其可供开采的矿产的储量规模为中型的，由省、自治区、直辖市人民政府地质矿产主管部门审批和颁发采矿许可证。

开采第一款、第二款和第三款规定以外的矿产资源的管理办法，由省、自治区、直辖市人民代表大会常务委员会依法制定。

依照第三款、第四款的规定审批和颁发采矿许可证的，由省、自治区、直辖市人民政府地质矿产主管部门汇总向国务院地质矿产主管部门备案。

矿产储量规模的大型、中型的划分标准，由国务院矿产储量审批机构规定。

第十七条 国家对国家规划矿区、对国民经济具有重要价值的矿区和国家规定实行保护性开采的特定矿种，实行有计划的开采；未经国务院有关主管部门批准，任何单位和个人不得开采。

第十八条 国家规划矿区的范围、对国民经济具有重要价值的矿区的范围、矿山企业矿区的范围依法划定后，由划定矿区范围的主管机关通知有关县级人民政府予以公告。

矿山企业变更矿区范围，必须报请原审批机关批准，并报请原颁发采矿许可证的机关重新核发采矿许可证。

第十九条 地方各级人民政府应当采取措施，维护本行政区域内的国有矿山企业和其他矿山企业矿区范围内的正常秩序。

禁止任何单位和个人进入他人依法设立的国有矿山企业和其他矿山企业矿区范围内采矿。

第二十条 非经国务院授权的有关主管部门同意，不得在下列地区开采矿产资源：

（一）港口、机场、国防工程设施圈定地区以内；

（二）重要工业区、大型水利工程设施、城镇市政工程设施附近一定距离以内；

（三）铁路、重要公路两侧一定距离以内；

（四）重要河流、堤坝两侧一定距离以内；

（五）国家划定的自然保护区、重要风景区，国家重点保护的不能移动的历史文物和名胜古迹所在地；

（六）国家规定不得开采矿产资源的其他地区。

第二十一条 关闭矿山，必须提出矿山闭坑报告及有关采掘工程、不安全隐患、土地复垦利用、环境保护的资料，并按照国家规定报请审查批准。

第二十二条 勘查、开采矿产资源时，发现具有重大科学文化价值的罕见地质现象以及文化古迹，应当加以保护并及时报告有关部门。

第三章 矿产资源的勘查

第二十三条 区域地质调查按照国家统一规划进行。区域地质调查的报告和图件按照国家规定验收，提供有关部门使用。

第二十四条 矿产资源普查在完成主要矿种普查任务的同时，应当对工作区内包括共生或者伴生矿产的成矿地质条件和矿床工业远景作出初步综合评价。

第二十五条 矿床勘探必须对矿区内具有工业价值的共生和伴生矿产进行综合评价，并计算其储量。未作综合评价的勘探报告不予批准。但是，国务院计划部门另有规定的矿床勘探项目除外。

第二十六条 普查、勘探易损坏的特种非金属矿产、流体矿产、易燃易爆易溶矿产和含有放射性元素的矿产，必须采用省级以上人民政府有关主管部门规定的普查、勘探方法，并有必要的技术装备和安全措施。

第二十七条 矿产资源勘查的原始地质编录和图件，岩矿心、测试样品和其他实物标本资料，各种勘查标志，应当按照有关规定保护和保存。

第二十八条 矿床勘探报告及其他有价值的勘查资料，按照国务院规定实行有偿使用。

第四章 矿产资源的开采

第二十九条 开采矿产资源，必须采取合理的开采顺序、开采方法和选矿工艺。矿山企业的开采回采率、采矿贫化率和选矿回收率应当达到设计要求。

第三十条 在开采主要矿产的同时，对具有工业价值的共生和伴生矿产应当统一规划，综合开采，综合利用，防止浪费；对暂时不能综合开采或者必须同时采出而暂时还不能综合利用的矿产以及含有有用组分的尾矿，应当采取有效的保护措施，防止损失破坏。

第三十一条 开采矿产资源，必须遵守国家劳动安全卫生规定，具备保障安全生产的必要条件。

第三十二条 开采矿产资源，必须遵守有关环境保护的法律规定，防止污染环境。

开采矿产资源，应当节约用地。耕地、草原、林地因采矿受到破坏的，矿山企业应当因地制宜地采取复垦利用、植树种草或者其他利用措施。

开采矿产资源给他人生产、生活造成损失的，应当负责赔偿，并采取必要的补救措施。

第三十三条 在建设铁路、工厂、水库、输油管道、输电线路和各种大型建筑物或者建筑群之前，建设单位必须向所在省、自治区、直辖市地质矿产主管部门了解拟建工程所在地区的矿产资源分布和开采情况。非经国务院授权的部门批准，不得压覆重要矿床。

第三十四条 国务院规定由指定的单位统一收购的矿产品，任何其他单位或者个人不得收购；开采者不得向非指定单位销售。

第五章 集体矿山企业和个体采矿

第三十五条 国家对集体矿山企业和个体采矿实行积极扶持、合理规划、正确引导、加强管理的方针，鼓励集体矿山企业开采国家指定范围内的矿产资源，允许个人采挖零星分散资源和只能用作普通建筑材料的砂、石、粘土以及为生活自用采挖少量矿产。

矿产储量规模适宜由矿山企业开采的矿产资源、国家规定实行保护性开采的特定矿种和国家规定禁止个人开采的其他矿产资源，个人不得开采。

国家指导、帮助集体矿山企业和个体采矿不断提高技术水平、资源利用率和经济效益。

地质矿产主管部门、地质工作单位和国有矿山企业应当按照积极支持、有偿互惠的原则向集体矿山企业和个体采矿提供地质资料和技术服务。

第三十六条 国务院和国务院有关主管部门批准开办的矿山企业矿区范围内已有的集体矿山企业，应当关闭或者到指定的其他地点开采，由矿山建设单位给予合理的补偿，并妥善安置群众生活；也可以按照该矿山企业的统筹安排，实行联合经营。

第三十七条 集体矿山企业和个体采矿应当提高技术水平，提高矿产资源回收率。禁止乱挖滥采，破坏矿产资源。

集体矿山企业必须测绘井上、井下工程对照图。

第三十八条 县级以上人民政府应当指导、帮助集体矿山企业和个体采矿进行技术改造，改善经营管理，加强安全生产。

第六章 法律责任

第三十九条 违反本法规定，未取得采矿许可证擅自采矿的，擅自进入国家规划矿区、对国民经济具有重要价值的矿区范围采矿的，擅自开采国家规定实行保护性开采的特定矿种的，责令停止开采、赔偿损失，没收采出的矿产品和违法所得，可以并处罚款；拒不停止开采，造成矿产资源破坏的，依照刑法有关规定对直接责任人员追究刑事责任。

单位和个人进入他人依法设立的国有矿山企业和其他矿山企业矿区范围内采矿的，依照前款规定处罚。

第四十条 超越批准的矿区范围采矿的，责令退回本矿区范围内开采、赔偿损失，没收越界开采的矿产品和违法所得，可以并处罚款；拒不退回本矿区范围内开采，造成矿产资源破坏的，吊销采矿许可证，依照刑法有关规定对直接责任人员追究刑事责任。

第四十一条 盗窃、抢夺矿山企业和勘查单位的矿产品和其他财物的，破坏采矿、勘查设施的，扰乱矿区和勘查作业区的生产秩序、工作秩序的，分别依照刑法有关规定追究刑事责任；情节显著轻微的，依照治安管理处罚法有关规定予以处罚。

第四十二条 买卖、出租或者以其他形式转让矿产资源的，没收违法所得，处以罚款。

违反本法第六条的规定将探矿权、采矿权倒卖牟利的，吊销勘查许可证、采矿许可证，没收违法所得，处以罚款。

第四十三条 违反本法规定收购和销售国家统一收购的矿产品的，没收矿产品和违法所得，可以并处罚款；情节严重的，依照刑法有关规定，追究刑事责任。

第四十四条 违反本法规定，采取破坏性的开采方法开采矿产资源的，处以罚款，可以吊销采矿许可证；造成矿产资源严重破坏的，依照刑法有关规定对直接责任人员追究刑事责任。

第四十五条 本法第三十九条、第四十条、第四十二条规定的行政处罚，由县级以上人民政府负责地质矿产管理工作的部门按照国务院地质矿产主管部门规定的权限决定。第四十三条规定的行政处罚，由县级以上人民政府工商行政管理部门决定。第四十四条规定的行政处罚，由省、自治区、直辖市人民政府地质矿产主管部门决定。给予吊销勘查许可证或者采矿许可证处罚的，须由原发证机关决定。

依照第三十九条、第四十条、第四十二条、第四十四条规定应当给予行政处罚而不给予行政处罚的，上级人民政府地质矿产主管部门有权责令改正或者直接给予行政处罚。

第四十六条 当事人对行政处罚决定不服的，可以依法申请复议，也可以依法直接向人民法院起诉。

当事人逾期不申请复议也不向人民法院起诉，又不履行处罚决定的，由作出处罚决定的机关申请人民法院强制执行。

第四十七条 负责矿产资源勘查、开采监督管理工作的国家工作人员和其他有关国家工作人员徇私舞弊、滥用职权或者玩忽职守，违反本法规定批准勘查、开采矿产资源和颁发勘查许可证、采矿许可证，或者对违法采矿行为不依法予以制止、处罚，构成犯罪的，依法追究刑事责任；不构成犯罪的，给予行政处分。违法颁发的勘查许可证、采矿许可证，上级人民政府地质矿产主管部门有权予以撤销。

第四十八条 以暴力、威胁方法阻碍从事矿产资源勘查、开采监督管理工作的国家工作人员依法执行职务的，依照刑法有关规定追究刑事责任；拒绝、阻碍从事矿产资源勘查、开采监督管理工作的国家工作人员依法执行职务未使用暴力、威胁方法的，由公安机关依照治安管理处罚法的规定处罚。

第四十九条 矿山企业之间的矿区范围的争议，由当事人协商解决，协商不成的，由有关县级以上地方人民政府根据依法核定的矿区范围处理；跨省、自治区、直辖市的矿区范围的争议，由有关省、自治区、直辖市人民政府协商解决，协商不成的，由国务院处理。

第七章 附 则

第五十条 外商投资勘查、开采矿产资源，法律、行政法规另有规定的，从其规定。

第五十一条 本法施行以前，未办理批准手续、未划定矿区范围、未取得采矿许可证开采矿产资源的，应当依照本法有关规定申请补办手续。

第五十二条 本法实施细则由国务院制定。

第五十三条 本法自1986年10月1日起施行。

中华人民共和国资源税法

（2019 年 8 月 26 日第十三届全国人民代表大会常务委员会第十二次会议通过　2019 年 8 月 26 日中华人民共和国主席令第 33 号公布　自 2020 年 9 月 1 日起施行）

第一条　在中华人民共和国领域和中华人民共和国管辖的其他海域开发应税资源的单位和个人，为资源税的纳税人，应当依照本法规定缴纳资源税。

应税资源的具体范围，由本法所附《资源税税目税率表》（以下称《税目税率表》）确定。

第二条　资源税的税目、税率，依照《税目税率表》执行。

《税目税率表》中规定实行幅度税率的，其具体适用税率由省、自治区、直辖市人民政府统筹考虑该应税资源的品位、开采条件以及对生态环境的影响等情况，在《税目税率表》规定的税率幅度内提出，报同级人民代表大会常务委员会决定，并报全国人民代表大会常务委员会和国务院备案。《税目税率表》中规定征税对象为原矿或者选矿的，应当分别确定具体适用税率。

第三条　资源税按照《税目税率表》实行从价计征或者从量计征。

《税目税率表》中规定可以选择实行从价计征或者从量计征的，具体计征方式由省、自治区、直辖市人民政府提出，报同级人民代表大会常务委员会决定，并报全国人民代表大会常务委员会和国务院备案。

实行从价计征的，应纳税额按照应税资源产品（以下称应税产品）的销售额乘以具体适用税率计算。实行从量计征的，应纳税额按照应税产品的销售数量乘以具体适用税率计算。

应税产品为矿产品的，包括原矿和选矿产品。

第四条 纳税人开采或者生产不同税目应税产品的，应当分别核算不同税目应税产品的销售额或者销售数量；未分别核算或者不能准确提供不同税目应税产品的销售额或者销售数量的，从高适用税率。

第五条 纳税人开采或者生产应税产品自用的，应当依照本法规定缴纳资源税；但是，自用于连续生产应税产品的，不缴纳资源税。

第六条 有下列情形之一的，免征资源税：

（一）开采原油以及在油田范围内运输原油过程中用于加热的原油、天然气；

（二）煤炭开采企业因安全生产需要抽采的煤成（层）气。

有下列情形之一的，减征资源税：

（一）从低丰度油气田开采的原油、天然气，减征百分之二十资源税；

（二）高含硫天然气、三次采油和从深水油气田开采的原油、天然气，减征百分之三十资源税；

（三）稠油、高凝油减征百分之四十资源税；

（四）从衰竭期矿山开采的矿产品，减征百分之三十资源税。

根据国民经济和社会发展需要，国务院对有利于促进资源节约集约利用、保护环境等情形可以规定免征或者减征资源税，报全国人民代表大会常务委员会备案。

第七条 有下列情形之一的，省、自治区、直辖市可以决定免征或者减征资源税：

（一）纳税人开采或者生产应税产品过程中，因意外事故或者自然灾害等原因遭受重大损失；

（二）纳税人开采共伴生矿、低品位矿、尾矿。

前款规定的免征或者减征资源税的具体办法，由省、自治区、直辖市人民政府提出，报同级人民代表大会常务委员会决定，并报全国人民代表大会常务委员会和国务院备案。

第八条 纳税人的免税、减税项目，应当单独核算销售额或者销售数量；未单独核算或者不能准确提供销售额或者销售数量的，不予免税或者减税。

第九条 资源税由税务机关依照本法和《中华人民共和国税收征收管理法》的规定征收管理。

税务机关与自然资源等相关部门应当建立工作配合机制，加强资源税征收管理。

第十条 纳税人销售应税产品，纳税义务发生时间为收讫销售款或者取得索取销售款凭据的当日；自用应税产品的，纳税义务发生时间为移送应税产品的当日。

第十一条 纳税人应当向应税产品开采地或者生产地的税务机关申报缴纳资源税。

第十二条 资源税按月或者按季申报缴纳；不能按固定期限计算缴纳的，可以按次申报缴纳。

纳税人按月或者按季申报缴纳的，应当自月度或者季度终了之日起十五日内，向税务机关办理纳税申报并缴纳税款；按次申报缴纳的，应当自纳税义务发生之日起十五日内，向税务机关办理纳税申报并缴纳税款。

第十三条 纳税人、税务机关及其工作人员违反本法规定的，依照《中华人民共和国税收征收管理法》和有关法律法规的规定追究法律责任。

第十四条 国务院根据国民经济和社会发展需要，依照本法的原则，对取用地表水或者地下水的单位和个人试点征收水资源税。征收水资源税的，停止征收水资源费。

水资源税根据当地水资源状况、取用水类型和经济发展等情况实行差别税率。

水资源税试点实施办法由国务院规定，报全国人民代表大会常务委员会备案。

国务院自本法施行之日起五年内，就征收水资源税试点情况向全国人民代表大会常务委员会报告，并及时提出修改法律的建议。

第十五条 中外合作开采陆上、海上石油资源的企业依法缴纳资源税。

2011 年 11 月 1 日前已依法订立中外合作开采陆上、海上石油资源合同的，在该合同有效期内，继续依照国家有关规定缴纳矿区使用费，不缴纳资源税；合同期满后，依法缴纳资源税。

第十六条 本法下列用语的含义是：

（一）低丰度油气田，包括陆上低丰度油田、陆上低丰度气田、海上低丰度油田、海上低丰度气田。陆上低丰度油田是指每平方公里原油可开采储量丰度低于二十五万立方米的油田；陆上低丰度气田是指每平方公里天然气可开采储量丰度低于二亿五千万立方米的气田；海上低丰度油田是指每平方公里原油可开采储量丰度低于六十万立方米的油田；海上低丰度气田是指每平方公里天然气可开采储量丰度低于六亿立方米的气田。

（二）高含硫天然气，是指硫化氢含量在每立方米三十克以上的天然气。

（三）三次采油，是指二次采油后继续以聚合物驱、复合驱、泡沫驱、气水交替驱、二氧化碳驱、微生物驱等方式进行采油。

（四）深水油气田，是指水深超过三百米的油气田。

（五）稠油，是指地层原油粘度大于或等于每秒五十毫帕或原油密度大于或等于每立方厘米零点九二克的原油。

（六）高凝油，是指凝固点高于四十摄氏度的原油。

（七）衰竭期矿山，是指设计开采年限超过十五年，且剩余可开采储量下降到原设计可开采储量的百分之二十以下或者剩余开采年限不超过五年的矿山。衰竭期矿山以开采企业下属的单个矿山为单位确定。

第十七条 本法自2020年9月1日起施行。1993年12月25日国务院发布的《中华人民共和国资源税暂行条例》同时废止。

附：

资源税税目税率表

<table>
<tr><th colspan="3">税 目</th><th>征税对象</th><th>税 率</th></tr>
<tr><td rowspan="7">能源矿产</td><td colspan="2">原油</td><td>原矿</td><td>6%</td></tr>
<tr><td colspan="2">天然气、页岩气、天然气水合物</td><td>原矿</td><td>6%</td></tr>
<tr><td colspan="2">煤</td><td>原矿或者选矿</td><td>2%—10%</td></tr>
<tr><td colspan="2">煤成（层）气</td><td>原矿</td><td>1%—2%</td></tr>
<tr><td colspan="2">铀、钍</td><td>原矿</td><td>4%</td></tr>
<tr><td colspan="2">油页岩、油砂、天然沥青、石煤</td><td>原矿或者选矿</td><td>1%—4%</td></tr>
<tr><td colspan="2">地热</td><td>原矿</td><td>1%—20% 或者每立方米1—30元</td></tr>
<tr><td rowspan="11">金属矿产</td><td>黑色金属</td><td>铁、锰、铬、钒、钛</td><td>原矿或者选矿</td><td>1%—9%</td></tr>
<tr><td rowspan="10">有色金属</td><td>铜、铅、锌、锡、镍、锑、镁、钴、铋、汞</td><td>原矿或者选矿</td><td>2%—10%</td></tr>
<tr><td>铝土矿</td><td>原矿或者选矿</td><td>2%—9%</td></tr>
<tr><td>钨</td><td>选矿</td><td>6. 5%</td></tr>
<tr><td>钼</td><td>选矿</td><td>8%</td></tr>
<tr><td>金、银</td><td>原矿或者选矿</td><td>2%—6%</td></tr>
<tr><td>铂、钯、钌、锇、铱、铑</td><td>原矿或者选矿</td><td>5%—10%</td></tr>
<tr><td>轻稀土</td><td>选矿</td><td>7%—12%</td></tr>
<tr><td>中重稀土</td><td>选矿</td><td>20%</td></tr>
<tr><td>铍、锂、锆、锶、铷、铯、铌、钽、锗、镓、铟、铊、铪、铼、镉、硒、碲</td><td>原矿或者选矿</td><td>2%—10%</td></tr>
</table>

续表

<table>
<tr><td rowspan="10">非金属矿产</td><td rowspan="9">矿物类</td><td>高岭土</td><td>原矿或者选矿</td><td>1%—6%</td></tr>
<tr><td>石灰岩</td><td>原矿或者选矿</td><td>1%—6% 或者每吨（或者每立方米）1—10元</td></tr>
<tr><td>磷</td><td>原矿或者选矿</td><td>3%—8%</td></tr>
<tr><td>石墨</td><td>原矿或者选矿</td><td>3%—12%</td></tr>
<tr><td>萤石、硫铁矿、自然硫</td><td>原矿或者选矿</td><td>1%—8%</td></tr>
<tr><td>天然石英砂、脉石英、粉石英、水晶、工业用金刚石、冰洲石、蓝晶石、硅线石（矽线石）、长石、滑石、刚玉、菱镁矿、颜料矿物、天然碱、芒硝、钠硝石、明矾石、砷、硼、碘、溴、膨润土、硅藻土、陶瓷土、耐火粘土、铁矾土、凹凸棒石粘土、海泡石粘土、伊利石粘土、累托石粘土</td><td>原矿或者选矿</td><td>1%—12%</td></tr>
<tr><td>叶蜡石、硅灰石、透辉石、珍珠岩、云母、沸石、重晶石、毒重石、方解石、蛭石、透闪石、工业用电气石、白垩、石棉、蓝石棉、红柱石、石榴子石、石膏</td><td>原矿或者选矿</td><td>2%—12%</td></tr>
<tr><td>其他粘土（铸型用粘土、砖瓦用粘土、陶粒用粘土、水泥配料用粘土、水泥配料用红土、水泥配料用黄土、水泥配料用泥岩、保温材料用粘土）</td><td>原矿或者选矿</td><td>1%—5% 或者每吨（或者每立方米）0.1—5元</td></tr>
<tr><td>岩石类</td><td>大理岩、花岗岩、白云岩、石英岩、砂岩、辉绿岩、安山岩、闪长岩、板岩、玄武岩、片麻岩、角闪岩、页岩、浮石、凝灰岩、黑曜岩、霞石正长岩、蛇纹岩、麦饭石、泥灰岩、含钾岩石、含钾砂页岩、天然油石、橄榄岩、松脂岩、粗面岩、辉长岩、辉石岩、正长岩、火山灰、火山渣、泥炭</td><td>原矿或者选矿</td><td>1%—10%</td></tr>
</table>

续表

		砂石	原矿或者选矿	1%—5%或者每吨（或者每立方米）0.1—5元
	宝玉石类	宝石、玉石、宝石级金刚石、玛瑙、黄玉、碧玺	原矿或者选矿	4%—20%
水气矿产	二氧化碳气、硫化氢气、氦气、氡气		原矿	2%—5%
	矿泉水		原矿	1%—20%或者每立方米1—30元
盐	钠盐、钾盐、镁盐、锂盐		选矿	3%—15%
	天然卤水		原矿	3%—15%或者每吨（或者每立方米）1—10元
	海盐			2%—5%

矿产资源规划编制实施办法

（2012年10月12日国土资源部第55号令公布　2019年7月24日自然资源部令第5号修正）

第一章　总　　则

第一条　为了加强和规范矿产资源规划管理，统筹安排地质勘查、矿产资源开发利用和保护，促进我国矿业科学发展，根据《中华人民共和国矿产资源法》等法律法规，制定本办法。

第二条　矿产资源规划的编制和实施适用本办法。

第三条　本办法所称矿产资源规划，是指根据矿产资源禀赋条件、勘查开发利用现状和一定时期内国民经济和社会发展对矿产资源的需求，对地质勘查、矿产资源开发利用和保护等作出的总量、结构、布局和时序安排。

第四条 矿产资源规划是落实国家矿产资源战略、加强和改善矿产资源宏观管理的重要手段，是依法审批和监督管理地质勘查、矿产资源开发利用和保护活动的重要依据。

第五条 矿产资源规划的编制和实施，应当遵循市场经济规律和地质工作规律，体现地质勘查和矿产资源开发的区域性、差异性等特点，鼓励和引导社会资本进入风险勘查领域，推动矿产资源勘查开发。

第六条 矿产资源规划是国家规划体系的重要组成部分，应当依据国民经济和社会发展规划编制。涉及矿产资源开发活动的相关行业规划，应当与矿产资源规划做好衔接。

第七条 矿产资源规划包括矿产资源总体规划和矿产资源专项规划。

第八条 矿产资源总体规划包括国家级矿产资源总体规划、省级矿产资源总体规划、设区的市级矿产资源总体规划和县级矿产资源总体规划。

国家级矿产资源总体规划应当对全国地质勘查、矿产资源开发利用和保护进行战略性总体布局和统筹安排。省级矿产资源总体规划应当对国家级矿产资源总体规划的目标任务在本行政区域内进行细化和落实。设区的市级、县级矿产资源总体规划应当对依法审批管理和上级自然资源主管部门授权审批管理矿种的勘查、开发利用和保护活动作出具体安排。

下级矿产资源总体规划应当服从上级矿产资源总体规划。

第九条 自然资源部应当依据国家级矿产资源总体规划和一定时期国家关于矿产资源勘查开发的重大部署编制矿产资源专项规划。地方各级自然资源主管部门应当依据矿产资源总体规划和本办法的有关规定编制同级矿产资源专项规划。

矿产资源专项规划应当对地质勘查、矿产资源开发利用和保护、矿山地质环境保护与治理恢复、矿区土地复垦等特定领域，或者重要矿种、重点区域的地质勘查、矿产资源开发利用和保护及其相关活动作出具体安排。

国家规划矿区、对国民经济具有重要价值的矿区、大型规模以上矿产地和对国家或者本地区有重要价值的矿种，应当编制矿产资源专项规划。

第十条 自然资源部负责全国的矿产资源规划管理和监督工作。

地方各级自然资源主管部门负责本行政区域内的矿产资源规划管理和监督工作。

第十一条 省级自然资源主管部门应当建立矿产资源规划实施管理的领导责任制，将矿产资源规划实施情况纳入目标管理体系，作为对下级自然资源主管部门负责人业绩考核的重要依据。

第十二条 各级自然资源主管部门应当在矿产资源规划管理和监督中推广应用空间数据库等现代信息技术和方法。

第十三条 各级自然资源主管部门应当将矿产资源规划管理和监督的经费纳入年度预算，保障矿产资源规划的编制和实施。

第二章 编 制

第十四条 自然资源部负责组织编制国家级矿产资源总体规划和矿产资源专项规划。

省级自然资源主管部门负责组织编制本行政区域的矿产资源总体规划和矿产资源专项规划。

设区的市级、县级自然资源主管部门根据省级人民政府的要求或者本行政区域内矿产资源管理需要，负责组织编制本行政区域的矿产资源总体规划和矿产资源专项规划。

第十五条 编制涉及战略性矿产资源的省级矿产资源专项规划应当经自然资源部同意。编制设区的市级、县级矿产资源专项规划，应当经省级自然资源主管部门同意。

第十六条 承担矿产资源规划编制工作的单位，应当符合下列条件：

（一）具有法人资格；

（二）具备与编制矿产资源规划相应的工作业绩或者能力；

（三）具有完善的技术和质量管理制度；

（四）主要编制人员应当具备中级以上相关专业技术职称，经过矿产资源规划业务培训。

有关自然资源主管部门应当依法采用招标等方式择优选择矿产资源规划编制单位，加强对矿产资源规划编制单位的指导和监督管理。

第十七条 编制矿产资源总体规划，应当做好下列基础工作：

（一）对现行矿产资源总体规划实施情况和主要目标任务完成情况进行评估，对存在的问题提出对策建议；

（二）开展基础调查，对矿产资源勘查开发利用现状、矿业经济发展情况、资源赋存特点和分布规律、资源储量和潜力、矿山地质环境现状、矿区土地复垦潜力和适宜性等进行调查评价和研究；

（三）开展矿产资源形势分析、潜力评价和可供性分析，研究资源战略和宏观调控政策，对资源环境承载能力等重大问题和重点项目进行专题研究论证。

编制矿产资源专项规划，应当根据需要做好相应的调查评价和专题研究等基础工作。

第十八条 编制矿产资源规划应当依照国家、行业标准和规程。

自然资源部负责制定省级矿产资源规划编制规程和设区的市级、县级矿产资源规划编制指导意见。省级自然资源主管部门负责制定本行政区域内设区的市级、县级矿产资源规划编制技术要求。

第十九条 各级自然资源主管部门应当根据矿产资源规划编制规程和技术要求，集成矿产资源规划编制成果，组织建设并维护矿产资源规划数据库。

矿产资源规划数据库的建设标准由自然资源部另行制定。

第二十条 编制矿产资源规划，应当拟定矿产资源规划编制工作方案。

矿产资源规划编制工作方案应当包括下列内容：

（一）指导思想、基本思路和工作原则；

（二）主要工作任务和时间安排；

（三）重大专题设置；

（四）经费预算；

（五）组织保障。

第二十一条 编制矿产资源规划，应当遵循下列原则：

（一）贯彻节约资源和保护环境的基本国策，正确处理保障发展和保护资源的关系；

（二）符合法律法规和国家产业政策的规定；

（三）符合经济社会发展实际情况和矿产资源禀赋条件，切实可行；

（四）体现系统规划、合理布局、优化配置、整装勘查、集约开发、综合利用和发展绿色矿业的要求。

第二十二条 矿产资源总体规划的期限为5年至10年。

矿产资源专项规划的期限根据需要确定。

第二十三条 设区的市级以上自然资源主管部门对其组织编制的矿产资源规划，应当依据《规划环境影响评价条例》的有关规定，进行矿产资源规划环境影响评价。

第二十四条 矿产资源总体规划应当包括下列内容：

（一）背景与形势分析，矿产资源供需变化趋势预测；

（二）地质勘查、矿产资源开发利用和保护的主要目标与指标；

（三）地质勘查总体安排；

（四）矿产资源开发利用方向和总量调控；

（五）矿产资源勘查、开发、保护与储备的规划分区和结构调整；

（六）矿产资源节约与综合利用的目标、安排和措施；

（七）矿山地质环境保护与治理恢复、矿区土地复垦的总体安排；

（八）重大工程；

（九）政策措施。

矿产资源专项规划的内容根据需要确定。

第二十五条 对矿产资源规划编制中的重大问题，应当向社会公众征询意见。直接涉及单位或者个人合法权益的矿产资源规划内容，应当依据《国土资源听证规定》组织听证。

第二十六条 各级自然资源主管部门在编制矿产资源规划过程中，应当组织专家对主要目标与指标、重大工程、规划分区方案等进行论证，广泛征求相关部门、行业的意见。

第三章 实 施

第二十七条 下列矿产资源规划，由自然资源部批准：

（一）国家级矿产资源专项规划；

（二）省级矿产资源总体规划和矿产资源专项规划；

（三）依照法律法规或者国务院规定，应当由自然资源部批准的其他矿产资源规划。

省级矿产资源总体规划经省级人民政府审核后，由自然资源部会同有关部门按规定程序审批。

设区的市级、县级矿产资源规划的审批，按照各省、自治区、直辖市的有关规定办理。

第二十八条 矿产资源规划审查报批时，应当提交下列材料：

（一）规划文本及说明；

（二）规划图件；

（三）专题研究报告；

（四）规划成果数据库；

（五）其他材料，包括征求意见、论证听证情况等。

第二十九条 自然资源部或者省级自然资源主管部门应当依据本办法的有关规定对矿产资源规划进行审查，并组织专家进行论证。涉及同级人民政府有关部门的，应当征求同级人民政府有关部门的意见。发现存在重大问题的，应当退回原编制机关修改、补充和完善。对不符合法律法规规定和国家有关规程的，不得批准。

第三十条 矿产资源规划批准后，应当及时公布，但法律法规另有规定或者涉及国家秘密的内容除外。

第三十一条 矿产资源规划一经批准，必须严格执行。

地质勘查、矿产资源开发利用和保护、矿山地质环境保护与治理恢复、矿区土地复垦等活动，应当符合矿产资源规划。

第三十二条 矿产资源总体规划批准后，有关自然资源主管部门应当建立矿产资源总体规划的年度实施制度，对下列事项作出年度实施安排：

（一）对实行总量控制的矿种，提出年度调控要求和计划安排；

（二）对优化矿产资源开发利用布局和结构，提出调整措施和年度指标；

（三）引导探矿权合理设置，对重要矿种的采矿权投放作出年度安排；

（四）对本级财政出资安排的地质勘查、矿产资源开发利用和保护、矿山地质环境保护与治理恢复、矿区土地复垦等工作，提出支持重点和年度指标。

有关自然资源主管部门在实施矿产资源总体规划过程中，可以根据形势变化和管理需要，对前款第（二）项、第（三）项、第（四）项的有关安排作出动态调整。

省级自然资源主管部门应当在每年1月31日前将上一年度矿产资源总体规划实施情况及本年度实施安排报送自然资源部。设区的市级、县级自然资源主管部门应当根据省级自然资源主管部门的规定，报送上一年度矿产资源总体规划实施情况及本年度实施安排。

第三十三条 有关自然资源主管部门应当依据矿产资源规划鼓励和引导探矿权投放，在审批登记探矿权时对下列内容进行审查：

（一）是否符合矿产资源规划确定的矿种调控方向；

（二）是否符合矿产资源规划分区要求，有利于促进整装勘查、综合勘查、综合评价。

有关自然资源主管部门在审批登记采矿权时，应当依据矿产资源规划对下列内容进行审查：

（一）是否符合矿产资源规划确定的矿种调控方向；

（二）是否符合矿产资源规划分区要求，有利于开采布局的优化调整；

（三）是否符合矿产资源规划确定的开采总量调控、最低开采规模、节约与综合利用、资源保护、环境保护等条件和要求。

不符合矿产资源规划要求的，有关自然资源主管部门不得审批、颁发勘查许可证和采矿许可证，不得办理用地手续。

没有法定依据，下级自然资源主管部门不得以不符合本级矿产资源规划为由干扰上级自然资源主管部门审批发证工作。

第三十四条 各级自然资源主管部门应当严格按照矿产资源规划审查本级财政出资安排的地质勘查、矿产资源开发利用和保护、矿山地质环境保护与治理恢复、矿区土地复垦等项目，不符合矿产资源规划确定的重点方向、重点区域和重大工程范围的，不得批准立项。

第三十五条 探矿权、采矿权申请人在申请探矿权、采矿权前，可以向有关自然资源主管部门查询拟申请项目是否符合矿产资源规划，有关自然资源主管部门应当提供便利条件。

探矿权、采矿权申请人向有关自然资源主管部门申请查询拟申请项目是否符合矿产资源规划时，应当提交拟申请勘查、开采的矿种、区域等基本资料。

第三十六条 各级自然资源主管部门应当组织对矿产资源规划实施情况进行评估，在矿产资源规划期届满时，向同级人民政府和上级自然资源主管部门报送评估报告。

承担矿产资源规划实施情况评估的单位，应当符合本办法第十六条规定的条件。

第三十七条 矿产资源规划期届满前，经国务院或者自然资源部、省级自然资源主管部门统一部署，有关自然资源主管部门应当对矿产资源规划进行修编，依据本办法有关规定报原批准机关批准。

第三十八条 有下列情形之一的，可以对矿产资源规划进行调整：

（一）地质勘查有重大发现的；

（二）因市场条件、技术条件等发生重大变化，需要对矿产资源勘查、开发利用结构和布局等规划内容进行局部调整的；

（三）新立矿产资源勘查、开发重大专项和工程的；

（四）自然资源部和省级自然资源主管部门规定的其他情形。

矿产资源规划调整涉及其他主管部门的，应当征求其他主管部门的意见。

第三十九条 调整矿产资源规划，应当由原编制机关向原批准机关提交下列材料，经原批准机关同意后进行：

（一）调整矿产资源规划的理由及论证材料；

（二）调整矿产资源规划的方案、内容说明和相关图件；

（三）自然资源部和省级自然资源主管部门规定应当提交的其他材料。

上级矿产资源规划调整后，涉及调整下级矿产资源规划的，由上级自然资源主管部门通知下级自然资源主管部门作出相应调整，并逐级报原批准机关备案。

矿产资源总体规划调整后，涉及调整矿产资源专项规划的，有关自然资源主管部门应当及时作出相应调整。

第四章 法 律 责 任

第四十条 各级自然资源主管部门应当加强对矿产资源规划实施情况的监督检查，发现地质勘查、矿产资源开发利用和保护、矿山地质环境保护与治理恢复、矿区土地复垦等活动不符合矿产资源规划的，应当及时予以纠正。

第四十一条 依据本办法有关规定，应当编制矿产资源规划而未编制的，上级自然资源主管部门应当责令有关自然资源主管部门限期编制。

未按本办法规定程序编制、审批、调整矿产资源规划的，或者规划内容违反国家法律法规、标准规程和上级规划要求的，上级自然资源主管部门应当责令有关自然资源主管部门限期改正。

第四十二条 有关自然资源主管部门违反本办法规定擅自修编、调整矿产资源规划的，上级自然资源主管部门应当及时予以纠正，并追究有关人员的责任。

第四十三条 违反矿产资源规划颁发勘查许可证、采矿许可证的，颁发勘查许可证、采矿许可证的自然资源主管部门或者上级自然资源主管部门应当及时予以纠正，并追究有关人员的责任；给当事人的合法权益造成损害的，当事人有权依法申请赔偿。

第五章 附 则

第四十四条 本办法自 2012 年 12 月 1 日起施行。

中华人民共和国对外合作开采陆上石油资源条例

（1993年10月7日中华人民共和国国务院令第131号发布　根据2001年9月23日《国务院关于修改〈中华人民共和国对外合作开采陆上石油资源条例〉的决定》第一次修订　根据2007年9月18日《国务院关于修改〈中华人民共和国对外合作开采陆上石油资源条例〉的决定》第二次修订　根据2011年9月30日《国务院关于修改〈中华人民共和国对外合作开采陆上石油资源条例〉的决定》第三次修订　根据2013年7月18日《国务院关于废止和修改部分行政法规的决定》第四次修订）

第一章　总　　则

第一条　为保障石油工业的发展，促进国际经济合作和技术交流，制定本条例。

第二条　在中华人民共和国境内从事中外合作开采陆上石油资源活动，必须遵守本条例。

第三条　中华人民共和国境内的石油资源属于中华人民共和国国家所有。

第四条　中国政府依法保护参加合作开采陆上石油资源的外国企业的合作开采活动及其投资、利润和其他合法权益。

在中华人民共和国境内从事中外合作开采陆上石油资源活动，必须遵守中华人民共和国的有关法律、法规和规章，并接受中国政府有关机关的监督管理。

第五条　国家对参加合作开采陆上石油资源的外国企业的投资

和收益不实行征收。在特殊情况下，根据社会公共利益的需要，可以对外国企业在合作开采中应得石油的一部分或者全部，依照法律程序实行征收，并给予相应的补偿。

第六条 国务院指定的部门负责在国务院批准的合作区域内，划分合作区块，确定合作方式，组织制定有关规划和政策，审批对外合作油（气）田总体开发方案。

第七条 中国石油天然气集团公司、中国石油化工集团公司（以下简称中方石油公司）负责对外合作开采陆上石油资源的经营业务；负责与外国企业谈判、签订、执行合作开采陆上石油资源的合同；在国务院批准的对外合作开采陆上石油资源的区域内享有与外国企业合作进行石油勘探、开发、生产的专营权。

第八条 中方石油公司在国务院批准的对外合作开采陆上石油资源的区域内，按划分的合作区块，通过招标或者谈判，确定合作开采陆上石油资源的外国企业，签订合作开采石油合同或者其他合作合同，并向中华人民共和国商务部报送合同有关情况。

第九条 对外合作区块公布后，除中方石油公司与外国企业进行合作开采陆上石油资源活动外，其他企业不得进入该区块内进行石油勘查活动，也不得与外国企业签订在该区块内进行石油开采的经济技术合作协议。

对外合作区块公布前，已进入该区块进行石油勘查（尚处于区域评价勘查阶段）的企业，在中方石油公司与外国企业签订合同后，应当撤出。该企业所取得的勘查资料，由中方石油公司负责销售，以适当补偿其投资。该区块发现有商业开采价值的油（气）田后，从该区块撤出的企业可以通过投资方式参与开发。

国务院指定的部门应当根据合同的签订和执行情况，定期对所确定的对外合作区块进行调整。

第十条 对外合作开采陆上石油资源，应当遵循兼顾中央与地方利益的原则，通过吸收油（气）田所在地的资金对有商业开采价值的油（气）田的开发进行投资等方式，适当照顾地方利益。

有关地方人民政府应当依法保护合作区域内正常的生产经营活动，并在土地使用、道路通行、生活服务等方面给予有效协助。

第十一条 对外合作开采陆上石油资源，应当依法纳税。

第十二条 为执行合同所进口的设备和材料，按照国家有关规定给予减税、免税或者给予税收方面的其他优惠。具体办法由财政部会同海关总署制定。

第二章 外国合同者的权利和义务

第十三条 中方石油公司与外国企业合作开采陆上石油资源必须订立合同，除法律、法规另有规定或者合同另有约定外，应当由签订合同的外国企业（以下简称外国合同者）单独投资进行勘探，负责勘探作业，并承担勘探风险；发现有商业开采价值的油（气）田后，由外国合同者与中方石油公司共同投资合作开发；外国合同者并应承担开发作业和生产作业，直至中方石油公司按照合同约定接替生产作业为止。

第十四条 外国合同者可以按照合同约定，从生产的石油中回收其投资和费用，并取得报酬。

第十五条 外国合同者根据国家有关规定和合同约定，可以将其应得的石油和购买的石油运往国外，也可以依法将其回收的投资、利润和其他合法收益汇往国外。

外国合同者在中华人民共和国境内销售其应得的石油，一般由中方石油公司收购，也可以采取合同双方约定的其他方式销售，但是不得违反国家有关在中华人民共和国境内销售石油产品的规定。

第十六条 外国合同者开立外汇账户和办理其他外汇事宜，应当遵守《中华人民共和国外汇管理条例》和国家有关外汇管理的其他规定。

外国合同者的投资，应当采用美元或者其他可自由兑换货币。

第十七条 外国合同者应当依法在中华人民共和国境内设立分公司、子公司或者代表机构。

前款机构的设立地点由外国合同者与中方石油公司协商确定。

第十八条 外国合同者在执行合同的过程中，应当及时地、准确地向中方石油公司报告石油作业情况，完整地、准确地取得各项石油作业的数据、记录、样品、凭证和其他原始资料，并按规定向中方石油公司提交资料和样品以及技术、经济、财会、行政方面的各种报告。

第十九条 外国合同者执行合同，除租用第三方的设备外，按照计划和预算所购置和建造的全部资产，在其投资按照合同约定得到补偿或者该油（气）田生产期期满后，所有权属于中方石油公司。在合同期内，外国合同者可以按照合同约定使用这些资产。

第三章 石 油 作 业

第二十条 作业者必须根据国家有关开采石油资源的规定，制订油（气）田总体开发方案，并经国务院指定的部门批准后，实施开发作业和生产作业。

第二十一条 石油合同可以约定石油作业所需的人员，作业者可以优先录用中国公民。

第二十二条 作业者和承包者在实施石油作业中，应当遵守国家有关环境保护和安全作业方面的法律、法规和标准，并按照国际惯例进行作业，保护农田、水产、森林资源和其他自然资源，防止对大气、海洋、河流、湖泊、地下水和陆地其他环境的污染和损害。

第二十三条 在实施石油作业中使用土地的，应当依照《中华人民共和国土地管理法》和国家其他有关规定办理。

第二十四条 本条例第十八条规定的各项石油作业的数据、记录、样品、凭证和其他原始资料，所有权属于中方石油公司。

前款所列数据、记录、样品、凭证和其他原始资料的使用、转让、赠与、交换、出售、发表以及运出、传送到中华人民共和国境外，必须按照国家有关规定执行。

第四章　争议的解决

第二十五条　合作开采陆上石油资源合同的当事人因执行合同发生争议时，应当通过协商或者调解解决；不愿协商、调解，或者协商、调解不成的，可以根据合同中的仲裁条款或者事后达成的书面仲裁协议，提交中国仲裁机构或者其他仲裁机构仲裁。

当事人未在合同中订立仲裁条款，事后又没有达成书面仲裁协议的，可以向中国人民法院起诉。

第五章　法 律 责 任

第二十六条　违反本条例规定，有下列行为之一的，由国务院指定的部门依据职权责令限期改正，给予警告；在限期内不改正的，可以责令其停止实施石油作业；构成犯罪的，依法追究刑事责任。

（一）违反本条例第九条第一款规定，擅自进入对外合作区块进行石油勘查活动或者与外国企业签订在对外合作区块内进行石油开采合作协议的；

（二）违反本条例第十八条规定，在执行合同的过程中，未向中方石油公司及时、准确地报告石油作业情况的，未按规定向中方石油公司提交资料和样品以及技术、经济、财会、行政方面的各种报告的；

（三）违反本条例第二十条规定，油（气）田总体开发方案未经批准，擅自实施开发作业和生产作业的；

（四）违反本条例第二十四条第二款规定，擅自使用石油作业的数据、记录、样品、凭证和其他原始资料或者将其转让、赠与、交换、出售、发表以及运出、传送到中华人民共和国境外的。

第二十七条　违反本条例第十一条、第十六条、第二十二条、

第二十三条规定的，由国家有关主管部门依照有关法律、法规的规定予以处罚；构成犯罪的，依法追究刑事责任。

第六章　附　则

第二十八条　本条例下列用语的含义：

（一）“石油”，是指蕴藏在地下的、正在采出的和已经采出的原油和天然气。

（二）“陆上石油资源”，是指蕴藏在陆地全境（包括海滩、岛屿及向外延伸至5米水深处的海域）的范围内的地下石油资源。

（三）“开采”，是指石油的勘探、开发、生产和销售及其有关的活动。

（四）“石油作业”，是指为执行合同而进行的勘探、开发和生产作业及其有关的活动。

（五）“勘探作业”，是指用地质、地球物理、地球化学和包括钻探井等各种方法寻找储藏石油圈闭所做的全部工作，以及在已发现石油的圈闭上为确定它有无商业价值所做的钻评价井、可行性研究和编制油（气）田的总体开发方案等全部工作。

（六）“开发作业”，是指自油（气）田总体开发方案被批准之日起，为实现石油生产所进行的设计、建造、安装、钻井工程等及其相应的研究工作，包括商业性生产开始之前的生产活动。

（七）“生产作业”，是指一个油（气）田从开始商业性生产之日起，为生产石油所进行的全部作业以及与其有关的活动。

第二十九条　本条例第四条、第十一条、第十二条、第十五条、第十六条、第十七条、第二十一条的规定，适用于外国承包者。

第三十条　对外合作开采煤层气资源由中联煤层气有限责任公司、国务院指定的其他公司实施专营，并参照本条例执行。

第三十一条　本条例自公布之日起施行。

矿产资源勘查区块登记管理办法

（1998 年 2 月 12 日中华人民共和国国务院令第 240 号发布　根据 2014 年 7 月 29 日《国务院关于修改部分行政法规的决定》修订）

第一条　为了加强对矿产资源勘查的管理，保护探矿权人的合法权益，维护矿产资源勘查秩序，促进矿业发展，根据《中华人民共和国矿产资源法》，制定本办法。

第二条　在中华人民共和国领域及管辖的其他海域勘查矿产资源，必须遵守本办法。

第三条　国家对矿产资源勘查实行统一的区块登记管理制度。矿产资源勘查工作区范围以经纬度 1′×1′划分的区块为基本单位区块。每个勘查项目允许登记的最大范围：

（一）矿泉水为 10 个基本单位区块；

（二）金属矿产、非金属矿产、放射性矿产为 40 个基本单位区块；

（三）地热、煤、水气矿产为 200 个基本单位区块；

（四）石油、天然气矿产为 2500 个基本单位区块。

第四条　勘查下列矿产资源，由国务院地质矿产主管部门审批登记，颁发勘查许可证：

（一）跨省、自治区、直辖市的矿产资源；

（二）领海及中国管辖的其他海域的矿产资源；

（三）外商投资勘查的矿产资源；

（四）本办法附录所列的矿产资源。

勘查石油、天然气矿产的，经国务院指定的机关审查同意后，由国务院地质矿产主管部门登记，颁发勘查许可证。

勘查下列矿产资源，由省、自治区、直辖市人民政府地质矿产主管部门审批登记，颁发勘查许可证，并应当自发证之日起 10 日内，向国务院地质矿产主管部门备案：

（一）本条第一款、第二款规定以外的矿产资源；

（二）国务院地质矿产主管部门授权省、自治区、直辖市人民政府地质矿产主管部门审批登记的矿产资源。

第五条 勘查出资人为探矿权申请人；但是，国家出资勘查的，国家委托勘查的单位为探矿权申请人。

第六条 探矿权申请人申请探矿权时，应当向登记管理机关提交下列资料：

（一）申请登记书和申请的区块范围图；

（二）勘查单位的资格证书复印件；

（三）勘查工作计划、勘查合同或者委托勘查的证明文件；

（四）勘查实施方案及附件；

（五）勘查项目资金来源证明；

（六）国务院地质矿产主管部门规定提交的其他资料。

申请勘查石油、天然气的，还应当提交国务院批准设立石油公司或者同意进行石油、天然气勘查的批准文件以及勘查单位法人资格证明。

第七条 申请石油、天然气滚动勘探开发的，应当向登记管理机关提交下列资料，经批准，办理登记手续，领取滚动勘探开发的采矿许可证：

（一）申请登记书和滚动勘探开发矿区范围图；

（二）国务院计划主管部门批准的项目建议书；

（三）需要进行滚动勘探开发的论证材料；

（四）经国务院矿产储量审批机构批准进行石油、天然气滚动勘探开发的储量报告；

（五）滚动勘探开发利用方案。

第八条 登记管理机关应当自收到申请之日起40日内，按照申请在先的原则作出准予登记或者不予登记的决定，并通知探矿权申请人。对申请勘查石油、天然气的，登记管理机关还应当在收到申请后及时予以公告或者提供查询。

登记管理机关应当保证国家地质勘查计划一类项目的登记，具体办法由国务院地质矿产主管部门会同国务院计划主管部门制定。

需要探矿权申请人修改或者补充本办法第六条规定的资料的，登记管理机关应当通知探矿权申请人限期修改或者补充。

准予登记时，探矿权申请人应当自收到通知之日起30日内，依照本办法第十二条的规定缴纳探矿权使用费，并依照本办法第十三条的规定缴纳国家出资勘查形成的探矿权价款，办理登记手续，领取勘查许可证，成为探矿权人。

不予登记的，登记管理机关应当向探矿权申请人说明理由。

第九条 禁止任何单位和个人进入他人依法取得探矿权的勘查作业区内进行勘查或者采矿活动。

探矿权人与采矿权人对勘查作业区范围和矿区范围发生争议的，由当事人协商解决；协商不成的，由发证的登记管理机关中级别高的登记管理机关裁决。

第十条 勘查许可证有效期最长为3年；但是，石油、天然气勘查许可证有效期最长为7年。需要延长勘查工作时间的，探矿权人应当在勘查许可证有效期届满的30日前，到登记管理机关办理延续登记手续，每次延续时间不得超过2年。

探矿权人逾期不办理延续登记手续的，勘查许可证自行废止。

石油、天然气滚动勘探开发的采矿许可证有效期最长为15年；但是，探明储量的区块，应当申请办理采矿许可证。

第十一条 登记管理机关应当自颁发勘查许可证之日起10日内，将登记发证项目的名称、探矿权人、区块范围和勘查许可证期限等事项，通知勘查项目所在地的县级人民政府负责地质矿产管理工作的部门。

登记管理机关对勘查区块登记发证情况，应当定期予以公告。

第十二条 国家实行探矿权有偿取得的制度。探矿权使用费以勘查年度计算，逐年缴纳。

探矿权使用费标准：第一个勘查年度至第三个勘查年度，每平方公里每年缴纳 100 元；从第四个勘查年度起，每平方公里每年增加 100 元，但是最高不得超过每平方公里每年 500 元。

第十三条 申请国家出资勘查并已经探明矿产地的区块的探矿权的，探矿权申请人除依照本办法第十二条的规定缴纳探矿权使用费外，还应当缴纳国家出资勘查形成的探矿权价款；探矿权价款按照国家有关规定，可以一次缴纳，也可以分期缴纳。

国家出资勘查形成的探矿权价款，由具有矿业权评估资质的评估机构进行评估；评估报告报登记管理机关备案。

第十四条 探矿权使用费和国家出资勘查形成的探矿权价款，由登记管理机关收取，全部纳入国家预算管理。具体管理、使用办法，由国务院地质矿产主管部门会同国务院财政部门、计划主管部门制定。

第十五条 有下列情形之一的，由探矿权人提出申请，经登记管理机关按照国务院地质矿产主管部门会同国务院财政部门制定的探矿权使用费和探矿权价款的减免办法审查批准，可以减缴、免缴探矿权使用费和探矿权价款：

（一）国家鼓励勘查的矿种；

（二）国家鼓励勘查的区域；

（三）国务院地质矿产主管部门会同国务院财政部门规定的其他情形。

第十六条 探矿权可以通过招标投标的方式有偿取得。

登记管理机关依照本办法第四条规定的权限确定招标区块，发布招标公告，提出投标要求和截止日期；但是，对境外招标的区块由国务院地质矿产主管部门确定。

登记管理机关组织评标，采取择优原则确定中标人。中标人缴纳本办法第十二条、第十三条规定的费用后，办理登记手续，领取勘查许可证，成为探矿权人，并履行标书中承诺的义务。

第十七条 探矿权人应当自领取勘查许可证之日起，按照下列规定完成最低勘查投入：

（一）第一个勘查年度，每平方公里2000元；

（二）第二个勘查年度，每平方公里5000元；

（三）从第三个勘查年度起，每个勘查年度每平方公里1万元。

探矿权人当年度的勘查投入高于最低勘查投入标准的，高于的部分可以计入下一个勘查年度的勘查投入。

因自然灾害等不可抗力的原因，致使勘查工作不能正常进行的，探矿权人应当自恢复正常勘查工作之日起30日内，向登记管理机关提交申请核减相应的最低勘查投入的报告；登记管理机关应当自收到报告之日起30日内予以批复。

第十八条 探矿权人应当自领取勘查许可证之日起6个月内开始施工；在开始勘查工作时，应当向勘查项目所在地的县级人民政府负责地质矿产管理工作的部门报告，并向登记管理机关报告开工情况。

第十九条 探矿权人在勘查许可证有效期内进行勘查时，发现符合国家边探边采规定要求的复杂类型矿床的，可以申请开采，经登记管理机关批准，办理采矿登记手续。

第二十条 探矿权人在勘查石油、天然气等流体矿产期间，需要试采的，应当向登记管理机关提交试采申请，经批准后可以试采1年；需要延长试采时间的，必须办理登记手续。

第二十一条 探矿权人在勘查许可证有效期内探明可供开采的矿体后，经登记管理机关批准，可以停止相应区块的最低勘查投入，并可以在勘查许可证有效期届满的30日前，申请保留探矿权。

但是，国家为了公共利益或者因技术条件暂时难以利用等情况，需要延期开采的除外。

保留探矿权的期限，最长不得超过 2 年，需要延长保留期的，可以申请延长 2 次，每次不得超过 2 年；保留探矿权的范围为可供开采的矿体范围。

在停止最低勘查投入期间或者探矿权保留期间，探矿权人应当依照本办法的规定，缴纳探矿权使用费。

探矿权保留期届满，勘查许可证应当予以注销。

第二十二条 有下列情形之一的，探矿权人应当在勘查许可证有效期内，向登记管理机关申请变更登记：

（一）扩大或者缩小勘查区块范围的；

（二）改变勘查工作对象的；

（三）经依法批准转让探矿权的；

（四）探矿权人改变名称或者地址的。

第二十三条 探矿权延续登记和变更登记，其勘查年度、探矿权使用费和最低勘查投入连续计算。

第二十四条 有下列情形之一的，探矿权人应当在勘查许可证有效期内，向登记管理机关递交勘查项目完成报告或者勘查项目终止报告，报送资金投入情况报表和有关证明文件，由登记管理机关核定其实际勘查投入后，办理勘查许可证注销登记手续：

（一）勘查许可证有效期届满，不办理延续登记或者不申请保留探矿权的；

（二）申请采矿权的；

（三）因故需要撤销勘查项目的。

自勘查许可证注销之日起 90 日内，原探矿权人不得申请已经注销的区块范围内的探矿权。

第二十五条 登记管理机关需要调查勘查投入、勘查工作进展情况，探矿权人应当如实报告并提供有关资料，不得虚报、瞒报，不得拒绝检查。

对探矿权人要求保密的申请登记资料、勘查工作成果资料和财务报表，登记管理机关应当予以保密。

第二十六条 违反本办法规定，未取得勘查许可证擅自进行勘查工作的，超越批准的勘查区块范围进行勘查工作的，由县级以上人民政府负责地质矿产管理工作的部门按照国务院地质矿产主管部门规定的权限，责令停止违法行为，予以警告，可以并处10万元以下的罚款。

第二十七条 违反本办法规定，未经批准，擅自进行滚动勘探开发、边探边采或者试采的，由县级以上人民政府负责地质矿产管理工作的部门按照国务院地质矿产主管部门规定的权限，责令停止违法行为，予以警告，没收违法所得，可以并处10万元以下的罚款。

第二十八条 违反本办法规定，擅自印制或者伪造、冒用勘查许可证的，由县级以上人民政府负责地质矿产管理工作的部门按照国务院地质矿产主管部门规定的权限，没收违法所得，可以并处10万元以下的罚款；构成犯罪的，依法追究刑事责任。

第二十九条 违反本办法规定，有下列行为之一的，由县级以上人民政府负责地质矿产管理工作的部门按照国务院地质矿产主管部门规定的权限，责令限期改正；逾期不改正的，处5万元以下的罚款；情节严重的，原发证机关可以吊销勘查许可证：

（一）不按照本办法的规定备案、报告有关情况、拒绝接受监督检查或者弄虚作假的；

（二）未完成最低勘查投入的；

（三）已经领取勘查许可证的勘查项目，满6个月未开始施工，或者施工后无故停止勘查工作满6个月的。

第三十条 违反本办法规定，不办理勘查许可证变更登记或者注销登记手续的，由登记管理机关责令限期改正；逾期不改正的，由原发证机关吊销勘查许可证。

第三十一条 违反本办法规定，不按期缴纳本办法规定应当缴纳的费用的，由登记管理机关责令限期缴纳，并从滞纳之日起每日加收2‰的滞纳金；逾期仍不缴纳的，由原发证机关吊销勘查许可证。

第三十二条 违反本办法规定勘查石油、天然气矿产的，由国务院地质矿产主管部门按照本办法的有关规定给予行政处罚。

第三十三条 探矿权人被吊销勘查许可证的，自勘查许可证被吊销之日起6个月内，不得再申请探矿权。

第三十四条 登记管理机关工作人员徇私舞弊、滥用职权、玩忽职守，构成犯罪的，依法追究刑事责任；尚不构成犯罪的，依法给予行政处分。

第三十五条 勘查许可证由国务院地质矿产主管部门统一印制。申请登记书、变更申请登记书、探矿权保留申请登记书和注销申请登记书的格式，由国务院地质矿产主管部门统一制定。

第三十六条 办理勘查登记手续，应当按照规定缴纳登记费。收费标准和管理、使用办法，由国务院物价主管部门会同国务院地质矿产主管部门、财政部门规定。

第三十七条 外商投资勘查矿产资源的，依照本办法的规定办理；法律、行政法规另有特别规定的，从其规定。

第三十八条 中外合作勘查矿产资源的，中方合作者应当在签订合同后，将合同向原发证机关备案。

第三十九条 本办法施行前已经取得勘查许可证的，由国务院地质矿产主管部门统一组织换领新的勘查许可证。探矿权使用费、最低勘查投入按照重新登记后的第一个勘查年度计算，并可以依照本办法的规定申请减缴、免缴。

第四十条 本办法附录的修改，由国务院地质矿产主管部门报国务院批准后公布。

第四十一条 本办法自发布之日起施行。1987年4月29日国务院发布的《矿产资源勘查登记管理暂行办法》和1987年12月16日国务院批准、石油工业部发布的《石油及天然气勘查、开采登记管理暂行办法》同时废止。

附录：

国务院地质矿产主管部门审批发证矿种目录

1 煤
2 石油
3 油页岩
4 烃类天然气
5 二氧化碳气
6 煤成（层）气
7 地热
8 放射性矿产
9 金
10 银
11 铂
12 锰
13 铬
14 钴
15 铁
16 铜
17 铅
18 锌
19 铝
20 镍
21 钨
22 锡
23 锑
24 钼
25 稀土
26 磷
27 钾
28 硫
29 锶
30 金刚石
31 铌
32 钽
33 石棉
34 矿泉水

矿产资源开采登记管理办法

（1998 年 2 月 12 日中华人民共和国国务院令第 241 号发布　根据 2014 年 7 月 29 日《国务院关于修改部分行政法规的决定》修订）

第一条　为了加强对矿产资源开采的管理，保护采矿权人的合法权益，维护矿产资源开采秩序，促进矿业发展，根据《中华人民共和国矿产资源法》，制定本办法。

第二条　在中华人民共和国领域及管辖的其他海域开采矿产资源，必须遵守本办法。

第三条　开采下列矿产资源，由国务院地质矿产主管部门审批登记，颁发采矿许可证：

（一）国家规划矿区和对国民经济具有重要价值的矿区内的矿产资源；

（二）领海及中国管辖的其他海域的矿产资源；

（三）外商投资开采的矿产资源；

（四）本办法附录所列的矿产资源。

开采石油、天然气矿产的，经国务院指定的机关审查同意后，由国务院地质矿产主管部门登记，颁发采矿许可证。

开采下列矿产资源，由省、自治区、直辖市人民政府地质矿产主管部门审批登记，颁发采矿许可证：

（一）本条第一款、第二款规定以外的矿产储量规模中型以上的矿产资源；

（二）国务院地质矿产主管部门授权省、自治区、直辖市人民政府地质矿产主管部门审批登记的矿产资源。

开采本条第一款、第二款、第三款规定以外的矿产资源，由县级以上地方人民政府负责地质矿产管理工作的部门，按照省、自治区、直辖市人民代表大会常务委员会制定的管理办法审批登记，颁发采矿许可证。

矿区范围跨县级以上行政区域的，由所涉及行政区域的共同上一级登记管理机关审批登记，颁发采矿许可证。

县级以上地方人民政府负责地质矿产管理工作的部门在审批发证后，应当逐级向上一级人民政府负责地质矿产管理工作的部门备案。

第四条 采矿权申请人在提出采矿权申请前，应当根据经批准的地质勘查储量报告，向登记管理机关申请划定矿区范围。

需要申请立项，设立矿山企业的，应当根据划定的矿区范围，按照国家规定办理有关手续。

第五条 采矿权申请人申请办理采矿许可证时，应当向登记管理机关提交下列资料：

（一）申请登记书和矿区范围图；

（二）采矿权申请人资质条件的证明；

（三）矿产资源开发利用方案；

（四）依法设立矿山企业的批准文件；

（五）开采矿产资源的环境影响评价报告；

（六）国务院地质矿产主管部门规定提交的其他资料。

申请开采国家规划矿区或者对国民经济具有重要价值的矿区内的矿产资源和国家实行保护性开采的特定矿种的，还应当提交国务院有关主管部门的批准文件。

申请开采石油、天然气的，还应当提交国务院批准设立石油公司或者同意进行石油、天然气开采的批准文件以及采矿企业法人资格证明。

第六条 登记管理机关应当自收到申请之日起 40 日内，作出准予登记或者不予登记的决定，并通知采矿权申请人。

需要采矿权申请人修改或者补充本办法第五条规定的资料的，登记管理机关应当通知采矿权申请人限期修改或者补充。

准予登记的，采矿权申请人应当自收到通知之日起30日内，依照本办法第九条的规定缴纳采矿权使用费，并依照本办法第十条的规定缴纳国家出资勘查形成的采矿权价款，办理登记手续，领取采矿许可证，成为采矿权人。

不予登记的，登记管理机关应当向采矿权申请人说明理由。

第七条 采矿许可证有效期，按照矿山建设规模确定：大型以上的，采矿许可证有效期最长为30年；中型的，采矿许可证有效期最长为20年；小型的，采矿许可证有效期最长为10年。采矿许可证有效期满，需要继续采矿的，采矿权人应当在采矿许可证有效期届满的30日前，到登记管理机关办理延续登记手续。

采矿权人逾期不办理延续登记手续的，采矿许可证自行废止。

第八条 登记管理机关在颁发采矿许可证后，应当通知矿区范围所在地的有关县级人民政府。有关县级人民政府应当自收到通知之日起90日内，对矿区范围予以公告，并可以根据采矿权人的申请，组织埋设界桩或者设置地面标志。

第九条 国家实行采矿权有偿取得的制度。采矿权使用费，按照矿区范围的面积逐年缴纳，标准为每平方公里每年1000元。

第十条 申请国家出资勘查并已经探明矿产地的采矿权的，采矿权申请人除依照本办法第九条的规定缴纳采矿权使用费外，还应当缴纳国家出资勘查形成的采矿权价款；采矿权价款按照国家有关规定，可以一次缴纳，也可以分期缴纳。

国家出资勘查形成的采矿权价款，由具有矿业权评估资质的评估机构进行评估；评估报告报登记管理机关备案。

第十一条 采矿权使用费和国家出资勘查形成的采矿权价款由登记管理机关收取，全部纳入国家预算管理。具体管理、使用办法，由国务院地质矿产主管部门会同国务院财政部门、计划主管部门制定。

第十二条 有下列情形之一的，由采矿权人提出申请，经省级以上人民政府登记管理机关按照国务院地质矿产主管部门会同国务院财政部门制定的采矿权使用费和采矿权价款的减免办法审查批准，可以减缴、免缴采矿权使用费和采矿权价款：

（一）开采边远贫困地区的矿产资源的；

（二）开采国家紧缺的矿种的；

（三）因自然灾害等不可抗力的原因，造成矿山企业严重亏损或者停产的；

（四）国务院地质矿产主管部门和国务院财政部门规定的其他情形。

第十三条 采矿权可以通过招标投标的方式有偿取得。

登记管理机关依照本办法第三条规定的权限确定招标的矿区范围，发布招标公告，提出投标要求和截止日期；但是，对境外招标的矿区范围由国务院地质矿产主管部门确定。登记管理机关组织评标，采取择优原则确定中标人。中标人缴纳本办法第九条、第十条规定的费用后，办理登记手续，领取采矿许可证，成为采矿权人，并履行标书中承诺的义务。

第十四条 登记管理机关应当对本行政区域内的采矿权人合理开发利用矿产资源、保护环境及其他应当履行的法定义务等情况依法进行监督检查。采矿权人应当如实报告有关情况，并提交年度报告。

第十五条 有下列情形之一的，采矿权人应当在采矿许可证有效期内，向登记管理机关申请变更登记：

（一）变更矿区范围的；

（二）变更主要开采矿种的；

（三）变更开采方式的；

（四）变更矿山企业名称的；

（五）经依法批准转让采矿权的。

第十六条 采矿权人在采矿许可证有效期内或者有效期届满，停办、关闭矿山的，应当自决定停办或者关闭矿山之日起30日内，向原发证机关申请办理采矿许可证注销登记手续。

第十七条 任何单位和个人未领取采矿许可证擅自采矿的，擅自进入国家规划矿区和对国民经济具有重要价值的矿区范围采矿的，擅自开采国家规定实行保护性开采的特定矿种的，超越批准的矿区范围采矿的，由登记管理机关依照有关法律、行政法规的规定予以处罚。

第十八条 不依照本办法规定提交年度报告、拒绝接受监督检查或者弄虚作假的，由县级以上人民政府负责地质矿产管理工作的部门按照国务院地质矿产主管部门规定的权限，责令停止违法行为，予以警告，可以并处5万元以下的罚款；情节严重的，由原发证机关吊销采矿许可证。

第十九条 破坏或者擅自移动矿区范围界桩或者地面标志的，由县级以上人民政府负责地质矿产管理工作的部门按照国务院地质矿产主管部门规定的权限，责令限期恢复；情节严重的，处3万元以下的罚款。

第二十条 擅自印制或者伪造、冒用采矿许可证的，由县级以上人民政府负责地质矿产管理工作的部门按照国务院地质矿产主管部门规定的权限，没收违法所得，可以并处10万元以下的罚款；构成犯罪的，依法追究刑事责任。

第二十一条 违反本办法规定，不按期缴纳本办法规定应当缴纳的费用的，由登记管理机关责令限期缴纳，并从滞纳之日起每日加收2‰的滞纳金；逾期仍不缴纳的，由原发证机关吊销采矿许可证。

第二十二条 违反本办法规定，不办理采矿许可证变更登记或者注销登记手续的，由登记管理机关责令限期改正；逾期不改正的，由原发证机关吊销采矿许可证。

第二十三条 违反本办法规定开采石油、天然气矿产的，由国务院地质矿产主管部门按照本办法的有关规定给予行政处罚。

第二十四条 采矿权人被吊销采矿许可证的，自采矿许可证被吊销之日起 2 年内不得再申请采矿权。

第二十五条 登记管理机关工作人员徇私舞弊、滥用职权、玩忽职守，构成犯罪的，依法追究刑事责任；尚不构成犯罪的，依法给予行政处分。

第二十六条 采矿许可证由国务院地质矿产主管部门统一印制。申请登记书、变更申请登记书和注销申请登记书的格式，由国务院地质矿产主管部门统一制定。

第二十七条 办理采矿登记手续，应当按照规定缴纳登记费。收费标准和管理、使用办法，由国务院物价主管部门会同国务院地质矿产主管部门、财政部门规定。

第二十八条 外商投资开采矿产资源，依照本办法的规定办理；法律、行政法规另有特别规定的，从其规定。

第二十九条 中外合作开采矿产资源的，中方合作者应当在签订合同后，将合同向原发证机关备案。

第三十条 本办法施行前已经取得采矿许可证的，由国务院地质矿产主管部门统一组织换领新采矿许可证。

本办法施行前已经开办的矿山企业，应当自本办法施行之日起开始缴纳采矿权使用费，并可以依照本办法的规定申请减缴、免缴。

第三十一条 登记管理机关应当对颁发的采矿许可证和吊销的采矿许可证予以公告。

第三十二条 本办法所称矿区范围，是指经登记管理机关依法划定的可供开采矿产资源的范围、井巷工程设施分布范围或者露天剥离范围的立体空间区域。

本办法所称开采方式，是指地下开采或者露天开采。

第三十三条 本办法附录的修改，由国务院地质矿产主管部门报国务院批准后公布。

第三十四条 本办法自发布之日起施行。1987 年 4 月 29 日国务院发布的《全民所有制矿山企业采矿登记管理暂行办法》和 1990 年 11 月 22 日《国务院关于修改〈全民所有制矿山企业采矿登记管理暂行办法〉的决定》同时废止。

自然资源统一确权登记办法（试行）

（2016 年 12 月 20 日 国土资发〔2016〕192 号）

第一章 总 则

第一条 为落实十八届三中全会通过的《中共中央关于全面深化改革若干重大问题的决定》和《中共中央国务院关于印发〈生态文明体制改革总体方案〉的通知》（中发〔2015〕25 号）要求，规范自然资源统一确权登记，建立统一的确权登记系统，推进自然资源确权登记法治化，推动建立归属清晰、权责明确、监管有效的自然资源资产产权制度，根据有关法律规定，制定本办法。

第二条 国家建立自然资源统一确权登记制度。

自然资源确权登记坚持资源公有、物权法定和统一确权登记的原则。

第三条 对水流、森林、山岭、草原、荒地、滩涂以及探明储量的矿产资源等自然资源的所有权统一进行确权登记，界定全部国土空间各类自然资源资产的所有权主体，划清全民所有和集体所有之间的边界，划清全民所有、不同层级政府行使所有权的边界，划清不同集体所有者的边界，适用本办法。

第四条 自然资源确权登记以不动产登记为基础，已经纳入《不动产登记暂行条例》的不动产权利，按照不动产登记的有关规定办理，不再重复登记。

自然资源确权登记涉及调整或限制已登记的不动产权利的，应当符合法律法规规定，并依法及时记载于不动产登记簿。

第五条 国务院国土资源主管部门负责指导、监督全国自然资源统一确权登记工作。

省级以上人民政府负责自然资源统一确权登记工作的组织，各级不动产登记机构（以下简称登记机构）具体负责自然资源登记。

第六条 自然资源确权登记由自然资源所在地的县级以上人民政府登记机构办理。

跨行政区域的自然资源确权登记，由共同的上一级人民政府登记主管部门指定办理。

国务院确定的重点国有林区权属登记按照不动产登记的有关规定办理。

第二章 自然资源登记簿

第七条 登记机构应当按照国务院国土资源主管部门的规定，设立统一的自然资源登记簿（见附件1）。

已按照《不动产登记暂行条例》办理登记的不动产权利，要在自然资源登记簿中记载，并通过不动产单元号、权利主体实现自然资源登记簿与不动产登记簿的关联。

第八条 县级以上人民政府按照不同自然资源种类和在生态、经济、国防等方面的重要程度以及相对完整的生态功能、集中连片等原则，组织相关资源管理部门划分自然资源登记单元，国家公园、自然保护区、水流等可以单独作为登记单元。自然资源登记单元具有唯一编码。

自然资源登记单元边界应当与不动产登记的物权权属边界做好

衔接。

第九条 自然资源登记簿应当记载以下事项：

（一）自然资源的坐落、空间范围、面积、类型以及数量、质量等自然状况；

（二）自然资源所有权主体、代表行使主体以及代表行使的权利内容等权属状况；

（三）自然资源用途管制、生态保护红线、公共管制及特殊保护要求等限制情况；

（四）其他相关事项。

第十条 自然资源登记簿附图内容包括自然资源登记范围界线、面积，所有权主体名称，已登记的不动产权利界线，不同类型自然资源的边界、面积等信息。

自然资源登记簿附图以土地利用现状调查（自然资源调查）、不动产权籍调查相关图件为基础，结合各类自然资源普查或调查成果，通过相应的实地调查工作绘制生成。

第十一条 自然资源登记簿由县级以上人民政府登记机构进行管理，永久保存。

登记簿应当采用电子介质，暂不具备条件的，可以采用纸质介质。采用电子介质的，应当定期进行异地备份。

第三章 自然资源登记一般程序

第十二条 自然资源登记类型包括自然资源首次登记和变更登记。

首次登记是指在一定时间内对登记单元内全部国家所有的自然资源所有权进行的全面登记。在不动产登记中已经登记的集体土地及自然资源的所有权不再重复登记。

变更登记是指因自然资源的类型、边界等自然资源登记簿内容发生变化而进行的登记。

第十三条 自然资源首次登记程序为通告、调查、审核、公告、登簿。

对依法属于国家所有的自然资源所有权开展确权登记。

第十四条 自然资源首次登记的，县级以上人民政府应当成立自然资源统一确权登记领导小组，组织相关资源管理部门制定登记工作方案并预划登记单元，向社会发布首次登记通告。通告的主要内容包括：

（一）自然资源登记单元的预划分；

（二）自然资源登记的期限；

（三）自然资源类型、范围；

（四）需要集体土地所有权人、自然资源所有权代表行使主体等相关主体配合的事项及其他需要通告的内容。

第十五条 自然资源的调查工作由所在地的县级以上人民政府统一组织，国土资源主管部门（不动产登记机构）会同相关资源管理部门，以土地利用现状调查（自然资源调查）成果为底图，结合各类自然资源普查或调查成果，通过实地调查，查清登记单元内各类自然资源的类型、边界、面积、数量和质量等，形成自然资源调查图件和相关调查成果。

第十六条 登记机构依据自然资源调查结果和相关审批文件，结合相关资源管理部门的用途管制、生态保护红线、公共管制及特殊保护规定或政策性文件以及不动产登记结果资料等，对登记的内容进行审核。

第十七条 登记机构应当在登簿前将自然资源登记事项在所在地政府门户网站及指定场所进行公告，涉及国家秘密的除外。公告期不少于 15 个工作日。公告期内，相关权利人对登记事项提出异议的，登记机构应当对提出的异议进行调查核实。

第十八条 公告期满无异议或者异议不成立的，登记机构应当将登记事项记载于自然资源登记簿。

第十九条 自然资源的类型、边界等自然资源登记簿内容发生变化的，自然资源所有权代表行使主体应当持相关资料及时嘱托并配合登记机构办理变更登记。

第四章 国家公园、自然保护区、湿地、水流等自然资源登记

第二十条 以国家公园作为独立自然资源登记单元的，由登记机构会同国家公园管理机构或行业主管部门制定工作方案，依据土地利用现状调查（自然资源调查）成果、国家公园审批资料划定登记单元界线，收集整理用途管制、生态保护红线、公共管制及特殊保护规定或政策性文件，并开展登记单元内各类自然资源的调查，通过确权登记明确各类自然资源的种类、面积和所有权性质。

第二十一条 以自然保护区作为独立自然资源登记单元的，由登记机构会同自然保护区管理机构或行业主管部门制定工作方案，依据土地利用现状调查（自然资源调查）成果、自然保护区审批资料划定登记单元界线，收集整理用途管制、生态保护红线、公共管制及特殊保护规定或政策性文件，并开展登记单元内各类自然资源的调查，通过确权登记明确各类自然资源的种类、面积和所有权性质。

第二十二条 以湿地作为独立自然资源登记单元的，由登记机构会同湿地管理机构、水利、农业等部门制定工作方案，依据土地利用现状调查（自然资源调查）成果，参考湿地普查或调查成果，对国际重要湿地、国家重要湿地、湿地自然保护区划定登记单元界线，收集整理用途管制、生态保护红线、公共管制及特殊保护规定或政策性文件，并开展登记单元内各类自然资源的调查。

第二十三条 以水流作为独立自然资源登记单元的，由登记机构会同水行政主管部门制定工作方案，依据土地利用现状调查（自然资源调查）成果、水利普查、河道岸线和水资源调查成果划定登

记单元界线，收集整理用途管制、生态保护红线、公共管制及特殊保护规定或政策性文件，并开展登记单元内各类自然资源的调查。

第二十四条 本办法第二十条、第二十一条、第二十二条、第二十三条规定的国家公园、自然保护区、湿地、水流等自然资源确权登记工作，由登记机构参照第三章规定的一般程序办理。

第五章 登记信息管理与应用

第二十五条 自然资源确权登记信息纳入不动产登记信息管理基础平台，实现自然资源确权登记信息与不动产登记信息有效衔接。

第二十六条 自然资源确权登记结果应当向社会公开，但涉及国家秘密以及《不动产登记暂行条例》规定的不动产登记的相关内容除外。

第二十七条 自然资源确权登记信息与农业、水利、林业、环保、财税等相关部门管理信息应当互通共享，服务自然资源的确权登记和有效监管。

第六章 附 则

第二十八条 本办法先行在国家部署的试点地区（见附件2）实施，省级部署的试点可参照执行。探明储量的矿产资源确权登记制度在试点工作中完善。

军用土地范围内的自然资源暂不办理权属登记。

第二十九条 本办法由国土资源部负责解释，自印发之日起施行。

附件：1. 自然资源登记簿（略）

2. 自然资源统一确权登记试点方案（略）

矿产资源开发利用水平调查评估制度工作方案

（2016 年 12 月 28 日　国土资发〔2016〕195 号）

为贯彻落实中央关于全面推进矿产资源节约与高效利用，促进生态文明建设的要求，根据中共中央、国务院《生态文明体制改革总体方案》（中发〔2015〕25 号），按照工作分工，国土资源部会同有关部门认真研究，制定矿产资源开发利用水平调查评估制度工作方案如下：

一、总体要求

（一）指导思想。

全面贯彻党的十八大和十八届三中、四中、五中、六中全会精神，深入学习贯彻习近平总书记系列重要讲话精神，按照统筹推进“五位一体”总体布局和协调推进“四个全面”战略布局的要求，牢固树立和贯彻落实创新、协调、绿色、开放、共享的发展理念，以矿产资源全面节约和高效利用为目标，以矿业权人勘查开采信息公开公示为基础，动态调查矿产资源开发利用现状，科学评价矿产资源开发利用水平，健全完善评估指标体系，构建激励约束机制，推动矿产资源利用方式根本转变，促进生态文明建设。

（二）基本原则。

1. 坚持科学调查。将矿产资源节约和高效利用贯穿于矿产资源开发利用全过程，以采矿、选矿和综合利用为重点，构建科学调查方法和程序，明确调查范围，突出重点指标，完善开采回采率、选矿回收率和综合利用率（以下简称“三率”）等指标体系，动态掌握矿产资源开发利用水平。

2. 坚持客观评估。明确指标要求，建立“三率”指标作为矿产资源开发利用水平“底线”和“三率”领跑者指标作为“高线”。通过企业主动公开矿产资源开发利用水平信息、政府抽查、第三方评估的工作方式，确保评估结果真实可靠。

3. 坚持提升开发利用水平。构建企业自律、社会监督、政府监管的有效机制，通过公开发布矿山企业达标情况，促进达不到“底线”的矿山创新应用先进技术整改，对于达到“高线”的企业，发布“先进名单”，提升矿山企业信誉。达到淘汰和约束落后，激励先进，总体提升矿产资源开发利用水平的目的。

（三）总体目标。

到2020年，建成调查评估常态化、科学化、标准化和激励约束差别化的开发利用水平调查评估制度，基本建立主要矿种“三率”指标体系，提升矿产资源开发利用水平，促进生态文明建设。

二、主要任务

围绕矿产资源开发利用全过程，在采矿、选矿和综合利用的重点环节，解决“调查评估的内容、方式、指标要求和评估结果应用”等关键问题，划定两个“界线”（“三率”最低指标和领跑者指标），出台一个“办法”（矿产资源开发利用水平调查评估办法），完善激励约束机制，提高矿产资源开发利用水平。

（一）明确调查指标。围绕反映矿产资源开发利用水平的关键指标，重点了解矿山年度消耗（采出和损失）、保有的矿产资源储量，“三率”指标情况，矿产品的产量、质量，尾矿、废石堆存利用等数据，查清矿产资源开发利用现状。

（二）规范调查流程。矿山企业通过矿业权人勘查开采信息公示系统平台填报并公开调查数据项。管理机关采取“双随机一公开”方式，结合重点区域、重要矿山和社会监督反映的问题，组织开展实地抽查。

（三）合理划分职责。按照矿种全覆盖、分类分级管理的原则，国土资源部会同有关部门制定方案，确定任务分工，组织开展调查评估。其中国土资源部等部门重点负责石油、天然气、煤层气、页岩气、铀矿、稀土、钨矿等由部审批发证的调查评估工作（具体矿种与《矿业权出让制度改革方案》一致），其它矿种由省级国土资源等主管部门具体组织实施。

（四）完善指标体系。在现有27个矿种“三率”最低指标基础上，研究制定领跑者指标。到“十三五”末，完成46个矿种“三率”最低指标和领跑者指标，逐步建立较为完善的评估指标、评估方法、评估流程的评估体系。地方可结合本地实际研究制定更高的最低指标和领跑者指标。

（五）科学合理评估。委托有关单位开展评估工作，将矿山的具体指标与“三率”最低指标和领跑者指标进行比对，确定达标情况，并开展综合评价，将同类矿山、不同矿种、不同行业、不同地区的矿产资源开发利用水平汇总分析，结合资源禀赋条件，确定不同矿山企业开发利用水平高低（排序）。委托第三方对开发利用水平的评估结果和效果进行评估。

（六）完善激励约束机制。全面推进矿业权人勘查开采信息公示，采取“双随机一公开”方式进行监管，公开调查评估结果，发布“先进名单”和“不达标名单”。进入“先进名单”的，在技术创新项目、绿色矿山建设等方面优先支持；列入“不达标名单”的，通过通报、约谈、纳入异常名录或严重违法名单管理等方式，按照规定督促整改或惩戒。

三、进度安排

（一）2016年12月底前，上报工作方案。

（二）2017-2018年，制定试点办法，开展试点。

（三）2019年制定办法，在全国全面实施。

四、保障措施

（一）加强组织领导。建立国土资源部、国家发展和改革委员会、工业和信息化部、财政部、国家能源局等部际协调联动机制，及时研究重大问题，制定方案，联合发布矿产资源开发利用水平调查评估办法，协调推进重点工作。各地建立协调联动机制，明确任务分工，统一调查评估要求，提供强有力的组织保障。

（二）建设稳定的专业调查评估队伍。充分利用和发挥国土资源系统现有的专业调查评估队伍作用，通过购买服务，公平公正选择第三方评估单位，确保调查与评估工作长期稳定开展。

（三）建立稳定的经费渠道。国土资源部所需工作经费列入部门预算，各省及以下所需工作经费列入地方财政预算，确保调查评估工作的持续性和常态化。

（四）加强配套政策研究。整合已有的针对矿产资源开发利用水平的激励约束政策，进一步加强经济、技术、法律、行政等协同激励约束机制研究，切实提出落地措施。

（五）做好舆论宣传引导。加大舆论引导力度，加强对矿产资源开发利用水平调查评估制度目的、作用的解读和宣传，引导矿山企业、社会积极参与调查评估工作，营造良好的舆论氛围。

矿产资源开发利用水平调查评估试点工作办法

（2017 年 8 月 10 日　国土资厅发〔2017〕33 号）

为做好矿产资源开发利用水平调查评估试点工作，指导试点地区形成可复制推广的工作经验，根据中共中央、国务院《生态文明体制改革总体方案》（中发〔2015〕25 号）和《矿产资源开发利用水平调查评估制度工作方案》（国土资发〔2016〕195 号），制定本办法。

一、总体要求

（一）指导思想。

全面贯彻党的十八大和十八届三中、四中、五中、六中全会精神，深入学习贯彻习近平总书记系列重要讲话精神和治国理政新理念新思想新战略，按照统筹推进“五位一体”总体布局和协调推进“四个全面”战略布局的要求，牢固树立和贯彻落实新发展理念，以全面节约和高效利用矿产资源为目标，以矿业权人勘查开采信息公开公示为基础，定期调查矿产资源开发利用现状，科学评价矿产资源开发利用水平，健全完善评估指标体系，构建激励约束机制，推动矿产资源利用方式根本转变，促进生态文明建设。

（二）基本原则。

科学调查。抓住采选和综合利用关键环节，以开采回采率、选矿回收率和综合利用率（以下简称“三率”）为调查重点，建立科学可行的调查方法和程序，通过开展矿山资源利用核查，获取一手资料，定期掌握矿产资源开发利用现状。

客观评估。构建科学合理评估指标和流程，通过矿山自评公开、技术支撑单位核查、综合汇总评估等方式，客观评估各矿山、各矿种、各地区矿产资源开发利用水平。

协同推进。统筹调查评估、信息公示、矿山储量等工作关系，推进信息共享。加强协调，采用统一的调查评估指标、标准和方法，确保试点工作规范开展。

提升水平。构建企业自律、社会监督、政府监管的工作格局，完善机制，达到淘汰和约束落后，激励先进，提升矿产资源开发利用水平。

试点完善。及时总结试点工作经验，不断完善细化调查工作机制、方法和指标体系，研究制定《矿产资源开发利用水平调查评估办法》，为全面实施奠定基础。

（三）工作目标。在矿业权人勘查开采信息公示的基础上，通过试点，着力研究矿产资源开发利用水平调查评估内容、方式、指标、程序、标准等关键问题，建立统一调查评估技术标准。按照分类分级管理的要求，探讨矿产资源开发利用协调联动机制和激励约束机制。在总结试点工作基础上，研究起草《矿产资源开发利用水平调查评估办法》，为建立矿产资源开发利用水平调查评估制度奠定基础。

二、试点地区和试点矿种

综合考虑矿种类别、地区分布和工作需要，选择石油、天然气、煤、铁、铜、铝土矿、稀土、金、萤石、石墨、水泥用灰岩为试点矿种，在黑龙江、浙江、江西、山东、河南、湖南、宁夏省（区）和中国石油天然气集团公司、中国石油化工集团公司、中国海洋石油总公司开展试点工作。试点任务分配见下表。

试点地区试点矿种分配表

试点地区		试点矿种
黑龙江		煤、石墨等
浙江		萤石、水泥用灰岩等
江西		煤、铜、稀土等
山东		煤、铁、金等
河南		煤、铝土矿、金等
湖南		金、萤石等
宁夏		煤、水泥用灰岩等
中国石油	大庆油田分公司	石油
	长庆油田分公司	石油、天然气
中国石化	胜利油田分公司	石油
	西南油田分公司	天然气
中国海油	天津分公司	石油

三、试点工作内容

（一）获取调查数据。明确调查指标，充分利用矿业权人勘查开采信息公示工作成果，从公示系统获取矿山年消耗地质储量、年损失矿量、年采出矿量、“三率”、尾矿及废石生产量和利用量、矿产品产量质量等相关调查数据。

（二）开展数据核查。对获取的数据进行复核审查。在此基础上，开展实地核查。大中型矿山和数据异常矿山全部实地核查，其他小型矿山采用随机方式抽取20%以上进行实地核查。实地核查可采取查看台账、现场调查、问询座谈等方式。

（三）开展评估。研究确定评估内容、方式、指标和标准，评估达标情况，将矿山的实际指标与“三率”指标进行比对，确定达标情况。开展综合评估，对同类矿山、不同矿种、不同行业、不同地区的进行汇总分析，结合资源禀赋条件，确定开发利用水平。

（四）研究激励约束机制。梳理评估现有激励约束政策措施，结合本地实际，研究调查评估与信息公示、“三率”指标管理等工作的联动机制，提出激励约束政策措施建议。

（五）调查评估汇总分析。对调查评估工作进行汇总分析，形成试点工作总结报告。对各单位提交的总结报告进行汇总分析，形成全国试点工作总结报告，并提交《矿产资源开发利用水平调查评估办法》（建议稿）。

四、任务职责分工

（一）部负责试点工作组织协调，研究制定试点办法、技术标准、宣传培训、督促指导和成果汇总发布等。

（二）试点省（区）国土资源主管部门负责本省（区）非油气矿产资源开发利用水平调查评估试点工作，按上述试点矿种安排，组织部署调查数据填报和审核、开展数据核查和评估，按时提交试点成果，组织协调全国矿产资源开发利用调查评估技术支撑单位参与在本省（区）试点工作。

（三）中国石油、中国石化、中国海油负责油气资源开发利用水平调查评估试点工作，并协助部油气中心研究制定油气资源开发利用水平调查评估指标、评估方法、评估规程等。

（四）中国地质调查局郑州所、成都所和部经研院、部油气中心为全国矿产资源开发利用调查评估的技术支撑单位，负责对试点单位的业务培训、数据核查等方面进行技术指导，具体分工如下：

部经研院承担非油气矿产资源开发利用水平调查评估试点日常工作和试点成果汇总分析，起草调查评估办法，参与浙江、山东、宁夏省（区）调查评估试点工作，并提供技术指导。

郑州所、成都所负责非油气矿产资源开发利用水平调查评估指标、评估方法等技术标准研制。郑州所参与黑龙江、河南省调查评估试点工作，成都所参与江西、湖南省调查评估试点工作，并提供技术指导。

部油气中心承担油气资源开发利用水平调查评估试点日常工作和试点成果汇总分析，起草调查评估办法等工作。

五、进度安排

（一）准备阶段。2017 年 10 月底前，召开试点工作动员部署会和技术要求培训，试点省（区）/单位编制试点实施方案。

（二）实施阶段。2017 年 10 月-2018 年 8 月，试点省（区）/单位会同部技术支撑单位组织开展调查评估工作，提交试点工作总结报告。

（三）汇总总结阶段。2018 年 9 底前，对试点省（区）/单位的试点工作总结报告进行汇总分析，对试点工作进行总结，形成全国试点工作报告。

在此基础上，研究起草《矿产资源开发利用水平调查评估办法》。

六、保障措施

（一）加强组织领导。各单位要高度重视，站在推进生态文明建设高度，提高对试点工作的认识，加强矿产资源开发利用水平调查评估的组织领导，按照试点办法要求，编制试点实施方案，明确责任处（室）和技术支撑单位，做好组织协调，周密部署，按时保质完成试点工作。

（二）保障工作经费。试点省（区）/单位和部技术支撑单位按照国土资发〔2016〕195 号文件要求，将试点工作所需经费列入财政预算，确保工作顺利开展。

（三）精心指导督导。试点期间，部储量司会同勘查司加强对试点地区的调研、跟踪、指导和督促，及时协调解决试点工作中遇到的问题。

附件：1. 非油气矿产资源开发利用水平调查表

2. 油气资源开发利用水平调查表

3. 矿产资源开发利用水平调查评估试点工作总结报告（提纲）

附件 1

非油气矿产资源开发利用水平调查表

（　　年度）

基本信息					
采矿权人			采矿许可证号		
矿山名称			开采矿种		
开采方式			生产规模	（万吨/年）	
矿山所在行政区			实际产量	（万吨/年）	
矿产资源开发利用数据					
指标名称	单位	指标	指标名称	单位	指标
年采出矿量			年损失矿量		
年消耗地质储量			设计开采回采率	%	

续表

核定开采回采率	%		实际开采回采率	%	
矿石地质品位			采出矿品位		
原矿入选品位			实际入选矿量		
精矿年产量			精矿品位	%	
设计选矿回收率	%		实际选矿回收率	%	
尾矿品位			原煤年入选量	万吨	
精煤年产量	万吨		原煤入选率	%	
尾矿库数量	个		当年尾矿产生量	万吨	
当年尾矿利用量	万吨		年末尾矿累计存量	万吨	
废（矸）石堆	个		当年废（矸）石产生量：	万吨	
当年废（矸）石利用量	万吨		年末废（矸）石累计存量	万吨	
可利用共（伴）生矿产（成分）名称	设计指标		生产实际指标		
	入选品位	选矿回收率（%）	入选矿石量（万吨/年）	入选矿石品位	选矿回收率（%）
矿产1：					
矿产2：					
备注					

附件 2

油气资源开发利用水平调查表

（　　年度）

基本信息表					
矿权人			采矿许可证号		
矿山名称			开采矿种		
所在行政区			设计产能	（万吨/亿方）	
石油开发利用指标数据					
指标名称	单位	指标	指标名称	单位	指标
探明储量	（万吨）		可采储量	（万吨）	
动用储量	（万吨）		年产量	（万吨）	
采油速度	（%）		采出程度	（%）	
地层压力保持水平	（%）		综合含水	（%）	
自然递减率	（%）		含水上升率	（%）	
动态采收率	（%）		采出水处理率	（%）	
溶解气产量	（方）		溶解气利用率	（%）	
天然气发利用指标数据					
探明储量	（亿方）		可采储量	（亿方）	
年产量	（万吨）		采气速度	（%）	
储量动用程度	（%）		稳产年限	（年）	
地层压力	（Mpa）		动态储量	（亿方）	
综合递减率	（%）		采收率	（%）	
凝析油产量	（吨）		凝析油利用率	（%）	
备注					

附件 3

矿产资源开发利用水平调查评估试点工作总结报告（提纲）

一、基本情况

（一）试点工作组织部署及具体实施基本情况。

（二）试点工作组织领导、任务分工及经费落实情况等。

二、调查工作情况

（一）调查基本情况，主要是调查数据获取、实地核查方法、程序和矿山数，或油田基本情况（油田开发阶段、开发效果、油气资源及伴生资源综合利用情况等）。

（二）调查工作情况，主要是每个矿山或油气田调查评估指标设计和实际情况等调查情况，矿业权人填报数据与实地核查数据对比分析情况及附表，并评述调查数据质量。

三、评估工作情况

（一）评估基本情况，主要是详细说明评估方法、评估标准、工作流程等。

（二）评估结果。非油气试点矿种主要是每个矿山“三率”达标评估情况及附表，并按矿种、分地区开发利用水平综合评估情况。

油气试点矿种主要是油气田开发利用评估情况及附表，并按不同油气田类型分类评价油气资源开发利用综合评估情况。

四、存在问题及意见建议

（一）分析总结试点工作及调查评估工作中存在的主要问题。

（二）提出可行的政策措施、方法和建议。

矿产资源统计管理办法

（2004 年 1 月 9 日国土资源部令第 23 号公布　根据 2020 年 4 月 29 日自然资源部第 3 次部务会议《自然资源部关于第三批废止和修改的部门规章的决定》修正）

第一章　总　则

第一条　为加强矿产资源统计管理，维护国家对矿产资源的所有权，根据《中华人民共和国矿产资源法》《中华人民共和国统计法》及有关行政法规，制定本办法。

第二条　在中华人民共和国领域及管辖的其他海域从事矿产资源勘查、开采或者工程建设压覆重要矿产资源的，应当依照本办法的规定进行矿产资源统计。

第三条　本办法所称矿产资源统计，是指县级以上人民政府自然资源主管部门对矿产资源储量变化及开发利用情况进行统计的活动。

第四条　自然资源部负责全国矿产资源统计的管理工作。

县级以上地方人民政府自然资源主管部门负责本行政区域内矿产资源统计的管理工作，但石油、天然气、页岩气、天然气水合物、放射性矿产除外。

第二章　矿产资源统计

第五条　矿产资源统计调查计划，由自然资源部负责制定，报国务院统计行政主管部门批准后实施。

全国矿产资源统计信息，由自然资源部定期向社会发布。

第六条　矿产资源统计，应当使用由自然资源部统一制订并经国务院统计行政主管部门批准的矿产资源统计基础表及其填报说明。

矿产资源统计基础表，包括采矿权人和矿山（油气田）基本情况、生产能力和实际产量、采选技术指标、矿产组分和质量指标、矿产资源储量变化情况、共伴生矿产综合利用情况等内容。

未列入矿产资源统计基础表的查明矿产资源、压覆矿产资源储量、残留矿产资源储量及其变化情况等的统计另行规定。

第七条 开采矿产资源，以年度为统计周期，以采矿许可证划定的矿区范围为基本统计单元。但油气矿产以油田、气田为基本统计单元。

第八条 采矿权人应当于每年 1 月底前，完成矿产资源统计基础表的填报工作，并将矿产资源统计基础表一式三份，报送矿区所在地的县级自然资源主管部门。统计单元跨行政区域的，报共同的上级自然资源主管部门指定的县级自然资源主管部门。

开采石油、天然气、页岩气、天然气水合物和放射性矿产的，采矿权人应当于每年 3 月底前完成矿产资源统计基础表的填报工作，并将矿产资源统计基础表一式二份报送自然资源部。

第九条 上级自然资源主管部门负责对下一级自然资源主管部门上报的统计资料和采矿权人直接报送的矿产资源统计基础表进行审查、现场抽查和汇总分析。

省级自然资源主管部门应当于每年 3 月底前将审查确定的统计资料上报自然资源部。

第十条 县级自然资源主管部门履行下列统计职责：

（一）本行政区域内采矿权人的矿产资源统计基础表的组织填报、数据审查、录入、现场抽查；

（二）本行政区域内采矿权人矿产资源储量变化情况的统计；

（三）本行政区域内采矿权人的开发利用情况的统计；

（四）向上一级自然资源主管部门报送本条第（二）项、第（三）项统计资料。

第十一条 填报矿产资源统计基础表，应当如实、准确、全面、及时，并符合统计核查、检测和计算等方面的规定，不得虚报、瞒报、迟报、拒报。

第三章 统计资料管理

第十二条 自然资源主管部门应当建立矿产资源统计资料档案管理制度，加强对本行政区域内矿产资源统计资料、统计台账及数据库的管理。

上报矿产资源统计资料应当附具统一要求的电子文本。

全国矿产资源统计数据库由自然资源部统一制定。

探矿权人、采矿权人和建设单位应当建立矿产资源统计资料档案管理制度，妥善保管本单位的矿产资源统计资料、统计台账及其他相关资料，并接受县级以上人民政府自然资源主管部门的监督检查。

第十三条 自然资源主管部门审查和现场抽查矿产资源统计资料时，探矿权人、采矿权人和建设单位应当予以配合，并如实提供相关数据资料。

第十四条 探矿权人、采矿权人或者建设单位要求保密的矿产资源统计资料，自然资源主管部门应当依法予以保密。

县级以上人民政府自然资源主管部门发布本行政区矿产资源统计信息，提供有关信息服务时，应当遵守国家保密法律、法规的规定。

第十五条 县级以上人民政府自然资源主管部门应当确定具有相应专业知识的人员具体承担统计工作，定期对统计工作人员进行考评；对成绩显著、贡献突出的，应当给予表彰和奖励。

第四章 法律责任

第十六条 采矿权人不依照本办法规定填报矿产资源统计基础表，虚报、瞒报、拒报、迟报矿产资源统计资料，拒绝接受检查、现场抽查或者弄虚作假的，依照《矿产资源开采登记管理办法》第十八条、《中华人民共和国统计法》及其实施细则的有关规定进行处罚。

第十七条 自然资源主管部门工作人员在矿产资源统计工作中玩忽职守、滥用职权、徇私舞弊的，依法给予处分；构成犯罪的，依法追究刑事责任。

第五章 附 则

第十八条 本办法自2004年3月1日起施行。1995年1月3日原地质矿产部发布的《矿产储量登记统计管理暂行办法》同时废止。

矿业权登记信息管理办法

（2020年6月16日 自然资办发〔2020〕32号）

为贯彻落实国务院关于加强事中事后监管要求，进一步规范矿业权出让登记行为，加强政务公开和社会服务，提升矿业权管理信息化水平，根据《矿产资源法》《政府信息公开条例》《矿业权出让制度改革方案》《关于全面推进政务公开工作的意见》等法律法规和文件规定，制定本办法。

一、全国勘查许可证号、采矿许可证号实行统一编码制度。

二、本办法适用于自然资源主管部门获取统一编码、开展服务和实施监测。

三、本办法所称统一编码，是指自然资源主管部门拟同意矿业权登记后，在互联网上经身份认证向全国矿业权登记信息及发布系统（以下简称登记信息系统）提交与登记矿业权相关信息、获取勘查许可证或采矿许可证统一编码的过程。

本办法所称登记信息系统，是指由自然资源部统一开发、维护、管理，用于自然资源主管部门获取统一编码、公示公开矿业权相关信息的互联网应用程序。

四、本办法所称服务，是指自然资源主管部门依托登记信息系统，公示公开矿业权相关信息和实施矿业权数据共享等行为。

五、本办法所称监测，是指上级自然资源主管部门通过登记信息系统，对下级自然资源主管部门出让登记情况以及矿业权相关信息公示公开情况进行数据分析、核实和通报，提醒并督促下级自然资源主管部门规范矿业权出让登记行为。

六、登记信息系统身份认证采用数字证书方式，支持用户和系统间双向认证。

七、数字证书分为管理数字证书和技术支撑数字证书两类。管理数字证书由自然资源主管部门持有，具有获取统一编码、公示公开矿业权相关信息、管理相关矿业权数据等全部权限。技术支撑数字证书由为自然资源主管部门提供技术支撑的单位持有，具有相关矿业权数据查看、下载和统计分析等部分权限。

八、数字证书由自然资源部统一制作，并根据矿业权出让登记权限配发。一个自然资源主管部门可配发一套管理数字证书及技术支撑数字证书。

九、数字证书应严格管理，规范使用。地方各级自然资源主管部门申请新发、补发、解锁（更换）、变更数字证书的，需通过省级自然资源主管部门向自然资源部提出书面申请。其中，数字证书遗失的应及时向自然资源部挂失。数字证书申请表见附件 1。

十、矿业权新立、延续、变更及探矿权保留的，应获取统一编码。矿业权注销（含政策性关闭矿山）及纳入自行废止矿业权名单等情形，应向登记信息系统提交注销或相关数据。

十一、自然资源主管部门需向登记信息系统提交矿业权基本信息、出让基本情况及审查意见等编码数据。

十二、登记信息系统按照自然资源部设定的基本规则和法规规则对编码数据进行检查。

基本规则主要检查编码数据的完整性、规范性和逻辑性。法规规则主要检查编码数据中涉及布局、出让登记权限、出让方式、公示公开、产业政策等内容。

十三、法规规则依据现行矿产资源法律法规、规章及规范性文件规定设定，并及时更新。

省级自然资源主管部门可根据本行政区内矿产资源管理制度和监测工作需要，补充设置法规规则。补充的法规规则应符合法律法规及部相关规定，仅适用于本行政区内省级及以下自然资源主管部门出让登记发证的矿业权。

十四、符合规则的，登记信息系统按编码规则生成唯一的勘查许可证或采矿许可证证号编码，并将相关信息发布至自然资源部门户网站，予以公开。

十五、勘查许可证证号和采矿许可证证号编码由 23 位字符组成，为永久证号。编码规则见附件 2。

新立矿业权的，登记信息系统生成新的证号；延续、变更、保留的，沿用原证号。分立矿业权的，先提交编码数据的矿业权沿用原证号，其余配发新证号。合并矿业权的，沿用合并主体矿业权或首次设立时间在前的证号。

十六、基本规则检查未通过的，自然资源主管部门应根据登记信息系统提示据实更正后重新获取编码。

十七、法规规则中有多种情形需要选择或有特殊情况需作出说明的，自然资源主管部门应根据登记信息系统提示据实作出选择或补充说明。

法规规则检查未通过的，自然资源主管部门应根据登记信息系统提示，按程序重新审查后，再次生成编码数据，重新获取编码。

十八、获得编码后，自然资源主管部门发现登记信息数据有误确须修改的，在修改本地登记系统中相关数据后重新生成编码数据，通过登记信息系统中数据修改专用通道提交，并填写修改理由或上传修改依据文件，登记信息系统根据重新提交的编码数据自动完成数据修改，不改变原证号也不生成新证号。

修改的数据项已公开的，登记信息系统将同步修改已公开数据项，并重新发布。

十九、自然资源主管部门依法作出撤回新立、延续、变更、保留、注销登记决定后，应在登记信息系统上填写相关说明或上传撤回相关登记决定文件，登记信息系统将自动撤回编码，同时撤回已公开的相关信息。属新立的，登记信息系统将删除编码数据；属延续、变更、保留的，登记信息系统将删除编码数据，恢复至此次获取编码前的数据状态；注销的，登记信息系统将恢复已注销数据。

二十、登记信息系统永久保存编码数据，以及对法规规则相关情形作出的选择或补充说明、数据修改情况等。

二十一、自然资源主管部门应通过登记信息系统及时、完整在自然资源部门户网站上公示公开矿业权的出让、转让、抵押、查封等信息，相关格式由自然资源部统一制定。

二十二、自然资源部在门户网站上提供以下服务：

（一）全国矿业权出让、转让、抵押、查封以及编码相关信息等信息查询服务；

（二）全国矿业权基本信息查验服务；

（三）全国矿业权设置情况查重服务；

（四）其他与矿业权信息相关的服务。

二十三、自然资源部通过登记信息系统向地方各级自然资源主管部门提供本行政区内登记的实时矿业权数据统计和下载服务。

各级自然资源主管部门分别负责同级政府部门间矿业权数据信息共享工作。

二十四、对出让登记情况及矿业权相关信息公示公开情况的监测实行分级负责，自然资源部负责监测全国的情况，重点监测省级自然资源主管部门相关情况；省级自然资源主管部门负责监测本行政区内的自然资源主管部门的相关情况。

二十五、监测范围包括：

（一）法规规则的合规性，包括矿业权是否存在重叠情形，出让登记权限是否越权，矿业权相关信息是否及时公开且内容完整，出让方式是否合规，是否符合相关政策等；

（二）编码数据修改情况，包括根据登记信息系统提示选择特定情形或进行补充说明，先不符合法规规则但经重新审查、完善编码数据后获得编码，修改登记信息数据及撤回编码等情形；

（三）登记信息系统提示异常的其他项目；

（四）自然资源主管部门根据工作需要重点监测的情形。

二十六、自然资源部采取全面和专项监测两种方式进行监测。每年按照第二十五条监测范围对全国范围内的相关情况进行全面监测；根据工作需要，以上一年度全面监测发现的突出问题或自然资源部年度工作重点为目标，选择第二十五条监测范围内的部分内容对部分省（区、市）进行专项监测。

二十七、自然资源部专项监测发现的疑似问题，以书面通知、调研等方式转交省级自然资源主管部门组织核实，核实情况以书面形式向自然资源部报告，报告时间不晚于收到转交通知后的 1 个月。以调研形式转交的，核实情况书面报告在调研结束后 1 个月内报自然资源部。

二十八、核实情况书面报告应针对疑似问题逐项回答，对符合现行法律法规和制度规定的，要说明符合的规定；不符合的，要说明整改落实情况或暂时不能整改的原因及相关工作安排。整改全部完成后应及时将新情况另行向自然资源部作出报告。

二十九、自然资源部组织对核实情况书面报告中的相关问题进行抽查。对报告已整改而实际未整改的或其他故意隐瞒实情的，自然资源部应约谈相关省级自然资源主管部门及责任单位相关负责人，并责成省级自然资源主管部门跟踪督办，直至相关问题得到整改。

三十、自然资源部每年对全面监测情况进行通报，通报中一并通报专项监测情况和省级自然资源主管部门组织核实整改情况。

三十一、省级自然资源主管部门应认真组织核实自然资源部反馈的疑似问题和通报的问题，并对本行政区域监测发现的问题组织核实、通报，对确实存在问题的项目应要求整改并跟踪督办。

三十二、省级自然资源主管部门可根据本地实际情况，制定相关管理办法。

三十三、自然资源部负责对省级自然资源主管部门进行培训，省级自然资源主管部门应组织对本行政区内市级、县级自然资源主管部门进行培训。

三十四、本办法自2020年7月10日起施行。本办法发布前制定的其他文件要求与本办法不一致的，按本办法规定执行。

附件：1. 登记信息系统数字证书申请表（略）

2. 勘查许可证和采矿许可证证号编码规则（略）

自然资源部办公厅关于矿产资源储量评审备案管理若干事项的通知

（2020年5月19日　自然资办发〔2020〕26号）

各省、自治区、直辖市自然资源主管部门，新疆生产建设兵团自然资源主管部门：

为深入推进“放管服”改革，根据《中华人民共和国矿产资源法》有关规定和《自然资源部关于推进矿产资源管理改革若干事项的意见（试行）》（自然资规〔2019〕7号），现就矿产资源储量评审备案管理有关事项通知如下：

一、矿产资源储量评审备案是指自然资源主管部门落实矿产资源国家所有的法律要求、履行矿产资源所有者职责，依申请对申请人申报的矿产资源储量进行审查确认，纳入国家矿产资源实物账户，作为国家管理矿产资源重要依据的行政行为。

二、探矿权转采矿权、采矿权变更矿种或范围，油气矿产在探采期间探明地质储量、其他矿产在采矿期间累计查明矿产资源量发生重大变化（变化量超过30%或达到中型规模以上的），以及建设项目压覆重要矿产，应当编制符合相关标准规范的矿产资源储量报告，申请评审备案。

申请评审备案的矿产资源储量报告是指综合描述矿产资源储量的空间分布、质量、数量及其经济意义的说明文字和图表资料，包括矿产资源储量的各类勘查报告、矿产资源储量核实报告、建设项目压覆重要矿产资源评估报告等。

三、凡申请矿产资源储量评审备案的矿业权人，应在勘查或采矿许可证有效期内向自然资源主管部门提交矿产资源储量评审备案申请（附件1）、矿产资源储量信息表（附件2）和矿产资源储量报告。

凡申请压覆重要矿产资源储量评审备案的建设单位，应提交矿产资源储量评审备案申请、矿产资源储量信息表和建设项目压覆重要矿产资源评估报告。

四、自然资源部负责本级已颁发勘查或采矿许可证的矿产资源储量评审备案工作，其他由省级自然资源主管部门负责。涉及建设项目压覆重要矿产的，由省级自然资源主管部门负责评审备案，石油、天然气、页岩气、天然气水合物和放射性矿产资源除外。

五、对于符合评审备案范围和权限、申请材料齐全、符合规定形式，或申请人按照要求提交全部补正申请材料的，自然资源主管部门应当受理，并书面告知申请人。

申请材料不齐全或不符合规定形式的，自然资源主管部门应当场或者在5个工作日内一次性告知申请人需要补正的全部内容，逾期不告知的，自收到申请材料之日起即为受理。

六、自然资源主管部门自受理之日起60个工作日（不含申请人补正修改时间）内完成评审备案，并书面告知申请人评审备案结果（附件3）。需修改或补充相关材料的，申请人应在20个工作日内提交。

七、首次申请评审备案矿产资源储量规模大型，非油气矿产累计查明矿产资源量和油气矿产探明地质储量变化量达到大型，以及评审备案过程中存疑的，自然资源主管部门应组织现场核查，并形成现场核查报告。申请人应协助和配合现场核查。

八、重点对工业指标、地质勘查及研究程度、开采技术条件、矿石加工选冶技术性能研究和综合勘查综合评价等的合规性合理性进行审查，符合国家法律法规政策、技术标准要求的，自然资源主管部门予以评审备案。

九、已评审备案的，经查实申请材料不真实或存在弄虚作假的，自然资源主管部门应按照程序撤销评审备案结果，并充分保障申请人的陈述权、申辩权。

十、自然资源主管部门应制定矿产资源储量评审备案服务指南，建立专家库，实现各自然资源主管部门专家库信息共享，健全工作规程和业务质量管理体系。专家库管理要求另行制定。

十一、自然资源主管部门应加强矿产资源储量评审备案信息化建设，统一技术要求，实现全国数据互通共享。

十二、自然资源主管部门应按评审备案权限通过门户网站向社会公开评审备案情况（附件4），涉及国家秘密的除外。

十三、省级自然资源主管部门可以根据本通知要求，结合本地实际制定具体实施办法。

本通知自印发之日起实施。《关于印发〈矿产储量评估师管理办法〉的通知》（国土资发〔2000〕71 号）、《国土资源部关于规范矿产勘查资源储量成果信息发布的通知》（国土资发〔2012〕34 号）停止执行。本通知实施前已印发的其他文件与本通知规定不一致的，按照本通知执行。

附件 1：关于申请矿产资源储量评审备案的函（样式）（略）

附件 2：矿产资源储量信息表（样式）（略）

附件 3：关于《XXXX 报告》矿产资源储量评审备案的复函（样式）（略）

附件 4：矿产资源储量评审备案情况表（样式）（略）

海洋管理

中华人民共和国
深海海底区域资源勘探开发法

（2016年2月26日第十二届全国人民代表大会常务委员会第十九次会议通过　2016年2月26日中华人民共和国主席令第42号公布　自2016年5月1日起施行）

目　录

第一章　总　　则
第二章　勘探、开发
第三章　环境保护
第四章　科学技术研究与资源调查
第五章　监督检查
第六章　法律责任
第七章　附　　则

第一章　总　　则

第一条　为了规范深海海底区域资源勘探、开发活动，推进深海科学技术研究、资源调查，保护海洋环境，促进深海海底区域资源可持续利用，维护人类共同利益，制定本法。

第二条 中华人民共和国的公民、法人或者其他组织从事深海海底区域资源勘探、开发和相关环境保护、科学技术研究、资源调查活动，适用本法。

本法所称深海海底区域，是指中华人民共和国和其他国家管辖范围以外的海床、洋底及其底土。

第三条 深海海底区域资源勘探、开发活动应当坚持和平利用、合作共享、保护环境、维护人类共同利益的原则。

国家保护从事深海海底区域资源勘探、开发和资源调查活动的中华人民共和国公民、法人或者其他组织的正当权益。

第四条 国家制定有关深海海底区域资源勘探、开发规划，并采取经济、技术政策和措施，鼓励深海科学技术研究和资源调查，提升资源勘探、开发和海洋环境保护的能力。

第五条 国务院海洋主管部门负责对深海海底区域资源勘探、开发和资源调查活动的监督管理。国务院其他有关部门按照国务院规定的职责负责相关管理工作。

第六条 国家鼓励和支持在深海海底区域资源勘探、开发和相关环境保护、资源调查、科学技术研究和教育培训等方面，开展国际合作。

第二章 勘探、开发

第七条 中华人民共和国的公民、法人或者其他组织在向国际海底管理局申请从事深海海底区域资源勘探、开发活动前，应当向国务院海洋主管部门提出申请，并提交下列材料：

（一）申请者基本情况；

（二）拟勘探、开发区域位置、面积、矿产种类等说明；

（三）财务状况、投资能力证明和技术能力说明；

（四）勘探、开发工作计划，包括勘探、开发活动可能对海洋环境造成影响的相关资料，海洋环境严重损害等的应急预案；

（五）国务院海洋主管部门规定的其他材料。

第八条 国务院海洋主管部门应当对申请者提交的材料进行审查，对于符合国家利益并具备资金、技术、装备等能力条件的，应当在六十个工作日内予以许可，并出具相关文件。

获得许可的申请者在与国际海底管理局签订勘探、开发合同成为承包者后，方可从事勘探、开发活动。

承包者应当自勘探、开发合同签订之日起三十日内，将合同副本报国务院海洋主管部门备案。

国务院海洋主管部门应当将承包者及其勘探、开发的区域位置、面积等信息通报有关机关。

第九条 承包者对勘探、开发合同区域内特定资源享有相应的专属勘探、开发权。

承包者应当履行勘探、开发合同义务，保障从事勘探、开发作业人员的人身安全，保护海洋环境。

承包者从事勘探、开发作业应当保护作业区域内的文物、铺设物等。

承包者从事勘探、开发作业还应当遵守中华人民共和国有关安全生产、劳动保护方面的法律、行政法规。

第十条 承包者在转让勘探、开发合同的权利、义务前，或者在对勘探、开发合同作出重大变更前，应当报经国务院海洋主管部门同意。

承包者应当自勘探、开发合同转让、变更或者终止之日起三十日内，报国务院海洋主管部门备案。

国务院海洋主管部门应当及时将勘探、开发合同转让、变更或者终止的信息通报有关机关。

第十一条 发生或者可能发生严重损害海洋环境等事故，承包者应当立即启动应急预案，并采取下列措施：

（一）立即发出警报；

（二）立即报告国务院海洋主管部门，国务院海洋主管部门应当及时通报有关机关；

（三）采取一切实际可行与合理的措施，防止、减少、控制对人身、财产、海洋环境的损害。

第三章　环境保护

第十二条　承包者应当在合理、可行的范围内，利用可获得的先进技术，采取必要措施，防止、减少、控制勘探、开发区域内的活动对海洋环境造成的污染和其他危害。

第十三条　承包者应当按照勘探、开发合同的约定和要求、国务院海洋主管部门规定，调查研究勘探、开发区域的海洋状况，确定环境基线，评估勘探、开发活动可能对海洋环境的影响；制定和执行环境监测方案，监测勘探、开发活动对勘探、开发区域海洋环境的影响，并保证监测设备正常运行，保存原始监测记录。

第十四条　承包者从事勘探、开发活动应当采取必要措施，保护和保全稀有或者脆弱的生态系统，以及衰竭、受威胁或者有灭绝危险的物种和其他海洋生物的生存环境，保护海洋生物多样性，维护海洋资源的可持续利用。

第四章　科学技术研究与资源调查

第十五条　国家支持深海科学技术研究和专业人才培养，将深海科学技术列入科学技术发展的优先领域，鼓励与相关产业的合作研究。

国家支持企业进行深海科学技术研究与技术装备研发。

第十六条　国家支持深海公共平台的建设和运行，建立深海公共平台共享合作机制，为深海科学技术研究、资源调查活动提供专业服务，促进深海科学技术交流、合作及成果共享。

第十七条　国家鼓励单位和个人通过开放科学考察船舶、实验室、陈列室和其他场地、设施，举办讲座或者提供咨询等多种方式，开展深海科学普及活动。

第十八条 从事深海海底区域资源调查活动的公民、法人或者其他组织，应当按照有关规定将有关资料副本、实物样本或者目录汇交国务院海洋主管部门和其他相关部门。负责接受汇交的部门应当对汇交的资料和实物样本进行登记、保管，并按照有关规定向社会提供利用。

承包者从事深海海底区域资源勘探、开发活动取得的有关资料、实物样本等的汇交，适用前款规定。

第五章 监督检查

第十九条 国务院海洋主管部门应当对承包者勘探、开发活动进行监督检查。

第二十条 承包者应当定期向国务院海洋主管部门报告下列履行勘探、开发合同的事项：

（一）勘探、开发活动情况；

（二）环境监测情况；

（三）年度投资情况；

（四）国务院海洋主管部门要求的其他事项。

第二十一条 国务院海洋主管部门可以检查承包者用于勘探、开发活动的船舶、设施、设备以及航海日志、记录、数据等。

第二十二条 承包者应当对国务院海洋主管部门的监督检查予以协助、配合。

第六章 法律责任

第二十三条 违反本法第七条、第九条第二款、第十条第一款规定，有下列行为之一的，国务院海洋主管部门可以撤销许可并撤回相关文件：

（一）提交虚假材料取得许可的；

（二）不履行勘探、开发合同义务或者履行合同义务不符合约定的；

（三）未经同意，转让勘探、开发合同的权利、义务或者对勘探、开发合同作出重大变更的。

承包者有前款第二项行为的，还应当承担相应的赔偿责任。

第二十四条 违反本法第八条第三款、第十条第二款、第十八条、第二十条、第二十二条规定，有下列行为之一的，由国务院海洋主管部门责令改正，处二万元以上十万元以下的罚款：

（一）未按规定将勘探、开发合同副本报备案的；

（二）转让、变更或者终止勘探、开发合同，未按规定报备案的；

（三）未按规定汇交有关资料副本、实物样本或者目录的；

（四）未按规定报告履行勘探、开发合同事项的；

（五）不协助、配合监督检查的。

第二十五条 违反本法第八条第二款规定，未经许可或者未签订勘探、开发合同从事深海海底区域资源勘探、开发活动的，由国务院海洋主管部门责令停止违法行为，处十万元以上五十万元以下的罚款；有违法所得的，并处没收违法所得。

第二十六条 违反本法第九条第三款、第十一条、第十二条规定，造成海洋环境污染损害或者作业区域内文物、铺设物等损害的，由国务院海洋主管部门责令停止违法行为，处五十万元以上一百万元以下的罚款；构成犯罪的，依法追究刑事责任。

第七章 附 则

第二十七条 本法下列用语的含义：

（一）勘探，是指在深海海底区域探寻资源，分析资源，使用和测试资源采集系统和设备、加工设施及运输系统，以及对开发时应当考虑的环境、技术、经济、商业和其他有关因素的研究。

（二）开发，是指在深海海底区域为商业目的收回并选取资源，包括建造和操作为生产和销售资源服务的采集、加工和运输系统。

（三）资源调查，是指在深海海底区域搜寻资源，包括估计资源成分、多少和分布情况及经济价值。

第二十八条 深海海底区域资源开发活动涉税事项，依照中华人民共和国税收法律、行政法规的规定执行。

第二十九条 本法自 2016 年 5 月 1 日起施行。

中华人民共和国海洋环境保护法

（1982 年 8 月 23 日第五届全国人民代表大会常务委员会第二十四次会议通过 1999 年 12 月 25 日第九届全国人民代表大会常务委员会第十三次会议修订 根据 2013 年 12 月 28 日第十二届全国人民代表大会常务委员会第六次会议《关于修改〈中华人民共和国海洋环境保护法〉等七部法律的决定》第一次修正 根据 2016 年 11 月 7 日第十二届全国人民代表大会常务委员会第二十四次会议《关于修改〈中华人民共和国海洋环境保护法〉的决定》第二次修正 根据 2017 年 11 月 4 日第十二届全国人民代表大会常务委员会第三十次会议《关于修改〈中华人民共和国会计法〉等十一部法律的决定》第三次修正）

目　录

第一章　总　　则
第二章　海洋环境监督管理
第三章　海洋生态保护

第四章　防治陆源污染物对海洋环境的污染损害
第五章　防治海岸工程建设项目对海洋环境的污染损害
第六章　防治海洋工程建设项目对海洋环境的污染损害
第七章　防治倾倒废弃物对海洋环境的污染损害
第八章　防治船舶及有关作业活动对海洋环境的污染损害
第九章　法律责任
第十章　附　　则

第一章　总　　则

第一条　为了保护和改善海洋环境，保护海洋资源，防治污染损害，维护生态平衡，保障人体健康，促进经济和社会的可持续发展，制定本法。

第二条　本法适用于中华人民共和国内水、领海、毗连区、专属经济区、大陆架以及中华人民共和国管辖的其他海域。

在中华人民共和国管辖海域内从事航行、勘探、开发、生产、旅游、科学研究及其他活动，或者在沿海陆域内从事影响海洋环境活动的任何单位和个人，都必须遵守本法。

在中华人民共和国管辖海域以外，造成中华人民共和国管辖海域污染的，也适用本法。

第三条　国家在重点海洋生态功能区、生态环境敏感区和脆弱区等海域划定生态保护红线，实行严格保护。

国家建立并实施重点海域排污总量控制制度，确定主要污染物排海总量控制指标，并对主要污染源分配排放控制数量。具体办法由国务院制定。

第四条　一切单位和个人都有保护海洋环境的义务，并有权对污染损害海洋环境的单位和个人，以及海洋环境监督管理人员的违法失职行为进行监督和检举。

第五条　国务院环境保护行政主管部门作为对全国环境保护工

作统一监督管理的部门，对全国海洋环境保护工作实施指导、协调和监督，并负责全国防治陆源污染物和海岸工程建设项目对海洋污染损害的环境保护工作。

国家海洋行政主管部门负责海洋环境的监督管理，组织海洋环境的调查、监测、监视、评价和科学研究，负责全国防治海洋工程建设项目和海洋倾倒废弃物对海洋污染损害的环境保护工作。

国家海事行政主管部门负责所辖港区水域内非军事船舶和港区水域外非渔业、非军事船舶污染海洋环境的监督管理，并负责污染事故的调查处理；对在中华人民共和国管辖海域航行、停泊和作业的外国籍船舶造成的污染事故登轮检查处理。船舶污染事故给渔业造成损害的，应当吸收渔业行政主管部门参与调查处理。

国家渔业行政主管部门负责渔港水域内非军事船舶和渔港水域外渔业船舶污染海洋环境的监督管理，负责保护渔业水域生态环境工作，并调查处理前款规定的污染事故以外的渔业污染事故。

军队环境保护部门负责军事船舶污染海洋环境的监督管理及污染事故的调查处理。

沿海县级以上地方人民政府行使海洋环境监督管理权的部门的职责，由省、自治区、直辖市人民政府根据本法及国务院有关规定确定。

第六条 环境保护行政主管部门、海洋行政主管部门和其他行使海洋环境监督管理权的部门，根据职责分工依法公开海洋环境相关信息；相关排污单位应当依法公开排污信息。

第二章 海洋环境监督管理

第七条 国家海洋行政主管部门会同国务院有关部门和沿海省、自治区、直辖市人民政府根据全国海洋主体功能区规划，拟定全国海洋功能区划，报国务院批准。

沿海地方各级人民政府应当根据全国和地方海洋功能区划，保护和科学合理地使用海域。

第八条 国家根据海洋功能区划制定全国海洋环境保护规划和重点海域区域性海洋环境保护规划。

毗邻重点海域的有关沿海省、自治区、直辖市人民政府及行使海洋环境监督管理权的部门，可以建立海洋环境保护区域合作组织，负责实施重点海域区域性海洋环境保护规划、海洋环境污染的防治和海洋生态保护工作。

第九条 跨区域的海洋环境保护工作，由有关沿海地方人民政府协商解决，或者由上级人民政府协调解决。

跨部门的重大海洋环境保护工作，由国务院环境保护行政主管部门协调；协调未能解决的，由国务院作出决定。

第十条 国家根据海洋环境质量状况和国家经济、技术条件，制定国家海洋环境质量标准。

沿海省、自治区、直辖市人民政府对国家海洋环境质量标准中未作规定的项目，可以制定地方海洋环境质量标准。

沿海地方各级人民政府根据国家和地方海洋环境质量标准的规定和本行政区近岸海域环境质量状况，确定海洋环境保护的目标和任务，并纳入人民政府工作计划，按相应的海洋环境质量标准实施管理。

第十一条 国家和地方水污染物排放标准的制定，应当将国家和地方海洋环境质量标准作为重要依据之一。在国家建立并实施排污总量控制制度的重点海域，水污染物排放标准的制定，还应当将主要污染物排海总量控制指标作为重要依据。

排污单位在执行国家和地方水污染物排放标准的同时，应当遵守分解落实到本单位的主要污染物排海总量控制指标。

对超过主要污染物排海总量控制指标的重点海域和未完成海洋环境保护目标、任务的海域，省级以上人民政府环境保护行政主管部门、海洋行政主管部门，根据职责分工暂停审批新增相应种类污染物排放总量的建设项目环境影响报告书（表）。

第十二条 直接向海洋排放污染物的单位和个人，必须按照国家规定缴纳排污费。依照法律规定缴纳环境保护税的，不再缴纳排污费。

向海洋倾倒废弃物，必须按照国家规定缴纳倾倒费。

根据本法规定征收的排污费、倾倒费，必须用于海洋环境污染的整治，不得挪作他用。具体办法由国务院规定。

第十三条 国家加强防治海洋环境污染损害的科学技术的研究和开发，对严重污染海洋环境的落后生产工艺和落后设备，实行淘汰制度。

企业应当优先使用清洁能源，采用资源利用率高、污染物排放量少的清洁生产工艺，防止对海洋环境的污染。

第十四条 国家海洋行政主管部门按照国家环境监测、监视规范和标准，管理全国海洋环境的调查、监测、监视，制定具体的实施办法，会同有关部门组织全国海洋环境监测、监视网络，定期评价海洋环境质量，发布海洋巡航监视通报。

依照本法规定行使海洋环境监督管理权的部门分别负责各自所辖水域的监测、监视。

其他有关部门根据全国海洋环境监测网的分工，分别负责对入海河口、主要排污口的监测。

第十五条 国务院有关部门应当向国务院环境保护行政主管部门提供编制全国环境质量公报所必需的海洋环境监测资料。

环境保护行政主管部门应当向有关部门提供与海洋环境监督管理有关的资料。

第十六条 国家海洋行政主管部门按照国家制定的环境监测、监视信息管理制度，负责管理海洋综合信息系统，为海洋环境保护监督管理提供服务。

第十七条 因发生事故或者其他突发性事件，造成或者可能造成海洋环境污染事故的单位和个人，必须立即采取有效措施，及时向可能受到危害者通报，并向依照本法规定行使海洋环境监督管理权的部门报告，接受调查处理。

沿海县级以上地方人民政府在本行政区域近岸海域的环境受到严重污染时，必须采取有效措施，解除或者减轻危害。

第十八条 国家根据防止海洋环境污染的需要，制定国家重大海上污染事故应急计划。

国家海洋行政主管部门负责制定全国海洋石油勘探开发重大海上溢油应急计划，报国务院环境保护行政主管部门备案。

国家海事行政主管部门负责制定全国船舶重大海上溢油污染事故应急计划，报国务院环境保护行政主管部门备案。

沿海可能发生重大海洋环境污染事故的单位，应当依照国家的规定，制定污染事故应急计划，并向当地环境保护行政主管部门、海洋行政主管部门备案。

沿海县级以上地方人民政府及其有关部门在发生重大海上污染事故时，必须按照应急计划解除或者减轻危害。

第十九条 依照本法规定行使海洋环境监督管理权的部门可以在海上实行联合执法，在巡航监视中发现海上污染事故或者违反本法规定的行为时，应当予以制止并调查取证，必要时有权采取有效措施，防止污染事态的扩大，并报告有关主管部门处理。

依照本法规定行使海洋环境监督管理权的部门，有权对管辖范围内排放污染物的单位和个人进行现场检查。被检查者应当如实反映情况，提供必要的资料。

检查机关应当为被检查者保守技术秘密和业务秘密。

第三章 海洋生态保护

第二十条 国务院和沿海地方各级人民政府应当采取有效措施，保护红树林、珊瑚礁、滨海湿地、海岛、海湾、入海河口、重要渔业水域等具有典型性、代表性的海洋生态系统，珍稀、濒危海洋生物的天然集中分布区，具有重要经济价值的海洋生物生存区域及有重大科学文化价值的海洋自然历史遗迹和自然景观。

对具有重要经济、社会价值的已遭到破坏的海洋生态，应当进行整治和恢复。

第二十一条 国务院有关部门和沿海省级人民政府应当根据保护海洋生态的需要，选划、建立海洋自然保护区。

国家级海洋自然保护区的建立，须经国务院批准。

第二十二条 凡具有下列条件之一的，应当建立海洋自然保护区：

（一）典型的海洋自然地理区域、有代表性的自然生态区域，以及遭受破坏但经保护能恢复的海洋自然生态区域；

（二）海洋生物物种高度丰富的区域，或者珍稀、濒危海洋生物物种的天然集中分布区域；

（三）具有特殊保护价值的海域、海岸、岛屿、滨海湿地、入海河口和海湾等；

（四）具有重大科学文化价值的海洋自然遗迹所在区域；

（五）其他需要予以特殊保护的区域。

第二十三条 凡具有特殊地理条件、生态系统、生物与非生物资源及海洋开发利用特殊需要的区域，可以建立海洋特别保护区，采取有效的保护措施和科学的开发方式进行特殊管理。

第二十四条 国家建立健全海洋生态保护补偿制度。

开发利用海洋资源，应当根据海洋功能区划合理布局，严格遵守生态保护红线，不得造成海洋生态环境破坏。

第二十五条 引进海洋动植物物种，应当进行科学论证，避免对海洋生态系统造成危害。

第二十六条 开发海岛及周围海域的资源，应当采取严格的生态保护措施，不得造成海岛地形、岸滩、植被以及海岛周围海域生态环境的破坏。

第二十七条 沿海地方各级人民政府应当结合当地自然环境的特点，建设海岸防护设施、沿海防护林、沿海城镇园林和绿地，对海岸侵蚀和海水入侵地区进行综合治理。

禁止毁坏海岸防护设施、沿海防护林、沿海城镇园林和绿地。

第二十八条 国家鼓励发展生态渔业建设，推广多种生态渔业生产方式，改善海洋生态状况。

新建、改建、扩建海水养殖场，应当进行环境影响评价。

海水养殖应当科学确定养殖密度，并应当合理投饵、施肥，正确使用药物，防止造成海洋环境的污染。

第四章　防治陆源污染物对海洋环境的污染损害

第二十九条 向海域排放陆源污染物，必须严格执行国家或者地方规定的标准和有关规定。

第三十条 入海排污口位置的选择，应当根据海洋功能区划、海水动力条件和有关规定，经科学论证后，报设区的市级以上人民政府环境保护行政主管部门备案。

环境保护行政主管部门应当在完成备案后十五个工作日内将入海排污口设置情况通报海洋、海事、渔业行政主管部门和军队环境保护部门。

在海洋自然保护区、重要渔业水域、海滨风景名胜区和其他需要特别保护的区域，不得新建排污口。

在有条件的地区，应当将排污口深海设置，实行离岸排放。设置陆源污染物深海离岸排放排污口，应当根据海洋功能区划、海水动力条件和海底工程设施的有关情况确定，具体办法由国务院规定。

第三十一条 省、自治区、直辖市人民政府环境保护行政主管部门和水行政主管部门应当按照水污染防治有关法律的规定，加强入海河流管理，防治污染，使入海河口的水质处于良好状态。

第三十二条 排放陆源污染物的单位，必须向环境保护行政主管部门申报拥有的陆源污染物排放设施、处理设施和在正常作业条件下排放陆源污染物的种类、数量和浓度，并提供防治海洋环境污染方面的有关技术和资料。

排放陆源污染物的种类、数量和浓度有重大改变的，必须及时申报。

第三十三条 禁止向海域排放油类、酸液、碱液、剧毒废液和高、中水平放射性废水。

严格限制向海域排放低水平放射性废水；确需排放的，必须严格执行国家辐射防护规定。

严格控制向海域排放含有不易降解的有机物和重金属的废水。

第三十四条 含病原体的医疗污水、生活污水和工业废水必须经过处理，符合国家有关排放标准后，方能排入海域。

第三十五条 含有机物和营养物质的工业废水、生活污水，应当严格控制向海湾、半封闭海及其他自净能力较差的海域排放。

第三十六条 向海域排放含热废水，必须采取有效措施，保证邻近渔业水域的水温符合国家海洋环境质量标准，避免热污染对水产资源的危害。

第三十七条 沿海农田、林场施用化学农药，必须执行国家农药安全使用的规定和标准。

沿海农田、林场应当合理使用化肥和植物生长调节剂。

第三十八条 在岸滩弃置、堆放和处理尾矿、矿渣、煤灰渣、垃圾和其他固体废物的，依照《中华人民共和国固体废物污染环境防治法》的有关规定执行。

第三十九条 禁止经中华人民共和国内水、领海转移危险废物。

经中华人民共和国管辖的其他海域转移危险废物的，必须事先取得国务院环境保护行政主管部门的书面同意。

第四十条 沿海城市人民政府应当建设和完善城市排水管网，有计划地建设城市污水处理厂或者其他污水集中处理设施，加强城市污水的综合整治。

建设污水海洋处置工程，必须符合国家有关规定。

第四十一条 国家采取必要措施，防止、减少和控制来自大气层或者通过大气层造成的海洋环境污染损害。

第五章 防治海岸工程建设项目对海洋环境的污染损害

第四十二条 新建、改建、扩建海岸工程建设项目，必须遵守国家有关建设项目环境保护管理的规定，并把防治污染所需资金纳入建设项目投资计划。

在依法划定的海洋自然保护区、海滨风景名胜区、重要渔业水域及其他需要特别保护的区域，不得从事污染环境、破坏景观的海岸工程项目建设或者其他活动。

第四十三条 海岸工程建设项目单位，必须对海洋环境进行科学调查，根据自然条件和社会条件，合理选址，编制环境影响报告书（表）。在建设项目开工前，将环境影响报告书（表）报环境保护行政主管部门审查批准。

环境保护行政主管部门在批准环境影响报告书（表）之前，必须征求海洋、海事、渔业行政主管部门和军队环境保护部门的意见。

第四十四条 海岸工程建设项目的环境保护设施，必须与主体工程同时设计、同时施工、同时投产使用。环境保护设施应当符合经批准的环境影响评价报告书（表）的要求。

第四十五条 禁止在沿海陆域内新建不具备有效治理措施的化学制浆造纸、化工、印染、制革、电镀、酿造、炼油、岸边冲滩拆船以及其他严重污染海洋环境的工业生产项目。

第四十六条 兴建海岸工程建设项目，必须采取有效措施，保护国家和地方重点保护的野生动植物及其生存环境和海洋水产资源。

严格限制在海岸采挖砂石。露天开采海滨砂矿和从岸上打井开采海底矿产资源，必须采取有效措施，防止污染海洋环境。

第六章 防治海洋工程建设项目对海洋环境的污染损害

第四十七条 海洋工程建设项目必须符合全国海洋主体功能区规划、海洋功能区划、海洋环境保护规划和国家有关环境保护标准。海洋工程建设项目单位应当对海洋环境进行科学调查，编制海洋环境影响报告书（表)，并在建设项目开工前，报海洋行政主管部门审查批准。

海洋行政主管部门在批准海洋环境影响报告书（表）之前，必须征求海事、渔业行政主管部门和军队环境保护部门的意见。

第四十八条 海洋工程建设项目的环境保护设施，必须与主体工程同时设计、同时施工、同时投产使用。环境保护设施未经海洋行政主管部门验收，或者经验收不合格的，建设项目不得投入生产或者使用。

拆除或者闲置环境保护设施，必须事先征得海洋行政主管部门的同意。

第四十九条 海洋工程建设项目，不得使用含超标准放射性物质或者易溶出有毒有害物质的材料。

第五十条 海洋工程建设项目需要爆破作业时，必须采取有效措施，保护海洋资源。

海洋石油勘探开发及输油过程中，必须采取有效措施，避免溢油事故的发生。

第五十一条 海洋石油钻井船、钻井平台和采油平台的含油污水和油性混合物，必须经过处理达标后排放；残油、废油必须予以回收，不得排放入海。经回收处理后排放的，其含油量不得超过国家规定的标准。

钻井所使用的油基泥浆和其他有毒复合泥浆不得排放入海。水基泥浆和无毒复合泥浆及钻屑的排放，必须符合国家有关规定。

第五十二条 海洋石油钻井船、钻井平台和采油平台及其有关海上设施，不得向海域处置含油的工业垃圾。处置其他工业垃圾，不得造成海洋环境污染。

第五十三条 海上试油时，应当确保油气充分燃烧，油和油性混合物不得排放入海。

第五十四条 勘探开发海洋石油，必须按有关规定编制溢油应急计划，报国家海洋行政主管部门的海区派出机构备案。

第七章 防治倾倒废弃物对海洋环境的污染损害

第五十五条 任何单位未经国家海洋行政主管部门批准，不得向中华人民共和国管辖海域倾倒任何废弃物。

需要倾倒废弃物的单位，必须向国家海洋行政主管部门提出书面申请，经国家海洋行政主管部门审查批准，发给许可证后，方可倾倒。

禁止中华人民共和国境外的废弃物在中华人民共和国管辖海域倾倒。

第五十六条 国家海洋行政主管部门根据废弃物的毒性、有毒物质含量和对海洋环境影响程度，制定海洋倾倒废弃物评价程序和标准。

向海洋倾倒废弃物，应当按照废弃物的类别和数量实行分级管理。

可以向海洋倾倒的废弃物名录，由国家海洋行政主管部门拟定，经国务院环境保护行政主管部门提出审核意见后，报国务院批准。

第五十七条 国家海洋行政主管部门按照科学、合理、经济、安全的原则选划海洋倾倒区，经国务院环境保护行政主管部门提出审核意见后，报国务院批准。

临时性海洋倾倒区由国家海洋行政主管部门批准，并报国务院环境保护行政主管部门备案。

国家海洋行政主管部门在选划海洋倾倒区和批准临时性海洋倾倒区之前，必须征求国家海事、渔业行政主管部门的意见。

第五十八条 国家海洋行政主管部门监督管理倾倒区的使用，组织倾倒区的环境监测。对经确认不宜继续使用的倾倒区，国家海洋行政主管部门应当予以封闭，终止在该倾倒区的一切倾倒活动，并报国务院备案。

第五十九条 获准倾倒废弃物的单位，必须按照许可证注明的期限及条件，到指定的区域进行倾倒。废弃物装载之后，批准部门应当予以核实。

第六十条 获准倾倒废弃物的单位，应当详细记录倾倒的情况，并在倾倒后向批准部门作出书面报告。倾倒废弃物的船舶必须向驶出港的海事行政主管部门作出书面报告。

第六十一条 禁止在海上焚烧废弃物。

禁止在海上处置放射性废弃物或者其他放射性物质。废弃物中的放射性物质的豁免浓度由国务院制定。

第八章 防治船舶及有关作业活动对海洋环境的污染损害

第六十二条 在中华人民共和国管辖海域，任何船舶及相关作业不得违反本法规定向海洋排放污染物、废弃物和压载水、船舶垃圾及其他有害物质。

从事船舶污染物、废弃物、船舶垃圾接收、船舶清舱、洗舱作业活动的，必须具备相应的接收处理能力。

第六十三条 船舶必须按照有关规定持有防止海洋环境污染的

证书与文书，在进行涉及污染物排放及操作时，应当如实记录。

第六十四条 船舶必须配置相应的防污设备和器材。

载运具有污染危害性货物的船舶，其结构与设备应当能够防止或者减轻所载货物对海洋环境的污染。

第六十五条 船舶应当遵守海上交通安全法律、法规的规定，防止因碰撞、触礁、搁浅、火灾或者爆炸等引起的海难事故，造成海洋环境的污染。

第六十六条 国家完善并实施船舶油污损害民事赔偿责任制度；按照船舶油污损害赔偿责任由船东和货主共同承担风险的原则，建立船舶油污保险、油污损害赔偿基金制度。

实施船舶油污保险、油污损害赔偿基金制度的具体办法由国务院规定。

第六十七条 载运具有污染危害性货物进出港口的船舶，其承运人、货物所有人或者代理人，必须事先向海事行政主管部门申报。经批准后，方可进出港口、过境停留或者装卸作业。

第六十八条 交付船舶装运污染危害性货物的单证、包装、标志、数量限制等，必须符合对所装货物的有关规定。

需要船舶装运污染危害性不明的货物，应当按照有关规定事先进行评估。

装卸油类及有毒有害货物的作业，船岸双方必须遵守安全防污操作规程。

第六十九条 港口、码头、装卸站和船舶修造厂必须按照有关规定备有足够的用于处理船舶污染物、废弃物的接收设施，并使该设施处于良好状态。

装卸油类的港口、码头、装卸站和船舶必须编制溢油污染应急计划，并配备相应的溢油污染应急设备和器材。

第七十条 船舶及有关作业活动应当遵守有关法律法规和标准，采取有效措施，防止造成海洋环境污染。海事行政主管部门等有关部门应当加强对船舶及有关作业活动的监督管理。

船舶进行散装液体污染危害性货物的过驳作业，应当事先按照有关规定报经海事行政主管部门批准。

第七十一条 船舶发生海难事故，造成或者可能造成海洋环境重大污染损害的，国家海事行政主管部门有权强制采取避免或者减少污染损害的措施。

对在公海上因发生海难事故，造成中华人民共和国管辖海域重大污染损害后果或者具有污染威胁的船舶、海上设施，国家海事行政主管部门有权采取与实际的或者可能发生的损害相称的必要措施。

第七十二条 所有船舶均有监视海上污染的义务，在发现海上污染事故或者违反本法规定的行为时，必须立即向就近的依照本法规定行使海洋环境监督管理权的部门报告。

民用航空器发现海上排污或者污染事件，必须及时向就近的民用航空空中交通管制单位报告。接到报告的单位，应当立即向依照本法规定行使海洋环境监督管理权的部门通报。

第九章 法律责任

第七十三条 违反本法有关规定，有下列行为之一的，由依照本法规定行使海洋环境监督管理权的部门责令停止违法行为、限期改正或者责令采取限制生产、停产整治等措施，并处以罚款；拒不改正的，依法作出处罚决定的部门可以自责令改正之日的次日起，按照原罚款数额按日连续处罚；情节严重的，报经有批准权的人民政府批准，责令停业、关闭：

（一）向海域排放本法禁止排放的污染物或者其他物质的；

（二）不按照本法规定向海洋排放污染物，或者超过标准、总量控制指标排放污染物的；

（三）未取得海洋倾倒许可证，向海洋倾倒废弃物的；

（四）因发生事故或者其他突发性事件，造成海洋环境污染事故，不立即采取处理措施的。

有前款第（一）、（三）项行为之一的，处三万元以上二十万元以下的罚款；有前款第（二）、（四）项行为之一的，处二万元以上十万元以下的罚款。

第七十四条 违反本法有关规定，有下列行为之一的，由依照本法规定行使海洋环境监督管理权的部门予以警告，或者处以罚款：

（一）不按照规定申报，甚至拒报污染物排放有关事项，或者在申报时弄虚作假的；

（二）发生事故或者其他突发性事件不按照规定报告的；

（三）不按照规定记录倾倒情况，或者不按照规定提交倾倒报告的；

（四）拒报或者谎报船舶载运污染危害性货物申报事项的。

有前款第（一）、（三）项行为之一的，处二万元以下的罚款；有前款第（二）、（四）项行为之一的，处五万元以下的罚款。

第七十五条 违反本法第十九条第二款的规定，拒绝现场检查，或者在被检查时弄虚作假的，由依照本法规定行使海洋环境监督管理权的部门予以警告，并处二万元以下的罚款。

第七十六条 违反本法规定，造成珊瑚礁、红树林等海洋生态系统及海洋水产资源、海洋保护区破坏的，由依照本法规定行使海洋环境监督管理权的部门责令限期改正和采取补救措施，并处一万元以上十万元以下的罚款；有违法所得的，没收其违法所得。

第七十七条 违反本法第三十条第一款、第三款规定设置入海排污口的，由县级以上地方人民政府环境保护行政主管部门责令其关闭，并处二万元以上十万元以下的罚款。

海洋、海事、渔业行政主管部门和军队环境保护部门发现入海排污口设置违反本法第三十条第一款、第三款规定的，应当通报环境保护行政主管部门依照前款规定予以处罚。

第七十八条 违反本法第三十九条第二款的规定，经中华人民共和国管辖海域，转移危险废物的，由国家海事行政主管部门责令非法运输该危险废物的船舶退出中华人民共和国管辖海域，并处五万元以上五十万元以下的罚款。

第七十九条 海岸工程建设项目未依法进行环境影响评价的，依照《中华人民共和国环境影响评价法》的规定处理。

第八十条 违反本法第四十四条的规定，海岸工程建设项目未建成环境保护设施，或者环境保护设施未达到规定要求即投入生产、使用的，由环境保护行政主管部门责令其停止生产或者使用，并处二万元以上十万元以下的罚款。

第八十一条 违反本法第四十五条的规定，新建严重污染海洋环境的工业生产建设项目的，按照管理权限，由县级以上人民政府责令关闭。

第八十二条 违反本法第四十七条第一款的规定，进行海洋工程建设项目的，由海洋行政主管部门责令其停止施工，根据违法情节和危害后果，处建设项目总投资额百分之一以上百分之五以下的罚款，并可以责令恢复原状。

违反本法第四十八条的规定，海洋工程建设项目未建成环境保护设施、环境保护设施未达到规定要求即投入生产、使用的，由海洋行政主管部门责令其停止生产、使用，并处五万元以上二十万元以下的罚款。

第八十三条 违反本法第四十九条的规定，使用含超标准放射性物质或者易溶出有毒有害物质材料的，由海洋行政主管部门处五万元以下的罚款，并责令其停止该建设项目的运行，直到消除污染危害。

第八十四条 违反本法规定进行海洋石油勘探开发活动，造成海洋环境污染的，由国家海洋行政主管部门予以警告，并处二万元以上二十万元以下的罚款。

第八十五条 违反本法规定，不按照许可证的规定倾倒，或者向已经封闭的倾倒区倾倒废弃物的，由海洋行政主管部门予以警告，并处三万元以上二十万元以下的罚款；对情节严重的，可以暂扣或者吊销许可证。

第八十六条 违反本法第五十五条第三款的规定，将中华人民共和国境外废弃物运进中华人民共和国管辖海域倾倒的，由国家海洋行政主管部门予以警告，并根据造成或者可能造成的危害后果，处十万元以上一百万元以下的罚款。

第八十七条 违反本法规定，有下列行为之一的，由依照本法规定行使海洋环境监督管理权的部门予以警告，或者处以罚款：

（一）港口、码头、装卸站及船舶未配备防污设施、器材的；

（二）船舶未持有防污证书、防污文书，或者不按照规定记载排污记录的；

（三）从事水上和港区水域拆船、旧船改装、打捞和其他水上、水下施工作业，造成海洋环境污染损害的；

（四）船舶载运的货物不具备防污适运条件的。

有前款第（一）、（四）项行为之一的，处二万元以上十万元以下的罚款；有前款第（二）项行为的，处二万元以下的罚款；有前款第（三）项行为的，处五万元以上二十万元以下的罚款。

第八十八条 违反本法规定，船舶、石油平台和装卸油类的港口、码头、装卸站不编制溢油应急计划的，由依照本法规定行使海洋环境监督管理权的部门予以警告，或者责令限期改正。

第八十九条 造成海洋环境污染损害的责任者，应当排除危害，并赔偿损失；完全由于第三者的故意或者过失，造成海洋环境污染损害的，由第三者排除危害，并承担赔偿责任。

对破坏海洋生态、海洋水产资源、海洋保护区，给国家造成重大损失的，由依照本法规定行使海洋环境监督管理权的部门代表国家对责任者提出损害赔偿要求。

第九十条 对违反本法规定，造成海洋环境污染事故的单位，除依法承担赔偿责任外，由依照本法规定行使海洋环境监督管理权的部门依照本条第二款的规定处以罚款；对直接负责的主管人员和其他直接责任人员可以处上一年度从本单位取得收入百分之五十以下的罚款；直接负责的主管人员和其他直接责任人员属于国家工作人员的，依法给予处分。

对造成一般或者较大海洋环境污染事故的，按照直接损失的百分之二十计算罚款；对造成重大或者特大海洋环境污染事故的，按照直接损失的百分之三十计算罚款。

对严重污染海洋环境、破坏海洋生态，构成犯罪的，依法追究刑事责任。

第九十一条 完全属于下列情形之一，经过及时采取合理措施，仍然不能避免对海洋环境造成污染损害的，造成污染损害的有关责任者免予承担责任：

（一）战争；

（二）不可抗拒的自然灾害；

（三）负责灯塔或者其他助航设备的主管部门，在执行职责时的疏忽，或者其他过失行为。

第九十二条 对违反本法第十二条有关缴纳排污费、倾倒费规定的行政处罚，由国务院规定。

第九十三条 海洋环境监督管理人员滥用职权、玩忽职守、徇私舞弊，造成海洋环境污染损害的，依法给予行政处分；构成犯罪的，依法追究刑事责任。

第十章 附 则

第九十四条 本法中下列用语的含义是：

（一）海洋环境污染损害，是指直接或者间接地把物质或者能量引入海洋环境，产生损害海洋生物资源、危害人体健康、妨害渔业和海上其他合法活动、损害海水使用素质和减损环境质量等有害影响。

（二）内水，是指我国领海基线向内陆一侧的所有海域。

（三）滨海湿地，是指低潮时水深浅于六米的水域及其沿岸浸湿地带，包括水深不超过六米的永久性水域、潮间带（或洪泛地带）和沿海低地等。

（四）海洋功能区划，是指依据海洋自然属性和社会属性，以及自然资源和环境特定条件，界定海洋利用的主导功能和使用范畴。

（五）渔业水域，是指鱼虾类的产卵场、索饵场、越冬场、洄游通道和鱼虾贝藻类的养殖场。

（六）油类，是指任何类型的油及其炼制品。

（七）油性混合物，是指任何含有油份的混合物。

（八）排放，是指把污染物排入海洋的行为，包括泵出、溢出、泄出、喷出和倒出。

（九）陆地污染源（简称陆源），是指从陆地向海域排放污染物，造成或者可能造成海洋环境污染的场所、设施等。

（十）陆源污染物，是指由陆地污染源排放的污染物。

（十一）倾倒，是指通过船舶、航空器、平台或者其他载运工具，向海洋处置废弃物和其他有害物质的行为，包括弃置船舶、航空器、平台及其辅助设施和其他浮动工具的行为。

（十二）沿海陆域，是指与海岸相连，或者通过管道、沟渠、设施，直接或者间接向海洋排放污染物及其相关活动的一带区域。

（十三）海上焚烧，是指以热摧毁为目的，在海上焚烧设施上，故意焚烧废弃物或者其他物质的行为，但船舶、平台或者其他人工构造物正常操作中，所附带发生的行为除外。

第九十五条　涉及海洋环境监督管理的有关部门的具体职权划分，本法未作规定的，由国务院规定。

第九十六条 中华人民共和国缔结或者参加的与海洋环境保护有关的国际条约与本法有不同规定的，适用国际条约的规定；但是，中华人民共和国声明保留的条款除外。

第九十七条 本法自2000年4月1日起施行。

中华人民共和国海岛保护法

（2009年12月26日第十一届全国人民代表大会常务委员会第十二次会议通过　2009年12月26日中华人民共和国主席令第22号公布　自2010年3月1日起施行）

目　录

第一章　总　则
第二章　海岛保护规划
第三章　海岛的保护
　第一节　一般规定
　第二节　有居民海岛生态系统的保护
　第三节　无居民海岛的保护
　第四节　特殊用途海岛的保护
第四章　监督检查
第五章　法律责任
第六章　附　则

第一章　总　则

第一条 为了保护海岛及其周边海域生态系统，合理开发利用海岛自然资源，维护国家海洋权益，促进经济社会可持续发展，制定本法。

第二条 从事中华人民共和国所属海岛的保护、开发利用及相关管理活动，适用本法。

本法所称海岛，是指四面环海水并在高潮时高于水面的自然形成的陆地区域，包括有居民海岛和无居民海岛。

本法所称海岛保护，是指海岛及其周边海域生态系统保护，无居民海岛自然资源保护和特殊用途海岛保护。

第三条 国家对海岛实行科学规划、保护优先、合理开发、永续利用的原则。

国务院和沿海地方各级人民政府应当将海岛保护和合理开发利用纳入国民经济和社会发展规划，采取有效措施，加强对海岛的保护和管理，防止海岛及其周边海域生态系统遭受破坏。

第四条 无居民海岛属于国家所有，国务院代表国家行使无居民海岛所有权。

第五条 国务院海洋主管部门和国务院其他有关部门依照法律和国务院规定的职责分工，负责全国有居民海岛及其周边海域生态保护工作。沿海县级以上地方人民政府海洋主管部门和其他有关部门按照各自的职责，负责本行政区域内有居民海岛及其周边海域生态保护工作。

国务院海洋主管部门负责全国无居民海岛保护和开发利用的管理工作。沿海县级以上地方人民政府海洋主管部门负责本行政区域内无居民海岛保护和开发利用管理的有关工作。

第六条 海岛的名称，由国家地名管理机构和国务院海洋主管部门按照国务院有关规定确定和发布。

沿海县级以上地方人民政府应当按照国家规定，在需要设置海岛名称标志的海岛设置海岛名称标志。

禁止损毁或者擅自移动海岛名称标志。

第七条 国务院和沿海地方各级人民政府应当加强对海岛保护的宣传教育工作，增强公民的海岛保护意识，并对在海岛保护以及有关科学研究工作中做出显著成绩的单位和个人予以奖励。

任何单位和个人都有遵守海岛保护法律的义务，并有权向海洋主管部门或者其他有关部门举报违反海岛保护法律、破坏海岛生态的行为。

第二章 海岛保护规划

第八条 国家实行海岛保护规划制度。海岛保护规划是从事海岛保护、利用活动的依据。

制定海岛保护规划应当遵循有利于保护和改善海岛及其周边海域生态系统，促进海岛经济社会可持续发展的原则。

海岛保护规划报送审批前，应当征求有关专家和公众的意见，经批准后应当及时向社会公布。但是，涉及国家秘密的除外。

第九条 国务院海洋主管部门会同本级人民政府有关部门、军事机关，依据国民经济和社会发展规划、全国海洋功能区划，组织编制全国海岛保护规划，报国务院审批。

全国海岛保护规划应当按照海岛的区位、自然资源、环境等自然属性及保护、利用状况，确定海岛分类保护的原则和可利用的无居民海岛，以及需要重点修复的海岛等。

全国海岛保护规划应当与全国城镇体系规划和全国土地利用总体规划相衔接。

第十条 沿海省、自治区人民政府海洋主管部门会同本级人民政府有关部门、军事机关，依据全国海岛保护规划、省域城镇体系规划和省、自治区土地利用总体规划，组织编制省域海岛保护规划，报省、自治区人民政府审批，并报国务院备案。

沿海直辖市人民政府组织编制的城市总体规划，应当包括本行政区域内海岛保护专项规划。

省域海岛保护规划和直辖市海岛保护专项规划，应当规定海岛分类保护的具体措施。

第十一条 省、自治区人民政府根据实际情况，可以要求本行政区域内的沿海城市、县、镇人民政府组织编制海岛保护专项规划，并纳入城市总体规划、镇总体规划；可以要求沿海县人民政府组织编制县域海岛保护规划。

沿海城市、镇海岛保护专项规划和县域海岛保护规划，应当符合全国海岛保护规划和省域海岛保护规划。

编制沿海城市、镇海岛保护专项规划，应当征求上一级人民政府海洋主管部门的意见。

县域海岛保护规划报省、自治区人民政府审批，并报国务院海洋主管部门备案。

第十二条 沿海县级人民政府可以组织编制全国海岛保护规划确定的可利用无居民海岛的保护和利用规划。

第十三条 修改海岛保护规划，应当依照本法第九条、第十条、第十一条规定的审批程序报经批准。

第十四条 国家建立完善海岛统计调查制度。国务院海洋主管部门会同有关部门拟定海岛综合统计调查计划，依法经批准后组织实施，并发布海岛统计调查公报。

第十五条 国家建立海岛管理信息系统，开展海岛自然资源的调查评估，对海岛的保护与利用等状况实施监视、监测。

第三章　海岛的保护

第一节　一般规定

第十六条 国务院和沿海地方各级人民政府应当采取措施，保护海岛的自然资源、自然景观以及历史、人文遗迹。

禁止改变自然保护区内海岛的海岸线。禁止采挖、破坏珊瑚和珊瑚礁。禁止砍伐海岛周边海域的红树林。

第十七条 国家保护海岛植被，促进海岛淡水资源的涵养；支持有居民海岛淡水储存、海水淡化和岛外淡水引入工程设施的建设。

第十八条 国家支持利用海岛开展科学研究活动。在海岛从事科学研究活动不得造成海岛及其周边海域生态系统破坏。

第十九条 国家开展海岛物种登记，依法保护和管理海岛生物物种。

第二十条 国家支持在海岛建立可再生能源开发利用、生态建设等实验基地。

第二十一条 国家安排海岛保护专项资金，用于海岛的保护、生态修复和科学研究活动。

第二十二条 国家保护设置在海岛的军事设施，禁止破坏、危害军事设施的行为。

国家保护依法设置在海岛的助航导航、测量、气象观测、海洋监测和地震监测等公益设施，禁止损毁或者擅自移动，妨碍其正常使用。

第二节 有居民海岛生态系统的保护

第二十三条 有居民海岛的开发、建设应当遵守有关城乡规划、环境保护、土地管理、海域使用管理、水资源和森林保护等法律、法规的规定，保护海岛及其周边海域生态系统。

第二十四条 有居民海岛的开发、建设应当对海岛土地资源、水资源及能源状况进行调查评估，依法进行环境影响评价。海岛的开发、建设不得超出海岛的环境容量。新建、改建、扩建建设项目，必须符合海岛主要污染物排放、建设用地和用水总量控制指标的要求。

有居民海岛的开发、建设应当优先采用风能、海洋能、太阳能等可再生能源和雨水集蓄、海水淡化、污水再生利用等技术。

有居民海岛及其周边海域应当划定禁止开发、限制开发区域，并采取措施保护海岛生物栖息地，防止海岛植被退化和生物多样性降低。

第二十五条 在有居民海岛进行工程建设，应当坚持先规划后建设、生态保护设施优先建设或者与工程项目同步建设的原则。

进行工程建设造成生态破坏的，应当负责修复；无力修复的，由县级以上人民政府责令停止建设，并可以指定有关部门组织修复，修复费用由造成生态破坏的单位、个人承担。

第二十六条 严格限制在有居民海岛沙滩建造建筑物或者设施；确需建造的，应当依照有关城乡规划、土地管理、环境保护等法律、法规的规定执行。未经依法批准在有居民海岛沙滩建造的建筑物或者设施，对海岛及其周边海域生态系统造成严重破坏的，应当依法拆除。

严格限制在有居民海岛沙滩采挖海砂；确需采挖的，应当依照有关海域使用管理、矿产资源的法律、法规的规定执行。

第二十七条 严格限制填海、围海等改变有居民海岛海岸线的行为，严格限制填海连岛工程建设；确需填海、围海改变海岛海岸线，或者填海连岛的，项目申请人应当提交项目论证报告、经批准的环境影响评价报告等申请文件，依照《中华人民共和国海域使用管理法》的规定报经批准。

本法施行前在有居民海岛建设的填海连岛工程，对海岛及其周边海域生态系统造成严重破坏的，由海岛所在省、自治区、直辖市人民政府海洋主管部门会同本级人民政府有关部门制定生态修复方案，报本级人民政府批准后组织实施。

第三节 无居民海岛的保护

第二十八条 未经批准利用的无居民海岛，应当维持现状；禁止采石、挖海砂、采伐林木以及进行生产、建设、旅游等活动。

第二十九条 严格限制在无居民海岛采集生物和非生物样本；因教学、科学研究确需采集的，应当报经海岛所在县级以上地方人民政府海洋主管部门批准。

第三十条 从事全国海岛保护规划确定的可利用无居民海岛的开发利用活动，应当遵守可利用无居民海岛保护和利用规划，采取严格的生态保护措施，避免造成海岛及其周边海域生态系统破坏。

开发利用前款规定的可利用无居民海岛，应当向省、自治区、直辖市人民政府海洋主管部门提出申请，并提交项目论证报告、开发利用具体方案等申请文件，由海洋主管部门组织有关部门和专家审查，提出审查意见，报省、自治区、直辖市人民政府审批。

无居民海岛的开发利用涉及利用特殊用途海岛，或者确需填海连岛以及其他严重改变海岛自然地形、地貌的，由国务院审批。

无居民海岛开发利用审查批准的具体办法，由国务院规定。

第三十一条 经批准开发利用无居民海岛的，应当依法缴纳使用金。但是，因国防、公务、教学、防灾减灾、非经营性公用基础设施建设和基础测绘、气象观测等公益事业使用无居民海岛的除外。

无居民海岛使用金征收使用管理办法，由国务院财政部门会同国务院海洋主管部门规定。

第三十二条 经批准在可利用无居民海岛建造建筑物或者设施，应当按照可利用无居民海岛保护和利用规划限制建筑物、设施的建设总量、高度以及与海岸线的距离，使其与周围植被和景观相协调。

第三十三条 无居民海岛利用过程中产生的废水，应当按照规定进行处理和排放。

无居民海岛利用过程中产生的固体废物，应当按照规定进行无害化处理、处置，禁止在无居民海岛弃置或者向其周边海域倾倒。

第三十四条 临时性利用无居民海岛的，不得在所利用的海岛建造永久性建筑物或者设施。

第三十五条 在依法确定为开展旅游活动的可利用无居民海岛

及其周边海域，不得建造居民定居场所，不得从事生产性养殖活动；已经存在生产性养殖活动的，应当在编制可利用无居民海岛保护和利用规划中确定相应的污染防治措施。

第四节　特殊用途海岛的保护

第三十六条　国家对领海基点所在海岛、国防用途海岛、海洋自然保护区内的海岛等具有特殊用途或者特殊保护价值的海岛，实行特别保护。

第三十七条　领海基点所在的海岛，应当由海岛所在省、自治区、直辖市人民政府划定保护范围，报国务院海洋主管部门备案。领海基点及其保护范围周边应当设置明显标志。

禁止在领海基点保护范围内进行工程建设以及其他可能改变该区域地形、地貌的活动。确需进行以保护领海基点为目的的工程建设的，应当经过科学论证，报国务院海洋主管部门同意后依法办理审批手续。

禁止损毁或者擅自移动领海基点标志。

县级以上人民政府海洋主管部门应当按照国家规定，对领海基点所在海岛及其周边海域生态系统实施监视、监测。

任何单位和个人都有保护海岛领海基点的义务。发现领海基点以及领海基点保护范围内的地形、地貌受到破坏的，应当及时向当地人民政府或者海洋主管部门报告。

第三十八条　禁止破坏国防用途无居民海岛的自然地形、地貌和有居民海岛国防用途区域及其周边的地形、地貌。

禁止将国防用途无居民海岛用于与国防无关的目的。国防用途终止时，经军事机关批准后，应当将海岛及其有关生态保护的资料等一并移交该海岛所在省、自治区、直辖市人民政府。

第三十九条　国务院、国务院有关部门和沿海省、自治区、直辖市人民政府，根据海岛自然资源、自然景观以及历史、人文遗迹保护的需要，对具有特殊保护价值的海岛及其周边海域，依法批准设立海洋自然保护区或者海洋特别保护区。

第四章 监督检查

第四十条 县级以上人民政府有关部门应当依法对有居民海岛保护和开发、建设进行监督检查。

第四十一条 海洋主管部门应当依法对无居民海岛保护和合理利用情况进行监督检查。

海洋主管部门及其海监机构依法对海岛周边海域生态系统保护情况进行监督检查。

第四十二条 海洋主管部门依法履行监督检查职责，有权要求被检查单位和个人就海岛利用的有关问题作出说明，提供海岛利用的有关文件和资料；有权进入被检查单位和个人所利用的海岛实施现场检查。

检查人员在履行检查职责时，应当出示有效的执法证件。有关单位和个人对检查工作应当予以配合，如实反映情况，提供有关文件和资料等；不得拒绝或者阻碍检查工作。

第四十三条 检查人员必须忠于职守、秉公执法、清正廉洁、文明服务，并依法接受监督。在依法查处违反本法规定的行为时，发现国家机关工作人员有违法行为应当给予处分的，应当向其任免机关或者监察机关提出处分建议。

第五章 法律责任

第四十四条 海洋主管部门或者其他对海岛保护负有监督管理职责的部门，发现违法行为或者接到对违法行为的举报后不依法予以查处，或者有其他未依照本法规定履行职责的行为的，由本级人民政府或者上一级人民政府有关主管部门责令改正，对直接负责的主管人员和其他直接责任人员依法给予处分。

第四十五条 违反本法规定，改变自然保护区内海岛的海岸线，填海、围海改变海岛海岸线，或者进行填海连岛的，依照《中华人民共和国海域使用管理法》的规定处罚。

第四十六条 违反本法规定，采挖、破坏珊瑚、珊瑚礁，或者砍伐海岛周边海域红树林的，依照《中华人民共和国海洋环境保护法》的规定处罚。

第四十七条 违反本法规定，在无居民海岛采石、挖海砂、采伐林木或者采集生物、非生物样本的，由县级以上人民政府海洋主管部门责令停止违法行为，没收违法所得，可以并处二万元以下的罚款。

违反本法规定，在无居民海岛进行生产、建设活动或者组织开展旅游活动的，由县级以上人民政府海洋主管部门责令停止违法行为，没收违法所得，并处二万元以上二十万元以下的罚款。

第四十八条 违反本法规定，进行严重改变无居民海岛自然地形、地貌的活动的，由县级以上人民政府海洋主管部门责令停止违法行为，处以五万元以上五十万元以下的罚款。

第四十九条 在海岛及其周边海域违法排放污染物的，依照有关环境保护法律的规定处罚。

第五十条 违反本法规定，在领海基点保护范围内进行工程建设或者其他可能改变该区域地形、地貌活动，在临时性利用的无居民海岛建造永久性建筑物或者设施，或者在依法确定为开展旅游活动的可利用无居民海岛建造居民定居场所的，由县级以上人民政府海洋主管部门责令停止违法行为，处以二万元以上二十万元以下的罚款。

第五十一条 损毁或者擅自移动领海基点标志的，依法给予治安管理处罚。

第五十二条 破坏、危害设置在海岛的军事设施，或者损毁、擅自移动设置在海岛的助航导航、测量、气象观测、海洋监测和地震监测等公益设施的，依照有关法律、行政法规的规定处罚。

第五十三条 无权批准开发利用无居民海岛而批准，超越批准权限批准开发利用无居民海岛，或者违反海岛保护规划批准开发利用无居民海岛的，批准文件无效；对直接负责的主管人员和其他直接责任人员依法给予处分。

第五十四条 违反本法规定，拒绝海洋主管部门监督检查，在接受监督检查时弄虚作假，或者不提供有关文件和资料的，由县级以上人民政府海洋主管部门责令改正，可以处二万元以下的罚款。

第五十五条 违反本法规定，构成犯罪的，依法追究刑事责任。

造成海岛及其周边海域生态系统破坏的，依法承担民事责任。

第六章　附　则

第五十六条 低潮高地的保护及相关管理活动，比照本法有关规定执行。

第五十七条 本法中下列用语的含义：

（一）海岛及其周边海域生态系统，是指由维持海岛存在的岛体、海岸线、沙滩、植被、淡水和周边海域等生物群落和非生物环境组成的有机复合体。

（二）无居民海岛，是指不属于居民户籍管理的住址登记地的海岛。

（三）低潮高地，是指在低潮时四面环海水并高于水面但在高潮时没入水中的自然形成的陆地区域。

（四）填海连岛，是指通过填海造地等方式将海岛与陆地或者海岛与海岛连接起来的行为。

（五）临时性利用无居民海岛，是指因公务、教学、科学调查、救灾、避险等需要而短期登临、停靠无居民海岛的行为。

第五十八条 本法自 2010 年 3 月 1 日起施行。

最高人民法院关于审理海洋自然资源与生态环境损害赔偿纠纷案件若干问题的规定

（2017 年 11 月 20 日最高人民法院审判委员会第 1727 次会议通过 2017 年 12 月 29 日最高人民法院公告公布 自 2018 年 1 月 15 日起施行 法释〔2017〕23 号）

为正确审理海洋自然资源与生态环境损害赔偿纠纷案件，根据《中华人民共和国海洋环境保护法》《中华人民共和国民事诉讼法》《中华人民共和国海事诉讼特别程序法》等法律的规定，结合审判实践，制定本规定。

第一条 人民法院审理为请求赔偿海洋环境保护法第八十九条第二款规定的海洋自然资源与生态环境损害而提起的诉讼，适用本规定。

第二条 在海上或者沿海陆域内从事活动，对中华人民共和国管辖海域内海洋自然资源与生态环境造成损害，由此提起的海洋自然资源与生态环境损害赔偿诉讼，由损害行为发生地、损害结果地或者采取预防措施地海事法院管辖。

第三条 海洋环境保护法第五条规定的行使海洋环境监督管理权的机关，根据其职能分工提起海洋自然资源与生态环境损害赔偿诉讼，人民法院应予受理。

第四条 人民法院受理海洋自然资源与生态环境损害赔偿诉讼，应当在立案之日起五日内公告案件受理情况。

人民法院在审理中发现可能存在下列情形之一的，可以书面告知其他依法行使海洋环境监督管理权的机关：

（一）同一损害涉及不同区域或者不同部门；

（二）不同损害应由其他依法行使海洋环境监督管理权的机关索赔。

本规定所称不同损害，包括海洋自然资源与生态环境损害中不同种类和同种类但可以明确区分属不同机关索赔范围的损害。

第五条 在人民法院依照本规定第四条的规定发布公告之日起三十日内，或者书面告知之日起七日内，对同一损害有权提起诉讼的其他机关申请参加诉讼，经审查符合法定条件的，人民法院应当将其列为共同原告；逾期申请的，人民法院不予准许。裁判生效后另行起诉的，人民法院参照《最高人民法院关于审理环境民事公益诉讼案件适用法律若干问题的解释》第二十八条的规定处理。

对于不同损害，可以由各依法行使海洋环境监督管理权的机关分别提起诉讼；索赔人共同起诉或者在规定期限内申请参加诉讼的，人民法院依照民事诉讼法第五十二条第一款的规定决定是否按共同诉讼进行审理。

第六条 依法行使海洋环境监督管理权的机关请求造成海洋自然资源与生态环境损害的责任者承担停止侵害、排除妨碍、消除危险、恢复原状、赔礼道歉、赔偿损失等民事责任的，人民法院应当根据诉讼请求以及具体案情，合理判定责任者承担民事责任。

第七条 海洋自然资源与生态环境损失赔偿范围包括：

（一）预防措施费用，即为减轻或者防止海洋环境污染、生态恶化、自然资源减少所采取合理应急处置措施而发生的费用；

（二）恢复费用，即采取或者将要采取措施恢复或者部分恢复受损害海洋自然资源与生态环境功能所需费用；

（三）恢复期间损失，即受损害的海洋自然资源与生态环境功能部分或者完全恢复前的海洋自然资源损失、生态环境服务功能损失；

（四）调查评估费用，即调查、勘查、监测污染区域和评估污染等损害风险与实际损害所发生的费用。

第八条 恢复费用，限于现实修复实际发生和未来修复必然发生的合理费用，包括制定和实施修复方案和监测、监管产生的费用。

未来修复必然发生的合理费用和恢复期间损失，可以根据有资格的鉴定评估机构依据法律法规、国家主管部门颁布的鉴定评估技术规范作出的鉴定意见予以确定，但当事人有相反证据足以反驳的除外。

预防措施费用和调查评估费用，以实际发生和未来必然发生的合理费用计算。

责任者已经采取合理预防、恢复措施，其主张相应减少损失赔偿数额的，人民法院应予支持。

第九条 依照本规定第八条的规定难以确定恢复费用和恢复期间损失的，人民法院可以根据责任者因损害行为所获得的收益或者所减少支付的污染防治费用，合理确定损失赔偿数额。

前款规定的收益或者费用无法认定的，可以参照政府部门相关统计资料或者其他证据所证明的同区域同类生产经营者同期平均收入、同期平均污染防治费用，合理酌定。

第十条 人民法院判决责任者赔偿海洋自然资源与生态环境损失的，可以一并写明依法行使海洋环境监督管理权的机关受领赔款后向国库账户交纳。

发生法律效力的裁判需要采取强制执行措施的，应当移送执行。

第十一条 海洋自然资源与生态环境损害赔偿诉讼当事人达成调解协议或者自行达成和解协议的，人民法院依照《最高人民法院关于审理环境民事公益诉讼案件适用法律若干问题的解释》第二十五条的规定处理。

第十二条 人民法院审理海洋自然资源与生态环境损害赔偿纠纷案件，本规定没有规定的，适用《最高人民法院关于审理环境侵权责任纠纷案件适用法律若干问题的解释》《最高人民法院关于审理环境民事公益诉讼案件适用法律若干问题的解释》等相关司法解释的规定。

在海上或者沿海陆域内从事活动，对中华人民共和国管辖海域内海洋自然资源与生态环境形成损害威胁，人民法院审理由此引起的赔偿纠纷案件，参照适用本规定。

人民法院审理因船舶引起的海洋自然资源与生态环境损害赔偿纠纷案件，法律、行政法规、司法解释另有特别规定的，依照其规定。

第十三条 本规定自2018年1月15日起施行，人民法院尚未审结的一审、二审案件适用本规定；本规定施行前已经作出生效裁判的案件，本规定施行后依法再审的，不适用本规定。

本规定施行后，最高人民法院以前颁布的司法解释与本规定不一致的，以本规定为准。

测　绘

中华人民共和国测绘法

（1992年12月28日第七届全国人民代表大会常务委员会第二十九次会议通过　2002年8月29日第九届全国人民代表大会常务委员会第二十九次会议第一次修订　2017年4月27日第十二届全国人民代表大会常务委员会第二十七次会议第二次修订　2017年4月27日中华人民共和国主席令第67号公布　自2017年7月1日起施行）

目　录

第一章　总　　则
第二章　测绘基准和测绘系统
第三章　基础测绘
第四章　界线测绘和其他测绘
第五章　测绘资质资格
第六章　测绘成果
第七章　测量标志保护
第八章　监督管理
第九章　法律责任
第十章　附　　则

第一章　总　则

第一条　为了加强测绘管理，促进测绘事业发展，保障测绘事业为经济建设、国防建设、社会发展和生态保护服务，维护国家地理信息安全，制定本法。

第二条　在中华人民共和国领域和中华人民共和国管辖的其他海域从事测绘活动，应当遵守本法。

本法所称测绘，是指对自然地理要素或者地表人工设施的形状、大小、空间位置及其属性等进行测定、采集、表述，以及对获取的数据、信息、成果进行处理和提供的活动。

第三条　测绘事业是经济建设、国防建设、社会发展的基础性事业。各级人民政府应当加强对测绘工作的领导。

第四条　国务院测绘地理信息主管部门负责全国测绘工作的统一监督管理。国务院其他有关部门按照国务院规定的职责分工，负责本部门有关的测绘工作。

县级以上地方人民政府测绘地理信息主管部门负责本行政区域测绘工作的统一监督管理。县级以上地方人民政府其他有关部门按照本级人民政府规定的职责分工，负责本部门有关的测绘工作。

军队测绘部门负责管理军事部门的测绘工作，并按照国务院、中央军事委员会规定的职责分工负责管理海洋基础测绘工作。

第五条　从事测绘活动，应当使用国家规定的测绘基准和测绘系统，执行国家规定的测绘技术规范和标准。

第六条　国家鼓励测绘科学技术的创新和进步，采用先进的技术和设备，提高测绘水平，推动军民融合，促进测绘成果的应用。国家加强测绘科学技术的国际交流与合作。

对在测绘科学技术的创新和进步中做出重要贡献的单位和个人，按照国家有关规定给予奖励。

第七条　各级人民政府和有关部门应当加强对国家版图意识的

宣传教育，增强公民的国家版图意识。新闻媒体应当开展国家版图意识的宣传。教育行政部门、学校应当将国家版图意识教育纳入中小学教学内容，加强爱国主义教育。

第八条 外国的组织或者个人在中华人民共和国领域和中华人民共和国管辖的其他海域从事测绘活动，应当经国务院测绘地理信息主管部门会同军队测绘部门批准，并遵守中华人民共和国有关法律、行政法规的规定。

外国的组织或者个人在中华人民共和国领域从事测绘活动，应当与中华人民共和国有关部门或者单位合作进行，并不得涉及国家秘密和危害国家安全。

第二章 测绘基准和测绘系统

第九条 国家设立和采用全国统一的大地基准、高程基准、深度基准和重力基准，其数据由国务院测绘地理信息主管部门审核，并与国务院其他有关部门、军队测绘部门会商后，报国务院批准。

第十条 国家建立全国统一的大地坐标系统、平面坐标系统、高程系统、地心坐标系统和重力测量系统，确定国家大地测量等级和精度以及国家基本比例尺地图的系列和基本精度。具体规范和要求由国务院测绘地理信息主管部门会同国务院其他有关部门、军队测绘部门制定。

第十一条 因建设、城市规划和科学研究的需要，国家重大工程项目和国务院确定的大城市确需建立相对独立的平面坐标系统的，由国务院测绘地理信息主管部门批准；其他确需建立相对独立的平面坐标系统的，由省、自治区、直辖市人民政府测绘地理信息主管部门批准。

建立相对独立的平面坐标系统，应当与国家坐标系统相联系。

第十二条 国务院测绘地理信息主管部门和省、自治区、直辖市人民政府测绘地理信息主管部门应当会同本级人民政府其他有关部门，按照统筹建设、资源共享的原则，建立统一的卫星导航定位基准服务系统，提供导航定位基准信息公共服务。

第十三条　建设卫星导航定位基准站的，建设单位应当按照国家有关规定报国务院测绘地理信息主管部门或者省、自治区、直辖市人民政府测绘地理信息主管部门备案。国务院测绘地理信息主管部门应当汇总全国卫星导航定位基准站建设备案情况，并定期向军队测绘部门通报。

本法所称卫星导航定位基准站，是指对卫星导航信号进行长期连续观测，并通过通信设施将观测数据实时或者定时传送至数据中心的地面固定观测站。

第十四条　卫星导航定位基准站的建设和运行维护应当符合国家标准和要求，不得危害国家安全。

卫星导航定位基准站的建设和运行维护单位应当建立数据安全保障制度，并遵守保密法律、行政法规的规定。

县级以上人民政府测绘地理信息主管部门应当会同本级人民政府其他有关部门，加强对卫星导航定位基准站建设和运行维护的规范和指导。

第三章　基础测绘

第十五条　基础测绘是公益性事业。国家对基础测绘实行分级管理。

本法所称基础测绘，是指建立全国统一的测绘基准和测绘系统，进行基础航空摄影，获取基础地理信息的遥感资料，测制和更新国家基本比例尺地图、影像图和数字化产品，建立、更新基础地理信息系统。

第十六条　国务院测绘地理信息主管部门会同国务院其他有关部门、军队测绘部门组织编制全国基础测绘规划，报国务院批准后组织实施。

县级以上地方人民政府测绘地理信息主管部门会同本级人民政府其他有关部门，根据国家和上一级人民政府的基础测绘规划及本行政区域的实际情况，组织编制本行政区域的基础测绘规划，报本级人民政府批准后组织实施。

第十七条 军队测绘部门负责编制军事测绘规划，按照国务院、中央军事委员会规定的职责分工负责编制海洋基础测绘规划，并组织实施。

第十八条 县级以上人民政府应当将基础测绘纳入本级国民经济和社会发展年度计划，将基础测绘工作所需经费列入本级政府预算。

国务院发展改革部门会同国务院测绘地理信息主管部门，根据全国基础测绘规划编制全国基础测绘年度计划。

县级以上地方人民政府发展改革部门会同本级人民政府测绘地理信息主管部门，根据本行政区域的基础测绘规划编制本行政区域的基础测绘年度计划，并分别报上一级部门备案。

第十九条 基础测绘成果应当定期更新，经济建设、国防建设、社会发展和生态保护急需的基础测绘成果应当及时更新。

基础测绘成果的更新周期根据不同地区国民经济和社会发展的需要确定。

第四章 界线测绘和其他测绘

第二十条 中华人民共和国国界线的测绘，按照中华人民共和国与相邻国家缔结的边界条约或者协定执行，由外交部组织实施。中华人民共和国地图的国界线标准样图，由外交部和国务院测绘地理信息主管部门拟定，报国务院批准后公布。

第二十一条 行政区域界线的测绘，按照国务院有关规定执行。省、自治区、直辖市和自治州、县、自治县、市行政区域界线的标准画法图，由国务院民政部门和国务院测绘地理信息主管部门拟定，报国务院批准后公布。

第二十二条　县级以上人民政府测绘地理信息主管部门应当会同本级人民政府不动产登记主管部门，加强对不动产测绘的管理。

测量土地、建筑物、构筑物和地面其他附着物的权属界址线，应当按照县级以上人民政府确定的权属界线的界址点、界址线或者提供的有关登记资料和附图进行。权属界址线发生变化的，有关当事人应当及时进行变更测绘。

第二十三条　城乡建设领域的工程测量活动，与房屋产权、产籍相关的房屋面积的测量，应当执行由国务院住房城乡建设主管部门、国务院测绘地理信息主管部门组织编制的测量技术规范。

水利、能源、交通、通信、资源开发和其他领域的工程测量活动，应当执行国家有关的工程测量技术规范。

第二十四条　建立地理信息系统，应当采用符合国家标准的基础地理信息数据。

第二十五条　县级以上人民政府测绘地理信息主管部门应当根据突发事件应对工作需要，及时提供地图、基础地理信息数据等测绘成果，做好遥感监测、导航定位等应急测绘保障工作。

第二十六条　县级以上人民政府测绘地理信息主管部门应当会同本级人民政府其他有关部门依法开展地理国情监测，并按照国家有关规定严格管理、规范使用地理国情监测成果。

各级人民政府应当采取有效措施，发挥地理国情监测成果在政府决策、经济社会发展和社会公众服务中的作用。

第五章　测绘资质资格

第二十七条　国家对从事测绘活动的单位实行测绘资质管理制度。

从事测绘活动的单位应当具备下列条件，并依法取得相应等级的测绘资质证书，方可从事测绘活动：

（一）有法人资格；

（二）有与从事的测绘活动相适应的专业技术人员；

（三）有与从事的测绘活动相适应的技术装备和设施；

（四）有健全的技术和质量保证体系、安全保障措施、信息安全保密管理制度以及测绘成果和资料档案管理制度。

第二十八条 国务院测绘地理信息主管部门和省、自治区、直辖市人民政府测绘地理信息主管部门按照各自的职责负责测绘资质审查、发放测绘资质证书。具体办法由国务院测绘地理信息主管部门商国务院其他有关部门规定。

军队测绘部门负责军事测绘单位的测绘资质审查。

第二十九条 测绘单位不得超越资质等级许可的范围从事测绘活动，不得以其他测绘单位的名义从事测绘活动，不得允许其他单位以本单位的名义从事测绘活动。

测绘项目实行招投标的，测绘项目的招标单位应当依法在招标公告或者投标邀请书中对测绘单位资质等级作出要求，不得让不具有相应测绘资质等级的单位中标，不得让测绘单位低于测绘成本中标。

中标的测绘单位不得向他人转让测绘项目。

第三十条 从事测绘活动的专业技术人员应当具备相应的执业资格条件。具体办法由国务院测绘地理信息主管部门会同国务院人力资源社会保障主管部门规定。

第三十一条 测绘人员进行测绘活动时，应当持有测绘作业证件。

任何单位和个人不得阻碍测绘人员依法进行测绘活动。

第三十二条 测绘单位的测绘资质证书、测绘专业技术人员的执业证书和测绘人员的测绘作业证件的式样，由国务院测绘地理信息主管部门统一规定。

第六章 测绘成果

第三十三条 国家实行测绘成果汇交制度。国家依法保护测绘成果的知识产权。

测绘项目完成后，测绘项目出资人或者承担国家投资的测绘项目的单位，应当向国务院测绘地理信息主管部门或者省、自治区、直辖市人民政府测绘地理信息主管部门汇交测绘成果资料。属于基础测绘项目的，应当汇交测绘成果副本；属于非基础测绘项目的，应当汇交测绘成果目录。负责接收测绘成果副本和目录的测绘地理信息主管部门应当出具测绘成果汇交凭证，并及时将测绘成果副本和目录移交给保管单位。测绘成果汇交的具体办法由国务院规定。

国务院测绘地理信息主管部门和省、自治区、直辖市人民政府测绘地理信息主管部门应当及时编制测绘成果目录，并向社会公布。

第三十四条 县级以上人民政府测绘地理信息主管部门应当积极推进公众版测绘成果的加工和编制工作，通过提供公众版测绘成果、保密技术处理等方式，促进测绘成果的社会化应用。

测绘成果保管单位应当采取措施保障测绘成果的完整和安全，并按照国家有关规定向社会公开和提供利用。

测绘成果属于国家秘密的，适用保密法律、行政法规的规定；需要对外提供的，按照国务院和中央军事委员会规定的审批程序执行。

测绘成果的秘密范围和秘密等级，应当依照保密法律、行政法规的规定，按照保障国家秘密安全、促进地理信息共享和应用的原则确定并及时调整、公布。

第三十五条 使用财政资金的测绘项目和涉及测绘的其他使用财政资金的项目，有关部门在批准立项前应当征求本级人民政府测绘地理信息主管部门的意见；有适宜测绘成果的，应当充分利用已有的测绘成果，避免重复测绘。

第三十六条 基础测绘成果和国家投资完成的其他测绘成果，用于政府决策、国防建设和公共服务的，应当无偿提供。

除前款规定情形外，测绘成果依法实行有偿使用制度。但是，各级人民政府及有关部门和军队因防灾减灾、应对突发事件、维护国家安全等公共利益的需要，可以无偿使用。

测绘成果使用的具体办法由国务院规定。

第三十七条 中华人民共和国领域和中华人民共和国管辖的其他海域的位置、高程、深度、面积、长度等重要地理信息数据，由国务院测绘地理信息主管部门审核，并与国务院其他有关部门、军队测绘部门会商后，报国务院批准，由国务院或者国务院授权的部门公布。

第三十八条 地图的编制、出版、展示、登载及更新应当遵守国家有关地图编制标准、地图内容表示、地图审核的规定。

互联网地图服务提供者应当使用经依法审核批准的地图，建立地图数据安全管理制度，采取安全保障措施，加强对互联网地图新增内容的核校，提高服务质量。

县级以上人民政府和测绘地理信息主管部门、网信部门等有关部门应当加强对地图编制、出版、展示、登载和互联网地图服务的监督管理，保证地图质量，维护国家主权、安全和利益。

地图管理的具体办法由国务院规定。

第三十九条 测绘单位应当对完成的测绘成果质量负责。县级以上人民政府测绘地理信息主管部门应当加强对测绘成果质量的监督管理。

第四十条 国家鼓励发展地理信息产业，推动地理信息产业结构调整和优化升级，支持开发各类地理信息产品，提高产品质量，推广使用安全可信的地理信息技术和设备。

县级以上人民政府应当建立健全政府部门间地理信息资源共建

共享机制，引导和支持企业提供地理信息社会化服务，促进地理信息广泛应用。

县级以上人民政府测绘地理信息主管部门应当及时获取、处理、更新基础地理信息数据，通过地理信息公共服务平台向社会提供地理信息公共服务，实现地理信息数据开放共享。

第七章　测量标志保护

第四十一条　任何单位和个人不得损毁或者擅自移动永久性测量标志和正在使用中的临时性测量标志，不得侵占永久性测量标志用地，不得在永久性测量标志安全控制范围内从事危害测量标志安全和使用效能的活动。

本法所称永久性测量标志，是指各等级的三角点、基线点、导线点、军用控制点、重力点、天文点、水准点和卫星定位点的觇标和标石标志，以及用于地形测图、工程测量和形变测量的固定标志和海底大地点设施。

第四十二条　永久性测量标志的建设单位应当对永久性测量标志设立明显标记，并委托当地有关单位指派专人负责保管。

第四十三条　进行工程建设，应当避开永久性测量标志；确实无法避开，需要拆迁永久性测量标志或者使永久性测量标志失去使用效能的，应当经省、自治区、直辖市人民政府测绘地理信息主管部门批准；涉及军用控制点的，应当征得军队测绘部门的同意。所需迁建费用由工程建设单位承担。

第四十四条　测绘人员使用永久性测量标志，应当持有测绘作业证件，并保证测量标志的完好。

保管测量标志的人员应当查验测量标志使用后的完好状况。

第四十五条　县级以上人民政府应当采取有效措施加强测量标志的保护工作。

县级以上人民政府测绘地理信息主管部门应当按照规定检查、

维护永久性测量标志。

乡级人民政府应当做好本行政区域内的测量标志保护工作。

第八章 监督管理

第四十六条 县级以上人民政府测绘地理信息主管部门应当会同本级人民政府其他有关部门建立地理信息安全管理制度和技术防控体系，并加强对地理信息安全的监督管理。

第四十七条 地理信息生产、保管、利用单位应当对属于国家秘密的地理信息的获取、持有、提供、利用情况进行登记并长期保存，实行可追溯管理。

从事测绘活动涉及获取、持有、提供、利用属于国家秘密的地理信息，应当遵守保密法律、行政法规和国家有关规定。

地理信息生产、利用单位和互联网地图服务提供者收集、使用用户个人信息的，应当遵守法律、行政法规关于个人信息保护的规定。

第四十八条 县级以上人民政府测绘地理信息主管部门应当对测绘单位实行信用管理，并依法将其信用信息予以公示。

第四十九条 县级以上人民政府测绘地理信息主管部门应当建立健全随机抽查机制，依法履行监督检查职责，发现涉嫌违反本法规定行为的，可以依法采取下列措施：

（一）查阅、复制有关合同、票据、账簿、登记台账以及其他有关文件、资料；

（二）查封、扣押与涉嫌违法测绘行为直接相关的设备、工具、原材料、测绘成果资料等。

被检查的单位和个人应当配合，如实提供有关文件、资料，不得隐瞒、拒绝和阻碍。

任何单位和个人对违反本法规定的行为，有权向县级以上人民政府测绘地理信息主管部门举报。接到举报的测绘地理信息主管部门应当及时依法处理。

第九章　法律责任

第五十条　违反本法规定，县级以上人民政府测绘地理信息主管部门或者其他有关部门工作人员利用职务上的便利收受他人财物、其他好处或者玩忽职守，对不符合法定条件的单位核发测绘资质证书，不依法履行监督管理职责，或者发现违法行为不予查处的，对负有责任的领导人员和直接责任人员，依法给予处分；构成犯罪的，依法追究刑事责任。

第五十一条　违反本法规定，外国的组织或者个人未经批准，或者未与中华人民共和国有关部门、单位合作，擅自从事测绘活动的，责令停止违法行为，没收违法所得、测绘成果和测绘工具，并处十万元以上五十万元以下的罚款；情节严重的，并处五十万元以上一百万元以下的罚款，限期出境或者驱逐出境；构成犯罪的，依法追究刑事责任。

第五十二条　违反本法规定，未经批准擅自建立相对独立的平面坐标系统，或者采用不符合国家标准的基础地理信息数据建立地理信息系统的，给予警告，责令改正，可以并处五十万元以下的罚款；对直接负责的主管人员和其他直接责任人员，依法给予处分。

第五十三条　违反本法规定，卫星导航定位基准站建设单位未报备案的，给予警告，责令限期改正；逾期不改正的，处十万元以上三十万元以下的罚款；对直接负责的主管人员和其他直接责任人员，依法给予处分。

第五十四条　违反本法规定，卫星导航定位基准站的建设和运行维护不符合国家标准、要求的，给予警告，责令限期改正，没收违法所得和测绘成果，并处三十万元以上五十万元以下的罚款；逾期不改正的，没收相关设备；对直接负责的主管人员和其他直接责任人员，依法给予处分；构成犯罪的，依法追究刑事责任。

第五十五条　违反本法规定，未取得测绘资质证书，擅自从事测绘活动的，责令停止违法行为，没收违法所得和测绘成果，并处测绘约定报酬一倍以上二倍以下的罚款；情节严重的，没收测绘工具。

以欺骗手段取得测绘资质证书从事测绘活动的，吊销测绘资质证书，没收违法所得和测绘成果，并处测绘约定报酬一倍以上二倍以下的罚款；情节严重的，没收测绘工具。

第五十六条 违反本法规定，测绘单位有下列行为之一的，责令停止违法行为，没收违法所得和测绘成果，处测绘约定报酬一倍以上二倍以下的罚款，并可以责令停业整顿或者降低测绘资质等级；情节严重的，吊销测绘资质证书：

（一）超越资质等级许可的范围从事测绘活动；

（二）以其他测绘单位的名义从事测绘活动；

（三）允许其他单位以本单位的名义从事测绘活动。

第五十七条 违反本法规定，测绘项目的招标单位让不具有相应资质等级的测绘单位中标，或者让测绘单位低于测绘成本中标的，责令改正，可以处测绘约定报酬二倍以下的罚款。招标单位的工作人员利用职务上的便利，索取他人财物，或者非法收受他人财物为他人谋取利益的，依法给予处分；构成犯罪的，依法追究刑事责任。

第五十八条 违反本法规定，中标的测绘单位向他人转让测绘项目的，责令改正，没收违法所得，处测绘约定报酬一倍以上二倍以下的罚款，并可以责令停业整顿或者降低测绘资质等级；情节严重的，吊销测绘资质证书。

第五十九条 违反本法规定，未取得测绘执业资格，擅自从事测绘活动的，责令停止违法行为，没收违法所得和测绘成果，对其所在单位可以处违法所得二倍以下的罚款；情节严重的，没收测绘工具；造成损失的，依法承担赔偿责任。

第六十条 违反本法规定，不汇交测绘成果资料的，责令限期汇交；测绘项目出资人逾期不汇交的，处重测所需费用一倍以上二倍以下的罚款；承担国家投资的测绘项目的单位逾期不汇交的，处五万元以上二十万元以下的罚款，并处暂扣测绘资质证书，自暂扣测绘资质证书之日起六个月内仍不汇交的，吊销测绘资质证书；对直接负责的主管人员和其他直接责任人员，依法给予处分。

第六十一条　违反本法规定，擅自发布中华人民共和国领域和中华人民共和国管辖的其他海域的重要地理信息数据的，给予警告，责令改正，可以并处五十万元以下的罚款；对直接负责的主管人员和其他直接责任人员，依法给予处分；构成犯罪的，依法追究刑事责任。

第六十二条　违反本法规定，编制、出版、展示、登载、更新的地图或者互联网地图服务不符合国家有关地图管理规定的，依法给予行政处罚、处分；构成犯罪的，依法追究刑事责任。

第六十三条　违反本法规定，测绘成果质量不合格的，责令测绘单位补测或者重测；情节严重的，责令停业整顿，并处降低测绘资质等级或者吊销测绘资质证书；造成损失的，依法承担赔偿责任。

第六十四条　违反本法规定，有下列行为之一的，给予警告，责令改正，可以并处二十万元以下的罚款；对直接负责的主管人员和其他直接责任人员，依法给予处分；造成损失的，依法承担赔偿责任；构成犯罪的，依法追究刑事责任：

（一）损毁、擅自移动永久性测量标志或者正在使用中的临时性测量标志；

（二）侵占永久性测量标志用地；

（三）在永久性测量标志安全控制范围内从事危害测量标志安全和使用效能的活动；

（四）擅自拆迁永久性测量标志或者使永久性测量标志失去使用效能，或者拒绝支付迁建费用；

（五）违反操作规程使用永久性测量标志，造成永久性测量标志毁损。

第六十五条 违反本法规定，地理信息生产、保管、利用单位未对属于国家秘密的地理信息的获取、持有、提供、利用情况进行登记、长期保存的，给予警告，责令改正，可以并处二十万元以下的罚款；泄露国家秘密的，责令停业整顿，并处降低测绘资质等级或者吊销测绘资质证书；构成犯罪的，依法追究刑事责任。

违反本法规定，获取、持有、提供、利用属于国家秘密的地理信息的，给予警告，责令停止违法行为，没收违法所得，可以并处违法所得二倍以下的罚款；对直接负责的主管人员和其他直接责任人员，依法给予处分；造成损失的，依法承担赔偿责任；构成犯罪的，依法追究刑事责任。

第六十六条 本法规定的降低测绘资质等级、暂扣测绘资质证书、吊销测绘资质证书的行政处罚，由颁发测绘资质证书的部门决定；其他行政处罚，由县级以上人民政府测绘地理信息主管部门决定。

本法第五十一条规定的限期出境和驱逐出境由公安机关依法决定并执行。

第十章 附 则

第六十七条 军事测绘管理办法由中央军事委员会根据本法规定。

第六十八条 本法自 2017 年 7 月 1 日起施行。

基础测绘条例

（2009年5月6日国务院第62次常务会议通过 2009年5月12日中华人民共和国国务院令第556号公布 自2009年8月1日起施行）

第一章 总 则

第一条 为了加强基础测绘管理，规范基础测绘活动，保障基础测绘事业为国家经济建设、国防建设和社会发展服务，根据《中华人民共和国测绘法》，制定本条例。

第二条 在中华人民共和国领域和中华人民共和国管辖的其他海域从事基础测绘活动，适用本条例。

本条例所称基础测绘，是指建立全国统一的测绘基准和测绘系统，进行基础航空摄影，获取基础地理信息的遥感资料，测制和更新国家基本比例尺地图、影像图和数字化产品，建立、更新基础地理信息系统。

在中华人民共和国领海、中华人民共和国领海基线向陆地一侧至海岸线的海域和中华人民共和国管辖的其他海域从事海洋基础测绘活动，按照国务院、中央军事委员会的有关规定执行。

第三条 基础测绘是公益性事业。

县级以上人民政府应当加强对基础测绘工作的领导，将基础测绘纳入本级国民经济和社会发展规划及年度计划，所需经费列入本级财政预算。

国家对边远地区和少数民族地区的基础测绘给予财政支持。具体办法由财政部门会同同级测绘行政主管部门制定。

第四条 基础测绘工作应当遵循统筹规划、分级管理、定期更新、保障安全的原则。

第五条 国务院测绘行政主管部门负责全国基础测绘工作的统一监督管理。

县级以上地方人民政府负责管理测绘工作的行政部门（以下简称测绘行政主管部门）负责本行政区域基础测绘工作的统一监督管理。

第六条 国家鼓励在基础测绘活动中采用先进科学技术和先进设备，加强基础研究和信息化测绘体系建设，建立统一的基础地理信息公共服务平台，实现基础地理信息资源共享，提高基础测绘保障服务能力。

第二章 基础测绘规划

第七条 国务院测绘行政主管部门会同国务院其他有关部门、军队测绘主管部门，组织编制全国基础测绘规划，报国务院批准后组织实施。

县级以上地方人民政府测绘行政主管部门会同本级人民政府其他有关部门，根据国家和上一级人民政府的基础测绘规划和本行政区域的实际情况，组织编制本行政区域的基础测绘规划，报本级人民政府批准，并报上一级测绘行政主管部门备案后组织实施。

第八条 基础测绘规划报送审批前，组织编制机关应当组织专家进行论证，并征求有关部门和单位的意见。其中，地方的基础测绘规划，涉及军事禁区、军事管理区或者作战工程的，还应当征求军事机关的意见。

基础测绘规划报送审批文件中应当附具意见采纳情况及理由。

第九条 组织编制机关应当依法公布经批准的基础测绘规划。

经批准的基础测绘规划是开展基础测绘工作的依据，未经法定程序不得修改；确需修改的，应当按照本条例规定的原审批程序报送审批。

第十条　国务院发展改革部门会同国务院测绘行政主管部门，编制全国基础测绘年度计划。

县级以上地方人民政府发展改革部门会同同级测绘行政主管部门，编制本行政区域的基础测绘年度计划，并分别报上一级主管部门备案。

第十一条　县级以上人民政府测绘行政主管部门应当根据应对自然灾害等突发事件的需要，制定相应的基础测绘应急保障预案。

基础测绘应急保障预案的内容应当包括：应急保障组织体系，应急装备和器材配备，应急响应，基础地理信息数据的应急测制和更新等应急保障措施。

第三章　基础测绘项目的组织实施

第十二条　下列基础测绘项目，由国务院测绘行政主管部门组织实施：

（一）建立全国统一的测绘基准和测绘系统；

（二）建立和更新国家基础地理信息系统；

（三）组织实施国家基础航空摄影；

（四）获取国家基础地理信息遥感资料；

（五）测制和更新全国1∶100万至1∶2.5万国家基本比例尺地图、影像图和数字化产品；

（六）国家急需的其他基础测绘项目。

第十三条　下列基础测绘项目，由省、自治区、直辖市人民政府测绘行政主管部门组织实施：

（一）建立本行政区域内与国家测绘系统相统一的大地控制网和高程控制网；

（二）建立和更新地方基础地理信息系统；

（三）组织实施地方基础航空摄影；

（四）获取地方基础地理信息遥感资料；

（五）测制和更新本行政区域 1∶1 万至 1∶5000 国家基本比例尺地图、影像图和数字化产品。

第十四条 设区的市、县级人民政府依法组织实施 1∶2000 至 1∶500 比例尺地图、影像图和数字化产品的测制和更新以及地方性法规、地方政府规章确定由其组织实施的基础测绘项目。

第十五条 组织实施基础测绘项目，应当依据基础测绘规划和基础测绘年度计划，依法确定基础测绘项目承担单位。

第十六条 基础测绘项目承担单位应当具有与所承担的基础测绘项目相应等级的测绘资质，并不得超越其资质等级许可的范围从事基础测绘活动。

基础测绘项目承担单位应当具备健全的保密制度和完善的保密设施，严格执行有关保守国家秘密法律、法规的规定。

第十七条 从事基础测绘活动，应当使用全国统一的大地基准、高程基准、深度基准、重力基准，以及全国统一的大地坐标系统、平面坐标系统、高程系统、地心坐标系统、重力测量系统，执行国家规定的测绘技术规范和标准。

因建设、城市规划和科学研究的需要，确需建立相对独立的平面坐标系统的，应当与国家坐标系统相联系。

第十八条 县级以上人民政府及其有关部门应当遵循科学规划、合理布局、有效利用、兼顾当前与长远需要的原则，加强基础测绘设施建设，避免重复投资。

国家安排基础测绘设施建设资金，应当优先考虑航空摄影测量、卫星遥感、数据传输以及基础测绘应急保障的需要。

第十九条 国家依法保护基础测绘设施。

任何单位和个人不得侵占、损毁、拆除或者擅自移动基础测绘设施。基础测绘设施遭受破坏的，县级以上地方人民政府测绘行政主管部门应当及时采取措施，组织力量修复，确保基础测绘活动正常进行。

第二十条　县级以上人民政府测绘行政主管部门应当加强基础航空摄影和用于测绘的高分辨率卫星影像获取与分发的统筹协调，做好基础测绘应急保障工作，配备相应的装备和器材，组织开展培训和演练，不断提高基础测绘应急保障服务能力。

自然灾害等突发事件发生后，县级以上人民政府测绘行政主管部门应当立即启动基础测绘应急保障预案，采取有效措施，开展基础地理信息数据的应急测制和更新工作。

第四章　基础测绘成果的更新与利用

第二十一条　国家实行基础测绘成果定期更新制度。

基础测绘成果更新周期应当根据不同地区国民经济和社会发展的需要、测绘科学技术水平和测绘生产能力、基础地理信息变化情况等因素确定。其中，1∶100 万至 1∶5000 国家基本比例尺地图、影像图和数字化产品至少 5 年更新一次；自然灾害多发地区以及国民经济、国防建设和社会发展急需的基础测绘成果应当及时更新。

基础测绘成果更新周期确定的具体办法，由国务院测绘行政主管部门会同军队测绘主管部门和国务院其他有关部门制定。

第二十二条　县级以上人民政府测绘行政主管部门应当及时收集有关行政区域界线、地名、水系、交通、居民点、植被等地理信息的变化情况，定期更新基础测绘成果。

县级以上人民政府其他有关部门和单位应当对测绘行政主管部门的信息收集工作予以支持和配合。

第二十三条　按照国家规定需要有关部门批准或者核准的测绘项目，有关部门在批准或者核准前应当书面征求同级测绘行政主管部门的意见，有适宜基础测绘成果的，应当充分利用已有的基础测绘成果，避免重复测绘。

第二十四条　县级以上人民政府测绘行政主管部门应当采取措施，加强对基础地理信息测制、加工、处理、提供的监督管理，确保基础测绘成果质量。

第二十五条 基础测绘项目承担单位应当建立健全基础测绘成果质量管理制度，严格执行国家规定的测绘技术规范和标准，对其完成的基础测绘成果质量负责。

第二十六条 基础测绘成果的利用，按照国务院有关规定执行。

第五章 法律责任

第二十七条 违反本条例规定，县级以上人民政府测绘行政主管部门和其他有关主管部门将基础测绘项目确定由不具有测绘资质或者不具有相应等级测绘资质的单位承担的，责令限期改正，对负有直接责任的主管人员和其他直接责任人员，依法给予处分。

第二十八条 违反本条例规定，县级以上人民政府测绘行政主管部门和其他有关主管部门的工作人员利用职务上的便利收受他人财物、其他好处，或者玩忽职守，不依法履行监督管理职责，或者发现违法行为不予查处，造成严重后果，构成犯罪的，依法追究刑事责任；尚不构成犯罪的，依法给予处分。

第二十九条 违反本条例规定，未取得测绘资质证书从事基础测绘活动的，责令停止违法行为，没收违法所得和测绘成果，并处测绘约定报酬 1 倍以上 2 倍以下的罚款。

第三十条 违反本条例规定，基础测绘项目承担单位超越资质等级许可的范围从事基础测绘活动的，责令停止违法行为，没收违法所得和测绘成果，处测绘约定报酬 1 倍以上 2 倍以下的罚款，并可以责令停业整顿或者降低资质等级；情节严重的，吊销测绘资质证书。

第三十一条 违反本条例规定，实施基础测绘项目，不使用全国统一的测绘基准和测绘系统或者不执行国家规定的测绘技术规范和标准的，责令限期改正，给予警告，可以并处 10 万元以下罚款；对负有直接责任的主管人员和其他直接责任人员，依法给予处分。

第三十二条　违反本条例规定，侵占、损毁、拆除或者擅自移动基础测绘设施的，责令限期改正，给予警告，可以并处5万元以下罚款；造成损失的，依法承担赔偿责任；构成犯罪的，依法追究刑事责任；尚不构成犯罪的，对负有直接责任的主管人员和其他直接责任人员，依法给予处分。

第三十三条　违反本条例规定，基础测绘成果质量不合格的，责令基础测绘项目承担单位补测或者重测；情节严重的，责令停业整顿，降低资质等级直至吊销测绘资质证书；给用户造成损失的，依法承担赔偿责任。

第三十四条　本条例规定的降低资质等级、吊销测绘资质证书的行政处罚，由颁发资质证书的部门决定；其他行政处罚由县级以上人民政府测绘行政主管部门决定。

第六章　附　　则

第三十五条　本条例自2009年8月1日起施行。

监督与违法案件处理

中华人民共和国行政处罚法

（1996年3月17日第八届全国人民代表大会第四次会议通过　根据2009年8月27日第十一届全国人民代表大会常务委员会第十次会议《关于修改部分法律的决定》第一次修正　根据2017年9月1日第十二届全国人民代表大会常务委员会第二十九次会议《关于修改〈中华人民共和国法官法〉等八部法律的决定》第二次修正　2021年1月22日第十三届全国人民代表大会常务委员会第二十五次会议修订　2021年1月22日中华人民共和国主席令第70号公布　自2021年7月15日起施行）

目　录

第一章　总　　则
第二章　行政处罚的种类和设定
第三章　行政处罚的实施机关
第四章　行政处罚的管辖和适用
第五章　行政处罚的决定
　第一节　一般规定
　第二节　简易程序

第三节　普通程序
第四节　听证程序
第六章　行政处罚的执行
第七章　法律责任
第八章　附　　则

第一章　总　　则

第一条　【立法目的】为了规范行政处罚的设定和实施，保障和监督行政机关有效实施行政管理，维护公共利益和社会秩序，保护公民、法人或者其他组织的合法权益，根据宪法，制定本法。

第二条　【行政处罚的定义】行政处罚是指行政机关依法对违反行政管理秩序的公民、法人或者其他组织，以减损权益或者增加义务的方式予以惩戒的行为。

第三条　【适用范围】行政处罚的设定和实施，适用本法。

第四条　【适用对象】公民、法人或者其他组织违反行政管理秩序的行为，应当给予行政处罚的，依照本法由法律、法规、规章规定，并由行政机关依照本法规定的程序实施。

第五条　【适用原则】行政处罚遵循公正、公开的原则。

设定和实施行政处罚必须以事实为依据，与违法行为的事实、性质、情节以及社会危害程度相当。

对违法行为给予行政处罚的规定必须公布；未经公布的，不得作为行政处罚的依据。

第六条　【适用目的】实施行政处罚，纠正违法行为，应当坚持处罚与教育相结合，教育公民、法人或者其他组织自觉守法。

第七条　【被处罚者权利】公民、法人或者其他组织对行政机关所给予的行政处罚，享有陈述权、申辩权；对行政处罚不服的，有权依法申请行政复议或者提起行政诉讼。

公民、法人或者其他组织因行政机关违法给予行政处罚受到损害的，有权依法提出赔偿要求。

第八条 【被处罚者承担的其他法律责任】公民、法人或者其他组织因违法行为受到行政处罚，其违法行为对他人造成损害的，应当依法承担民事责任。

违法行为构成犯罪，应当依法追究刑事责任的，不得以行政处罚代替刑事处罚。

第二章 行政处罚的种类和设定

第九条 【处罚的种类】行政处罚的种类：

（一）警告、通报批评；

（二）罚款、没收违法所得、没收非法财物；

（三）暂扣许可证件、降低资质等级、吊销许可证件；

（四）限制开展生产经营活动、责令停产停业、责令关闭、限制从业；

（五）行政拘留；

（六）法律、行政法规规定的其他行政处罚。

第十条 【法律对处罚的设定】法律可以设定各种行政处罚。

限制人身自由的行政处罚，只能由法律设定。

第十一条 【行政法规对处罚的设定】行政法规可以设定除限制人身自由以外的行政处罚。

法律对违法行为已经作出行政处罚规定，行政法规需要作出具体规定的，必须在法律规定的给予行政处罚的行为、种类和幅度的范围内规定。

法律对违法行为未作出行政处罚规定，行政法规为实施法律，可以补充设定行政处罚。拟补充设定行政处罚的，应当通过听证会、论证会等形式广泛听取意见，并向制定机关作出书面说明。行政法规报送备案时，应当说明补充设定行政处罚的情况。

第十二条 【地方性法规对处罚的设定】地方性法规可以设定

除限制人身自由、吊销营业执照以外的行政处罚。

法律、行政法规对违法行为已经作出行政处罚规定，地方性法规需要作出具体规定的，必须在法律、行政法规规定的给予行政处罚的行为、种类和幅度的范围内规定。

法律、行政法规对违法行为未作出行政处罚规定，地方性法规为实施法律、行政法规，可以补充设定行政处罚。拟补充设定行政处罚的，应当通过听证会、论证会等形式广泛听取意见，并向制定机关作出书面说明。地方性法规报送备案时，应当说明补充设定行政处罚的情况。

第十三条　【国务院部门规章对处罚的设定】国务院部门规章可以在法律、行政法规规定的给予行政处罚的行为、种类和幅度的范围内作出具体规定。

尚未制定法律、行政法规的，国务院部门规章对违反行政管理秩序的行为，可以设定警告、通报批评或者一定数额罚款的行政处罚。罚款的限额由国务院规定。

第十四条　【地方政府规章对处罚的设定】地方政府规章可以在法律、法规规定的给予行政处罚的行为、种类和幅度的范围内作出具体规定。

尚未制定法律、法规的，地方政府规章对违反行政管理秩序的行为，可以设定警告、通报批评或者一定数额罚款的行政处罚。罚款的限额由省、自治区、直辖市人民代表大会常务委员会规定。

第十五条　【对行政处罚定期评估】国务院部门和省、自治区、直辖市人民政府及其有关部门应当定期组织评估行政处罚的实施情况和必要性，对不适当的行政处罚事项及种类、罚款数额等，应当提出修改或者废止的建议。

第十六条　【其他规范性文件不得设定处罚】除法律、法规、规章外，其他规范性文件不得设定行政处罚。

第三章 行政处罚的实施机关

第十七条 【处罚的实施】行政处罚由具有行政处罚权的行政机关在法定职权范围内实施。

第十八条 【处罚的权限】国家在城市管理、市场监管、生态环境、文化市场、交通运输、应急管理、农业等领域推行建立综合行政执法制度，相对集中行政处罚权。

国务院或者省、自治区、直辖市人民政府可以决定一个行政机关行使有关行政机关的行政处罚权。

限制人身自由的行政处罚权只能由公安机关和法律规定的其他机关行使。

第十九条 【授权实施处罚】法律、法规授权的具有管理公共事务职能的组织可以在法定授权范围内实施行政处罚。

第二十条 【委托实施处罚】行政机关依照法律、法规、规章的规定，可以在其法定权限内书面委托符合本法第二十一条规定条件的组织实施行政处罚。行政机关不得委托其他组织或者个人实施行政处罚。

委托书应当载明委托的具体事项、权限、期限等内容。委托行政机关和受委托组织应当将委托书向社会公布。

委托行政机关对受委托组织实施行政处罚的行为应当负责监督，并对该行为的后果承担法律责任。

受委托组织在委托范围内，以委托行政机关名义实施行政处罚；不得再委托其他组织或者个人实施行政处罚。

第二十一条 【受托组织的条件】受委托组织必须符合以下条件：

（一）依法成立并具有管理公共事务职能；

（二）有熟悉有关法律、法规、规章和业务并取得行政执法资格的工作人员；

（三）需要进行技术检查或者技术鉴定的，应当有条件组织进行相应的技术检查或者技术鉴定。

第四章　行政处罚的管辖和适用

第二十二条　【地域管辖】行政处罚由违法行为发生地的行政机关管辖。法律、行政法规、部门规章另有规定的，从其规定。

第二十三条　【级别管辖】行政处罚由县级以上地方人民政府具有行政处罚权的行政机关管辖。法律、行政法规另有规定的，从其规定。

第二十四条　【行政处罚权的承接】省、自治区、直辖市根据当地实际情况，可以决定将基层管理迫切需要的县级人民政府部门的行政处罚权交由能够有效承接的乡镇人民政府、街道办事处行使，并定期组织评估。决定应当公布。

承接行政处罚权的乡镇人民政府、街道办事处应当加强执法能力建设，按照规定范围、依照法定程序实施行政处罚。

有关地方人民政府及其部门应当加强组织协调、业务指导、执法监督，建立健全行政处罚协调配合机制，完善评议、考核制度。

第二十五条　【共同管辖及指定管辖】两个以上行政机关都有管辖权的，由最先立案的行政机关管辖。

对管辖发生争议的，应当协商解决，协商不成的，报请共同的上一级行政机关指定管辖；也可以直接由共同的上一级行政机关指定管辖。

第二十六条　【行政协助】行政机关因实施行政处罚的需要，可以向有关机关提出协助请求。协助事项属于被请求机关职权范围内的，应当依法予以协助。

第二十七条　【刑事责任优先】违法行为涉嫌犯罪的，行政机关应当及时将案件移送司法机关，依法追究刑事责任。对依法不需要追究刑事责任或者免予刑事处罚，但应当给予行政处罚的，司法机关应当及时将案件移送有关行政机关。

行政处罚实施机关与司法机关之间应当加强协调配合，建立健全案件移送制度，加强证据材料移交、接收衔接，完善案件处理信息通报机制。

第二十八条　【责令改正与责令退赔】行政机关实施行政处罚时，应当责令当事人改正或者限期改正违法行为。

当事人有违法所得，除依法应当退赔的外，应当予以没收。违法所得是指实施违法行为所取得的款项。法律、行政法规、部门规章对违法所得的计算另有规定的，从其规定。

第二十九条　【一事不二罚】对当事人的同一个违法行为，不得给予两次以上罚款的行政处罚。同一个违法行为违反多个法律规范应当给予罚款处罚的，按照罚款数额高的规定处罚。

第三十条　【未成年人处罚的限制】不满十四周岁的未成年人有违法行为的，不予行政处罚，责令监护人加以管教；已满十四周岁不满十八周岁的未成年人有违法行为的，应当从轻或者减轻行政处罚。

第三十一条　【精神病人及限制性精神病人处罚的限制】精神病人、智力残疾人在不能辨认或者不能控制自己行为时有违法行为的，不予行政处罚，但应当责令其监护人严加看管和治疗。间歇性精神病人在精神正常时有违法行为的，应当给予行政处罚。尚未完全丧失辨认或者控制自己行为能力的精神病人、智力残疾人有违法行为的，可以从轻或者减轻行政处罚。

第三十二条　【从轻、减轻处罚的情形】当事人有下列情形之一，应当从轻或者减轻行政处罚：

（一）主动消除或者减轻违法行为危害后果的；

（二）受他人胁迫或者诱骗实施违法行为的；

（三）主动供述行政机关尚未掌握的违法行为的；

（四）配合行政机关查处违法行为有立功表现的；

（五）法律、法规、规章规定其他应当从轻或者减轻行政处罚的。

第三十三条　【不予行政处罚的条件】违法行为轻微并及时改正，没有造成危害后果的，不予行政处罚。初次违法且危害后果轻微并及时改正的，可以不予行政处罚。

当事人有证据足以证明没有主观过错的，不予行政处罚。法律、行政法规另有规定的，从其规定。

对当事人的违法行为依法不予行政处罚的，行政机关应当对当事人进行教育。

第三十四条　【行政处罚裁量基准】行政机关可以依法制定行政处罚裁量基准，规范行使行政处罚裁量权。行政处罚裁量基准应当向社会公布。

第三十五条　【刑罚的折抵】违法行为构成犯罪，人民法院判处拘役或者有期徒刑时，行政机关已经给予当事人行政拘留的，应当依法折抵相应刑期。

违法行为构成犯罪，人民法院判处罚金时，行政机关已经给予当事人罚款的，应当折抵相应罚金；行政机关尚未给予当事人罚款的，不再给予罚款。

第三十六条　【处罚的时效】违法行为在二年内未被发现的，不再给予行政处罚；涉及公民生命健康安全、金融安全且有危害后果的，上述期限延长至五年。法律另有规定的除外。

前款规定的期限，从违法行为发生之日起计算；违法行为有连续或者继续状态的，从行为终了之日起计算。

第三十七条　【法不溯及既往】实施行政处罚，适用违法行为发生时的法律、法规、规章的规定。但是，作出行政处罚决定时，法律、法规、规章已被修改或者废止，且新的规定处罚较轻或者不认为是违法的，适用新的规定。

第三十八条　【行政处罚无效】行政处罚没有依据或者实施主

体不具有行政主体资格的，行政处罚无效。

违反法定程序构成重大且明显违法的，行政处罚无效。

第五章 行政处罚的决定

第一节 一般规定

第三十九条 【信息公示】行政处罚的实施机关、立案依据、实施程序和救济渠道等信息应当公示。

第四十条 【处罚的前提】公民、法人或者其他组织违反行政管理秩序的行为，依法应当给予行政处罚的，行政机关必须查明事实；违法事实不清、证据不足的，不得给予行政处罚。

第四十一条 【信息化手段的运用】行政机关依照法律、行政法规规定利用电子技术监控设备收集、固定违法事实的，应当经过法制和技术审核，确保电子技术监控设备符合标准、设置合理、标志明显，设置地点应当向社会公布。

电子技术监控设备记录违法事实应当真实、清晰、完整、准确。行政机关应当审核记录内容是否符合要求；未经审核或者经审核不符合要求的，不得作为行政处罚的证据。

行政机关应当及时告知当事人违法事实，并采取信息化手段或者其他措施，为当事人查询、陈述和申辩提供便利。不得限制或者变相限制当事人享有的陈述权、申辩权。

第四十二条 【执法人员要求】行政处罚应当由具有行政执法资格的执法人员实施。执法人员不得少于两人，法律另有规定的除外。

执法人员应当文明执法，尊重和保护当事人合法权益。

第四十三条 【回避】执法人员与案件有直接利害关系或者有其他关系可能影响公正执法的，应当回避。

当事人认为执法人员与案件有直接利害关系或者有其他关系可

能影响公正执法的，有权申请回避。

当事人提出回避申请的，行政机关应当依法审查，由行政机关负责人决定。决定作出之前，不停止调查。

第四十四条　【告知义务】行政机关在作出行政处罚决定之前，应当告知当事人拟作出的行政处罚内容及事实、理由、依据，并告知当事人依法享有的陈述、申辩、要求听证等权利。

第四十五条　【当事人的陈述权和申辩权】当事人有权进行陈述和申辩。行政机关必须充分听取当事人的意见，对当事人提出的事实、理由和证据，应当进行复核；当事人提出的事实、理由或者证据成立的，行政机关应当采纳。

行政机关不得因当事人陈述、申辩而给予更重的处罚。

第四十六条　【证据】证据包括：

（一）书证；

（二）物证；

（三）视听资料；

（四）电子数据；

（五）证人证言；

（六）当事人的陈述；

（七）鉴定意见；

（八）勘验笔录、现场笔录。

证据必须经查证属实，方可作为认定案件事实的根据。

以非法手段取得的证据，不得作为认定案件事实的根据。

第四十七条　【执法全过程记录制度】行政机关应当依法以文字、音像等形式，对行政处罚的启动、调查取证、审核、决定、送达、执行等进行全过程记录，归档保存。

第四十八条　【行政处罚决定公示制度】具有一定社会影响的行政处罚决定应当依法公开。

公开的行政处罚决定被依法变更、撤销、确认违法或者确认无效的，行政机关应当在三日内撤回行政处罚决定信息并公开说明理由。

第四十九条　【应急处罚】发生重大传染病疫情等突发事件，为了控制、减轻和消除突发事件引起的社会危害，行政机关对违反突发事件应对措施的行为，依法快速、从重处罚。

第五十条　【保密义务】行政机关及其工作人员对实施行政处罚过程中知悉的国家秘密、商业秘密或者个人隐私，应当依法予以保密。

第二节　简易程序

第五十一条　【当场处罚的情形】违法事实确凿并有法定依据，对公民处以二百元以下、对法人或者其他组织处以三千元以下罚款或者警告的行政处罚的，可以当场作出行政处罚决定。法律另有规定的，从其规定。

第五十二条　【当场处罚的程序】执法人员当场作出行政处罚决定的，应当向当事人出示执法证件，填写预定格式、编有号码的行政处罚决定书，并当场交付当事人。当事人拒绝签收的，应当在行政处罚决定书上注明。

前款规定的行政处罚决定书应当载明当事人的违法行为，行政处罚的种类和依据、罚款数额、时间、地点，申请行政复议、提起行政诉讼的途径和期限以及行政机关名称，并由执法人员签名或者盖章。

执法人员当场作出的行政处罚决定，应当报所属行政机关备案。

第五十三条　【当场处罚的履行】对当场作出的行政处罚决定，当事人应当依照本法第六十七条至第六十九条的规定履行。

第三节　普通程序

第五十四条　【调查取证与立案】除本法第五十一条规定的可以当场作出的行政处罚外，行政机关发现公民、法人或者其他组织有依法应当给予行政处罚的行为的，必须全面、客观、公正地调查，收集有关证据；必要时，依照法律、法规的规定，可以进行检查。

符合立案标准的，行政机关应当及时立案。

第五十五条　【出示证件与协助调查】执法人员在调查或者进行检查时，应当主动向当事人或者有关人员出示执法证件。当事人或者有关人员有权要求执法人员出示执法证件。执法人员不出示执法证件的，当事人或者有关人员有权拒绝接受调查或者检查。

当事人或者有关人员应当如实回答询问，并协助调查或者检查，不得拒绝或者阻挠。询问或者检查应当制作笔录。

第五十六条　【证据的收集原则】行政机关在收集证据时，可以采取抽样取证的方法；在证据可能灭失或者以后难以取得的情况下，经行政机关负责人批准，可以先行登记保存，并应当在七日内及时作出处理决定，在此期间，当事人或者有关人员不得销毁或者转移证据。

第五十七条　【处罚决定】调查终结，行政机关负责人应当对调查结果进行审查，根据不同情况，分别作出如下决定：

（一）确有应受行政处罚的违法行为的，根据情节轻重及具体情况，作出行政处罚决定；

（二）违法行为轻微，依法可以不予行政处罚的，不予行政处罚；

（三）违法事实不能成立的，不予行政处罚；

（四）违法行为涉嫌犯罪的，移送司法机关。

对情节复杂或者重大违法行为给予行政处罚，行政机关负责人应当集体讨论决定。

第五十八条　【法制审核】有下列情形之一，在行政机关负责人作出行政处罚的决定之前，应当由从事行政处罚决定法制审核的人员进行法制审核；未经法制审核或者审核未通过的，不得作出决定：

（一）涉及重大公共利益的；

（二）直接关系当事人或者第三人重大权益，经过听证程序的；

（三）案件情况疑难复杂、涉及多个法律关系的；

（四）法律、法规规定应当进行法制审核的其他情形。

行政机关中初次从事行政处罚决定法制审核的人员，应当通过国家统一法律职业资格考试取得法律职业资格。

第五十九条　【行政处罚决定书的内容】行政机关依照本法第五十七条的规定给予行政处罚，应当制作行政处罚决定书。行政处罚决定书应当载明下列事项：

（一）当事人的姓名或者名称、地址；

（二）违反法律、法规、规章的事实和证据；

（三）行政处罚的种类和依据；

（四）行政处罚的履行方式和期限；

（五）申请行政复议、提起行政诉讼的途径和期限；

（六）作出行政处罚决定的行政机关名称和作出决定的日期。

行政处罚决定书必须盖有作出行政处罚决定的行政机关的印章。

第六十条　【决定期限】行政机关应当自行政处罚案件立案之日起九十日内作出行政处罚决定。法律、法规、规章另有规定的，从其规定。

第六十一条　【送达】行政处罚决定书应当在宣告后当场交付当事人；当事人不在场的，行政机关应当在七日内依照《中华人民共和国民事诉讼法》的有关规定，将行政处罚决定书送达当事人。

当事人同意并签订确认书的，行政机关可以采用传真、电子邮件等方式，将行政处罚决定书等送达当事人。

第六十二条　【处罚的成立条件】行政机关及其执法人员在作出行政处罚决定之前，未依照本法第四十四条、第四十五条的规定向当事人告知拟作出的行政处罚内容及事实、理由、依据，或者拒绝听取当事人的陈述、申辩，不得作出行政处罚决定；当事人明确放弃陈述或者申辩权利的除外。

第四节　听证程序

第六十三条　【听证权】行政机关拟作出下列行政处罚决定，应当告知当事人有要求听证的权利，当事人要求听证的，行政机关应当组织听证：

（一）较大数额罚款；

（二）没收较大数额违法所得、没收较大价值非法财物；

（三）降低资质等级、吊销许可证件；

（四）责令停产停业、责令关闭、限制从业；

（五）其他较重的行政处罚；

（六）法律、法规、规章规定的其他情形。

当事人不承担行政机关组织听证的费用。

第六十四条　【听证程序】听证应当依照以下程序组织：

（一）当事人要求听证的，应当在行政机关告知后五日内提出；

（二）行政机关应当在举行听证的七日前，通知当事人及有关人员听证的时间、地点；

（三）除涉及国家秘密、商业秘密或者个人隐私依法予以保密外，听证公开举行；

（四）听证由行政机关指定的非本案调查人员主持；当事人认为主持人与本案有直接利害关系的，有权申请回避；

（五）当事人可以亲自参加听证，也可以委托一至二人代理；

（六）当事人及其代理人无正当理由拒不出席听证或者未经许可中途退出听证的，视为放弃听证权利，行政机关终止听证；

（七）举行听证时，调查人员提出当事人违法的事实、证据和行政处罚建议，当事人进行申辩和质证；

（八）听证应当制作笔录。笔录应当交当事人或者其代理人核对无误后签字或者盖章。当事人或者其代理人拒绝签字或者盖章的，由听证主持人在笔录中注明。

第六十五条　【听证笔录】听证结束后，行政机关应当根据听证笔录，依照本法第五十七条的规定，作出决定。

第六章　行政处罚的执行

第六十六条　【履行义务及分期履行】行政处罚决定依法作出后，当事人应当在行政处罚决定书载明的期限内，予以履行。

当事人确有经济困难，需要延期或者分期缴纳罚款的，经当事人申请和行政机关批准，可以暂缓或者分期缴纳。

第六十七条　【罚缴分离原则】作出罚款决定的行政机关应当与收缴罚款的机构分离。

除依照本法第六十八条、第六十九条的规定当场收缴的罚款外，作出行政处罚决定的行政机关及其执法人员不得自行收缴罚款。

当事人应当自收到行政处罚决定书之日起十五日内，到指定的银行或者通过电子支付系统缴纳罚款。银行应当收受罚款，并将罚款直接上缴国库。

第六十八条　【当场收缴罚款范围】依照本法第五十一条的规定当场作出行政处罚决定，有下列情形之一，执法人员可以当场收缴罚款：

（一）依法给予一百元以下罚款的；

（二）不当场收缴事后难以执行的。

第六十九条　【边远地区当场收缴罚款】在边远、水上、交通不便地区，行政机关及其执法人员依照本法第五十一条、第五十七条的规定作出罚款决定后，当事人到指定的银行或者通过电子支付系统缴纳罚款确有困难，经当事人提出，行政机关及其执法人员可以当场收缴罚款。

第七十条　【罚款票据】行政机关及其执法人员当场收缴罚款

的，必须向当事人出具国务院财政部门或者省、自治区、直辖市人民政府财政部门统一制发的专用票据；不出具财政部门统一制发的专用票据的，当事人有权拒绝缴纳罚款。

第七十一条 【罚款交纳期】执法人员当场收缴的罚款，应当自收缴罚款之日起二日内，交至行政机关；在水上当场收缴的罚款，应当自抵岸之日起二日内交至行政机关；行政机关应当在二日内将罚款缴付指定的银行。

第七十二条 【执行措施】当事人逾期不履行行政处罚决定的，作出行政处罚决定的行政机关可以采取下列措施：

（一）到期不缴纳罚款的，每日按罚款数额的百分之三加处罚款，加处罚款的数额不得超出罚款的数额；

（二）根据法律规定，将查封、扣押的财物拍卖、依法处理或者将冻结的存款、汇款划拨抵缴罚款；

（三）根据法律规定，采取其他行政强制执行方式；

（四）依照《中华人民共和国行政强制法》的规定申请人民法院强制执行。

行政机关批准延期、分期缴纳罚款的，申请人民法院强制执行的期限，自暂缓或者分期缴纳罚款期限结束之日起计算。

第七十三条 【不停止执行及暂缓执行】当事人对行政处罚决定不服，申请行政复议或者提起行政诉讼的，行政处罚不停止执行，法律另有规定的除外。

当事人对限制人身自由的行政处罚决定不服，申请行政复议或者提起行政诉讼的，可以向作出决定的机关提出暂缓执行申请。符合法律规定情形的，应当暂缓执行。

当事人申请行政复议或者提起行政诉讼的，加处罚款的数额在行政复议或者行政诉讼期间不予计算。

第七十四条 【没收的非法财物的处理】除依法应当予以销毁的物品外，依法没收的非法财物必须按照国家规定公开拍卖或者按照国家有关规定处理。

罚款、没收的违法所得或者没收非法财物拍卖的款项，必须全部上缴国库，任何行政机关或者个人不得以任何形式截留、私分或者变相私分。

罚款、没收的违法所得或者没收非法财物拍卖的款项，不得同作出行政处罚决定的行政机关及其工作人员的考核、考评直接或者变相挂钩。除依法应当退还、退赔的外，财政部门不得以任何形式向作出行政处罚决定的行政机关返还罚款、没收的违法所得或者没收非法财物拍卖的款项。

第七十五条　【监督检查】行政机关应当建立健全对行政处罚的监督制度。县级以上人民政府应当定期组织开展行政执法评议、考核，加强对行政处罚的监督检查，规范和保障行政处罚的实施。

行政机关实施行政处罚应当接受社会监督。公民、法人或者其他组织对行政机关实施行政处罚的行为，有权申诉或者检举；行政机关应当认真审查，发现有错误的，应当主动改正。

第七章　法 律 责 任

第七十六条　【上级行政机关的监督】行政机关实施行政处罚，有下列情形之一，由上级行政机关或者有关机关责令改正，对直接负责的主管人员和其他直接责任人员依法给予处分：

（一）没有法定的行政处罚依据的；

（二）擅自改变行政处罚种类、幅度的；

（三）违反法定的行政处罚程序的；

（四）违反本法第二十条关于委托处罚的规定的；

（五）执法人员未取得执法证件的。

行政机关对符合立案标准的案件不及时立案的，依照前款规定予以处理。

第七十七条　【当事人的拒绝处罚权及检举权】行政机关对当

事人进行处罚不使用罚款、没收财物单据或者使用非法定部门制发的罚款、没收财物单据的，当事人有权拒绝，并有权予以检举，由上级行政机关或者有关机关对使用的非法单据予以收缴销毁，对直接负责的主管人员和其他直接责任人员依法给予处分。

第七十八条　【自行收缴罚款的处理】行政机关违反本法第六十七条的规定自行收缴罚款的，财政部门违反本法第七十四条的规定向行政机关返还罚款、没收的违法所得或者拍卖款项的，由上级行政机关或者有关机关责令改正，对直接负责的主管人员和其他直接责任人员依法给予处分。

第七十九条　【私分罚没财物的处理】行政机关截留、私分或者变相私分罚款、没收的违法所得或者财物的，由财政部门或者有关机关予以追缴，对直接负责的主管人员和其他直接责任人员依法给予处分；情节严重构成犯罪的，依法追究刑事责任。

执法人员利用职务上的便利，索取或者收受他人财物、将收缴罚款据为己有，构成犯罪的，依法追究刑事责任；情节轻微不构成犯罪的，依法给予处分。

第八十条　【行政机关的赔偿责任及对有关人员的处理】行政机关使用或者损毁查封、扣押的财物，对当事人造成损失的，应当依法予以赔偿，对直接负责的主管人员和其他直接责任人员依法给予处分。

第八十一条　【违法实行检查或执行措施的赔偿责任】行政机关违法实施检查措施或者执行措施，给公民人身或者财产造成损害、给法人或者其他组织造成损失的，应当依法予以赔偿，对直接负责的主管人员和其他直接责任人员依法给予处分；情节严重构成犯罪的，依法追究刑事责任。

第八十二条　【以行代刑的责任】行政机关对应当依法移交司法机关追究刑事责任的案件不移交，以行政处罚代替刑事处罚，由上级行政机关或者有关机关责令改正，对直接负责的主管人员和其他直接责任人员依法给予处分；情节严重构成犯罪的，依法追究刑事责任。

第八十三条　【失职责任】行政机关对应当予以制止和处罚的违法行为不予制止、处罚，致使公民、法人或者其他组织的合法权益、公共利益和社会秩序遭受损害的，对直接负责的主管人员和其他直接责任人员依法给予处分；情节严重构成犯罪的，依法追究刑事责任。

第八章　附　　则

第八十四条　【属地原则】外国人、无国籍人、外国组织在中华人民共和国领域内有违法行为，应当给予行政处罚的，适用本法，法律另有规定的除外。

第八十五条　【工作日】本法中“二日”“三日”“五日”“七日”的规定是指工作日，不含法定节假日。

第八十六条　【施行日期】本法自2021年7月15日起施行。

自然资源执法监督规定

（2017年12月27日国土资源部令第79号公布　根据2020年3月20日《自然资源部关于第二批废止和修改的部门规章的决定》修订）

第一条　为了规范自然资源执法监督行为，依法履行自然资源执法监督职责，切实保护自然资源，维护公民、法人和其他组织的合法权益，根据《中华人民共和国土地管理法》《中华人民共和国矿产资源法》等法律法规，制定本规定。

第二条　本规定所称自然资源执法监督，是指县级以上自然资源主管部门依照法定职权和程序，对公民、法人和其他组织违反自然资源法律法规的行为进行检查、制止和查处的行政执法活动。

第三条 自然资源执法监督，遵循依法、规范、严格、公正、文明的原则。

第四条 县级以上自然资源主管部门应当强化遥感监测、视频监控等科技和信息化手段的应用，明确执法工作技术支撑机构。可以通过购买社会服务等方式提升执法监督效能。

第五条 对在执法监督工作中认真履行职责，依法执行公务成绩显著的自然资源主管部门及其执法人员，由上级自然资源主管部门给予通报表扬。

第六条 任何单位和个人发现自然资源违法行为，有权向县级以上自然资源主管部门举报。接到举报的自然资源主管部门应当依法依规处理。

第七条 县级以上自然资源主管部门依照法律法规规定，履行下列执法监督职责：

（一）对执行和遵守自然资源法律法规的情况进行检查；

（二）对发现的违反自然资源法律法规的行为进行制止，责令限期改正；

（三）对涉嫌违反自然资源法律法规的行为进行调查；

（四）对违反自然资源法律法规的行为依法实施行政处罚和行政处理；

（五）对违反自然资源法律法规依法应当追究国家工作人员责任的，依照有关规定移送监察机关或者有关机关处理；

（六）对违反自然资源法律法规涉嫌犯罪的，将案件移送有关机关；

（七）法律法规规定的其他职责。

第八条 县级以上地方自然资源主管部门根据工作需要，可以委托自然资源执法监督队伍行使执法监督职权。具体职权范围由委托机关决定。

上级自然资源主管部门应当加强对下级自然资源主管部门行政执法行为的监督和指导。

第九条 县级以上地方自然资源主管部门应当加强与人民法院、人民检察院和公安机关的沟通和协作，依法配合有关机关查处涉嫌自然资源犯罪的行为。

第十条 从事自然资源执法监督的工作人员应当具备下列条件：

（一）具有较高的政治素质，忠于职守、秉公执法、清正廉明；

（二）熟悉自然资源法律法规和相关专业知识；

（三）取得执法证件。

第十一条 自然资源执法人员依法履行执法监督职责时，应当主动出示执法证件，并且不得少于2人。

第十二条 县级以上自然资源主管部门可以组织特邀自然资源监察专员参与自然资源执法监督活动，为自然资源执法监督工作提供意见和建议。

第十三条 市、县自然资源主管部门可以根据工作需要，聘任信息员、协管员，收集自然资源违法行为信息，协助及时发现自然资源违法行为。

第十四条 县级以上自然资源主管部门履行执法监督职责，依法可以采取下列措施：

（一）要求被检查的单位或者个人提供有关文件和资料，进行查阅或者予以复制；

（二）要求被检查的单位或者个人就有关问题作出说明，询问违法案件的当事人、嫌疑人和证人；

（三）进入被检查单位或者个人违法现场进行勘测、拍照、录音和摄像等；

（四）责令当事人停止正在实施的违法行为，限期改正；

（五）对当事人拒不停止违法行为的，应当将违法事实书面报告本级人民政府和上一级自然资源主管部门，也可以提请本级人民政府协调有关部门和单位采取相关措施；

（六）对涉嫌违反自然资源法律法规的单位和个人，依法暂停办理其与该行为有关的审批或者登记发证手续；

（七）对执法监督中发现有严重违反自然资源法律法规，自然资源管理秩序混乱，未积极采取措施消除违法状态的地区，其上级自然资源主管部门可以建议本级人民政府约谈该地区人民政府主要负责人；

（八）执法监督中发现有地区存在违反自然资源法律法规的苗头性或者倾向性问题，可以向该地区的人民政府或者自然资源主管部门进行反馈，提出执法监督建议；

（九）法律法规规定的其他措施。

第十五条 县级以上地方自然资源主管部门应当按照有关规定保障自然资源执法监督工作的经费、车辆、装备等必要条件，并为执法人员提供人身意外伤害保险等职业风险保障。

第十六条 市、县自然资源主管部门应当建立执法巡查、抽查制度，组织开展巡查、抽查活动，发现、报告和依法制止自然资源违法行为。

第十七条 自然资源部在全国部署开展自然资源卫片执法监督。

省级自然资源主管部门按照自然资源部的统一部署，组织所辖行政区域内的市、县自然资源主管部门开展自然资源卫片执法监督，并向自然资源部报告结果。

第十八条 省级以上自然资源主管部门实行自然资源违法案件挂牌督办和公开通报制度。

第十九条 对上级自然资源主管部门交办的自然资源违法案件，下级自然资源主管部门拖延办理的，上级自然资源主管部门可以发出督办通知，责令限期办理；必要时，可以派员督办或者挂牌督办。

第二十条 县级以上自然资源主管部门实行行政执法全过程记录制度。根据情况可以采取下列记录方式，实现全过程留痕和可回溯管理：

（一）将行政执法文书作为全过程记录的基本形式；

（二）对现场检查、随机抽查、调查取证、听证、行政强制、送达等容易引发争议的行政执法过程，进行音像记录；

（三）对直接涉及重大财产权益的现场执法活动和执法场所，进行音像记录；

（四）对重大、复杂、疑难的行政执法案件，进行音像记录；

（五）其他对当事人权利义务有重大影响的，进行音像记录。

第二十一条 县级以上自然资源主管部门实行重大行政执法决定法制审核制度。在作出重大行政处罚决定前，由该部门的法制工作机构对拟作出决定的合法性、适当性进行审核。未经法制审核或者审核未通过的，不得作出决定。

重大行政处罚决定，包括没收违法采出的矿产品，没收违法所得，没收违法建筑物，限期拆除违法建筑物，吊销勘查许可证或者采矿许可证，地质灾害防治单位资质，测绘资质等。

第二十二条 县级以上自然资源主管部门的执法监督机构提请法制审核的，应当提交以下材料：

（一）拟作出的处罚决定情况说明；

（二）案件调查报告；

（三）法律法规规章依据；

（四）相关的证据材料；

（五）需要提供的其他相关材料。

第二十三条 法制审核原则上采取书面审核的方式，审核以下内容：

（一）执法主体是否合法；

（二）是否超越本机关执法权限；

（三）违法定性是否准确；

（四）法律适用是否正确；

（五）程序是否合法；

（六）行政裁量权行使是否适当；

（七）行政执法文书是否完备规范；

（八）违法行为是否涉嫌犯罪、需要移送司法机关等；

（九）其他需要审核的内容。

第二十四条 县级以上自然资源主管部门的法制工作机构自收到送审材料之日起 5 个工作日内完成审核。情况复杂需要进一步调查研究的，可以适当延长，但延长期限不超过 10 个工作日。

经过审核，对拟作出的重大行政处罚决定符合本规定第二十八条的，法制工作机构出具通过法制审核的书面意见；对不符合规定的，不予通过法制审核。

第二十五条 县级以上自然资源主管部门实行行政执法公示制度。县级以上自然资源主管部门建立行政执法公示平台，依法及时向社会公开下列信息，接受社会公众监督：

（一）本部门执法查处的法律依据、管辖范围、工作流程、救济方式等相关规定；

（二）本部门自然资源执法证件持有人姓名、编号等信息；

（三）本部门作出的生效行政处罚决定和行政处理决定；

（四）本部门公开挂牌督办案件处理结果；

（五）本部门认为需要公开的其他执法监督事项。

第二十六条 有下列情形之一的，县级以上自然资源主管部门及其执法人员，应当采取相应处置措施，履行执法监督职责：

（一）对于下达《责令停止违法行为通知书》后制止无效的，及时报告本级人民政府和上一级自然资源主管部门；

（二）依法没收建筑物或者其他设施，没收后应当及时向有关部门移交；

（三）发现违法线索需要追究刑事责任的，应当依法向有关部门移送违法犯罪线索”

（四）依法申请人民法院强制执行，人民法院不予受理的，应当作出明确记录。

第二十七条 上级自然资源主管部门应当通过检查、抽查等方式，评议考核下级自然资源主管部门执法监督工作。

评议考核结果应当在适当范围内予以通报，并作为年度责任目标考核、评优、奖惩的重要依据，以及干部任用的重要参考。

评议考核不合格的，上级自然资源主管部门可以对其主要负责人进行约谈，责令限期整改。

第二十八条 县级以上自然资源主管部门实行错案责任追究制度。自然资源执法人员在查办自然资源违法案件过程中，因过错造成损害后果的，所在的自然资源主管部门应当予以纠正，并依照有关规定追究相关人员的过错责任。

第二十九条 县级以上自然资源主管部门及其执法人员有下列情形之一，致使公共利益或者公民、法人和其他组织的合法权益遭受重大损害的，应当依法给予处分：

（一）对发现的自然资源违法行为未依法制止的；

（二）应当依法立案查处，无正当理由，未依法立案查处的；

（三）已经立案查处，依法应当申请强制执行、移送有关机关追究责任，无正当理由，未依法申请强制执行、移送有关机关的。

第三十条 县级以上自然资源主管部门及其执法人员有下列情形之一的，应当依法给予处分；构成犯罪的，依法追究刑事责任：

（一）伪造、销毁、藏匿证据，造成严重后果的；

（二）篡改案件材料，造成严重后果的；

（三）不依法履行职责，致使案件调查、审核出现重大失误的；

（四）违反保密规定，向案件当事人泄露案情，造成严重后果的；

（五）越权干预案件调查处理，造成严重后果的；

（六）有其他徇私舞弊、玩忽职守、滥用职权行为的。

第三十一条 阻碍自然资源主管部门依法履行执法监督职责，对自然资源执法人员进行威胁、侮辱、殴打或者故意伤害，构成违反治安管理行为的，依法给予治安管理处罚；构成犯罪的，依法追究刑事责任。

第三十二条 本规定自2018年3月1日起施行。原国家土地管理局1995年6月12日发布的《土地监察暂行规定》同时废止。

自然资源部挂牌督办和公开通报违法违规案件办法

（2020年6月22日　自然资办发〔2020〕33号）

为进一步加大自然资源重大、典型违法违规案件查处力度，加强对地方自然资源主管部门案件查处工作的监督指导，有效遏制违法违规行为，切实维护自然资源保护和合理开发利用秩序，依据自然资源、国土空间规划、测绘等法律、法规和规章，制定本办法。

一、适用

本办法所称挂牌督办，是指自然资源部对自然资源、国土空间规划、测绘等领域重大、典型违法违规案件的办理提出明确要求，公开督促省级自然资源主管部门限期办理，并向社会公开处理结果，接受社会监督的一种工作措施。

本办法所称公开通报，是指自然资源部向社会公开通报自然资源、国土空间规划、测绘等领域重大、典型违法违规案件处理情况，并接受社会监督的一种工作措施。

自然资源部挂牌督办和公开通报违法违规案件适用本办法，具体实施由自然资源部相关司局负责。

二、挂牌督办情形

符合下列情形之一的违法违规案件，可以挂牌督办：

（一）违反国土空间规划和用途管制，违法突破生态保护红线、永久基本农田、城镇开发边界三条控制线，造成严重后果的；

（二）违法违规占用耕地，特别是永久基本农田面积较大、造成种植条件严重毁坏的；

（三）违法违规批准征占土地、建设、勘查开采矿产资源，造成严重后果的；

（四）严重违反国家土地供应政策、土地市场政策，以及严重违规开发利用土地的；

（五）违法违规勘查开采矿产资源，情节严重或造成生态环境严重损害的；

（六）严重违反测绘地理信息管理法律法规的；

（七）隐瞒不报、压案不查、久查不决、屡查屡犯，造成恶劣社会影响的；

（八）需要挂牌督办的其他情形。

三、挂牌督办案件筛选、呈批和公开

（一）通过信访、举报、领导批办、媒体曝光、监督检查、地方上报、部门移送等多种渠道，自然资源部相关司局获取案件线索。

（二）依据查处职责分工，自然资源部相关司局对职责范围内认为应当挂牌督办的违法违规案件线索，需核清违法违规的主体和主要事实。符合挂牌督办情形的，提出挂牌督办建议报自然资源部领导审定，同时附挂牌督办违法违规案件通知（见附件）。

（三）经自然资源部领导同意挂牌督办的，自然资源部相关司局应当在2个工作日内以自然资源部办公厅函的形式，向省级自然资源主管部门下达挂牌督办违法违规案件通知，并抄送相关省级人民政府办公厅和国家自然资源总督察办公室、派驻地方的国家自然资源督察局。

挂牌督办违法违规案件通知应当通过自然资源部门户网站、《中国自然资源报》或新闻发布会，及时向社会公开。

（四）挂牌督办违法违规案件通知包括下列内容：

1. 案件名称；

2. 违法违规主体和主要违法违规事实；

3. 挂牌督办要求；

4. 联系人。

四、挂牌督办案件查处

（一）省级自然资源主管部门收到挂牌督办违法违规案件通知后，应当及时按照挂牌督办要求会同有关部门组织调查处理，并于挂牌督办之日起45日内形成调查处理意见。调查处理中遇到重大或复杂情况难以处理的，应当及时向省级人民政府汇报。调查处理意见应当征求自然资源部意见。

（二）自然资源部相关司局依据法律、法规、规章和规范性文件，对挂牌督办案件的调查处理意见进行研究，必要时征求其他司局意见。研究提出的意见经自然资源部领导同意后，及时反馈省级自然资源主管部门。

（三）省级自然资源主管部门正式作出调查处理意见后，应将调查处理意见报自然资源部，由自然资源部相关司局在门户网站、《中国自然资源报》向社会公开。

五、挂牌督办案件跟踪督导

（一）自然资源部相关司局应当对挂牌督办案件的调查核实、处罚或处理决定的执行、整改落实等情况进行跟踪督导，必要时可以派员现场督办。

国家自然资源督察机构结合督察工作任务，对挂牌督办案件办理情况进行督察。

（二）省级自然资源主管部门对自然资源部挂牌督办案件推诿、办理不力或者弄虚作假的，自然资源部依法依规将问题线索移送纪检监察机关。

六、挂牌督办案件移送

（一）需追究违法违规主体刑事责任的，由承办案件的自然资源主管部门依法依规移送司法机关处理。

（二）违法违规主体涉嫌违纪和职务犯罪的，由承办案件的自然资源主管部门依照有关规定将问题线索移送纪检监察机关处理。

（三）符合中共中央办公厅关于移送问题线索工作办法规定情形，需向中央纪委国家监委移送的，经自然资源部领导同意后，自然资源部相关司局按照规定移送。

七、公开通报

（一）自然资源部相关司局负责对自然资源、国土空间规划、测绘等违法违规案件进行筛选和审核，拟制公开通报案件材料。

（二）公开通报案件应当符合挂牌督办案件情形，在其依法依规处理到位后可以公开通报。必要时，正在查处的案件也可以公开通报。

（三）地方自然资源主管部门查处的违法违规案件拟公开通报的，省级自然资源主管部门负责对违法违规主体、主要事实、处理情况以及行政处罚决定书、执行记录、党纪政务处分决定书等相关文书进行审核，拟制公开通报案件材料报自然资源部。

（四）经自然资源部领导同意后，自然资源部相关司局通过新闻发布会、自然资源部门户网站、《中国自然资源报》等向社会通报案件情况。

（五）地方自然资源主管部门正在查处的公开通报案件，自然资源部相关司局应加强跟踪指导。案件查处到位后，省级自然资源主管部门将情况报自然资源部，由自然资源部相关司局负责在自然资源部门户网站、《中国自然资源报》向社会公开。

八、其他

地方各级自然资源主管部门挂牌督办和公开通报违法违规案件，可参照本办法执行。

附件：自然资源部办公厅关于挂牌督办 XXXX 案件的通知（略）

自然资源行政处罚办法

（2014 年 4 月 10 日国土资源部令第 60 号公布　根据 2020 年 3 月 20 日《自然资源部关于第二批废止和修改的部门规章的决定》修订）

第一章　总　则

第一条　为规范自然资源行政处罚的实施，保障和监督自然资源主管部门依法履行职责，保护自然人、法人或者其他组织的合法权益，根据《中华人民共和国行政处罚法》以及《中华人民共和国土地管理法》、《中华人民共和国矿产资源法》等自然资源管理法律法规，制定本办法。

第二条　县级以上自然资源主管部门依照法定职权和程序，对自然人、法人或者其他组织违反自然资源管理法律法规的行为实施行政处罚，适用本办法。

第三条　自然资源主管部门实施行政处罚，遵循公正、公开的原则，做到事实清楚，证据确凿，定性准确，依据正确，程序合法，处罚适当。

第四条　自然资源行政处罚包括：

（一）警告；

（二）罚款；

（三）没收违法所得、没收非法财物；

（四）限期拆除；

（五）吊销勘查许可证和采矿许可证；

（六）法律法规规定的其他行政处罚。

第二章 管 辖

第五条 自然资源违法案件由土地、矿产资源所在地的县级自然资源主管部门管辖，但法律法规以及本办法另有规定的除外。

第六条 省级、市级自然资源主管部门管辖本行政区域内重大、复杂和法律法规规定应当由其管辖的自然资源违法案件。

第七条 自然资源部管辖全国范围内重大、复杂和法律法规规定应当由其管辖的自然资源违法案件。

全国范围内重大、复杂的自然资源违法案件是指：

（一）国务院要求自然资源部管辖的自然资源违法案件；

（二）跨省级行政区域的自然资源违法案件；

（三）自然资源部认为应当由其管辖的其他自然资源违法案件。

第八条 有下列情形之一的，上级自然资源主管部门有权管辖下级自然资源主管部门管辖的案件：

（一）下级自然资源主管部门应当立案调查而不予立案调查的；

（二）案情复杂，情节恶劣，有重大影响的。

上级自然资源主管部门可以将本级管辖的案件交由下级自然资源主管部门管辖，但是法律法规规定应当由其管辖的除外。

第九条 有管辖权的自然资源主管部门由于特殊原因不能行使管辖权的，可以报请上一级自然资源主管部门指定管辖。

自然资源主管部门之间因管辖权发生争议的，报请共同的上一级自然资源主管部门指定管辖。

上一级自然资源主管部门应当在接到指定管辖申请之日起 7 个

工作日内，作出管辖决定。

第十条 自然资源主管部门发现违法案件不属于本部门管辖的，应当移送有管辖权的自然资源主管部门或者其他部门。受移送的自然资源主管部门对管辖权有异议的，应当报请上一级自然资源主管部门指定管辖，不得再自行移送。

第三章 立案、调查和审理

第十一条 自然资源主管部门发现自然人、法人或者其他组织行为涉嫌违法的，应当及时核查。对正在实施的违法行为，应当依法及时下达《责令停止违法行为通知书》予以制止。

《责令停止违法行为通知书》应当记载下列内容：

（一）违法行为人的姓名或者名称；

（二）违法事实和依据；

（三）其他应当记载的事项。

第十二条 符合下列条件的，自然资源主管部门应当在10个工作日内予以立案：

（一）有明确的行为人；

（二）有违反自然资源管理法律法规的事实；

（三）依照自然资源管理法律法规应当追究法律责任；

（四）属于本部门管辖；

（五）违法行为没有超过追诉时效。

违法行为轻微并及时纠正，没有造成危害后果的，可以不予立案。

第十三条 立案后，自然资源主管部门应当指定案件承办人员，及时组织调查取证。调查取证时，案件调查人员应当不少于2人，并应当向被调查人出示执法证件。

第十四条 调查人员与案件有直接利害关系的，应当回避。

第十五条 自然资源主管部门进行调查取证，有权采取下列措施：

（一）要求被调查的单位或者个人提供有关文件和资料，并就与案件有关的问题作出说明；

（二）询问当事人以及相关人员，进入违法现场进行检查、勘测、拍照、录音、摄像，查阅和复印相关材料；

（三）依法可以采取的其他措施。

第十六条 当事人拒绝调查取证或者采取暴力、威胁的方式阻碍自然资源主管部门调查取证的，自然资源主管部门可以提请公安机关、检察机关、监察机关或者相关部门协助，并向本级人民政府或者上一级自然资源主管部门报告。

第十七条 依法取得并能够证明案件事实情况的书证、物证、视听资料、计算机数据、证人证言、当事人陈述、询问笔录、现场勘测笔录、鉴定结论、认定结论等，作为自然资源行政处罚的证据。

第十八条 调查人员应当收集、调取与案件有关的书证、物证、视听资料、计算机数据的原件、原物、原始载体；收集、调取原件、原物、原始载体确有困难的，可以收集、调取复印件、复制件、节录本、照片、录像等。声音资料应当附有该声音内容的文字记录。

第十九条 证人证言应当符合下列要求：

（一）注明证人的姓名、年龄、性别、职业、住址、联系方式等基本情况；

（二）有证人的签名，不能签名的，应当按手印或者盖章；

（三）注明出具日期；

（四）附有居民身份证复印件等证明证人身份的文件。

第二十条 当事人请求自行提供陈述材料的，应当准许。必要时，调查人员也可以要求当事人自行书写。当事人应当在其提供的陈述材料上签名、按手印或者盖章。

第二十一条 询问应当个别进行，并制作询问笔录。询问笔录应当记载询问的时间、地点和询问情况等。

第二十二条 现场勘测一般由案件调查人实施，也可以委托有资质的单位实施。现场勘测应当制作现场勘测笔录。

第二十三条 为查明事实，需要对案件中的有关问题进行检验鉴定的，自然资源主管部门可以委托具有相应资质的机构进行。

第二十四条 案件调查终结，案件承办人员应当提交调查报告。调查报告应当包括当事人的基本情况、违法事实以及法律依据、相关证据、违法性质、违法情节、违法后果，并提出依法是否应当给予行政处罚以及给予何种行政处罚的处理意见。

涉及需要追究党纪、政纪或者刑事责任的，应当提出移送有权机关的建议。

第二十五条 自然资源主管部门在审理案件调查报告时，应当就下列事项进行审理：

（一）事实是否清楚、证据是否确凿；

（二）定性是否准确；

（三）适用法律是否正确；

（四）程序是否合法；

（五）拟定的处理意见是否适当。

经审理发现调查报告存在问题的，可以要求调查人员重新调查或者补充调查。

第四章 决 定

第二十六条 审理结束后，自然资源主管部门根据不同情况，分别作出下列决定：

（一）违法事实清楚、证据确凿、依据正确、调查审理符合法定程序的，作出行政处罚决定；

（二）违法情节轻微、依法可以不给予行政处罚的，不予行政处罚；

（三）违法事实不成立的，不得给予行政处罚；

（四）违法行为涉及需要追究党纪、政纪或者刑事责任的，移送有权机关。

第二十七条 违法行为依法需要给予行政处罚的，自然资源主管部门应当制作《行政处罚告知书》，按照法律规定的方式，送达当事人。当事人有权进行陈述和申辩。陈述和申辩应当在收到《行政处罚告知书》后3个工作日内提出。口头形式提出的，案件承办人员应当制作笔录。

第二十八条 对拟给予较大数额罚款或者吊销勘查许可证、采矿许可证等行政处罚的，自然资源主管部门应当制作《行政处罚听证告知书》，按照法律规定的方式，送达当事人。当事人要求听证的，应当在收到《行政处罚听证告知书》后3个工作日内提出。

自然资源行政处罚听证适用《自然资源听证规定》。

第二十九条 当事人未在规定时间内陈述、申辩或者要求听证的，以及陈述、申辩或者听证中提出的事实、理由或者证据不成立的，自然资源主管部门应当依法制作《行政处罚决定书》，并按照法律规定的方式，送达当事人。

《行政处罚决定书》中应当包括行政处罚告知、当事人陈述、申辩或者听证的情况。

《行政处罚决定书》一经送达，即发生法律效力。当事人对行政处罚决定不服申请行政复议或者提起行政诉讼的，在行政复议或者行政诉讼期间，行政处罚决定不停止执行；法律另有规定的除外。

《行政处罚决定书》应当加盖作出处罚决定的自然资源主管部门的印章。

第三十条 法律法规规定的责令改正或者责令限期改正，可以与行政处罚决定一并作出，也可以在作出行政处罚决定之前单独作出。

第三十一条 当事人有两个以上自然资源违法行为的，自然资源主管部门可以制作一份《行政处罚决定书》，合并执行。《行政处罚决定书》应当明确对每个违法行为的处罚内容和合并执行的内容。

违法行为有两个以上当事人的，可以分别作出行政处罚决定，制作一式多份《行政处罚决定书》，分别送达当事人。《行政处罚决定书》应当明确给予每个当事人的处罚内容。

第三十二条 自然资源主管部门应当自立案之日起60日内作出行政处罚决定。

案情复杂，不能在规定期限内作出行政处罚决定的，经本级自然资源主管部门负责人批准，可以适当延长，但延长期限不得超过30日，案情特别复杂的除外。

第五章 执 行

第三十三条 行政处罚决定生效后，当事人逾期不履行的，自然资源主管部门除采取法律法规规定的措施外，还可以采取以下措施：

（一）向本级人民政府和上一级自然资源主管部门报告；

（二）向当事人所在单位或者其上级主管部门通报；

（三）向社会公开通报；

（四）停止办理或者告知相关部门停止办理当事人与本案有关的许可、审批、登记等手续。

第三十四条 自然资源主管部门申请人民法院强制执行前，有充分理由认为被执行人可能逃避执行的，可以申请人民法院采取财产保全措施。

第三十五条 自然资源主管部门作出没收矿产品、建筑物或者其他设施的行政处罚决定后，应当在行政处罚决定生效后90日内移交同级财政部门处理，或者拟订处置方案报本级人民政府批准后实施。法律法规另有规定的，从其规定。

第三十六条 自然资源主管部门申请人民法院强制执行前，应当催告当事人履行义务。

当事人在法定期限内不申请行政复议或者提起行政诉讼，又不履行的，自然资源主管部门可以自期限届满之日起3个月内，向土地、矿产资源所在地有管辖权的人民法院申请强制执行。

第三十七条 自然资源主管部门向人民法院申请强制执行，应当提供下列材料：

（一）《强制执行申请书》；

（二）《行政处罚决定书》及作出决定的事实、理由和依据；

（三）当事人的意见以及催告情况；

（四）申请强制执行标的情况；

（五）法律法规规定的其他材料。

《强制执行申请书》应当加盖自然资源主管部门的印章。

第三十八条 符合下列条件之一的，经自然资源主管部门负责人批准，案件结案：

（一）执行完毕的；

（二）终结执行的；

（三）已经依法申请人民法院强制执行的；

（四）其他应当结案的情形。

涉及需要移送有关部门追究党纪、政纪或者刑事责任的，应当在结案前移送。

第六章 监督管理

第三十九条 自然资源主管部门应当通过定期或者不定期检查等方式，加强对下级自然资源主管部门实施行政处罚工作的监督，并将发现和制止违法行为、依法实施行政处罚等情况作为监督检查的重点内容。

第四十条 自然资源主管部门应当建立重大违法案件公开通报制度，将案情和处理结果向社会公开通报并接受社会监督。

第四十一条 自然资源主管部门应当建立重大违法案件挂牌督

办制度，明确提出办理要求，公开督促下级自然资源主管部门限期办理并接受社会监督。

第四十二条 自然资源主管部门应当建立违法案件统计制度。下级自然资源主管部门应当定期将本行政区域内的违法形势分析、案件发生情况、查处情况等逐级上报。

第四十三条 自然资源主管部门应当建立自然资源违法案件错案追究制度。行政处罚决定错误并造成严重后果的，作出处罚决定的机关应当承担相应的责任。

第四十四条 自然资源主管部门应当配合有关部门加强对行政处罚实施过程中的社会稳定风险防控。

第七章 法律责任

第四十五条 县级以上自然资源主管部门直接负责的主管人员和其他直接责任人员，违反本办法规定，有下列情形之一，致使自然人、法人或者其他组织的合法权益、公共利益和社会秩序遭受损害的，应当依法给予处分：

（一）对违法行为未依法制止的；

（二）应当依法立案查处，无正当理由未依法立案查处的；

（三）在制止以及查处违法案件中受阻，依照有关规定应当向本级人民政府或者上级自然资源主管部门报告而未报告的；

（四）应当依法给予行政处罚而未依法处罚的；

（五）应当依法申请强制执行、移送有关机关追究责任，而未依法申请强制执行、移送有关机关的；

（六）其他徇私枉法、滥用职权、玩忽职守的情形。

第八章 附则

第四十六条 自然资源行政处罚法律文书格式，由自然资源部统一制定。

第四十七条 本办法自2014年7月1日起施行。原地质矿产部1993年7月19日发布的《违反矿产资源法规行政处罚办法》和原国家土地管理局1995年12月18日发布的《土地违法案件查处办法》同时废止。

农用地土壤污染责任人认定暂行办法

（2021年1月28日 环土壤〔2021〕13号）

第一章 总 则

第一条 为规范农用地土壤污染责任人的认定，依据《中华人民共和国环境保护法》《中华人民共和国土壤污染防治法》《中华人民共和国土地管理法》《中华人民共和国森林法》等相关法律，制定本办法。

第二条 本办法适用于农业农村、林草主管部门会同生态环境、自然资源主管部门依法行使监督管理职责中农用地土壤污染责任人不明确或者存在争议时的土壤污染责任人认定活动。涉及农用地土壤污染责任的单位和个人之间，因农用地土壤污染民事纠纷引发的土壤污染责任人认定活动，不适用本办法。

前款所称农用地，主要包括耕地、林地、草地和其他农用地。

本办法所称土壤污染责任人不明确或者存在争议，包括以下情形：

（一）农用地或者其周边曾存在多个从事生产经营活动的单位和个人的；

（二）农用地土壤污染存在多种来源的；

（三）法律法规规章规定的其他情形。

第三条 本办法所称农用地土壤污染责任人（以下简称土壤污

染责任人)，是指因排放、倾倒、堆存、填埋、泄漏、遗撒、渗漏、流失、扬散污染物或者其他有毒有害物质等，造成农用地土壤污染，需要依法承担土壤污染风险管控和修复责任的单位和个人。

本办法所称涉及土壤污染责任的单位和个人，是指实施前款所列行为，可能造成农用地土壤污染的单位和个人。

第四条 土壤污染责任人认定由农用地所在地县级以上地方农业农村、林草主管部门会同同级生态环境、自然资源主管部门负责。

跨行政区域的农用地土壤污染责任人认定由其上一级地方农业农村、林草主管部门会同同级生态环境、自然资源主管部门负责。

第五条 耕地由农业农村主管部门会同生态环境、自然资源主管部门认定土壤污染责任人；林地、草地由林草主管部门会同生态环境、自然资源主管部门认定土壤污染责任人；其他农用地由农业农村、林草主管部门按照职责分工会同生态环境、自然资源主管部门认定土壤污染责任人。

第六条 土壤污染责任人负有实施土壤污染风险管控和修复的义务。

土壤污染风险管控和修复，包括土壤污染状况调查和土壤污染风险评估、风险管控、修复、风险管控效果评估、修复效果评估、后期管理等活动。

第七条 农用地及其周边曾存在的涉及土壤污染责任的单位和个人，应当协助开展土壤污染状况调查。

第八条 国家鼓励涉及土壤污染责任的多个单位和个人之间就土壤污染责任承担及责任份额进行协商，达成协议。无法协商一致的，由农用地土壤污染责任人认定委员会综合考虑各自对土壤的污染程度、责任人的陈述申辩情况等因素确定责任份额。

第九条 国家鼓励任何组织和个人提供土壤污染责任人认定的有关线索。

国家鼓励和支持涉及土壤污染责任的单位和个人自愿实施土壤污染风险管控和修复。

第二章　启动与调查

第十条　土壤污染责任人不明确或者存在争议，依法需要采取风险管控措施或者实施修复的农用地，符合下列情形之一的，由县级以上地方农业农村、林草主管部门会同生态环境、自然资源主管部门制定年度工作计划，启动农用地土壤污染责任人认定：

（一）周边曾存在相关污染源或者有明显污染物排放；

（二）倾倒、堆存、填埋、泄漏、遗撒、渗漏、流失、扬散污染物或者其他有毒有害物质。

在制定年度工作计划时，应当综合考虑本行政区域农用地污染状况、相关举报情况等因素。对农民群众反映强烈的突出问题，应当有重点地纳入年度工作计划。

第十一条　农业农村、林草主管部门会同生态环境、自然资源主管部门可以成立调查组启动土壤污染责任人调查，也可以指定或者委托调查机构启动调查工作。

前款规定的调查机构，应当具备土壤污染责任人认定所需要的专业技术能力。调查机构、调查人员不得与所调查的农用地、涉及土壤污染责任的单位和个人存在利益关系。

第十二条　调查组或者调查机构应当按照客观公正、实事求是的原则，做好土壤污染责任人调查工作，并提交调查报告。

调查组或者调查机构应当重点针对涉及土壤污染责任的单位和个人的污染行为，以及该污染行为与农用地土壤污染之间的因果关系等开展调查。

第十三条　调查组或者调查机构开展土壤污染责任人调查时，可以向农业农村主管部门调取受污染农用地区域及其周边有关行政执法情况等材料；向林草主管部门调取林地、草地利用过程中有关行政执法情况等材料；向生态环境主管部门调取农用地及其周边涉及的突发环境事件处理情况、相关单位和个人环境行政执法情况等材料；向自然资源主管部门调取农用地及周边土地、矿产等自然资源开发利用情况及有关行政执法情况、地球化学背景调查信息、水文地质信息等材料。

调查组或者调查机构开展土壤污染责任人调查时，可以向农用地及其周边有关单位和个人调查其生产经营活动中污染物排放、污染防治设施运行、污染事故、相关生产工艺等情况。有关单位和个人应当如实提供相关材料。

调查人员可以向其他有关单位和个人了解与土壤污染有关的情况。

第十四条 调查组开展土壤污染责任人调查，需要进行鉴定评估的，农业农村、林草主管部门可以会同生态环境、自然资源主管部门指定或者委托相关技术机构开展鉴定评估。

调查机构开展土壤污染责任人调查，需要进行鉴定评估的，可以委托相关技术机构开展鉴定评估。

第十五条 同时符合下列条件的，可以认定污染行为与土壤污染之间存在因果关系：

（一）在农用地土壤中检测出特征污染物，且含量超出国家、地方、行业标准中最严限值，或者超出对照区含量；

（二）疑似土壤污染责任人存在向农用地土壤排放或者增加特征污染物的可能；

（三）无其他相似污染源，或者相似污染源对受污染农用地土壤的影响可以排除或者忽略；

（四）受污染农用地土壤可以排除仅受气候变化、自然灾害、高背景值等非人为因素的影响。

不能同时符合上述条件的，应当得出不存在或者无法认定因果关系的结论。

第十六条 有下列情形之一的，属于土壤污染责任人无法认定：

（一）不存在或者无法认定因果关系；

（二）无法确定土壤污染责任人的具体身份信息；

（三）土壤污染责任人灭失的。

第十七条 调查组或者调查机构应当自启动调查之日起六十个工作日内完成调查工作，并提交调查报告；情况复杂，不能在规定期限内完成调查的，经农业农村、林草主管部门会同生态环境、自然资源主管部门批准，可以适当延长。

鉴定评估时间不计入前款规定的调查期限。

第十八条 调查组或者调查机构提交的调查报告应当包括以下内容：

（一）农用地地块及其污染状况概述；

（二）法律法规规章和技术依据；

（三）调查过程；

（四）土壤污染责任人认定理由；

（五）土壤污染责任人认定意见及责任份额；

（六）其他需要说明的事项。

调查报告应当附具有关证据材料。

第三章 审查与认定

第十九条 县级以上地方农业农村、林草主管部门会同生态环境、自然资源主管部门成立土壤污染责任人认定委员会（以下简称认定委员会）。认定委员会成员由县级以上地方农业农村、林草、生态环境、自然资源主管部门专职工作人员和有关专家组成。认定委员会成员不得与要审查的土壤污染责任人调查工作存在利益关系。

调查工作结束后，原则上三个工作日内，调查组或者调查机构应当将调查报告提交认定委员会进行审查。

认定委员会应当自收到调查报告之日起十五个工作日内进行审查，出具审查意见。审查意见应当包括以下内容：

（一）调查报告提出的事实是否清楚、证据是否确实充分、适用法律是否正确；

（二）调查程序是否合法合规；

（三）是否通过审查的结论。

第二十条 调查报告通过审查的，认定委员会应当在三个工作日内将调查报告及审查意见报送农业农村、林草、生态环境、自然资源主管部门。

调查报告未通过审查的，认定委员会应当将调查报告退回调查组或者调查机构补充调查或者重新调查。调查组或者调查机构应当自调查报告退回之日起三十日内重新提交调查报告。

第二十一条 农业农村、林草主管部门会同生态环境、自然资源主管部门应当自收到认定委员会报送的调查报告及审查意见之日起十五个工作日内作出决定，并于十个工作日内连同认定委员会审查意见告知土壤污染责任人。

第四章 其他规定

第二十二条 在土壤污染责任人调查、审查过程中以及作出决定前，应当充分听取农村集体经济组织及其成员、农民专业合作社及其他农业生产经营主体、涉及土壤污染责任的单位和个人的陈述、申辩。农村集体经济组织及其成员、农民专业合作社及其他农业生产经营主体、涉及土壤污染责任的单位和个人提出的事实、理由或者证据成立的，应当予以采纳。

第二十三条 土壤污染责任人对土壤污染责任人认定决定不服的，可以依法申请行政复议或者提起行政诉讼。

第二十四条 土壤污染责任人认定工作结束后，农业农村、林草主管部门会同生态环境、自然资源主管部门应当及时归档。档案材料应当至少保存三十年。

第二十五条 土壤污染责任人认定过程中，发生下列情形之一，可以终止土壤污染责任人认定：

（一）涉及土壤污染责任的单位和个人之间就土壤污染责任承担及责任份额协商达成一致，相关协议书报启动认定调查的农业农村、林草主管部门会同生态环境、自然资源主管部门备案；

（二）经诉讼等确认土壤污染责任。

第二十六条 从事土壤污染责任人认定的调查、审查与决定的有关单位和人员应当恪尽职守、诚信公正。未经有权机关批准，不得擅自发布有关信息。不得利用土壤污染责任人认定工作牟取私利。

第二十七条 开展土壤污染责任人认定所需资金，农业农村、林草、生态环境和自然资源主管部门应当依照《中华人民共和国土壤污染防治法》第七十条规定，向同级人民政府申请。

第五章 附 则

第二十八条 省级农业农村、林草主管部门可以根据本办法，会同同级生态环境、自然资源主管部门，结合当地实际，制定具体实施细则，并报农业农村部、国家林草局、生态环境部、自然资源部备案。

第二十九条 本办法自2021年5月1日起施行。

自然保护地生态环境监管工作暂行办法

（2020年12月20日 环生态〔2020〕72号）

第一条 为落实各级生态环境部门的自然保护地生态环境监管职责，规范开展自然保护地生态环境监管工作，根据《中华人民共和国环境保护法》《中华人民共和国海洋环境保护法》《中华人民共和国自然保护区条例》《深化党和国家机构改革方案》《关于建立以国家公园为主体的自然保护地体系的指导意见》《生态环境部职能配置、内设机构和人员编制规定》《关于深化生态环境保护综合行政执法改革的指导意见》《国务院办公厅关于生态环境保护综合行政执法有关事项的通知》等，制定本办法。

第二条 本办法适用于生态环境部门组织的全国各级各类自然保护地生态环境监管工作。

本办法所称的各级自然保护地包括国家级自然保护地和地方级自然保护地。

本办法所称的各类自然保护地包括国家公园、自然保护区和自然公园。

第三条 生态环境部负责指导、组织和协调全国自然保护地生态环境监管工作，并对国家级自然保护地生态环境实施重点监管。

省级生态环境部门负责指导、组织和协调本行政区域各级各类自然保护地生态环境监管工作。

市级及市级以下生态环境部门负责组织和协调开展本行政区域内各级各类自然保护地生态环境日常监管。

对于跨行政区域的自然保护地，相关地方的生态环境部门应当建立协同监管机制。

第四条 生态环境部门依法依规向社会公开自然保护地生态环境监管工作情况，接受社会监督。

鼓励公民、法人和其他组织依据《环境保护公众参与办法》参与自然保护地生态环境保护监督。

第五条 生态环境部对全国自然保护地相关规划中生态环境保护内容的实施情况进行监督。

省级生态环境部门对本行政区域自然保护地相关规划中生态环境保护内容的实施情况进行监督。

第六条 生态环境部对国家级自然保护地的设立、晋（降）级、调整、整合和退出实施监督。

省级生态环境部门对地方级自然保护地的设立、晋（降）级、调整、整合和退出实施监督。

第七条 生态环境部组织建立自然保护地生态环境监测制度，组织制定相关标准和技术规范，组织建设国家自然保护地“天空地一体化”生态环境监测网络体系，重点开展国家级自然保护地生态环境监测。

省级生态环境部门组织建设本行政区域的自然保护地“天空地一体化”生态环境监测网络体系，开展本行政区域各级各类自然保护地生态环境监测。

国家自然保护地生态环境监测网络和各省（自治区、直辖市）自然保护地生态环境监测网络实行联网和数据共享。

生态环境部和省级生态环境部门定期发布自然保护地生态环境状况报告。

第八条 生态环境部定期组织开展国家级自然保护地人类活动遥感监测，向省级生态环境部门推送遥感监测发现的问题线索，并将问题线索抄送国务院自然保护地主管部门。省级生态环境部门组织对问题线索进行实地核实，问题属实的应当组织进行处理，并将处理结果上报生态环境部。

生态环境部建立国家级自然保护地人类活动遥感监测问题线索、实地核实和处理整改台账系统。

省级生态环境部门建立本行政区域各级各类自然保护地人类活动遥感监测问题线索、实地核实和处理整改台账系统。

第九条 生态环境部组织开展国家级自然保护地生态环境保护成效评估，统一发布国家级自然保护地生态环境保护成效评估结果。

国家级自然保护地生态环境保护成效评估，原则上每五年开展一次。对存在生态环境变化敏感、人类活动干扰强度大、生态破坏问题突出等情况的国家级自然保护地，可适当增加评估频次。

生态环境部将国家级自然保护地生态环境保护成效评估结果反

馈给被评估的自然保护地管理机构，抄送国务院自然保护地主管部门及自然保护地所在地省级人民政府。

自然保护地生态环境保护成效评估的实施规程和相关标准由生态环境部组织制定。

省级生态环境部门参照生态环境部组织制定的自然保护地生态环境保护成效评估实施规程和相关标准，建立本行政区域地方级自然保护地生态环境保护成效评估制度，组织开展地方级自然保护地生态环境保护成效评估工作。

第十条 生态环境部定期组织开展自然保护地生态环境强化监督，包括如下工作：

（一）生态环境部组织对中央领导同志关于自然保护地生态环境保护的指示批示以及党中央、国务院关于自然保护地生态环境保护重大决策部署的落实情况实施监督；

（二）生态环境部建立国家级自然保护地生态环境重点问题台账，将人类活动遥感监测和其他途径发现的重点问题线索推送地方生态环境部门，并抄送国务院自然保护地行政主管部门；

（三）省级生态环境部门结合本行政区域情况，完善本行政区域国家级自然保护地生态环境重点问题台账，组织开展实地核实，并向生态环境部上报实地核实和处理整改结果；

（四）生态环境部组织对国家级自然保护地生态环境重点问题的处理、整改和生态修复等工作情况进行监督，督促整改，并视情予以公开通报。

第十一条 省级及省级以下生态环境部门组织开展本行政区域各级各类自然保护地生态环境日常监督。监督内容包括：

（一）中央领导同志关于自然保护地生态环境保护的指示批示以及党中央、国务院关于自然保护地生态环境保护重大决策部署的落实情况；

（二）自然保护地生态环境法律法规和政策制度的执行情况；

（三）自然保护地相关规划中生态环境保护措施的落实情况；

（四）自然保护地内的生态环境保护状况，涉及自然保护地生态环境违法违规行为的处理整改情况；

（五）法律法规规定应当由省级及省级以下生态环境部门实施监督的其他内容。

第十二条 对媒体曝光、群众举报和日常监督发现的自然保护地突出生态环境问题线索，各级生态环境部门应当及时组织开展核实。问题属实的应当依法依规予以处理，并视情予以公开通报。

第十三条 对于自然保护地存在突出生态环境问题的，由生态环境部门采取函告、通报、约谈等方式，督促问题整改。

第十四条 对自然保护地内非法开矿、修路、筑坝、建设等造成生态破坏和违法排放污染物的执法工作，依照相关法律法规和生态环境保护综合行政执法相关文件和规定开展。

污染或者破坏自然保护地，造成生态环境损害的，生态环境部门依据有关规定及时组织开展或者移送其他有关部门组织开展生态环境损害赔偿工作。

第十五条 自然保护地内存在重大生态环境破坏等突出问题，且列入中央生态环境保护督察的，按照《中央生态环境保护督察工作规定》等规定处理。

第十六条 对自然保护地生态环境监管工作中发现有公职人员涉嫌违纪违法的，有关生态环境部门应当按照干部管理权限，将问题线索等有关材料及时移送任免机关、纪检监察机关或者组织（人事）部门依法依规依纪处理。

涉嫌犯罪的，应当及时移送有关机关依法处理。

第十七条 生态环境部门在履行自然保护地生态环境监管职责时，应当依据法律法规规定，采取监督检查措施，进行现场检查，查阅或者复制有关资料、凭证，向有关单位和人员调查了解相关情况。

生态环境部门工作人员在履行自然保护地生态环境监管职责

时，应当严格遵守有关法律法规规定的程序，并为被检查单位保守技术秘密和业务秘密。

在自然保护地生态环境监管工作中，涉及单位及其工作人员如违反相关法律法规的规定，或者故意提供虚假情况，隐瞒、歪曲、捏造事实，干扰阻挠检查工作，或者存在其他妨碍自然保护地生态环境监管工作行为的，视情节轻重，由生态环境部门按照职权依法依规进行处理或者移送相关机关、部门处理。

第十八条 自然保护地生态环境保护成效评估、生态环境强化监督、日常监督和生态环境保护综合行政执法的结果，作为有关单位干部综合评价、责任追究、离任审计和对有关地区开展生态补偿的参考。

第十九条 违反本办法规定的行为，其他法律法规有规定的，从其规定。

第二十条 省级生态环境部门可结合本行政区域具体情况制定本省（自治区、直辖市）自然保护地生态环境监管工作暂行办法。

第二十一条 本办法由生态环境部负责解释。

第二十二条 本办法自印发之日起施行。

附　　录

（一）典型案例

秦家学滥伐林木刑事附带民事公益诉讼案[①]

（最高人民法院审判委员会讨论通过　2021年12月1日发布）

【关键词】

刑事　滥伐林木罪　生态修复　补植复绿　专家意见　保证金

【裁判要点】

1. 人民法院确定被告人森林生态环境修复义务时，可以参考专家意见及林业规划设计单位、自然保护区主管部门等出具的专业意见，明确履行修复义务的树种、树龄、地点、数量、存活率及完成时间等具体要求。

2. 被告人自愿交纳保证金作为履行生态环境修复义务担保的，人民法院可以将该情形作为从轻量刑情节。

【相关法条】

《中华人民共和国民法典》第179条（本案适用的是自2010年7月1日起实施的《中华人民共和国侵权责任法》第15条）

《中华人民共和国森林法》第56条、第57条、第76条（本案适用的是2009年8月27日修正的《中华人民共和国森林法》第32

---

① 最高人民法院指导案例172号。

条、第39条）

【基本案情】

湖南省保靖县人民检察院指控被告人秦家学犯滥伐林木罪向保靖县人民法院提起公诉，在诉讼过程中，保靖县人民检察院以社会公共利益受到损害为由，又向保靖县人民法院提起附带民事公益诉讼。

保靖县人民检察院认为，应当以滥伐林木罪追究被告人秦家学刑事责任。同时，被告人行为严重破坏了生态环境，致使社会公共利益遭受到损害，根据侵权责任法的相关规定，应当补植复绿，向公众赔礼道歉。被告人秦家学对公诉机关的指控无异议。但辩称，其是林木的实际经营者和所有权人，且积极交纳补植复绿的保证金，请求从轻判处。

保靖县人民法院经审理查明，湖南省保靖县以1958年成立的保靖县国营白云山林场为核心，于1998年成立白云山县级自然保护区。后该保护区于2005年评定为白云山省级自然保护区，并完成了公益林区划界定；又于2013年评定为湖南白云山国家级自然保护区。其间，被告人秦家学于1998年承包了位于该县毛沟镇卧当村白云山自然保护区核心区内“土地坳”（地名）的山林，次年起开始有计划地植造杉木林，该林地位于公益林范围内，属于公益林地。2016年9月至2017年1月，秦家学在没有办理《林木采伐许可证》情况下，违反森林法，擅自采伐其承包该林地上的杉木林并销售，所采伐区域位于该保护区核心区域内面积为117.5亩，核心区外面积为15.46亩。经鉴定，秦家学共砍伐林木1010株，林木蓄积为153.3675立方米。后保靖县林业勘测规划设计队出具补植补造作业设计说明证明，该受损公益林补植复绿的人工苗等费用为人民币66025元。

人民法院审理期间，保靖县林业勘测规划设计队及保靖县林业局、白云山国家级自然保护区又对该受损公益林补植复绿提出了具体建议和专业要求。秦家学预交补植复绿保证金66025元，保证履行补植复绿义务。

【裁判结果】

湖南省保靖县人民法院于2018年8月3日作出（2018）湘3125刑初5号刑事附带民事判决，认定被告人秦家学犯滥伐林木罪，判处有期徒刑三年，缓刑四年，并处罚金人民币1万元，并于判决生效后两年内在湖南白云山国家级自然保护区内“土地坳”栽植一年生杉树苗5050株，存活率达到90%以上。宣判后，没有上诉、抗诉，一审判决已发生法律效力。被告人依照判决，在原砍伐林地等处栽植一年生杉树苗5050株，且存活率达到100%。

【裁判理由】

法院生效裁判认为：被告人秦家学违反森林法规定，未经林业主管部门许可，无证滥伐白云山国家级自然保护区核心区内的公益林，数量巨大，构成滥伐林木罪。辩护人提出的被告人系初犯、认罪，积极交纳补植补绿的保证金66025元到法院的执行账户，有悔罪表现，应当从轻判处的辩护意见，予以采信。白云山国家级自然保护区位于中国十七个生物多样性关键地区之一的武陵山区及酉水流域，是云贵高原、四川盆地至雪峰山区、湘中丘陵之间动植物资源自然流动通道的重要节点，是长江流域洞庭湖支流沅江的重要水源涵养区，其森林资源具有保持水土、维护生物多样性等多方面重要作用。被告人所承包、栽植并管理的树木，已经成为白云山国家级自然保护区森林资源的不可分割的有机组成部分。被告人无证滥伐该树木且数量巨大，其行为严重破坏了白云山国家级自然保护区生态环境，危及生物多样性保护，使社会公共利益遭受到严重损害，性质上属于一种侵权行为。附带民事公益诉讼不是传统意义上的民事诉讼，公益诉讼起诉人也不是一般意义上的受害人。公益诉讼起诉人要求被告人承担恢复原状法律责任的诉讼请求，于法有据，予以支持。根据保靖县林业勘测规划设计队出具的“土地坳”补植补造作业设计说明以及白云山自然保护区管理局、保靖县林业局等部门专家提供的专业资料和建议，参照森林法第三十九条第二款规定，对公益诉讼起诉人提出的被告人应补种树木的诉讼请求，应认为有科学、合理的根据和法律依据，予以支持。辩护人提出被告人作为林地承包者的经营权利也应当依法保护的意见，有其合理之处，在具体确定被告人法律责任时予以考虑。遂作出上述判决。

刘强非法占用农用地案①

（2019年12月2日最高人民检察院第十三届检察委员会第二十八次会议决定　2019年12月20日发布）

【关键词】

非法占用农用地罪　永久基本农田　“大棚房”　非农建设改造

【要旨】

行为人违反土地管理法规，在耕地上建设“大棚房”“生态园”“休闲农庄”等，非法占用耕地数量较大，造成耕地等农用地大量毁坏的，应当以非法占用农用地罪追究实际建设者、经营者的刑事责任。

【相关规定】

《中华人民共和国刑法》第三百一十条、第三百四十二条

《全国人民代表大会常务委员会关于〈中华人民共和国刑法〉

① 最高人民检察院检例第60号。

第二百二十八条、第三百四十二条、第四百一十条的解释》

《中华人民共和国土地管理法》第七十五条

《最高人民法院关于审理破坏土地资源刑事案件具体应用法律若干问题的解释》第三条

《最高人民检察院、公安部关于公安机关管辖的刑事案件立案追诉标准的规定（一）》第六十七条

【基本案情】

被告人刘强，男，1979年10月出生，北京大道千字文文化发展有限公司法定代表人。2008年1月，因犯敲诈勒索罪被北京市海淀区人民法院判处有期徒刑二年，缓刑二年。

2016年3月，被告人刘强经人介绍以人民币1000万元的价格与北京春杰种植专业合作社（以下简称合作社）的法定代表人池杰商定，受让合作社位于延庆区延庆镇广积屯村东北蔬菜大棚377亩集体土地使用权。同年4月15日，刘强指使其司机刘广岐与池杰签订转让意向书，约定将合作社土地使用权及地上物转让给刘广岐。同年10月21日，合作社的法定代表人变更为刘广岐。其间，刘强未经国土资源部门批准，以合作社的名义组织人员对蔬菜大棚园区进行非农建设改造，并将园区命名为“紫薇庄园”。截至2016年9月28日，刘强先后组织人员在园区内建设鱼池、假山、规划外道路等设施，同时将原有蔬菜大棚加高、改装钢架，并将其一分为二，在其中各建房间，每个大棚门口铺设透水砖路面，外垒花墙。截至案发，刘强组织人员共建设“大棚房”260余套（每套面积350平方米至550平方米不等，内部置橱柜、沙发、藤椅、马桶等各类生活起居设施），并对外出租。经北京市国土资源局延庆分局组织测绘鉴定，该项目占用耕地28.75亩，其中含永久基本农田22.84亩，造成耕地种植条件被破坏。

截至2017年4月，北京市规划和国土资源管理委员会、延庆

区延庆镇人民政府先后对该项目下达《行政处罚决定书》《责令停止建设通知书》《限期拆除决定书》，均未得到执行。2017 年 5 月，延庆区延庆镇人民政府组织有关部门将上述违法建设强制拆除。

【指控与证明犯罪】

2017 年 5 月 10 日，北京市国土资源局延庆分局向北京市公安局延庆分局移送刘广岐涉嫌非法占用农用地一案，5 月 13 日，北京市公安局延庆分局对刘广岐涉嫌非法占用农用地案立案侦查，经调查发现刘强有重大嫌疑。2017 年 12 月 5 日，北京市公安局延庆分局以刘强涉嫌非法占用农用地罪，将案件移送北京市延庆区人民检察院审查起诉。

审查起诉阶段，刘强拒不承认犯罪事实，辩称：1. 自己从未参与紫薇庄园项目建设，没有实施非法占地的行为。2. 紫薇庄园项目的实际建设者、经营者是刘广岐。3. 自己与紫薇庄园无资金往来。4. 蔬菜大棚改造项目系设施农业，属于政府扶持项目，不属于违法行为。刘广岐虽承认自己是合作社的法定代表人、项目建设的出资人，但对于转让意向书内容、资金来源、大棚内施工建设情况语焉不详。

为进一步查证紫薇庄园的实际建设者、经营者，北京市延庆区人民检察院将案件退回公安机关补充侦查，要求补充查证：1. 调取刘强、刘广岐、池杰、张红军（工程承包方）之间的资金往来凭证，核实每笔资金往来的具体操作人，对全案账目进行司法会计鉴定，了解资金的来龙去脉，查实资金实际出让人和受让人。2. 寻找关键证人会计李祥彬，核实合作社账目与刘强个人账户的资金往来，确定刘强、刘广岐在紫薇庄园项目中的地位作用。3. 就测量技术报告听取专业测量人员的意见，查清所占耕地面积。

经补充侦查，北京市公安局延庆分局收集到证人李祥彬的证言，证实了合作社是刘强出资从池杰手中购买，李祥彬受刘强邀请负责核算合作社的收入和支出。会计师事务所出具的司法鉴定意见书，证实了资金往来去向。在补充侦查过程中，侦查机关调取了紫薇庄园临时工作人员胡楠等人的证言，证实刘广岐是刘强的司机；刘广岐受刘强指使在转让意向书中签字，并担任合作社法定代表人，但其并未与刘强共谋参与非农建设改造事宜。针对辩护律师对测量技术报告数据的质疑，承办检察官专门听取了参与测量人员的意见，准确掌握所占耕地面积。

2018 年 5 月 23 日，北京市延庆区人民检察院以刘强犯非法占用农用地罪向北京市延庆区人民法院提起公诉。7 月 2 日，北京市延庆区人民法院公开开庭审理了本案。

法庭调查阶段，公诉人宣读起诉书，指控被告人刘强违反土地管理法规，非法占用耕地进行非农建设改造，改变被占土地用途，造成耕地大量毁坏，其行为构成非法占用农用地罪。针对以上指控的犯罪事实，公诉人向法庭出示了四组证据予以证明：

一是现场勘测笔录、《测量技术报告书》《非法占用耕地破坏程度鉴定意见》、现场照片 78 张等，证明紫薇庄园园区内存在非法占地行为，改变被占土地用途且数量较大，造成耕地大量毁坏。

二是合作社土地租用合同，设立、变更登记材料，转让意向书，合作社大棚改造工程相关资料，延庆镇政府、北京市国土资源局延庆分局提供的相关书证等证据，证明合作社土地使用权受让相关事宜，以及未经国土资源部门批准，刘强擅自对园区土地进行非农建设改造，并拒不执行行政处罚。

三是司法鉴定意见书、案件相关银行账户的交易流水及凭证、合作社转让改造项目的参与人证言及被告人的供述与辩解等证据材料，证明刘强是紫薇庄园非农建设改造的实际建设者、经营者及合作社改造项目资金来源、获利情况等。

四是紫薇庄园宣传材料、租赁合同、大棚房租户、池杰、李祥彬证人证言等，证明刘强修建大棚共 196 个，其中东院 136 个，西院60个，每个大棚都配有耳房，面积约10至20平方米；刘强将大棚改造后，命名为“紫薇庄园”对外宣传，“大棚房”内有休闲、娱乐、居住等生活设施，对外出租，造成不良社会影响。

被告人刘强对公诉人指控的上述犯罪事实没有异议，当庭认罪。

法庭辩论阶段，公诉人发表了公诉意见，指出刘强作为合作社的实际建设者、经营者，在没有行政批准的情况下，擅自对园区内农用地进行非农建设改造并对外出租，造成严重危害，应当追究刑事责任。

辩护人提出：1. 刘强不存在主观故意，社会危害性小。2. 建造蔬菜“大棚房”符合设施农业政策。3. 刘强认罪态度较好，主动到公安机关投案，具有自首情节。4. 起诉书中指控的假山、鱼池等设施，仅在测量报告中有描述且描述模糊。5. 相关设施已被有关部门拆除。请求法庭对被告人刘强从轻处罚。

公诉人针对辩护意见进行答辩：

第一，刘强受让合作社时指使司机刘广岐代其签字，证明其具有规避法律责任的行为，主观上存在违法犯罪的故意，刘强非法占用农用地，造成大量农用地被严重毁坏，其行为具有严重社会危害性。

第二，关于符合国家政策的说法不实，农业大棚与违法建造的非农“大棚房”存在本质区别，刘强建设的“大棚房”集休闲、娱乐、居住为一体，对农用地进行非农改造，严重违反《土地管理法》永久基本农田保护政策。该项目因违法建设受到行政处罚，但刘强未按照处罚决定积极履行耕地修复义务，直至案发，也未缴纳行政罚款，其行为明显违法。

第三，刘强直到开庭审理时才表示认罪，不符合自首条件。

第四，测量技术报告对案发时合作社建设情况作了详细的记录和专业说明，现场勘验笔录和现场照片均证实了蔬菜大棚改造的实际情况，另有相关证人证言也能证实假山、鱼池存在。

第五，违法设施应由刘强承担拆除并恢复原状的责任，有关行政部门进行拆除违法设施，恢复耕地的行为，不能成为刘强从轻处罚的理由。

法庭经审理，认为公诉人提交的证据能够相互印证，予以确认。对辩护人提出的被告人当庭认罪态度较好的辩护意见予以采纳，其他辩护意见缺乏事实依据，不予采纳。2018 年 10 月 16 日，北京市延庆区人民法院作出一审判决，以非法占用农用地罪判处被告人刘强有期徒刑一年六个月，并处罚金人民币五万元。一审宣判后，被告人刘强未上诉，判决已生效。

刘广岐在明知刘强是合作社非农建设改造的实际建设者、经营者，且涉嫌犯罪的情况下，故意隐瞒上述事实和真相，向公安机关做虚假证明。经北京市延庆区人民检察院追诉，2019 年 3 月 13 日，北京市延庆区人民法院以包庇罪判处被告人刘广岐有期徒刑六个月。一审宣判后，被告人刘广岐未上诉，判决已生效。

本案中，延庆镇规划管理与环境保护办公室虽然采取了约谈、下发《责令停止建设通知书》和《限期拆除决定书》等方式对违法建设予以制止，但未遏制住违法建设，履职不到位，北京市延庆区监察委员会给予延庆镇副镇长等 3 人行政警告处分，1 人行政记过处分，广积屯村村党支部给予该村党支部书记党内警告处分。

【指导意义】

十分珍惜、合理利用土地和切实保护耕地是我国的基本国策。近年来，随着传统农业向产业化、规模化的现代农业转变，以温室大棚为代表的设施农业快速发展。一些地区出现了假借发展设施农业之名，擅自或者变相改变农业用途，在耕地甚至永久基本农田上建设“大棚房”“生态园”“休闲农庄”等现象，造成土地资源被大量非法占用和毁坏，严重侵害农民权益和农业农村的可持续发展，在社会上造成恶劣影响。2018 年，自然资源部和农业农村部在全国开展了“大棚房”问题专项整治行动，推进落实永久基本农田保护制度和最严格的耕地保护政策。在基本农田上建设“大棚房”予以出租出售，违反《中华人民共和国土地管理法》，属于破坏耕地或者非法占地的违法行为。非法占用耕地数量较大或者造成耕地大量毁坏的，应当以非法占用农用地罪追究实际建设者、经营者的刑事责任。

该类案件中，实际建设者、经营者为逃避法律责任，经常隐藏于幕后。对此，检察机关可以通过引导公安机关查询非农建设项目涉及的相关账户交易信息、资金走向等，辅以相关证人证言，形成严密证据体系，查清证实实际建设者、经营者的法律责任。对于受其操控签订合同或者作假证明包庇，涉嫌共同犯罪或者伪证罪、包庇罪的相关行为人，也要一并查实惩处。对于非法占用农用地面积这一关键问题，可由专业机构出具测量技术报告，必要时可申请测量人员出庭作证。

海南省海口市人民检察院诉海南A公司等三被告非法向海洋倾倒建筑垃圾民事公益诉讼案①

（2021年5月27日最高人民检察院第十三届检察委员会第六十七次会议决定　2021年8月19日发布）

【关键词】

民事公益诉讼　海洋倾废　联合调查　检察建议　二审出庭

【要旨】

对于海洋生态环境损害，行政机关的履职行为不能有效维护公

① 最高人民检察院检例第111号。

益，又未提起生态环境损害赔偿诉讼的，检察机关可以依法提起民事公益诉讼。公益诉讼案件二审开庭，上一级人民检察院应当派员出庭，与下级检察机关共同参加法庭调查、法庭辩论、发表意见等，积极履行出庭职责。

【相关规定】

《中华人民共和国民事诉讼法》第五十五条第二款

《中华人民共和国海洋环境保护法》第四条、第八十九条

《中华人民共和国侵权责任法》第八条、第十五条、第六十五条

《最高人民法院、最高人民检察院关于检察公益诉讼案件适用法律若干问题的规定》第十一条、第十三条

《最高人民法院关于审理海洋自然资源与生态环境损害赔偿纠纷案件若干问题的规定》第七条

《最高人民法院关于审理环境民事公益诉讼案件适用法律若干问题的解释》第十八条、第二十二条

《中华人民共和国海洋倾废管理条例》第六条

【基本案情】

2018年，海口B公司中标美丽沙项目两地块土石方施工工程后，将土石方外运工程分包给海南A公司。陈某（A公司实际控制人）以A公司的名义申请临时码头，虚假承诺将开挖的土石方用船运到湛江市某荒地进行处置，实际上却组织人员将工程固废倾倒于海口市美丽沙海域。

【发现线索和调查核实】

海口市秀英区人民检察院在“12345”平台发现，群众多次举报有运泥船在美丽沙海域附近倾倒废物，随后通过多次蹲点和无人机巡查，拍摄到船舶向海洋倾倒建筑垃圾的行为。

海口市人民检察院（以下简称海口市院）检察官在前期工作基

础上，2018 年 12 月 14 日与海洋行政执法人员共同出海，联合开展特定海域调查行动，在海上截获一艘已倾倒完建筑垃圾正返回临时码头的开底船。12 月 17 日，针对行政机关对相关海域多次违法倾倒建筑垃圾行为存在未依法履职问题，海口市院作出行政公益诉讼立案决定。2019 年 1 月 2 日，海口市院向海口市海洋与渔业局送达检察建议，要求查处非法倾废行为，并追究违法行为人生态环境损害赔偿责任。2019 年 5 月 16 日，海口市海洋与渔业局对 A 公司及公司实际控制人陈某各处 10 万元罚款。

检察机关调查发现，A 公司无海洋倾废许可，倾倒的海域亦非政府指定的海洋倾废区域。申请美丽沙临时码头时 A 公司声称将开挖出的建筑垃圾运往湛江市某经济合作社，但经实地调查，建筑垃圾均未被运往湛江进行处置，相关合同系伪造。陈某系 A 公司实际控制人及船舶所有人，经手办理涉案合同签订、申请码头、联系调度倾废船舶等事宜，并获取大部分违法所得。B 公司虽在招标时书面承诺外运土方绝不倾倒入海，却通过组织车辆同步运输等方式积极配合 A 公司海上倾废活动，B 公司对海洋生态环境侵害构成共同侵权，依法应当承担连带责任。

检察机关还发现，行政处罚认定的非法倾废量为 1.57 万立方米，与当事人接受调查时自报的数量一致，但该数量明显与事实不符。根据工程结算凭证等证据，检察机关查明 A 公司海洋倾废量至少为 6.9 万立方米。

经委托生态环境部华南环境科学研究所（以下简称华南所）鉴定，倾倒入海的建筑垃圾中含有镉、汞、镍、铅、砷、铜等有毒有害物质，这些有毒有害物质会进入海洋生物链，破坏海洋生态环境和资源，生态环境损害量化共计 860.064 万元。

在本案调查过程中，对可能涉嫌污染环境罪的线索，海口市院公益诉讼检察部门于 2019 年 1 月 21 日将其移送刑事检察部门审查。根据调查情况及鉴定意见，依据刑法第 338 条及有关司法解释的相关规定，海口市院刑事检察部门与公安机关刑侦部门经研究，认为现有证据不能认定该倾废行为已构成污染环境罪。

检察机关书面建议海口市自然资源和规划局（承接原海洋与渔业局相关职能）依法启动海洋生态环境损害赔偿程序，该局于 2019 年 8 月 11 日回函称，因正处于机构改革中，缺乏法律专业人才和诉讼经验，请求检察机关提起民事公益诉讼。

【诉讼过程】

2019 年 8 月 23 日，海口市院发布诉前公告，公告期满，没有其他适格主体提起民事公益诉讼。

2019 年 11 月，海口市院以 A 公司、陈某、B 公司为共同被告向海口海事法院提起民事公益诉讼，请求判令：1. 被告 A 公司赔偿生态环境损害费 860.064 万元，被告陈某和 B 公司承担连带赔偿责任。2. 三被告在全国发行的媒体上公开赔礼道歉。3. 三被告承担本案鉴定费 47.5 万元及公告费。检察机关申请了财产保全，法院查封了陈某名下的房产、船舶，冻结了陈某、B 公司的银行账户。

（一）一审情况

2020 年 3 月 26 日，海口海事法院开庭审理此案。三被告辩称，鉴定评估在资质、取样、程序、依据等方面均存在问题，损害赔偿金量化为 860.064 万元与事实不符；实际海洋倾废数量没有 6.9 万立方米。A 公司还辩称，美丽沙项目用地原系填海造地，倾倒的土方原本就来源于海洋，系清洁疏浚物，不是建筑垃圾，且鉴定和监测显示有毒有害物质均未超标，倾倒的土方对海洋无损害。陈某辩称其与 A 公司不存在财产混同，不应承担连带责任；涉案土方均倾倒于政府规定的海域；已被处以 20 万元行政罚款，不应再承担巨额赔偿。B 公司辩称，合同已明确要求 A 公司要合法合规处置建筑垃圾，作为发包人其不再负有任何义务；起诉认为其通过组织车辆同步运输等方式积极配合海洋倾废没有事实根据。

检察机关根据调查收集的档案、书证、询问笔录、视听资料、鉴定意见等56份证据，进行了有针对性的举证、质证和辩论。根据无人机拍摄的现场视频等证据，涉案建筑垃圾倾倒入海的地点即美丽沙海域；根据现场开挖情况、车辆运输、工程款支付等结算证据，可以证明倾倒入海的建筑垃圾量至少为6.9万立方米；检察机关依法委托的华南所是生态环境部编制的《环境损害评估推荐机构名录（第一批）》推荐的环境损害鉴定评估机构，具备水环境、土壤环境、固体废弃物处置、环境风险评估、污染损害评估等多方面专业评估资质，其出具的环境损害鉴定评估报告程序规范，量化生态环境损害赔偿金为860.064万元的结论具有专业性和科学性；倾倒入海的建筑垃圾虽未达到危险废物标准，但含有毒有害物质，已对海洋生态环境造成损害；民事赔偿与行政处罚系不同法律性质的责任形式，不能相互替代，陈某应承担的环境损害民事赔偿责任不应因受到行政处罚而免除；B公司作为建筑垃圾的直接生产单位，陈某作为A公司的实际控制人和倾废船舶的所有人，与A公司三方分工协作，相互配合，共同完成非法倾废行为，实际上是以合同分包为名，行非法倾废之实，构成共同侵权，依法应当承担连带赔偿责任。

2020年3月26日，海口海事法院当庭宣判，支持检察机关的全部诉讼请求。

（二）二审情况

三被告对一审判决不服，向海南省高级人民法院提出上诉。主要理由是：定案的关键证据即鉴定意见在资质、程序、检材取样、计算方式、依据的法律法规等方面存在重大错误；倾倒的淤泥、土方并非建筑垃圾；倾倒物未造成海洋生态环境损害；倾倒入海的建筑垃圾仅1.5万立方米等。

2020年8月13日，二审开庭审理。海南省人民检察院指派2名检察官，与海口市院检察官共同参加庭审活动。海口市院出庭检察官围绕诉讼请求及争议焦点进行了举证，以视频、数据、鉴定意见和评估报告等，证明三被告共同实施了污染海洋环境侵权行为，依法应当承担赔偿损失等民事责任。海南省人民检察院出庭检察官参加了整个庭审活动，并阐明：所倾倒对象的性质并非疏浚物，而属于建筑垃圾；案涉倾废数量认定依据准确，符合法律、司法解释的规定；鉴定意见认定倾倒垃圾对海洋生态环境造成的损害数额清楚、取样程序规范。华南所参与鉴定的专家出庭接受质询，对 30 多个问题进行了专业解答。2020 年 11 月 23 日，海南省高级人民法院作出二审判决，驳回上诉，维持原判。

【指导意义】

（一）检察机关应加强海洋生态环境检察公益诉讼与生态环境损害赔偿制度的衔接，切实维护公共利益。对于海洋生态环境保护，行政机关担负着第一顺位职责，生态损害赔偿制度具有优先适用性，公益诉讼检察则具有补充性和兜底性。海洋监管部门虽然对违法行为人进行了行政处罚，但未能完全实现维护公益的目的，经书面建议和督促后又不提起生态环境损害赔偿诉讼的，检察机关可以不再继续通过行政公益诉讼督促行政机关履职而直接对违法行为人依法提起民事公益诉讼，切实发挥保护海洋生态环境、维护社会公共利益的职能作用。

（二）综合运用各类调查手段，查明公益损害的事实，确定公益损害赔偿数额。检察机关可利用无人机等科技手段充分履行调查职能，全面查明海洋污染情况。鉴于海洋调查取证的特殊性，在前期必要工作基础上，还可以与行政机关联合调查，完成特定现场取证。针对海洋生态损害后果，检察机关应委托有资质的专业鉴定机构出具鉴定评估意见，可通过召开专家论证会等形式进行审查论证，同时协调做好鉴定人出庭作证、应对提问和质询等工作，使鉴定意见经得起庭审考验。

（三）注意发挥上级检察机关派员二审出庭作用，形成维护公共利益的合力。根据最高人民法院、最高人民检察院《关于检察公益诉讼案件适用法律若干问题的解释》，人民法院审理第二审案件，由提起公益诉讼的人民检察院派员出庭，上一级人民检察院也可以派员参加。人民检察院办理公益诉讼案件的任务是充分发挥法律监督职能作用，维护宪法法律权威，维护社会公平正义，维护国家利益和社会公共利益。对于公益诉讼二审案件，原起诉检察院和上级检察院都应立足于法律监督职能和公益诉讼任务，全力以赴，认真履行法定职责，共同做好出庭工作。上级检察院应当指派检察官在全面阅卷审查和熟悉案情的基础上做好各种预案，与下级检察院的检察官共同出席二审庭审全过程。两级院出庭检察官应当加强协调配合，上级检察院出庭人员可以在庭审的各个阶段发表意见，与下级检察院出庭人员形成合力，从而取得良好的庭审效果。

江西省上饶市人民检察院诉张某某等三人故意损毁三清山巨蟒峰民事公益诉讼案①

（2021 年 5 月 27 日最高人民检察院第十三届检察委员会第六十七次会议决定　2021 年 8 月 19 日发布）

【关键词】

民事公益诉讼　自然遗迹　风景名胜　生态服务价值损失　专家意见

【要旨】

破坏自然遗迹和风景名胜的行为，属于“破坏生态环境和资源

① 最高人民检察院检例第 114 号。

保护”的公益诉讼案件范围，检察机关依法可以提起民事公益诉讼。对独特景观的生态服务价值损失，可以采用“条件价值法”进行评估，确定损害赔偿数额。

【相关规定】

《中华人民共和国民事诉讼法》第五十五条第二款

《中华人民共和国环境保护法》第二条、第二十九条、六十四条

《中华人民共和国侵权责任法》第六条、第八条、第十五条

《最高人民法院关于审理环境民事公益诉讼案件适用法律若干问题的解释》第十五条、第十八条、第二十二条、第二十三条

《最高人民法院、最高人民检察院关于检察公益诉讼案件适用法律若干问题的解释》第八条、第九条、第十一条

《风景名胜区条例》第二十四条第一款、第三款、第二十六条第三项

【基本案情】

江西省上饶市境内的三清山景区属于世界自然遗产地、世界地质公园、国家重点风景名胜区、国家5A级景区。巨蟒峰位于其核心景区，是经长期自然风化和重力崩解作用形成的巨型花岗岩石柱，是具有世界级地质地貌意义的地质遗迹，2017年被认证为“世界最高的天然蟒峰”，是不可再生的珍稀自然资源性资产、可持续利用的自然遗产，具有重大科学价值、美学价值和经济价值。

2017年4月15日，张某某、毛某某、张某前往三清山风景名胜区攀爬巨蟒峰，并采用电钻钻孔、打岩钉、布绳索的方式先后攀爬至巨蟒峰顶部。经现场勘查，张某某等在巨蟒峰自下而上打入岩钉26枚。公安机关委托专家组论证认为，钉入巨蟒峰的26枚岩钉属于钢铁物质，会直接诱发和加重巨蟒峰物理、化学、生物风化过程，巨蟒峰的最细处（直径约7米）已至少被打入4个岩钉，形成

了新裂隙，会加快花岗岩柱体的侵蚀进程，甚至造成其崩解。张某某等三人的打岩钉攀爬行为对巨蟒峰造成了永久性的损害，破坏了自然遗产的自然性、原始性完整性。

【发现线索和调查核实】

2017 年 10 月张某某等三人因涉嫌故意损毁名胜古迹罪被公安机关移送起诉（2019 年 12 月 26 日，上饶市中级人民法院作出刑事判决，认定张某某、毛某某、张某犯故意损毁名胜古迹罪，分别判处张某某、毛某某有期徒刑一年、六个月，处罚金人民币十万元、五万元，张某免于刑事处罚）。上饶市信州区人民检察院在审查起诉过程中发现该三人故意损毁三清山巨蟒峰的行为可能损害社会公共利益，于 2018 年 3 月 29 日将线索移送上饶市人民检察院。

上饶市人民检察院认为，自然遗迹、风景名胜是环境的组成部分，三清山巨蟒峰的世界级地质地貌意义承载着特殊的遗迹价值和广泛的公共利益。张某某等三人的损害行为侵害了生态环境和不特定社会公众的环境权益，本案属于生态环境民事公益诉讼的案件范围。三人在明知法律禁止破坏景物设施的情况下，故意实施破坏性攀爬行为，造成不可修复的严重损毁和极大的负面影响，存在加速山体崩塌的重大风险。三人具备事前共同谋划、事中相互配合等行为，符合共同侵权的构成要件，依法应当承担连带责任。

2018 年 5 月，上饶市人民检察院委托江西财经大学三名专家成立专家组对三清山巨蟒峰的受损价值进行评估，并形成《评估报告》。专家组采用国际通用的条件价值法对三清山巨蟒峰受损后果进行价值评估〔按：条件价值法是原环境保护部下发的《环境损害鉴定评估推荐方法》（第Ⅱ版）确定的方法之一，是在假想市场情况下，直接调查和询问人们对某一环境效益改善或资源保护的措施的支付意愿，或者对环境或资源质量损失的接受赔偿意愿，以人们的支付意愿或受偿意愿来估计环境效益改善或环境质量损失的经济价值。该评估方法的科学性在世界范围内得到认可〕，分析得出该事件对巨蟒峰生态服务价值造成损失的最低阈值为 0.119－2.37 亿元。

【诉讼过程】

（一）诉前公告

2018 年 4 月 18 日，上饶市人民检察院发出公告，告知法律规定的机关和有关组织可以提起民事公益诉讼。公告期满后，没有法定的机关和组织提起诉讼。

（二）一审程序

上饶市人民检察院于 2018 年 8 月 29 日向上饶市中级人民法院提起民事公益诉讼，诉请判令三被告依法对巨蟒峰非使用价值造成的损失 0.119 亿元和专家评估费 15 万元承担连带赔偿责任，并在全国性新闻媒体上公开赔礼道歉。

庭审过程中，三被告辩称：1. 上饶市人民检察院不符合法定的起诉条件。2. 三被告的行为不符合侵权责任的构成要件，且本案发生前存在他人在巨蟒峰上打岩钉的情况，三清山管委会在巨蟒峰上建设的监控系统也有损害作用，三被告造成的损害属于多因一果的损害，应由各方分担责任。3. 江西财经大学专家组所采用的评估方法不科学、数据不可靠，评估报告不能采信。公益诉讼起诉人答辩如下：第一，根据环境保护法第二条的规定，自然遗迹、风景名胜是环境的组成部分，本案属于环境民事公益诉讼的案件范围。本案系检察机关在履行职责中发现，且已经履行诉前公告程序，上饶市人民检察院对本案提起民事公益诉讼符合法定程序和条件。第二，三被告在明知法律禁止在景物上刻划、涂污以及以其他方式破坏景物设施的情况下，故意实施破坏性攀爬行为，且事前共同谋划，事中相互配合，符合共同侵权的构成要件，依法应当承担连带侵权责任。专家组出具的《评估报告》系针对三被告在巨蟒峰打入26个岩钉造成的损害进行的评估，不涉及他人造成的损害；三清山风景名胜区管理委员会案发后出于维护公共利益考量，依法经许可和设计后在巨蟒峰周围安装监测设施（共计6个摄像头），该监测设施均不在巨蟒峰独柱体岩石上，避免了对巨蟒峰独柱体岩石的损害，其行为与三被告的行为不具有同一性。第三，此次评估所采用的条件价值法是经国家行政主管部门认可、国际通用的价值评估法，科学有据，评估过程严谨规范。评估专家依法出庭接受了质证，该专家意见可以作为认定损害赔偿数额的依据。

2019年12月27日，上饶市中级人民法院作出一审判决，在参照江西财经大学专家组的评估报告，并兼顾三被告的经济条件和赔偿能力等基础上，判令三被告连带赔偿环境资源损失600万元，连带承担专家评估费15万元，并在全国性媒体上刊登公告向社会公众赔礼道歉。

（三）二审程序

张某某、张某对一审判决不服，提出上诉。江西省高级人民法院于2020年5月8日公开开庭进行了审理，江西省人民检察院与上饶市人民检察院共同派员出席法庭，就案件事实、证据、程序和一审判决情况发表了意见。江西省高级人民法院于2020年5月18日作出二审判决，驳回上诉，维持原判。

【指导意义】

（一）对景观生态服务价值的破坏行为，检察机关依法可以提起公益诉讼。自然遗迹和风景名胜是环境的组成部分，属于不可再生资源，具有代表性的自然遗迹和风景名胜的生态服务价值表现在社会公众对其享有的游憩权益和对独特景观的观赏权益。任何对其进行破坏的行为都是损害人类共同享有的环境资源、损害社会公共利益，检察机关应当及时依法开展公益诉讼检察。

（二）对独特景观的生态服务价值损失，可以采用条件价值法进行评估。因独特的环境资源、自然景观缺乏真实的交易市场，其环境资源和生态服务的价值难以用常规的市场方法评估，损害赔偿数额无法通过司法鉴定予以确定。在此情况下，检察机关可以委托专家，采用原环境保护部《环境损害鉴定评估推荐方法》（第Ⅱ版）和《生态环境损害鉴定评估技术指南总纲》中推荐使用的条件价值法进行评估，该方法被认为特别适用于独特景观、文物古迹等生态服务价值评估。评估后的结果可以专家意见书的方式进行举证，作为法院审理案件的参考依据。

（三）检察机关要综合运用刑事、公益诉讼司法手段打击破坏自然遗迹和风景名胜的行为，提高此类破坏行为的违法犯罪成本。损害赔偿数额可根据专家意见和案件综合因素合理确定。对于严重破坏或损害自然遗迹、风景名胜的行为，行为人应当依法承担刑事责任。其造成的公共利益损害，在无法恢复原状的情况下，可根据《侵权责任法》诉请侵权人赔偿损失。由行为人承担高额环境资源损失赔偿的民事侵权责任，充分体现了公益诉讼保护公共利益的独特制度价值，既有助于修复受损的公共利益，又能警示潜在的违法者，唤醒广大公众保护环境、珍惜自然资源的意识。环境损害赔偿数额的确定，可依据《最高人民法院关于审理环境民事公益诉讼案件适用法律若干问题的解释》相关规定，结合破坏行为的范围和程度、环境资源的稀缺性、恢复难易程度、涉案人的赔偿能力等综合考量。

（二）相关文书[1]

土地权属争议案件收件登记单

交件人		收件人	
申请人		地址及邮编	
法定代表人		电话	
委托代理人		电话	
序 号	申请文件名称	页数	备注

① 本部分收录的相关文书均出自中华人民共和国自然资源部网站，http：//g.mnr.gov.cn/201701/t20170123_1429207.html，最后访问时间：2022 年 10 月 28 日。

土地权属争议案件申请书

<table>
<tr><td rowspan="3">申请人</td><td>姓名
（名称）</td><td></td><td>地址</td><td></td></tr>
<tr><td>法定
代表人</td><td></td><td>职务
及电话</td><td></td></tr>
<tr><td>委托
代理人</td><td></td><td>地址</td><td></td></tr>
<tr><td rowspan="2">被申请人</td><td>姓名
（名称）</td><td></td><td>地址</td><td></td></tr>
<tr><td>法定
代表人</td><td></td><td>职务
及电话</td><td></td></tr>
<tr><td>请求事项</td><td colspan="4"></td></tr>
<tr><td>事实及理由</td><td colspan="4">（本栏写不下可另附页）</td></tr>
</table>

附证据材料　　份

土地权属争议案件授权委托书

______________________（委托人）因与____________________土地权属争议一案，委托__________________（受委托人）代理。委托的代理事项和权限如下：____。

委托人：（签字或盖章）

年　　月　　日

土地权属争议案件受理通知书

（文号）

（申请人）：

________________一案，经审查，符合《土地权属争议调查处理办法》规定的受理条件，我局（厅）已受理，特此通知。

（国土资源行政主管部门章）

年　　月　　日

土地权属争议案件受理（不予受理）建议书

案件名称	
申请人	
被申请人	
承办意见： 承办人（签字）　　年　　月　　日	
核准意见： 负责人（签字）　　年　　月　　日	
附：证据材料　　份	

土地权属争议案件不予受理决定书

（文号）

（申请人）：

__________一案，经审查，因_____________________，决定不予受理，特此通知。现退回有关材料_____件。

如不服本决定，可依法申请行政复议或提起行政诉讼。

（人民政府章）

年　　月　　日

答辩通知书

（被申请人）：

＿＿＿＿＿＿＿＿＿＿土地权属争议一案，我局（厅）已依法受理。现发送申请人申请书副本一份，自收到申请书副本之日起30日内，向我局（厅）提交答辩状和有关证据材料一式＿＿＿份。如不按时提交答辩状，不影响本案的处理。

特此通知。

（国土资源行政主管部门章）
年　　月　　日

询问笔录

（首页）　　　　共____页

时间：________________________；地点：________________________________

询问人：______________；记录人：________________________________

被询问人：姓名________，年龄________，单位________________，职务____________，住址及邮编____________________，联系电话____________。

询问内容：____

____

____

____

____

____

____。

注：询问笔录交被询问人阅读或向其宣读，被询问人在每页笔录上签名并按手印。

协助调查通知书

________:

为查清________________________土地权属争议一案有关事实情况，我局（厅）将于____________（时间）进行调查取证，请予以协助。

特此通知。

联系人：

联系电话：

（国土资源行政主管部门章）

年 月 日

______（调处机关）______土地权属争议案件调解书

（首页）　　　　　　　　　　　　　　　　　　　　　　　　　　（文号）

申请人：____，

法定代表人：______；职务：______；地址：____________________

被申请人：____；

法定代表人：______；职务：______；地址：____________________；

因__________一案，申请人与被申请人土地权属争议主要事实：______

____

____

____。

经调解双方达成如下协议：________________________________

____

____

____。

申请人：（签字或盖章）

年　　月　　日

被申请人：（签字或盖章）

年　　月　　日

承办人：（签字）

年　　月　　日

（国土资源行政主管部门章）

年　　月　　日

________（决定机关）土地权属争议案件决定书

（文号）

申请人：________；法定代表人：________；

地址：________；

被申请人：________；法定代表人：________；

地址：________；

争议事由：________

____

____

____

________。

申请人陈述：________

____

____

____

________。

被申请人陈述：________

____

____

____

________。

经查：________

____

____

____

____。

根据____________________的规定，现决定：__________________________

____

____

____

____

____

____

____。

如不服本决定，可依法申请行政复议或提起行政诉讼。

（人民政府章）

年　　月　　日

土地权属争议案件文书送达回证

<table>
<tr><td>受送达人</td><td colspan="5"></td></tr>
<tr><td>送达地点</td><td colspan="5"></td></tr>
<tr><td colspan="2">送达文件名称</td><td colspan="2">文　号</td><td colspan="2">送达时间</td></tr>
<tr><td colspan="2"></td><td colspan="2"></td><td colspan="2">年　月　日</td></tr>
<tr><td colspan="2"></td><td colspan="2"></td><td colspan="2">年　月　日</td></tr>
<tr><td colspan="2"></td><td colspan="2"></td><td colspan="2">年　月　日</td></tr>
<tr><td colspan="2"></td><td colspan="2"></td><td colspan="2">年　月　日</td></tr>
<tr><td>送达人</td><td></td><td>送达方式</td><td></td><td>送达人签名</td><td></td></tr>
<tr><td>受送达人签名</td><td></td><td>代收人签名</td><td></td><td>与受送达人关系</td><td></td></tr>
<tr><td>见证人及单位</td><td colspan="3"></td><td>见证人签名</td><td></td></tr>
<tr><td colspan="6">备注：</td></tr>
</table>

延期调查处理通知书

____________：

____________一案，因__________________。根据《土地权属争议调查处理办法》第二十八条的规定，调查处理期限延长______日，特此通知。

（国土资源行政主管部门章）

年 月 日

图书在版编目（CIP）数据

自然资源法律政策全书：含法律、法规、司法解释、典型案例及相关文书／中国法制出版社编．—北京：中国法制出版社，2023.1
（法律政策全书系列）
ISBN 978-7-5216-3075-6

Ⅰ．①自… Ⅱ．①中… Ⅲ．①自然资源保护法-汇编-中国 Ⅳ．①D922.609

中国版本图书馆 CIP 数据核字（2022）第 206935 号

策划编辑：王熹　吕静云　　责任编辑：王熹　　封面设计：周黎明

自然资源法律政策全书：含法律、法规、司法解释、典型案例及相关文书

ZIRAN ZIYUAN FALÜ ZHENGCE QUANSHU：HAN FALÜ、FAGUI、SIFA JIESHI、DIANXING ANLI JI XIANGGUAN WENSHU

编者/中国法制出版社
经销/新华书店
印刷/三河市国英印务有限公司
开本/880 毫米×1230 毫米　32 开　　印张/ 19.25　字数/ 409 千
版次/2023 年 1 月第 1 版　　2023 年 1 月第 1 次印刷

中国法制出版社出版
书号 ISBN 978-7-5216-3075-6　　定价：65.00 元

北京市西城区西便门西里甲 16 号西便门办公区
邮政编码：100053　　传真：010-63141600
网址：http：//www.zgfzs.com　　**编辑部电话：010-63141833**
市场营销部电话：010-63141612　　**印务部电话：010-63141606**

（如有印装质量问题，请与本社印务部联系。）